Gesellschaftswissenschaften
Methoden-
trainer Sekundarstufe II

Bernd Kolossa

Methodentrainer
für die Sekundarstufe II
Gesellschaftswissenschaften

erarbeitet von Bernd Kolossa

Redaktion:	Jürgen Schmidt
Umschlaggestaltung:	Klein & Halm Grafikdesign, Berlin
Grafik:	Infotext, Berlin
Layout und technische Umsetzung:	Stephan Hilleckenbach, Berlin

www.cornelsen.de

Die Internetadressen und -dateien, die in diesem Lehrwerk angegeben sind, wurden vor Drucklegung geprüft. Der Verlag übernimmt keine Gewähr für die Aktualität und den Inhalt dieser Adressen und Dateien oder solcher, die mit ihnen verlinkt sind.

1. Auflage, 1. Druck 2010

Alle Drucke dieser Auflage sind inhaltlich unverändert und können im Unterricht nebeneinander verwendet werden.

Druck: CS-Druck CornelsenStürtz, Berlin

ISBN 978-3-06-064104-8

 Inhalt gedruckt auf säurefreiem Papier aus nachhaltiger Forstwirtschaft.

Inhaltsverzeichnis

Vorbemerkung

Warum eine Neubearbeitung?

Als der ursprüngliche „Methodentrainer" im Jahr 2000 erschien, konnten weder der Verlag noch der Autor ahnen, dass der Titel so erfolgreich werden würde. Offensichtlich kam hier das richtige Buch zur rechten Zeit, denn in den Gymnasien wurden Methodentrainingskurse, Seminarkurse, Methodenwochen und Methodencurricula eingeführt. In den unmittelbar folgenden Jahren wurden in vielen Bundesländern die Bildungspläne reformiert und überall spielten Methoden und Methodenkompetenz eine immer gewichtigere Rolle.

Ebenfalls überraschend war, dass der „Methodentrainer" seine Verbreitung nicht nur in der Zielgruppe der Sekundarstufe II fand, sondern weit darüber hinaus. Man findet das Buch heute in den Gymnasien, aber auch in Hochschulen und Universitäten, in Volkshochschulen und in der beruflichen Fortbildung. Auch die regionale Verbreitung im Inland wie im deutschsprachigen Ausland übertraf alle Erwartungen.

In den vergangenen zehn Jahren haben sich der Unterricht und die Lehre, aber auch die Anforderungen an Schüler und Studenten erheblich geändert. Neue technische Hilfsmittel sind alltäglicher Standard geworden. Andere, wie zum Beispiel der Diaprojektor, sind weitgehend aus dem Alltag verschwunden. Ehemals getrennte Unterrichtsfächer sind näher zusammengerückt und bilden Fächerverbünde. Der fächerverbindende Ansatz im Unterricht ist fast überall selbstverständlich geworden, und schließlich erfordern geänderte Prüfungsordnungen andere Arbeitsweisen.

Was ist neu, was ist anders?

All dem musste bei der überfälligen Neubearbeitung des Buches Rechnung getragen werden. Alle Kapitel wurden überarbeitet, neue Aspekte wurden hinzugefügt. Methoden, die vor zehn Jahren noch keine wesentliche Rolle spielten, wurden aufgenommen und werden vorgestellt. Es wurden nur Methoden ausgewählt, die in allen Fachdisziplinen gleichermaßen zur Anwendung kommen können. Auf fachspezifische Methoden wurde verzichtet, da diese inzwischen selbstverständlicher Bestandteil aller modernen Fachbücher sind.

Die gesellschaftswissenschaftliche Orientierung wurde um Beispiele und Aufgabenstellungen aus dem naturwissenschaftlichen Bereich erweitert. Die Elemente mit hohem Aktualisierungsbedarf, z. B. Internetadressen, Links, aktuelle Beispiele, können jetzt jederzeit unabhängig vom gedruckten Buch auf den neuesten Stand gebracht und über den fast jeder Seite beigegebenen Webcode eingesehen werden. Hier finden Sie auch Formulare zum Download und weitere Arbeitsanregungen.

Textbeiträge wurden, wenn nötig, kompakter formuliert, alle Grafiken wurden erneuert und durch weitere ergänzt.

Für wen ist dieses Buch?

Der „neue Methodentrainer" wendet sich weiterhin hauptsächlich an Schülerinnen und Schüler der Sekundarstufe II, darüber hinaus aber auch an

- Studentinnen und Studenten der Hochschulen und Universitäten,
- Studierende des zweiten Bildungsweges,
- Referendarinnen und Referendare des Lehramts,
- Teilnehmerinnen und Teilnehmer an der beruflichen Fort- und Weiterbildung,
- Lehrerinnen und Lehrer.

Mit dem „neuen Methodentrainer" liegt Ihnen nun ein Buch vor, das versucht, eine erweiterte Anzahl brauchbarer Methoden in der gleichen Übersichtlichkeit wie der Vorgängertitel vorzustellen. Es handelt sich nicht um einen verpflichtenden Methodenkanon, sondern um ein Angebot, aus dem sich jeder diejenigen Elemente heraussuchen

Arbeitsweise mit diesem Buch

kann, die der eigenen Arbeitsweise besonders dienlich sind. Das Selbststudium ist mit diesem Buch ebenso möglich wie der Einsatz als Kursbuch. Auch die hervorgehobenen

Profitipps, die Definitionen und illustrierenden Zusatzmaterialien sind erhalten geblieben und erweitert worden. Zur schnelleren Orientierung finden Sie neben einem ausführlichen Inhaltsverzeichnis und verschiedenen Registern wieder die Stichwörter am Rand. Es ist nicht nötig und auch nicht sinnvoll, dass Sie dieses Buch der Reihe nach von Anfang bis Ende durcharbeiten. Jedes Kapitel kann losgelöst von den anderen bearbeitet werden, selbst wenn es einen Gesamtzusammenhang und eine innere Logik gibt. Sie können dieses Buch als Methodenbeschreibung, als Arbeitsbuch, als Nachschlagewerk und als Lehrbuch für Gruppen und Einzelunterricht verstehen. Versuchen Sie jeden Teil, den Sie lesen, dadurch zu vertiefen, dass Sie über die vorgeschlagenen Übungen hinausgehend eigene praktische Anwendungen finden.

In der Randspalte des Methodentrainers finden Sie zahlreiche Verweise auf Webcodes. Hinter diesen Webcodes verbergen sich zusätzliche Informationen zum jeweiligen Thema. Dies können Internetlinks sein, aber auch zusätzliche Texte oder Formulare zum Herunterladen. Die Webcodes haben den Vorteil, dass Sie keine langen Links aus Ihrem Buch mehr abtippen müssen und dass die dazugehörigen Weblinks immer aktuell gehalten werden können. Die Nutzung ist sehr einfach: Rufen Sie in Ihrem Browser www.cornelsen.de/webcodes auf und geben Sie den Webcode, der Sie interessiert, in das Fenster ein. Alles Weitere erfahren Sie dann.

Wir wünschen Ihnen viel Erfolg mit dem überarbeiteten und aktualisierten „neuen Methodentrainer" und freuen uns auf Ihre Kritik und Ihre Anregungen.

Webcode:
www.cornelsen.de/
webcodes

1

Wann, wo, wie und mit wem?
Die Lernumgebung

Die romantische Vorstellung, dass Lernen heute noch im stillen Kämmerlein und durch intensives Lesen und ständiges Wiederholen stattfindet, ist sicher überholt und findet nur noch in Ausnahmefällen statt. Lernen ist ein Prozess, der hirnbiologisch und psychologisch untersucht worden ist und in dem viele Faktoren eine entscheidende Rolle spielen. Dazu gehört eine Berücksichtigung des individuellen Biorhythmus genauso wie eine Auswahl der Lernmethoden und die Ausstattung des Lernortes und des Arbeitsplatzes, aber auch eine gute Selbstorganisation und der Austausch mit anderen. Hier bekommen Sie einige Vorschläge und Hilfestellungen.

1.1 Keine Zeit

Schon die Römer hatten gewisse Vorstellungen von Zeitmanagement und Selbstorganisation, die sie in dem geflügelten Wort „carpe diem" zusammenfassten. Die Amerikaner des 20. Jahrhunderts setzten Zeit mit Geld gleich: „Time is Money!" Damit wird Zeit zu Kapital, unterscheidet sich aber wesentlich von finanziellem Kapital dadurch, dass Zeit nicht vermehrbar ist, sondern ständig abnimmt.

Dass dies auch so empfunden wird, bestätigen Meinungsumfragen. Nach einer Online-Umfrage des Männermagazins *Men's Health* in Ausgabe 5/2009 leiden 74 Prozent der deutschen Männer unter Zeitmangel.

Bei Schülern würde eine vergleichbare Umfrage nicht anders ausfallen. Ihr Wochenplan ist in der Regel vollgestopft mit Unterricht und umfangreichen Aktivitäten, und die Reduzierung der Schulzeit auf zwölf Jahre trägt wesentlich zur Zeitknappheit bei. Es erscheint immer wichtiger, Zeit zu planen. Zeitplanung ist etwas Individuelles und sie kann je nach Lerntyp unterschiedlich erfolgreich organisiert werden. Die folgenden Ausführungen erheben deshalb keinen Anspruch auf Allgemeingültigkeit. Es sind vielmehr Tipps und Anregungen für einen effektiveren Umgang mit der Zeit.

„Wir können sehen, wie eine Tasse vom Tisch fällt und in Scherben geht, aber wir werden niemals sehen, wie sich eine Tasse zusammenfügt und auf den Tisch zurückspringt. Diese Zunahme der Unordnung oder Entropie unterscheidet die Vergangenheit von der Zukunft und verleiht der Zeit auf diese Weise eine Richtung."
Stephen Hawking

1.1.1 Zeitinventur

> **Zeitmanagement** bedeutet die zur Verfügung stehende Zeit mithilfe von Arbeits- und Zeitplanungstechniken optimal zu nutzen. Ziel ist, dass die eigene Arbeit mit weniger Aufwand erledigt wird und bessere Ergebnisse bringt.

Definition

Vielleicht sind Sie bisher auch ohne Zeitmanagement ganz gut über die Runden gekommen oder das Leben ist Ihnen ohnehin zu hektisch. Vielleicht hat Ihnen aber auch der Roman von Sten Nadolny, *Die Entdeckung der Langsamkeit*, besonders gut gefallen. Anderseits ist ein modernes Leben ohne die Uhr nicht mehr vorstellbar und wir müssen Kompromisse schließen, indem wir versuchen, wo immer es möglich ist, Herr über unsere Zeit zu sein. Aber wie viel Zeit steht uns eigentlich noch zur Verfügung?

Beantworten Sie sich diese Frage grafisch, indem Sie einen Strahl zeichnen, der im Jahr Ihrer Geburt beginnt. Auf diesem Strahl tragen Sie bitte Zehnjahresmarkierungen ein, also 2010, 2020, 2030 und so weiter. Gehen Sie davon aus, dass Frauen statistisch ca. 82 Jahre alt werden, Männer ca. 77. Markieren Sie nun auf dem Strahl Ihr statistisches Höchstalter und streichen Sie die Jahre von der gerade aktuellen Jahreszahl bis zum Beginn des Strahls links weg. Diese Zeit ist unwiederbringlich vorbei. Jetzt markieren Sie bitte noch farbig die voraussichtliche Zeit bis zu Ihrem Schulabschluss, dann die Zeit für die weitere Ausbildung oder das Studium bis zum Berufseintritt. Und schließlich die Zeit bis zum Erreichen des Rentenalters.

Sten Nadolny, *Die Entdeckung der Langsamkeit*. Piper, München 1983. ISBN 3-492-10700-1

Restlebenszeit

☀ **Webcode:** MT641048–009

Lebenszeit

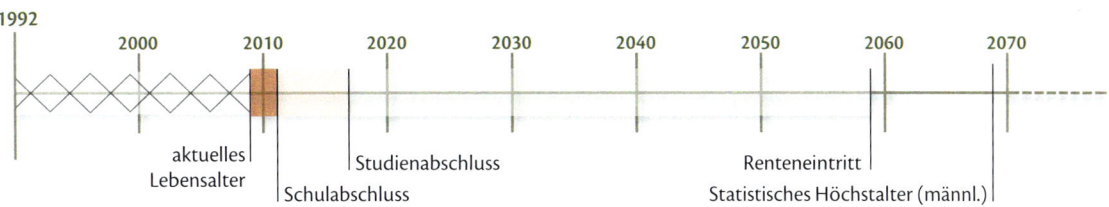

aktuelles Lebensalter
Schulabschluss
Studienabschluss
Renteneintritt
Statistisches Höchstalter (männl.)

Webcode: MT641048-010

Wenn Sie sich jetzt fragen, wie Sie es schaffen können, möglichst schnell zur Erfolgsmeldung „Mein Haus – mein Auto – mein Boot" zu kommen, falls Ihnen das überhaupt wichtig ist, dann sollten Sie sich klar machen, dass heute der erste Tag vom Rest Ihres Lebens ist und dass ein wenig Zeitmanagement nicht schaden kann. Lesen Sie dazu dann bitte auch ➜ Kapitel 1.2 Zieldefinition, Life-Leadership.

Checkliste: „Well organized?"	Ja	Nein
Ich bin jederzeit für alle ansprechbar.		
Fällt es Ihnen leicht, mit einer Arbeit (z. B. Hausaufgaben) überhaupt anzufangen?		
Ich werde oft an meinem Arbeitsplatz gestört.		
Verzichten Sie bei Ihrer Arbeit auf Untermalung mit Musik?		
Es fällt mir schwer, nach einer Pause wieder anzufangen.		
Können Sie „Nein" sagen, wenn andere Ihre Zeit beanspruchen wollen und Sie wichtigere Dinge zu erledigen haben?		
Ich bin meistens wenig motiviert. Meine Gedanken wandern während der Arbeit zu anderen Dingen.		
Mein Schreibtisch ist in der Regel unaufgeräumt und überfüllt.		
Beurteilen Sie den Aufwand Ihrer Arbeit, bevor Sie mit ihr beginnen?		
Oft brauche ich lange, um überhaupt mit meiner Tätigkeit zu beginnen. Ich kann mich nicht entschließen.		
Notieren Sie wichtige Aufgaben und Termine in einem Zeitplanbuch oder Organizer?		
Haben Sie in der Regel alle Informationen, die Sie für eine Arbeit benötigen, griffbereit?		
Ich arbeite langsam, weil ich ständig übermüdet bin.		
Meine Mitschriften und Notizen sind in der Regel unbrauchbar.		
Haben Sie oft zu viele verschiedene Aufgaben zu erfüllen?		
Kennen Sie Ihre Stärken und Schwächen in den einzelnen Fächern sehr genau?		
Gelingt es Ihnen (in der Regel) Ihre jeweilige Aufgabe nur einmal und abschließend zu bearbeiten?		
Am Tag vor einer Klausur lerne ich besonders viel.		
Wissen Sie, ob Sie am Abend mehr oder weniger leisten können?		
Legen Sie Ihre Aufgaben schriftlich und mit einem Erledigungstermin fest?		
Ich packe alles spontan und sofort an.		
Ich neige oft dazu, schwierige Dinge aufzuschieben.		
Häufig befasse ich mich bei der Erledigung einer Aufgabe zu sehr mit Einzelheiten.		

Checkliste: „Well organized?"	Ja	Nein
In bestimmten Arbeitssituationen treten stets die gleichen Schwierigkeiten auf.		
Legen Sie eine Rangordnung der ausstehenden Arbeiten nach ihrer Wichtigkeit fest?		
Entspricht Ihr Arbeitstag Ihrem Leistungsrhythmus?		
Arbeiten Sie normalerweise zu festgelegten Zeiten?		
Halten Sie Ihre Arbeitsmaterialien, Bücher und Papiere gern in Ordnung?		
Wenn ich viele Aufgaben zu erledigen habe, erledige ich das Leichteste gern zuerst.		

Aufgabe

1. Bei wie vielen Aussagen (insgesamt sind es 14 Aussagen) haben Sie mit „Nein" geantwortet?
   Bei wie vielen Fragen (insgesamt sind es 15) haben Sie mit „Ja" geantwortet?
2. Aus den Fragestellungen und Aussagen können Sie erkennen, worauf im Zeitmanagement (und bei der Zielplanung) besonderen Wert gelegt wird. Versuchen Sie, aus Ihren Antworten die zehn wichtigsten Zeitverlustquellen herauszuarbeiten, und ordnen Sie diese in der Reihenfolge ihrer Wichtigkeit. (Sie können auch Gruppen bilden wie z. B. „Zeitverluste zu Beginn der Arbeit", „Zeitverluste bei der Organisation der Arbeit" usw.)
3. Überlegen Sie sich eine persönliche Strategie zur Bekämpfung dieser Zeitverluste und formulieren Sie diese.

Um Zeitplanung sinnvoll einsetzen zu können, muss man zunächst feststellen, wie viel Zeit man überhaupt aktuell zur Verfügung hat. Zu diesem Zweck können Sie einen einwöchigen Selbstversuch durchführen.

Aufgabe

Legen Sie sich für jeden Tag der Woche zwei Formblätter nach beiliegendem Muster an. Es ist egal, an welchem Tag Sie beginnen. Sie können sofort anfangen. Bitte benutzen Sie ein Blatt im DIN-A4-Format.

Zeitinventur (Formblatt) I
:'< Webcode: MT641048–011

ZEITINVENTUR

Tag: Datum:

Nr.	Tätigkeit	von	bis	Dauer (min)	Priorität		
					A	B	C
01							
02							
03							
04							

Zeitinventur (Formblatt) II

Webcode: MT641048–012

ZEITINVENTUR (Störungsblatt)					
Tag:				Datum:	
Nr.	Art der Störung	durch wen	Beginn	Dauer (min)	Grund
01					
02					
03					
04					

Spalte „Tätigkeit"

Tragen Sie in die Spalte „Tätigkeit" mit einem Stichwort ein, was Sie gerade tun, z. B. „Hausaufgaben Französisch", „Schulweg" oder „Klavierstunde". Tragen Sie hier bitte auch alle Tätigkeiten ein, die der Erholung dienen oder Freizeitcharakter haben, z. B. „Reiseprospekte angesehen", „Teepause" oder „Musik hören".

Spalten „von" und „bis"

In die Spalten „von" und „bis" tragen Sie bitte die genaue Uhrzeit vom Beginn einer Tätigkeit bis zu deren Ende ein.

Bitte nehmen Sie alle Einträge unmittelbar bei Beginn und Ende der jeweiligen Tätigkeit vor. Eine zeitverschobene Rekonstruktion aus dem Gedächtnis führt mit Sicherheit zu einem unrealistischen Bild.

Spalte „Dauer"

Nehmen Sie sich am Ende des Tages ein paar Minuten Zeit, um für jede Zeile die Dauer der jeweiligen Tätigkeit zu berechnen.

Nun beantworten Sie bitte die folgenden Fragen:

- Welches Teilergebnis hat Sie besonders überrascht? Warum?
- In welchem Verhältnis stehen eher freizeitorientierte Aktivitäten zu eher arbeitsorientierten Tätigkeiten?
- Zu welchen Zeiten haben Sie besonders lang und intensiv gearbeitet?
- Zeigt Ihr Tätigkeitsmuster weniger zeitlich länger andauernde Tätigkeiten an oder eine Vielfalt von kürzeren?
- Welche Arbeitszeiten sind Ihnen vorgegeben? Über welche Zeiten können Sie selbst frei verfügen?

Prioritätsstufen

Viele Menschen sehen in ihrem Aufgabenwald die Bäume, sprich die einzelnen Aufgaben nicht mehr und können dabei auch nicht mehr Wichtiges von Unwichtigem unterscheiden. Eine Kategorisierung der Aufgaben im Rahmen einer täglichen Planung kann dabei helfen. Im Sinne der ABC-Analyse unterteilen wir drei Prioritätenstufen (→ 2.1.3 Zeitplanung, Eisenhower-Methode).

höchste Priorität

A-Tätigkeiten: höchste Priorität. Diese Tätigkeiten müssen bis zu einem bestimmten kurzfristigen Termin erledigt werden. Sie sind im Rahmen der beruflichen Tätigkeit oder der Ausbildung besonders wichtig und können nicht delegiert werden. Beispiele: Hausaufgaben, Vorbereitung auf Klausuren, Referatearbeit zu einem bestimmten Termin. A-Tätigkeiten machen in der Regel 15 % der gesamten Tätigkeiten aus.

mittlere Priorität

B-Tätigkeiten: mittlere Priorität. Auch diese Tätigkeiten sind termingebunden, aber nicht kurzfristig. Sie können teilweise delegiert werden, z. B. Hausaufgaben für nächste Woche, Rückgabe ausgeliehener Bibliotheksbücher etc. B-Tätigkeiten machen etwa 20 % der gesamten Tätigkeiten aus.

niedrige Priorität

C-Tätigkeiten: niedrigere Priorität. Dies sind täglich anfallende Routinetätigkeiten, die zwar nicht unwichtig, aber auch nicht besonders dringlich sind. Dazu gehören z. B. die private Korrespondenz oder Aufräumen, etc. 65 % aller Tätigkeiten können normalerweise als C-Tätigkeiten angesehen werden.

- Wenn Sie nun Ihre Prioritäten angegeben haben, stellen Sie bitte fest, in welchem Verhältnis die Tätigkeiten auf Ihrer Liste und deren Priorität zueinander stehen.
- Verbringen Sie zu viel Zeit mit Routinearbeiten?
- Zu welchen Zeiten werden die A-Tätigkeiten erledigt?
- Wie konsequent werden die A-Tätigkeiten erledigt?

Es kommt selten vor, dass man eine Tätigkeit konsequent und ohne störende Unterbrechung zu Ende führen oder abschließen kann. Die einzelne Störung mag zwar nur kurz und vielleicht sogar willkommen sein. In der Summe kommt aber im Lauf des Tages sehr viel Zeit zusammen. Notieren Sie deshalb, wann und wodurch Sie von Ihrer Arbeit abgehalten wurden.

Formular „Störungen"

Sie haben nun einen Überblick über Ihre Tätigkeiten und über Störungen. Vielleicht erkennen Sie auch schon, wann Sie besonders leistungsfähig sind und wann Ihre Biorhythmuskurve aufsteigt oder das Leistungshoch erreicht hat. Das ist die beste Zeit für A-Tätigkeiten. Ziel ist es jetzt, Tätigkeiten, die im Verhältnis zu ihrer Wichtigkeit besonders zeitintensiv sind, herauszufiltern und zu fragen, warum sie so lange dauern. Mögliche Gründe werden in Checkliste „Well organized" genannt.

1.1.2 Im Rhythmus des Tages

Über Biorhythmus ist schon sehr viel geschrieben worden, auch sehr viel, das einer wissenschaftlichen Untersuchung nicht standhält. Beispielsweise, die geburtstagsabhängige Theorie vom körperlichen (23 Tage), emotionalen (28 Tage) und geistigen (33 Tage) Rhythmus, die sehr eingängig ist und zu einem großen kommerziellen Erfolg wurde, ist trotz vielfältiger wissenschaftlicher Bemühungen um eine Verifizierung nicht haltbar. Eindeutig nachgewiesen ist jedoch, dass jeder Mensch über einen persönlichen Lebensrhythmus und eine dazugehörige Tagesleistungskurve verfügt. Eine normale Tagesleistungskurve sieht ungefähr so aus:

Biorhythmus

Durchschnittliche Leistungskurve

| 5 | 6 | 7 | 8 | 9 | 10 | 11 | 12 | 13 | 14 | 15 | 16 | 17 | 18 | 19 | 20 | 21 | 22 | 23 | 24 | 1 | 2 | 3 | 4 |

In der Praxis bedeutet dies, dass die Zeiten vor 07:00 Uhr morgens, zwischen 13:00 Uhr und 16:00 Uhr und nach 21:00 Uhr für C-Tätigkeiten geeignet sind. A-Tätigkeiten sind dann sinnvoll, wenn die körperliche und geistige Leistungsfähigkeit besonders hoch ist, also vormittags zwischen 08:00 und 12:00 Uhr und nachmittags nach der Überwindung des „post-lunch dip" von ca. 16:00 Uhr bis ca. 20:00 Uhr.

Tätigkeiten

Unser körperliches und seelisches Wohlbefinden ist auch abhängig von Faktoren, die man selbst über Verhalten beeinflussen kann. Dazu gehören ausreichend Licht, gesunde Ernährung, Bewegung durch Ausdauersportarten bei frischer Luft und ein geregelter Schlafhaushalt. Von einer anderen Beeinflussung des Wohlbefindens, vor allem vor der externen Steuerung über Medikamente, ist abzuraten. Außer dem Hormonpräparat

Melatonin, das geringfügige Erfolge gezeigt hat, haben sich alle anderen Therapien und Medikamente bisher als unwirksam oder schädlich erwiesen. Melatonin ist in den USA frei verkäuflich, auf dem deutschen Mark aber nicht zugelassen.

Aufgabe	**Beobachten Sie sich bitte selbst einige Tage lang und notieren Sie:**

Aufgabe

Webcode: MT641048-014

Beobachten Sie sich bitte selbst einige Tage lang und notieren Sie:
- wann Sie sich besonders wohl fühlen,
- wann Sie müde und abgeschlafft sind,
- wann Sie sich geistig besonders leistungsfähig fühlen,
- wann Sie Konzentrationschwierigkeiten haben bzw. wann Ihnen bestimmte Tätigkeiten besondere Schwierigkeiten machen.

Versuchen Sie nun, zwischen den unterschiedlichen Tagen Parallelen zu finden und drücken Sie das Ergebnis Ihrer Selbstbeobachtung in einem Liniendiagramm aus.

1.1.3 Zeitplanung

Zeitplanbuch

Wer seine Zeit besser nutzen möchte, sollte es mit einem Zeitplanbuch versuchen. Eine Anschaffung ist jedoch nur lohnenswert, wenn Sie es konsequent befolgen und fortlaufend pflegen. Zeitplanungsinstrumente sind in den letzten Jahren immer populärer geworden und so ist der Markt übersät mit Kalendern und Zeitplanbüchern. Ein Zeitplanbuch ist nichts anderes als ein etwas aufwändiger gestaltetes Ringbuch, das als Tages- oder Wochenplanung organisiert ist, eine Zielplanung enthält und zwischen Terminen und Aufgaben unterscheidet. Als Beispiel sei hier das Colleg Timing Zeitplansystem beschrieben. Die für Schüler entwickelte Version enthält:

Webcode: MT641048-014

- einen Schuljahreskalender mit Ferienterminen und wichtigen Ereignissen,
- einen Unterrichts- und Freizeitplaner,
- eine Monatsübersicht zum Vorplanen,
- eine Schuljahreszielplanung, ein Zielfoto,
- einen Tagesplan mit Terminen, Hausaufgaben, Vorbereitung von Schulaufgaben, Klassenarbeiten und privaten Planungen,
- ein Launometer,
- eine Notenübersicht,
- ein Adressregister.

elektronische Organizer

Alles, was Zeitplanbücher möglich machen, können elektronische Organizer auch, teils schneller und besser, teils etwas umständlicher. Es handelt sich dabei vorwiegend um PDAs (Personal Digital Assistants) oder Smartphones, wie sie von verschiedenen Herstellern angeboten und mit entsprechender Software ausgestattet werden. Sie verfügen über eine Vielzahl von Funktionen. Für die Zeitplanung ist dabei die Kombination von Uhr, Kalender und Datenbankprogrammen wichtig. Für Netbook-, Laptop-, Notebook- oder Personal Computer gibt es reine Softwarelösungen, die z. T. in Komplettpakete integriert sind, wie z. B. Microsoft Office mit Outlook oder Lotus Smart Suite mit dem Lotus Organizer, oder das kostenlose Kalendermodul Mozilla Sunbird.

Profitipp

Webcode: MT641048-014

Obwohl elektronische Organizer, insbesondere wenn sie in Mobiltelefonen integriert sind, außerordentlich praktisch und reizvoll sind, sind sie für Schüler nicht unbedingt empfehlenswert. Zum einen sind an vielen Schulen derartige Geräte während der Unterrichtszeit nicht erlaubt, zum anderen sind Sie als

Nutzer der jeweiligen Software ausgeliefert. Wenn Sie ein Zeitplanbuch benutzen, vor allem, wenn Sie sich dieses selbst herstellen, können Sie für jede mögliche Anwendung entsprechende Blätter designen, die Sie dann nur noch lochen und einfügen müssen.

1.1.3.1 Die Eisenhower-Methode

Ein wesentlicher Aspekt der Tagesplanung ist das Setzen von Prioritäten. Noch wichtiger ist das Einhalten einmal gesetzter Prioritäten, was etwas mit der lästigen Schweinehundüberwindung zu tun hat. Angenommen, Sie bereiten sich auf eine morgen stattfindende Biologieklausur vor, was bei Ihrer desolaten Situation in diesem Fach oberste Priorität hat. Ihr Freund möchte aber heute Abend mit Ihnen ins Kino gehen, was bei ihm eine hohe Priorität hat. Wie entscheiden Sie sich? Was ist eine hohe Priorität?

Der frühere amerikanische Präsident Eisenhower (1890–1969) hat mit einem einfachen System gearbeitet, bei dem er anfallende Aufgaben nach Wichtigkeit und Dringlichkeit eingeordnet hat. Im Hinblick auf die eigenen Ziele hat er diese vereinfachte Form der ABC-Analyse (auch ➜ Kapitel 1.1.1 Zeitinventur) verwendet:

Tragen Sie alles, was Sie zu tun haben, in eines der Matrixfelder ein.

Feld A hat die höchste Priorität. Hier stehen Tätigkeiten, die keinen Aufschub dulden und die außerordentlich wichtig sind. Und Sie sollten sie selbst erledigen.

Im Feld B stehen die Aufgaben, die so wichtig sind, dass Sie sie selbst erledigen müssen, aber sie sind nicht ganz so eilig. Legen Sie in Ihrer Planung einen Zeitpunkt fest, wann Sie sich darum kümmern werden.

C-Prioritäten mögen zwar dringlich sein, aber sie sind nicht so wichtig. Es sind meist Routinetätigkeiten. Vielleicht kann, wenn Sie selbst gar keine Zeit haben, jemand anderes hier aushelfen.

Beim letzten Feld kann man nicht mehr von Prioritäten sprechen. Es handelt sich um Dinge, die nicht besonders wichtig sind und auch nicht besonders rasch erledigt werden müssen.

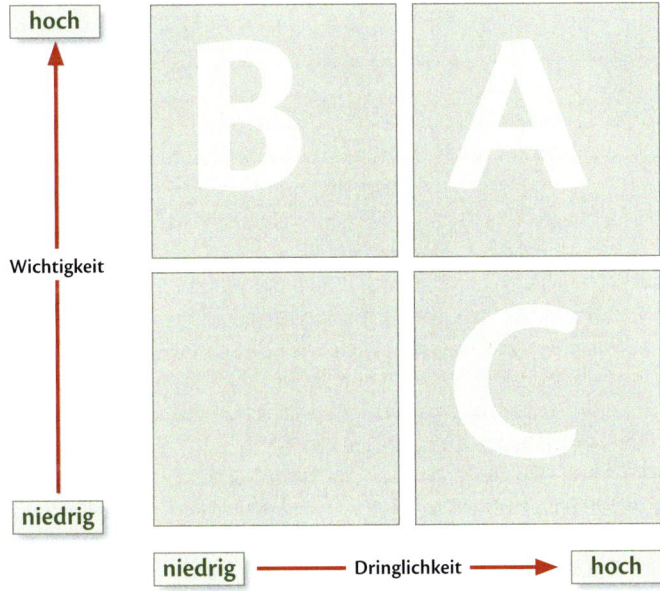

Eisenhower-Matrix

| Aufgabe | In welches Feld würden Sie nun die nachfolgenden Tätigkeiten eintragen? |

- Ihr Freund drängt Sie dazu, heute Abend mit Ihnen ins Kino zu gehen. Heute ist Dienstag. Filmwechsel ist Donnerstag. Mittwoch kann er nicht.
- Sie müssen sich auf die Biologieklausur morgen vorbereiten.
- Ihre Zahnschmerzen werden fast unerträglich. Wann gehen Sie zum Zahnarzt?
- Ihr Schülerausweis ist abgelaufen. Sie müssen sich noch den Stempel für das aktuelle Schuljahr holen.
- Donnerstag ist ein Lateintest, bei dem es um die Vokabeln der aktuellen Lektion geht.
- Heute in einer Woche ist der Termin für das Referat über Albrecht Dürer.
- Schauen Sie in den Spiegel. Was würde Ihnen Ihr Friseur raten?
- Die Kurzgeschichte von Joseph Conrad, die Sie für die Englischstunde in einer Woche vorbereitet haben sollen, hat 30 Seiten und ist extrem schwierig.
- Ihr E-Mail-Briefkasten läuft über. Neue Mails werden nicht mehr gespeichert. Sie müssen die wichtigen Mails aufheben, die anderen löschen.
- Ihrer Lieblingshose würde eine Reinigung oder Wäsche wahrscheinlich recht gut tun.
- Ihr Fahrlehrer geht in zwei Wochen in den Urlaub. Vorher sollten Sie noch vier Fahrstunden machen.
- Beim Sehtest waren Sie auch noch nicht.
- Ihre Tante wird am Mittwoch 50 und hat Sie für den Nachmittag zu Kaffee und Kuchen eingeladen.
- Sie möchten gern mal wieder morgens um 7 durch den frischen Wald joggen.
- An Ihrem Schreibtisch ist keine Möglichkeit mehr zum Schreiben, aber viele Möglichkeiten aufzuräumen. Wichtig oder dringend? Oder beides? Oder ziehen Sie um in die Sofaecke?

1.1.3.2 Die ALPEN-Methode – ein paar Minuten jeden Tag

Die Zeitplanung für einen Tag sollte schriftlich erfolgen. Lothar J. Seiwert schlägt dafür seine ALPEN-Methode vor, die nur wenige Minuten beansprucht, die aber eine gute Tagesstrukturierung gewährleistet.

A – Aufgaben

Notieren Sie alles, was Sie an einem Tag an Aufgaben zu erledigen haben, auch Überhänge von den Vortagen. Am besten verwenden Sie einen Terminplaner (Zeitplanbuch oder elektronisch). Wichtig sind dabei die Anfangszeiten und der Ort, wo Sie tätig werden müssen, z. B. 16:10 Uhr, Zahnarzt, Goethestraße 18.

L – Länge

Jede Tätigkeit hat eine bestimmte Dauer, die Sie mit etwas Übung relativ bald präzise einschätzen können. Bleiben Sie dabei realistisch und packen Sie nicht zu viel in einen Tag. Denken Sie auch an Pausen und Störungen. Wenn Sie die Dauer ebenfalls aufgeschrieben haben und den festen Willen haben, sich daran zu halten, werden Sie innerhalb kurzer Zeit zielgerichteter und konzentrierter arbeiten.

P – Puffer

Wenn Sie Ihre gesamte Zeit verplanen, werden Sie wahrscheinlich nicht alles schaffen, was Sie sich vorgenommen haben und einen Teil wieder zum Folgetag mitschleppen. Hier gilt das Pareto-Prinzip:

Das Pareto-Prinzip

Der italienische Volkswirtschaftler Vilfredo Pareto fand heraus, dass sich im Italien des 19. Jahrhunderts 80 % des Besitzes in den Händen von nur 20 % der Einwohner befanden. Dieser als „Pareto-Prinzip" bezeichnete Sachverhalt gilt auch für viele andere Lebensbereiche. So werden z. B. 80 % des Umsatzes in der Industrie in der Regel von 20 % der Kunden getätigt, 80 % der Beschlüsse in Besprechungen werden in 20 % der veranschlagten Zeit vollzogen etc.
Für den Umgang mit Zeit ergibt sich entsprechend folgende Regel: 20 % der eingesetzten Zeit erbringen 80 % des Ergebnisses. Den Rest an Zeit, nämlich 80 %, verbringt man damit, auf 100 % des Ergebnisses zu kommen. Das, was einem leicht von der Hand geht, schafft man schnell weg. Für den Rest, der übrig bleibt, braucht man das Vielfache an Zeit. Wer sich also beim Lernen und Arbeiten zielgerichtet auf das konzentriert, was 80 % des Erfolgs bewirkt, benötigt weniger Zeit.

Seiwert geht noch einen Schritt weiter und schlägt vor, nur 60 % der frei verfügbaren Zeit des Tages mit Aufgaben zu verplanen, aber 20 % für nicht vorhersehbare Erledigungen und weitere 20 % für spontane Aktivitäten wie z. B. Kontakt mit Freunden, Pausenkaffee einzukalkulieren.

E – Entscheidungen

Entscheidungen betreffen die Prioritätenliste. So wie P für Pareto stehen könnte, könnte dieses E auch für Eisenhower stehen. Schauen Sie Ihre To-do-Liste an und entscheiden Sie, was wichtig und dringlich ist. Entscheiden Sie aber bitte auch, dass es wichtig und dringlich ist, vieles von dem, was sich auf Ihrem Schreibtisch sammelt, direkt in den Papierkorb zu befördern.

N – Nachkontrolle

Planen und kontrollieren Sie Ihre Aktivitäten im Hinblick auf Ihre persönliche Tages-leistungskurve (➜ Kapitel 1.1.2 Im Rhythmus des Tages).

Wie plane ich einen Tag?

- Verplanen Sie nicht die gesamte Zeit, sondern nur etwa 60 %, sodass Sie Zeit für unvorhergesehene und spontane Tätigkeiten haben.
- Jeder Tag enthält einen Höhepunkt. Planen Sie auch Zeit für Freizeit und Vergnügungen ein.
- Unterscheiden Sie bei Ihrer Planung drei Bereiche: Das muss ich erledi-gen! Das sollte ich erledigen! Das möchte ich machen!
- Achten Sie darauf, dass sich arbeitsintensive Phasen mit Entspannungs-phasen abwechseln.
- Finden Sie die 15 % Ihrer täglich anfallenden Arbeiten heraus, die von höchster Dringlichkeit und Wichtigkeit sind.
- Berücksichtigen Sie bei Ihrer Planung Ihr individuelles Arbeitstempo und Ihren persönlichen Arbeits- und Leistungsrhythmus.
- Planen Sie schriftlich. Nur so behalten Sie den Überblick und die Kontrolle.

Ihre schriftliche Planung für den nächsten Tag sollte nur wenige Minuten dauern. Und wenn Sie am Folgetag hinter jede erledigte Tätigkeit ein Häkchen machen können, dient das immer wieder Ihrem persönlichen Wohlbefinden.

1.2 Zieldefinition

Die Basis jeder Zeitplanung ist die Zielplanung. Aus Ihrer Zielplanung können Sie ermitteln, wie und auf welche Aufgaben Sie die Ihnen zur Verfügung stehende Zeit verteilen:

- Welches Ziel oder welche Ziele möchte ich kurzfristig erreichen (z. B. in den nächsten Tagen)?
- Welches Ziel oder welche Ziele möchte ich mittelfristig erreichen (z. B. bis zum Jahresende oder bis zum Ende des Schuljahres)?
- Welches Ziel oder welche Ziele möchte ich langfristig erreichen (z. B. in den nächsten 3–5 Jahren)?

Ziele reflektieren unsere Wünsche, Bedürfnisse und Aufgaben und geben die Handlungsweise vor, die wir zur Erfüllung als notwendig erachten.

Zieldimensionen   Ziele haben drei Dimensionen: Inhalt, Ausmaß und Dauer. Wenn ich mir eine Aufgabe vornehme, unabhängig davon ob selbst gewählt oder von außen aufgegeben, beispielsweise die Erarbeitung eines Referats zum Thema „Die industrielle Entwicklung des Ruhrgebiets im 19. und 20. Jahrhundert", wird durch dieses Thema die inhaltliche Dimension vorgegeben.

Das Zielausmaß liegt irgendwo zwischen dem Minimum („Was muss erreicht werden?") und dem Maximum („Was kann erreicht werden?"), wobei das Minimum gerade eine Zusammenstellung der wichtigsten Fakten und Entwicklungen zu den Teilbereichen Industrialisierung, Wirtschaft, Demografie und geografischen Aspekten wäre, die in einem ca. 15-minütigen Vortrag dargestellt würden, das Maximum aber eine medienunterstützte Präsentation mit anschließender Diskussion und einer Ergebnissicherung. Die Zieldauer ist die Zeit, die mir für die Vorbereitung dieses Referates zur Verfügung steht, ca. 3 Wochen.

Grundsätzlich unterscheidet man zwischen

Zielarten

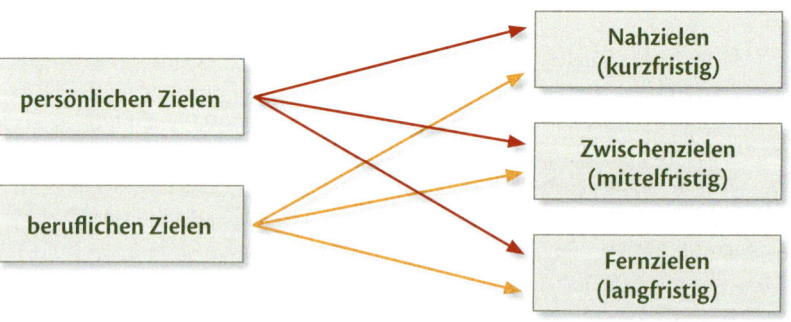

Der Abschluss einer Berufsausbildung kann zum Beispiel ein persönliches wie auch berufliches Fernziel sein. Das Abitur ist dann, wenn Sie gerade in Klasse 10 sind ein Zwischenziel, die Versetzung in die Klasse 11 ein Nahziel.

Die Wichtigkeit von Zwischenzielen verdeutlicht die nachfolgende Übung:

Gehen Sie bitte mit einer Partnerin/einem Partner in einen Park. Suchen Sie sich einen ca. 100 m entfernten Baum auf einer Wiese aus. Prägen Sie sich die Richtung und Entfernung dieses Baumes genau ein. Nun lassen Sie sich die Augen verbinden und gehen Sie geradewegs auf diesen Baum zu, bis Sie ihn berühren können. Der Partner oder die Partnerin geht zur Sicherheit mit, gibt aber keinerlei Hinweise. Sie können auch gern eine Videoaufzeichnung von sich machen lassen und sich das Resultat Ihrer Zielsuche hinterher ansehen.

Sie werden, wenn Sie glauben, geradewegs auf diesen Baum zuzugehen, sicherlich im Kreis oder in Schlangenlinien laufen und Ihr Ziel nicht nur um Haaresbreite, sondern um ein gewaltiges Stück verfehlen. Wenn Sie auf dem Weg zu diesem 100 Meter entfernten Fernziel aber vielleicht drei oder vier Zwischenziele haben und diese zunächst ansteuern, z. B. einen Strauch, einen großen Stein, einen Liegestuhl, wird Ihnen das Erreichen des Ziels eher gelingen.

Der Prozess der Zielfindung beinhaltet mehrere Komponenten:

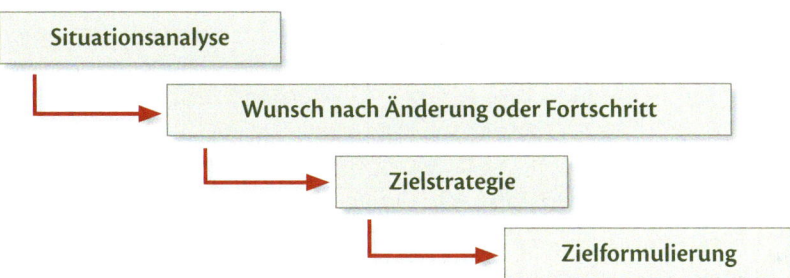

Zielfindung

Bei der Zielstrategie beantworten Sie sich diese Fragen:

- Warum ist dieses Ziel für mich wichtig?
- Was habe ich davon?
- Was haben meine Mitschüler/Kommilitonen/Kollegen davon?
- Was haben die Menschen in meinem privaten Umfeld davon?
- Wem nützt das Ziel?
- Wem schadet das Ziel?

Zur Zielstrategie gehört auch die Zielbetrachtung, d. h., Sie müssen gedanklich überprüfen, ob das Ziel überhaupt zu verwirklichen ist:

- Ist das Ziel überhaupt realistisch ausgewählt?
- Wollen Sie das Ziel tatsächlich verwirklichen?
- Was kann auf dem Weg zum Ziel alles passieren?

Nun wählen Sie sich Ihr wichtigstes Ziel aus und formulieren es schriftlich. Formulieren Sie auch die Zwischenziele und legen Sie die Fertigstellungstermine fest.

Setzen Sie sich realistische Ziele und Zwischenziele. Nehmen Sie sich nicht zu viel vor. Es demotiviert nur, wenn Sie Ihre Ziele nicht erreichen. Formulieren Sie Ihre Ziele ganz klar und detailliert. Formulieren Sie sie schriftlich. Verbinden Sie jede Zielformulierung mit einem Fertigstellungstermin.
Es gibt eine sehr große, persönliche Befriedigung, wenn man etwas fristgerecht als „erledigt" abhaken kann, und motiviert für neue Aufgaben.

Webcode: MT641048-020

Zielplanung	
Ziel	
Zeitpunkt	
Kontrolle	
Teilziel	**Teilziel**
Priorität	Priorität
Zeitpunkt	Zeitpunkt
Kontrolle	Kontrolle
Teilziel	**Teilziel**
Priorität	Priorität
Zeitpunkt	Zeitpunkt
Kontrolle	Kontrolle
Teilziel	**Teilziel**
Priorität	Priorität
Zeitpunkt	Zeitpunkt
Kontrolle	Kontrolle
Was muss getan werden?	
Bis wann?	
Wie soll das Ergebnis aussehen?	
Stärken	Schwächen
Wie findet Kontrolle statt?	

Aufgabe	Benutzen Sie Kopien dieses Formblatts und formulieren Sie ein langfristiges Berufsziel und ein langfristiges persönliches Ziel, jeweils mit den entsprechenden Zwischenzielen.

Machen Sie sich bewusst, dass die Zielsetzung ein wesentlicher Bestandteil im Regelkreis des Selbstmanagements darstellt:

Selbstmanagement-
Regelkreis

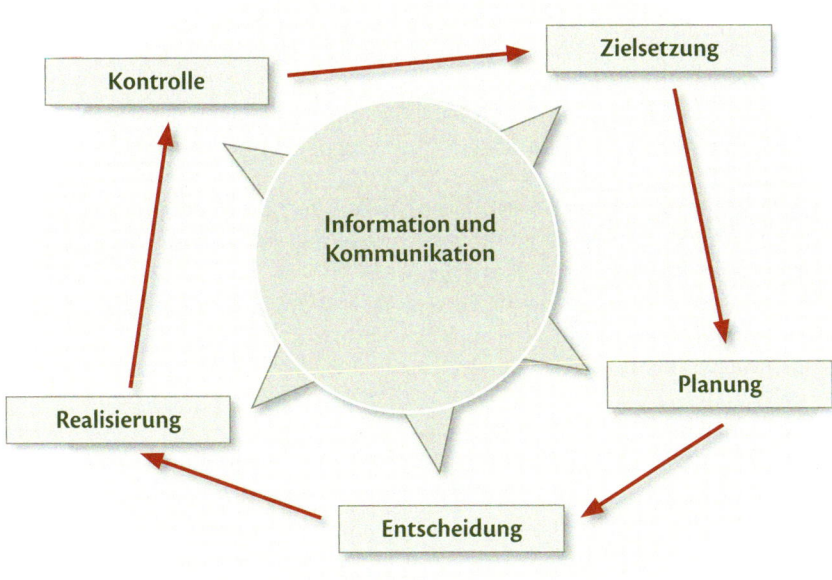

Sicher kennen Sie das Spiel „Jäger und Hasen". Mehrere Jäger haben die Aufgabe, möglichst viele Hasen zu fangen bzw. abzuklatschen. Wer gefangen ist, scheidet aus und verlässt das Spielfeld, auf dem sich auch einige Hindernisse befinden (Bäume, Pfeiler, Bänke, Blumenkübel, ...). Dieses Fangen-Spiel zeigt sehr anschaulich unterschiedliche Strategien, um gesteckte Ziele zu erreichen.

Zu viele Ziele: Ein schneller Jäger versucht ohne Konzept möglichst alle Hasen zu fangen. Nach einer Minute geht ihm die Puste aus.

Unrealistische Ziele: Ein langsamer Jäger läuft hinter objektiv schnelleren Hasen erfolglos hinterher.

Fehlendes Durchstehvermögen: Ein Jäger verfolgt eine aussichtsreiche Beute. Als er merkt, dass er sich noch weiter anstrengen muss, sucht er schnell ein neues „Opfer".

Vorbildliche Zielplanung: Ein Jäger orientiert sich vor jedem Fang erst einmal auf dem Spielfeld und sucht sich dann einen erreichbaren Hasen, den er dann bis zum „bitteren Ende" verfolgt.

Auch die Hindernisse auf dem Spielfeld sind von Bedeutung. Sie stehen für und können interpretiert werden als Hindernisse und Hürden auf dem Weg zum Ziel. Manche Fänger umlaufen Hindernisse, andere nutzen Sie zum Erfolg.

Profitipp

aus: Kneip, Winfried/Konnertz, Dirk/Sauer, Christiane: *Lern-Landkarten. Ganzheitliches Lernen: Motivieren, Trainieren, Konzentrieren*, Mülheim an der Ruhr, 1998, S. 86

Weitere Hinweise zur Zielsetzung und Zielformulierung finden Sie hier (in englischer Sprache).

Webcode: MT641048–021

| Aufgabe | Das Thema Zielsetzung steht hier im Zusammenhang mit Zeitmanagement. Bitte überlegen Sie sich und diskutieren Sie mit Ihren Partnern oder Mitschülern: |

- in welcher Weise Ihre Ziele in Ihrer Tages-, Wochen- und Jahresplanung berücksichtigt werden.
- wie Sie Ziele in Ihr Zeitplanbuch oder Ihr Organizerprogramm eintragen.
- ob Ziele auch Visionen sein können, und wenn ja, wie diese Visionen realistisch in die Praxis umgesetzt werden können.
- ob Zeitmanagement nur eine zusätzliche Belastung darstellt oder Ihnen zu mehr Selbstdisziplin, Selbstorganisation und Selbstmotivation verhilft.
- ob Zeitmanagement mehr Freizeit bedeutet.
- ob Sie weiter spontan leben wollen oder lieber einen Teil Ihrer Zeit mit den Methoden des Zeitmanagement planen möchten.

Life-Leadership

Webcode: MT641048–022

Der deutsche Zeitmanagementexperte Lothar J. Seiwert empfiehlt, ausgehend von einer Vision, eine Lebensplanung, bei der Sie die Anzahl der zahlreichen Rollen und Funktionen, die Sie haben, auf eine überschaubare Anzahl reduzieren.

Der populär geschriebene Artikel „7 Goldene Tipps zur stressfreien Lebensplanung" mag in diesem Zusammenhang auch für Sie interessant sein.

1.3 Der Arbeitsplatz

Als Schüler oder Studierender verfügt man eigentlich über eine Vielzahl von Arbeitsplätzen, sei es der Sitzplatz im Klassenzimmer, der Platz im Hörsaal, ein Laborarbeitsplatz oder der persönliche Arbeitsplatz zu Hause. Während Sie an den ersten nur wenig ändern können – meist ist nicht einmal der Stuhl verstellbar –, können Sie den Arbeitsplatz zu Hause Ihrer individuellen Arbeitsweise anpassen. Das Zentrum der Arbeit bildet in der Regel der Schreibtisch, daran schließt sich die Peripherie an, also Regale, Schränke, Sitzmöbel, vielleicht sogar ein „Denkplatz". Ebenso wichtig ist aber heute der mobile Arbeitsplatz, den man in zunehmendem Maße mit sich führt, sodass man nahezu an jedem Ort und zu jeder Zeit alle zur Fortsetzung seiner Arbeit nötigen Dinge dabei hat.

Der Schreibtisch zu Hause

Ist der Schreibtisch in Ihrem Zimmer ein Spiegelbild Ihrer Psychosen und Ängste? Ist es ein peinlich aufgeräumter Tisch, wo alles genau rechtwinklig ausgerichtet an seinem staubfreien Platz liegt und Sie die Zeiger der Uhr, wenn sie nicht genau auf 12 stehen, als Störung der Ordnung empfinden? Oder ist er eine chaotische „Wo-isses-denn-eben-wars-doch-noch-da?"-Zentrale, wo Sie ohne längeres Suchen nichts mehr finden? Oder schlimmer noch, ist da ein fortgeschrittener Müllhaufen, und Sie erinnern sich dunkel, dass möglicherweise irgendwo in dieser Gegend oder darunter Ihr Schreibtisch steht? Oder ist Ihr Schreibtisch tatsächlich das funktionale, schnörkellose, aber doch individuell gestaltete Schalt- und Steuerzentrum für all Ihre unterschiedlichen Tätigkeiten?

drei Varianten der Arbeitsplatzgestaltung

Bei der Gestaltung des Arbeitsplatzes gibt es grundsätzlich drei Varianten. Nennen wir sie A, B und C, oder Anke, Bill und Chris. Anke ist ein ordentliches Mädchen und bevorzugt es, in aufrechter Haltung am Schreibtisch zu sitzen und dort zu arbeiten, auch wenn es nur darum geht, etwas zu lesen. Ihr Schreibtisch ist zwar nicht steril, aber immer so aufgeräumt, dass sie jederzeit dort weiterarbeiten kann, wo sie aufgehört hat. Bill arbeitet fast ausschließlich mit dem Computer. Für ihn ist der Schreibtisch eigentlich nur eine Abstellfläche für seinen Laptop und die angeschlossenen Zusatzgeräte. Und Chris, der lange Zeit nur im Schneidersitz bei lauter Musik auf dem Teppich gearbeitet hat und dem es sehr gut gefiel, wenn andere Leute seine mangelnde Systematik als Kreativität bezeichneten, ist inzwischen aufgestiegen und arbeitet nun von der Sofaecke aus, wobei das Restsofa und der Boden vor ihm seine Ablageflächen bilden.

Der ideale Arbeitsplatz ist eine Mischung aus allen drei Varianten. Für alles, was in irgendeiner Weise schriftlich zu erledigen ist, ist natürlich der Schreibtisch ideal, der links oder rechts von einem kleinen Computertisch flankiert werden sollte. Für kreatives Nachdenken, Lesen, Reflektieren oder den besinnlichen Tee oder Kaffee zwischendurch empfiehlt sich die Sofaecke oder ein bequemer Sessel, der auch für Entspannungsphasen genutzt werden kann. Je nach Tätigkeit wird nun der Anke-Teil, der Bill-Teil oder der Chris-Teil dieses Arbeitsplatzes genutzt.
Schreibtisch, Computertisch, Sofaecke

Zunächst zum Schreibtisch: Normale, handelsübliche Schreibtische sind 60 cm tief und zwischen 120 und 160 cm breit. Genehmigen Sie sich, wenn Sie die Möglichkeit haben, einen Chefschreibtisch, der 80 cm tief und mindestens 160 cm, besser 180 cm breit ist. Daneben können Sie im rechten Winkel einen ca. 15 cm niedrigeren Computertisch aufstellen. Hier genügen 60 cm Tiefe und 80–100 cm Breite. Der Computertisch sollte so nah am Schreibtisch stehen, dass Sie mit einer Drehung Ihres höhenverstellbaren und auf einem Drehkreuz mit 5 Rollen gelagerten und ergonomisch gestalteten Bürostuhls zeitverlustfrei von Schreibtisch auf Computertisch umschalten können.

Natürlich steht der Schreibtisch so, dass Sie das Tageslicht von vorn bekommen, ohne dass Sie aber von der Sonne geblendet werden. Auf dem Schreibtisch befinden sich nur die Dinge, die Sie ständig benötigen. Dies ist die Ebene 1 für Schreibutensilien, Ihr Zeitplanbuch oder Kalendersystem, eine Uhr, eine Schreibtischleuchte und mehrere Ablageschalen für noch zu bearbeitende und bereits fertige Aufgaben, Vorgänge oder Dokumente. Arbeiten Sie am besten von links nach rechts. Links befinden sich unbearbeitete Dinge nach Dringlichkeit und Wichtigkeit vorgeordnet. In der Mitte ist das, was Sie gerade bearbeiten, und rechts werden die fertig bearbeiteten Vorgänge bis zur endgültigen Verwendung zwischengelagert.
Ebene 1: ständige Erreichbarkeit in unmittelbarer Nähe

Im Fachhandel gibt es diverse ca. 40 cm x 50 cm große Schreibunterlagen aus Kunststoff in vielen Farben. Eine durchsichtige Unterlage kann recht nützlich sein, weil man wichtige Notizen, Zettel etc. darunterschieben kann und diese dann ständig sieht.

Auf der Ebene 2, die auch eine Regalebene über dem Tisch oder eine Rollcontaineroder Schubkastenebene unter dem Tisch sein kann, befinden sich Dinge, die Sie nicht ganz so häufig brauchen, die Sie aber ohne aufstehen zu müssen bequem erreichen können: Papier, Ersatzstifte, Wörterbücher, Formelsammlungen, Lexika oder ein Apparat, d. h. diejenigen Bücher und Materialien, mit denen Sie zurzeit wegen eines Referates oder einer Präsentation besonders häufig arbeiten. Auch der Computertisch und ein Wagen mit Hängeordnern gehören noch zur Ebene 2.
Ebene 2: noch vom Schreibtischstuhl aus erreichbar

Und schließlich gibt es die Ebene 3, eigentlich der Rest des Arbeitszimmers, wo Sie all die Dinge haben, die Sie nicht ständig benötigen, die Sie aber – auch wenn Sie aufstehen müssen – schnell und leicht erreichen können. Hier gehören die meisten Bücher hin sowie Ordner mit Aufschrieben und Notizen aus früheren Jahren oder früheren Semestern, aber auch Zeitschriften, CDs, DVDs, Computerprogramme, Fotos etc. Und hier gehört auch eine kleine Pinnwand für Erinnerungszettel hin.
Ebene 3: das restliche Arbeitszimmer

Schreibtischebenen

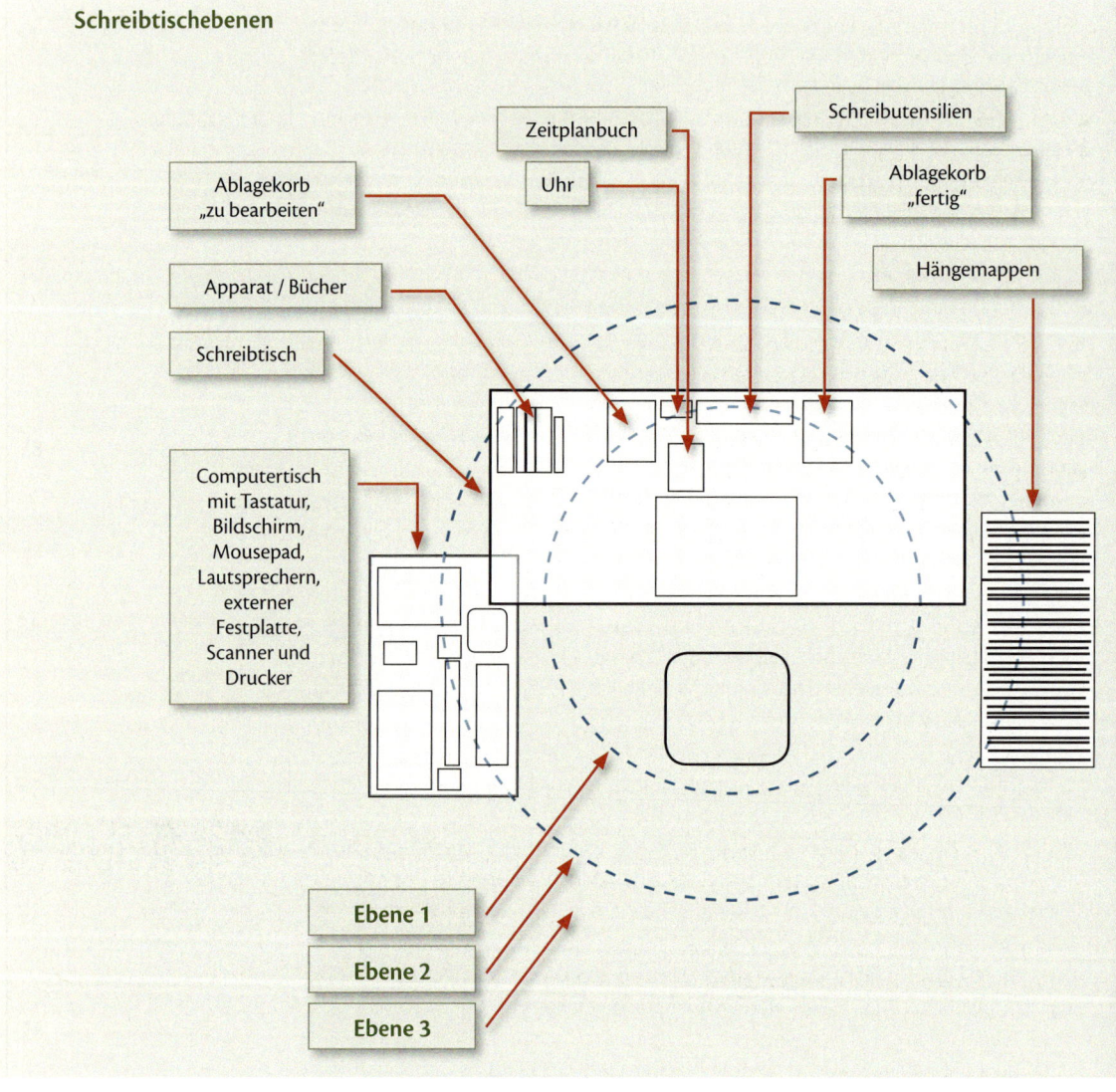

Ablagekorb „zu bearbeiten"

Apparat / Bücher

Schreibtisch

Computertisch mit Tastatur, Bildschirm, Mousepad, Lautsprechern, externer Festplatte, Scanner und Drucker

Zeitplanbuch

Uhr

Schreibutensilien

Ablagekorb „fertig"

Hängemappen

Ebene 1

Ebene 2

Ebene 3

Der Computertisch

Ein Computerarbeitsplatz ist heute aus dem Leben eines Schülers oder Studenten nicht mehr wegzudenken. Mehr und mehr Schulen und Lehrer kommunizieren per E-Mail mit ihren Schülern und senden Materialien. Schüler tauschen sich untereinander aus, sei es über soziale Netzwerke oder über die herkömmlichen E-Mails, und Hochschulstudenten haben ohne Internetzugang gar keine Chance mehr, sich zu den Lehrveranstaltungen, an denen sie teilnehmen möchten, anzumelden.

Ausstattung des Computertisches mit Hardware

Auf dem Computertisch steht entweder ein Laptop oder wenn Sie mit einem Desktopgerät arbeiten, die Tastatur und ein flimmerfreier 19"-Flachbildschirm. Außerdem ein Flachbettscanner, ein Drucker, eine externe Festplatte zur regelmäßigen Datensicherung, ein paar Aktivlautsprecher, falls diese nicht im Bildschirm integriert sind, und ein Mauspad. Die Höhe des Tisches bzw. die Höhe Ihres Bürostuhls ist so eingerichtet, dass Ihre Oberarme und Unterarme, wenn Sie mit der Tastatur arbeiten, etwa einen rechten Winkel bilden. Der obere Rand des leicht nach hinten geneigten Bildschirms befindet sich ungefähr in Augenhöhe. Neben dem Betriebssystem haben Sie Ihren Computer mit der üblichen Standardsoftware ausgestattet, mit der Sie auch umgehen können bzw. die Sie schnell lernen sollten. Dazu gehören

Grundausstattung
Standardsoftware

- ein Textverarbeitungsprogramm,
- eine Tabellenkalkulation, die auch über Datenbankfunktionen verfügt,
- ein Präsentationsprogramm,
- ein Programm zur Fotobearbeitung,
- ein Internet-Browser,
- Scanner-Software,
- ein Texterkennungsprogramm,
- ein Programm zum Kopieren und Brennen von CDs und DVDs,
- ein Multimediaprogramm zum Abspielen von CDs und DVDs,
- ein Programm zur Zeit- und Aufgabenplanung.

Dies ist die Minimalausstattung. In diesem Buch werden Ihnen eine ganze Reihe weiterer Programme empfohlen, die speziell für besondere Aufgaben geeignet sind, beispielsweise Projektmanagementprogramme oder Datenbanken in Form von Zettelkästen oder Programme, die das Anfertigen von Hausarbeiten unterstützen. All das können Sie auch irgendwie mit den Standardprogrammen bewerkstelligen, aber es ist viel komplizierter und dauert länger.

An Ihrem Computertisch befindet sich außerdem ein Unterschrank mit Papier für den Drucker und einem Schubkasten oder einer Ablage für Speichermedien (CDs, DVDs, USB-Sticks, SD-Karten oder was auch immer die technisch aktuellen Speichermedien sein mögen). Achten Sie unbedingt darauf, dass Sie von allen wichtigen Vorgängen und Veränderungen auf dem Computer eine Sicherungskopie anfertigen, am besten immer, wenn Sie Ihre Computerarbeit beenden. Nutzen Sie dazu die externe Festplatte.

Profitipp

Von besonders wichtigen Dokumenten, z. B. Referaten, Präsentationen, die Sie auf keinen Fall verlieren dürfen, senden Sie sich eine E-Mail an Ihre eigene Adresse und hängen Sie das wichtige Dokument an. Damit haben Sie eine externe Sicherungskopie erstellt, auf die Sie auch von anderen ans Internet angeschlossenen Computern zurückgreifen können.

Der Hängemappenwagen

Im Fachhandel gibt es unterschiedliche Schränke und Wagen für Hängemappen. Wagen haben den Vorteil, dass Sie sie einfach dorthinbewegen können, wo Sie sie brauchen, z. B. wenn Sie in Ihrer kreativen Sofaecke arbeiten. In einen handelsüblichen Wagen passen ca. 50–80 Hängemappen. Auch hier gibt es unterschiedliche Typen: Hängetaschen, in die Sie ungelochte Blätter und Materialien einlegen können, und Hängeordner für gelochte Blätter. Hängemappen gibt es in verschiedenen Farben, sodass Sie die Möglichkeit haben, Farbcodes als Ordnungskriterien zu verwenden. Eine Ordnung erreichen Sie auch durch die Beschriftungszettel in den aufsetzbaren und verschiebbaren Reitern der Mappen.

Farbcodes

Hängemappen, Ordner, Ordnerregister, Stehsammler, Ringbücher, Präsentationsmappen, Dokumentenboxen etc. gibt es in einer Vielzahl von Farben. Verwenden Sie für alle Schriftstücke eines bestimmten Unterrichtsfaches die gleiche Farbe, z. B. blau für Englisch, gelb für Deutsch, grün für Biologie. Und falls die Mathematik ein rotes Tuch für Sie sein sollte, spricht nichts dagegen, für Mathematik den Farbcode rot zu wählen.

Beispiel für Farbcodes

Sehen wir uns ein Beispiel an: orange für Geschichte. Für Ihre Unterrichtmitschriften benutzen Sie ein Heft mit orangefarbenem Einband. Falls Sie lieber auf lose Blätter schreiben, bzw. viele lose Materialien von Ihrem Fachlehrer bekommen, ist ein Ordner sinnvoller. Ordnen Sie Geschichte hinter dem orangefarbenen Registerblatt. Im Laufe von zwei Oberstufenjahren kommen viele Blätter für Geschichte zusammen. Sammeln Sie die länger zurückliegenden Aufschriebe in einem Ordner der Farbe orange, oder nach Themen geordnet (Kaiserreich, Erster Weltkrieg, Weimar, Nationalsozialismus, Zweiter Weltkrieg, Bundesrepublik, DDR) in orangefarbenen Hängemappen. Ihre Geschichtsklausuren kommen ebenfalls in eine orangefarbene Hängemappe mit dem Reiterschild „G – Klausuren". Aktuelle Referatmaterialien oder Hausaufgaben für Geschichte legen Sie in orangefarbene Sammelmappen.

Wenn Sie jetzt neben dem Mappenwagen noch in Ihren Regalen oder Schränken der Ebene 3 Fächer für Ordner, Sammelmappen, Ringbücher etc. anlegen, sehen Sie mit einem Blick aufgrund der Farbe, was sich wo befindet, und müssen nicht, wenn Sie etwas suchen, jeden Ordner aus der Nähe sehen oder gar öffnen, um die gewünschten Blätter zu finden.

Ablage täglich

Gewöhnen Sie sich bitte an, die angefallenen Materialien eines jeden Tages auch am gleichen Tag abzulegen bzw. wegzuheften. Das dauert fünf Minuten, pro Woche maximal 30 Minuten. Wenn Sie alles auf einen kreativen Haufen legen und mehrfach pro Woche umschichten, weil Sie etwas suchen, vergrößert sich das Chaos und Sie benötigen wesentlich mehr Zeit zum Suchen, vor allem weil derartige Haufen eine starke Tendenz zu unkontrollierbarem Wachstum zeigen.

Denken Sie bitte auch daran, dass vieles, was Sie an Papier bekommen, ein ganz kurzes Verfallsdatum hat oder ohnehin unwichtig ist. Ihr Papierkorb gehört unter den Schreibtisch und ist ein wesentlicher Bestandteil der Ebene 1, der wichtigsten.

Aufgabe

Überlegen Sie sich bitte, in welcher Ebene Ihres Arbeitsplatzes Sie die folgenden Gegenstände platzieren würden. Begründen Sie Ihre Entscheidung im Hinblick auf Wichtigkeit und Erreichbarkeit.

- ein Locher
- Ihr persönliches Lieblingsfoto
- Ihr Mobiltelefon
- ein 20 cm langes Lineal
- ein 50 cm langes Lineal
- ein Karteikasten mit Französisch-Vokabeln
- ein Block mit mehrfarbigen Haftnotizen
- Ersatzpatronen für den Füller
- ein kleiner Kosmetikspiegel
- die aktuelle Ausgabe eines wöchentlichen Nachrichtenmagazins
- eine Packung mit Traubenzuckerstücken
- eine Packung Papiertaschentücher
- Ihr persönlicher Glücksbringer
- Ersatzpatronen für Ihren Computerdrucker
- Briefmarken
- die DVD mit den Fotos der letzten Klassenfahrt
- ein kleiner Tisch-/Taschenrechner

Die Sofaecke

Die Sofaecke oder der bequeme Sessel ist der Ort in Ihrem Arbeitsbereich, wo Sie nachdenken, lesen oder nur relaxen. Stellen Sie sicher, dass Sie es dort bequem haben, dass Sie einen kleinen Beistelltisch als Ablagefläche für ein Buch, einen Notizblock oder eine Tasse Kaffee haben. Übrigens, der britische Premierminister hat das traditionelle Recht im Parlament (Unterhaus), seine Füße während der Sitzungen auf den Tisch des Hauses zu legen. Es gibt keinen Grund, warum Sie nicht in Ihrem eigenen Arbeitszimmer Ihre eigenen Füße auf Ihren eigenen Tisch legen dürfen, wenn das für Sie bequem ist und Sie dann besser denken können. Mediziner empfehlen sogar, gelegentlich die Beine hochzulegen.

Die Sofaecke ist ein durchaus geeigneter Ort, Bücher zu lesen. Gleichzeitig können Sie sich dort auch Notizen machen, die Sie später zur weiteren Bearbeitung benötigen. Es gibt Schülerinnen und Schüler, aber auch Lehrer, die einen großen Teil ihrer Arbeitszeit in der Sofaecke verbringen und nichts aufschreiben, sondern alle wesentlichen Informationen in ein kleines, inzwischen auch nicht mehr sehr kostspieliges, digitales Diktiergerät sprechen und bei Gelegenheit aufschreiben oder in den Computer eingeben. Digitale Diktiergeräte können auch als mobile Eingabegeräte für Spracherkennungsprogramme benutzt werden, d. h., Sie sprechen etwas in Ihr Diktiergerät, verbinden dieses später über die USB-Buchse mit Ihrem Computer, auf dem Sie ein Spracherkennungsprogramm installiert haben, das dann wiederum Ihren diktierten Text in Ihr Textverarbeitungsprogramm aufnimmt. Hier sind in der Regel kleinere Rechtschreib- und Formatierungskorrekturen notwendig, aber dann haben Sie einen Aufschrieb Ihrer Sofaeckentätigkeit. Mit dieser Technik haben Sie dann bereits den Einstieg in Ihren mobilen Arbeitsplatz gefunden.

digitales Diktiergerät

Der mobile Arbeitsplatz

Eigentlich ist ein mobiler Arbeitsplatz nichts anderes als eine vergleichsweise kostspielige Zusammenstellung technischer, netzstromunabhängiger Geräte, die inzwischen so klein sind, dass Sie alle gleichzeitig in eine Umhängetasche passen und überall einsatzbereit sind.

Herzstück des mobilen Arbeitsplatzes ist natürlich der Computer in seiner Laptop-Variante oder, noch kleiner und handlicher, als Netbook. Der Computer verfügt über die oben erwähnte Minimalausstattung an Standardsoftware, darf aber gern noch etwas mehr haben, z. B. das Spracherkennungsprogramm. Außerdem hat er die Möglichkeit des drahtlosen Internetzugangs, sei es über WLAN oder über ein entsprechendes Permanentangebot Ihres Providers. Nahezu alle anfallenden Aufgaben können mit diesem Computer erledigt werden. Sie können ständig Leute beobachten, die mit Laptops arbeiten, sei es an Flughafengates, in der Bahn, in öffentlichen Bibliotheken, in Hörsälen oder sogar auf Campingplätzen. Für Sicherungskopien eignen sich hier besonders USB-Sticks, weil sie klein und unkompliziert sind.

Laptop oder Netbook

Einen Scanner benötigen Sie bei der mobilen Arbeit nicht. Und wenn Sie doch einmal einen interessanten Zeitungsartikel oder eine Schautafel in einer Ausstellung finden, die Sie gern einscannen möchten, dann benutzen Sie Ihre Digitalkamera und fotografieren Sie den Artikel. Dem modernen Texterkennungsprogramm auf Ihrem Computer ist es egal, ob der Text gescannt oder fotografiert ist. Es erkennt ihn genauso gut. Nur die Bedienung des Programmes ist etwas anders.

Digitalkamera

Der zweite wesentliche Bestandteil Ihres mobilen Arbeitsplatzes ist Ihr Handy. Eine Mehrheit von Oberstufenschülern verfügt heute bereits über UMTS-fähige Handys, d. h., Datenübertragungen sind möglich. Derartige Handys werden mit einer Fülle an Software ausgeliefert, sodass sie inzwischen richtige Universalgeräte geworden sind. Für den

Handy

mobilen Arbeitsplatz ist es hilfreich, dass Sie damit Ihre Terminplanung machen können, dass Sie es als Taschenrechner verwenden können, dass sie Ihre E-Mails abrufen können und natürlich dass Sie damit telefonieren können.

Diktiergerät

Das vierte Gerät neben Computer, Handy und Digitalkamera ist das digitale Diktiergerät, wobei diese Funktion wie auch die Kamerafunktion auch mit dem Handy zu leisten ist, aber nicht ganz so komfortabel.

Bei all dem elektronischen Aufwand kann es natürlich vorkommen, dass die Akkus der Geräte ihren Dienst versagen, gerade dann, wenn man sie nötig braucht. Es ist sehr umständlich, neben den Geräten immer auch die entsprechenden Ladegeräte mit sich herumzutragen. Zur Sicherheit sollte daher auch das mobile Büro über stromunabhängige Systeme verfügen, zum Beispiel einen Notizblock und einen Stift.

Notizblock

Wann lohnt es sich, mobil zu arbeiten? Wenn Sie Ihre Zeitanalyse machen, werden Sie feststellen, wie viel verlorene Zeit Sie mit Warten verbringen. Ab einer vorhersehbaren Wartezeit von 15 Minuten lohnt sich ein mobiler Arbeitsplatz. Ersatzweise tut es aber auch ein Buch!

1.4 Lernverhalten und Lerntypen

Probleme in der Arbeitsmethodik, im Lernverhalten und in der Selbstorganisation bedürfen zunächst einer Diagnose, bevor man sie direkt angehen und beheben kann. Beantworten Sie die nachfolgenden Fragen durch Ankreuzen einer Antwort.

	A	B	C	D
Gehen Sie gern zur Schule?	nein	manchmal	hin und wieder	ja
Fällt es Ihnen schwer, mit den Hausaufgaben anzufangen?	ja	oft	selten	nein
Lassen Sie sich bei Hausaufgaben leicht ablenken?	ja	manchmal	selten	nein
Nehmen Sie mündliche Hausaufgaben genauso ernst wie schriftliche?	nein	ab und zu	manchmal	ja
Erledigen Sie Hausaufgaben an dem Tag, an dem sie aufgegeben wurden?	nein	selten	manchmal	ja
Erledigen Sie Hausaufgaben während des Unterrichts?	oft	manchmal	selten	nein
Setzen Sie Prioritäten beim Erledigen der Hausaufgaben?	nein	selten	meistens	immer
Werden Sie bei den Hausaufgaben von „Erziehungspersonen" überwacht?	ja	meistens	manchmal	nie
Hätten Sie gern eine derartige Kontrolle bei der Hausaufgabenanfertigung?	auf jeden Fall	nie	ja	manchmal
Lernen Sie verstärkt kurzfristig vor Klassenarbeiten und Klausuren?	immer	meistens	manchmal	nein
Stehen Sie beim Schreiben von Arbeiten und Klausuren unter Zeitdruck?	immer	häufig	selten	nein

	A	B	C	D
Haben Sie Angst vor Klassenarbeiten und Klausuren?	ja	vor manchen	kaum	nein
Kennen Sie Ihre Stärken und Schwächen in den einzelnen Fächern?	nein	ungefähr	recht genau	ganz genau
Vergessen Sie bei Arbeiten, was Sie vorher noch konnten?	fast immer	recht oft	selten	nein
Arbeiten Sie für manche Fächer mit Mitschülern zusammen?	nie	selten	häufig	oft
Arbeiten Sie für manche Fächer lieber als für andere?	für keins	eins	zwei	mehrere
Hängt das auch vom Lehrer ab?	sehr	stark	nein	etwas
Sind Sie vielleicht faul und ärgern sich darüber?	nein	bin nicht faul	ja	manchmal
Arbeiten Sie lieber, wenn Sie etwas genau verstanden haben?	nein	manchmal	oft	ja
Können Sie manchmal die Zeit vergessen, wenn Sie sich in ein Problem verbissen haben?	nein	selten	manchmal schon	ja
Haben Sie vor manchen Lehrern Angst?	ja	einem	selten	nein
Fragen Sie den Lehrer, wenn Sie etwas nicht verstanden haben?	nein	manchmal	oft	ja
Haben Sie Angst davor, ausgelacht zu werden?	ja	oft	kaum	nein
Haben Sie einen festen Arbeitsplatz?	nein	manchmal	meistens	ja
Können Sie dort ungestört arbeiten?	selten	häufig	oft	immer
Besorgen Sie sich Zusatzinformationen, die über Schulbücher und Heftaufschriebe hinausgehen?	nein	selten	manchmal	oft
Können Sie sich gut allein in neue Stoffe einarbeiten?	nein	manchmal	oft	ja
Machen Sie beim Lernen vorher geplante Erholungspausen?	nein	gelegentlich	oft	immer
Können Sie nach einer Pause problemlos weiterarbeiten?	nein	selten	manchmal	ja
Hören Sie Musik oder sehen Sie fern, während Sie lernen?	oft	manchmal	selten	nie
Wiederholen Sie den Lernstoff regelmäßig?	nein	manchmal	oft	immer

Wenn Ihre Antworten sich vorwiegend in der D-Spalte ergeben, haben Sie wohl kaum Probleme beim Lernen und mit der selbstständigen Arbeit.

    Bei Antworten hauptsächlich in der C-Spalte sollten Sie schon Ihre Arbeitsweise überprüfen und korrigieren.

Bei Antworten in den Spalten A und B, vor allem bei häufigen Antworten in diesen Spalten, ist Ihre Arbeitsweise alles andere als optimal. Selbst wenn Sie es anderen gegenüber

Auswertung des Lernverhaltens

nicht zugeben möchten, so sollten Sie sich selbst gegenüber ehrlich sein und die in den Fragen angesprochenen Mängel von Grund auf beheben. Reden Sie sich bitte nicht ein, dass Sie Ihre optimale Arbeitsweise gefunden haben, egal wie Ihr Testergebnis aussieht. Bei vorwiegend A- und B-Antworten sind wohl auch Ihre Noten in den meisten Fächern nicht besonders überzeugend.

Lerntypen nach F. Vester

Differenzen im Lernverhalten erklären sich aber ebenso aufgrund einer Lerntypologie. Je nachdem, von welchem Ansatz man herkommt, gibt es unterschiedliche Lerntypen. Der Kommunikationswissenschaftler Frederic Vester unterscheidet zwischen visuellem, akustischem, haptischem und motorischem Lerntyp. Wer eher der Richtung des NLP (Neurolinguistisches Programmieren) anhängt, wird unterscheiden zwischen vissuellen, auditiven, kinästhetischen und olfaktorisch/gustatorischen Lerntypen. Beide Richtungen zusammenfassend und vereinfachend können wir hier von drei Lerntypen sprechen, die sich jeweils über ihre bevorzugte Informationsaufnahme definieren:

- Lerntyp A: Lesen
- Lerntyp B: Hören
- Lerntyp C: Sehen

Da diese drei Typen nie in der reinen Form vorkommen, sondern immer gemischt sind, ist zu überprüfen, welche Form der Informationsaufnahme überwiegt. Wer zum Beispiel **Lesen** durch Lesen besonders gut lernt, sollte diesen Eingangskanal durch Übung verstärken. Zusatzinformationen zum Unterricht sind durch Bücher und Zeitschriften leicht zu bekommen. Möglicherweise lässt sich die Aufnahmegeschwindigkeit auch noch durch einen Schnelllesekurs, wie er an vielen Instituten und Volkshochschulen angeboten wird, steigern.

Hören Lernende, die über das Hören besonders aufnahmefähig sind, sind bei zahlreichen Radiosendern gut bedient. Der Einsatz von Kassettenrecorder und Diktiergerät ist eine große Hilfe, und aus dem Unterricht nehmen sie sehr viel mit, auch ohne unbedingt sehr viel mitzuschreiben.

Sehen Wer zum Lerntyp Sehen gehört, ist besonders auf Bilder, Filme und Visualisierungen in Form von Tafelanschrieben, Flipchart-Diagrammen und optischen Kompositionen an der Pinnwand angewiesen.

Kombination verschiedener Sinne Unser Gehirn bedarf unserer Sinne, um Informationen aufzunehmen. Da die Aufnahmefähigkeit und die Leistung des Gehirns durch ständiges Training weiter wachsen kann, vor allem auch, wenn man über vernetztes Denken beide Gehirnhälften kombiniert einsetzt, lernt man auch durch eine Kombination verschiedener Sinne mehr und schneller.

Wir behalten von dem, was wir …

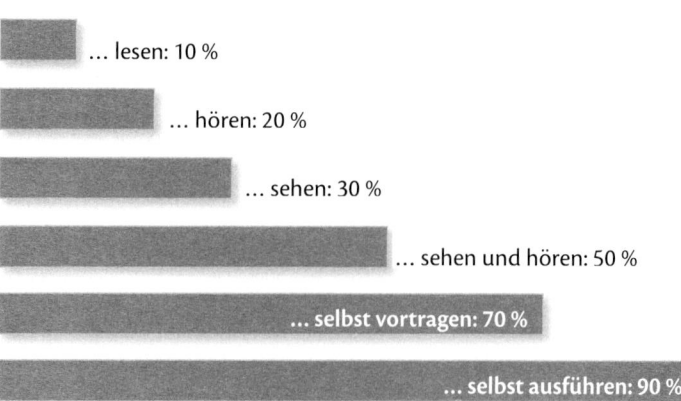

… lesen: 10 %

… hören: 20 %

… sehen: 30 %

… sehen und hören: 50 %

… selbst vortragen: 70 %

… selbst ausführen: 90 %

Entscheiden Sie, vielleicht auch im Gespräch mit Freunden, Eltern und Lehrern, zu welchem Lerntyp Sie gehören und wie Sie Ihre Lernfähigkeit steigern können.

Lernstrategien

Je nachdem, wie Sie den vorhergehenden Fragebogen beantwortet haben, können Sie nun feststellen, wo Sie möglicherweise Defizite haben und welche Lernstrategien Abhilfe schaffen könnten.

In ihrem „Handbuch Lernstrategien" (Göttingen, 2006) nennen die Autoren Mandl und Friedrich:

Elaborationsstrategien

- Dazu gehört zum Beispiel die Herstellung der Aufmerksamkeit. Sie wissen selbst, auch wenn Sie sich für ein Multitaskingtalent halten, dass Sie beim Lernen lateinischer Wörter nicht sehr erfolgreich sein werden, wenn Sie gleichzeitig der Fußballübertragung im Fernsehen folgen oder die falsche Musik zu laut hören. Leise und einfache Musik ohne Text und überraschende Höhepunkte kann durchaus, muss aber nicht konzentrationsfördernd sein.

  Herstellung der Aufmerksamkeit

- Auch die Aktivierung des bereits Bekannten, des Vorwissens, ist eine Lernstrategie. Wenn Sie sich klarmachen, was Ihnen zu einem bestimmten Thema bereits geläufig ist, ist das eine gute Basis für die Aufnahme neuer und vertiefender Informationen.

  Aktivierung des Vorwissens

- Stellen Sie Fragen, um sich einen bestimmten Sachverhalt klar zu machen. Fangen Sie mit den einfachen „Wer"-, „Wo"-, „Was"- und „Wann"-Fragen an und beschreiben Sie etwas mit den Antworten, bevor Sie mit den vertiefenden Fragen „Wie?" und „Warum?" die Hintergründe erklären, die dann zum Verständnis führen.

  Fragen stellen

- Das Anfertigen von Notizen ist eine weitere Strategie. Benutzen Sie hier, wenn möglich, flexible Formate wie Mindmaps (➜ Kapitel 4.4 Mindmap), oder Netzstrukturen wie z. B. die Spinnwebanalyse.

  Notizen machen

- Wiederholungsstrategien sind besonders für das Erlernen von Vokabeln, Synonymen, Fachbegriffen und Definitionen geeignet. Für Vokabeln gibt es im Fachhandel Karteikartensysteme mit mehreren Fächern. Die Karte mit einer bestimmten Vokabel wandert erst dann ins nächste Fach, wenn die korrekte Bedeutung sicher genannt wurde.

  Wiederholungen

Ähnlich arbeitet ein sehr einfaches, aber hochwirksames Lernprogramm, „Phase 6", in welches man alle zu lernenden Einheiten selbst eingeben muss, die dann vom Programm in bestimmten Zeitabständen wieder abgefragt werden und durch diese strukturierte Wiederholung ins Langzeitgedächtnis transportiert werden.

Webcode: MT641048-031

Organisationsstrategien

- Schriftliche Zusammenfassungen helfen mit, Gelerntes und Verstandenes zu festigen und in einen sachlichen Zusammenhang zu stellen.

  Schriftliche Zusammenfassungen

- Das Gleiche gilt für das Anfertigen von Wissensschemata, seien es wieder Mindmaps (➜ Kapitel 4.4 Mindmap), Cluster (➜ Kapitel 4.8 Cluster), Concept-Maps (➜ Kapitel 4.6 Netzstruktur), oder verschiedene Möglichkeiten der Selbstdokumentation (➜ Kapitel 8.5 Selbstdokumentation).

  Wissensschemata

Selbstkontroll- und Selbstregulationsstrategien

- Dazu gehören das Planen (Zeitplanung, Arbeitsplanung, Projektplanung), das Überwachen der Planung und die Einhaltung von Zwischen- und Teilzielen sowie das Bewerten von Informationen und Prozessen.

  Planen, Überwachen, Bewerten

Wissensnutzungsstrategien

Textproduktion

- Die Textproduktion ist eine Wissensnutzungsstrategie. Wenn Sie z. B. eine Hausarbeit oder Klausur schreiben, natürlich mit der vorhergehenden notwendigen Vorbereitung und Planung, aktivieren Sie Ihr Wissen, das Sie gleichzeitig festigen und durch die Formulierung unterschiedlicher Blickwinkel und Sichtweisen erweitern.

Problemlösungsstrategien

- Auch die jeweils eher fachbezogenen Problemlösungsstrategien sind eine Form der Wissensnutzung, bei denen Sie aufgrund Sach- und Methodenkenntnis zu neuen Lösungen kommen.

1.5 Konzentration und Kreativität trainieren

mangelnde Sauerstoffversorgung

Oft entstehen Konzentrationsprobleme dadurch, dass sich viele Menschen in einem zu kleinen Raum befinden, der noch dazu schlecht belüftet ist. Eine Unterversorgung mit Sauerstoff führt zunächst zu Gähnen und dann zu erheblichen Ermüdungserscheinungen. Aber auch ohne erschwerte Bedingungen ist zu wenig Sauerstoff ein Auslöser für Konzentrationsprobleme. Hier kann eine Atemübung etwas weiterhelfen:

Aufgabe

Stellen Sie sich bequem hin, stehen Sie gerade und nehmen Sie die Schultern leicht zurück. Legen Sie die Hände so auf Ihre Hüften, dass die Daumen nach hinten zeigen und Ihre Finger unterhalb des Nabels auf dem Bauch liegen. Atmen Sie nun tief ein. Dabei bewegen Sie bitte Ihre Schultern nicht. Auch der Brustkorb dehnt sich nicht. Atmen Sie ein, bis Sie mit Ihren Händen die Ausdehnung Ihres Bauches fühlen können. Mit dieser Art des Atmens erreichen Sie die maximale Füllung Ihrer Lunge mit Atemluft. Halten Sie die Luft kurz an und versuchen Sie konzentriert, den Sauerstoff in Ihrer Lunge in Arme, Beine und Kopf zu pressen. Dann atmen Sie wieder langsam durch den Mund aus, halten kurz ein und beginnen wieder von vorn.

Wenn Sie diese Übung ein paar Mal gemacht haben, werden Sie sich wieder fit genug zum Weiterarbeiten fühlen. Wiederholen Sie sie, wann immer Sie dazu Gelegenheit haben, wenn es geht, mehrmals am Tag.

Sie können die Übung auch variieren, indem Sie versuchen, die Einatemphase und die Ausatemphase in drei gleichgroße Einheiten zu unterteilen, d. h., Sie beginnen einzuatmen, machen eine kurze Pause, atmen weiter ein, wieder eine kurze Pause und atmen dann bis zu Ihrer vollen Lungenkapazität ein. Dann pressen Sie die Luft in Arme, Beine und Kopf, bevor Sie wieder – ebenfalls in drei Einheiten – ausatmen.

Wir alle haben solche Phasen, in denen wir uns nicht voll auf das konzentrieren können, was wir gerade tun.

Bei vielschichtigen und komplexen Tätigkeiten ist es nicht ungewöhnlich, dass man oft an Kleinigkeiten scheitert, die auch etwas mit Konzentration zu tun haben.

Störung der Konzentration

Sie sitzen zum Beispiel mitten in einer komplizierten Gemeinschaftskunde-Klausur. Zwar schreiben Sie gerade nicht, aber jeder kann an Ihren körpersprachlichen Signalen sehen, dass Sie hochkonzentriert sind und an einem wichtigen Gedanken arbeiten. Vielleicht haben Sie noch ein paar andere wichtige Ideen in einer Warteschleife im Hinterkopf. Da hören Sie draußen plötzlich mehrere Einsatzfahrzeuge der Polizei, der Feuerwehr und des Notarztes mit lautem Sirengeheul vorbeifahren. Sie zucken zusammen, schrecken auf. Ihre Konzentration ist gestört.

Sie wissen zwar noch, woran Sie gerade gedacht haben, aber das komplexe Gedankengebäude ist zusammengestürzt und muss erst mühsam wieder aufgebaut werden. Die guten Formulierungen sind ganz weg.

Wenn Sie einen durch äußere Störungen ausgelösten Blackout vermeiden wollen, müssen Sie Ihre Gedanken, sofort wenn Sie kommen, zu Papier bringen. Eine Mindmap (→ Kapitel 4.4 Mindmap) leistet hier vorzügliche Dienste. Aber auch eine Checkliste mit zwei schmalen und einer breiten Spalte ist recht brauchbar. In die breite Spalte kommen Ihre Gedanken in Stichwortform und Punkte, die Sie noch erledigen müssen. In die erste schmale Spalte kommt eine Nummerierung, eine Reihenfolge, in der Sie die Gedanken und Tätigkeiten abarbeiten möchten. Und da eine solche Reihenfolge beim ersten Mal nie perfekt ist, gibt es noch eine zweite Spalte für Änderungen und Aktualisierungen. Das, was abgearbeitet ist, wird einfach durchgestrichen. Die Checkliste sieht etwa so aus:

Gedanken festhalten

Checkliste

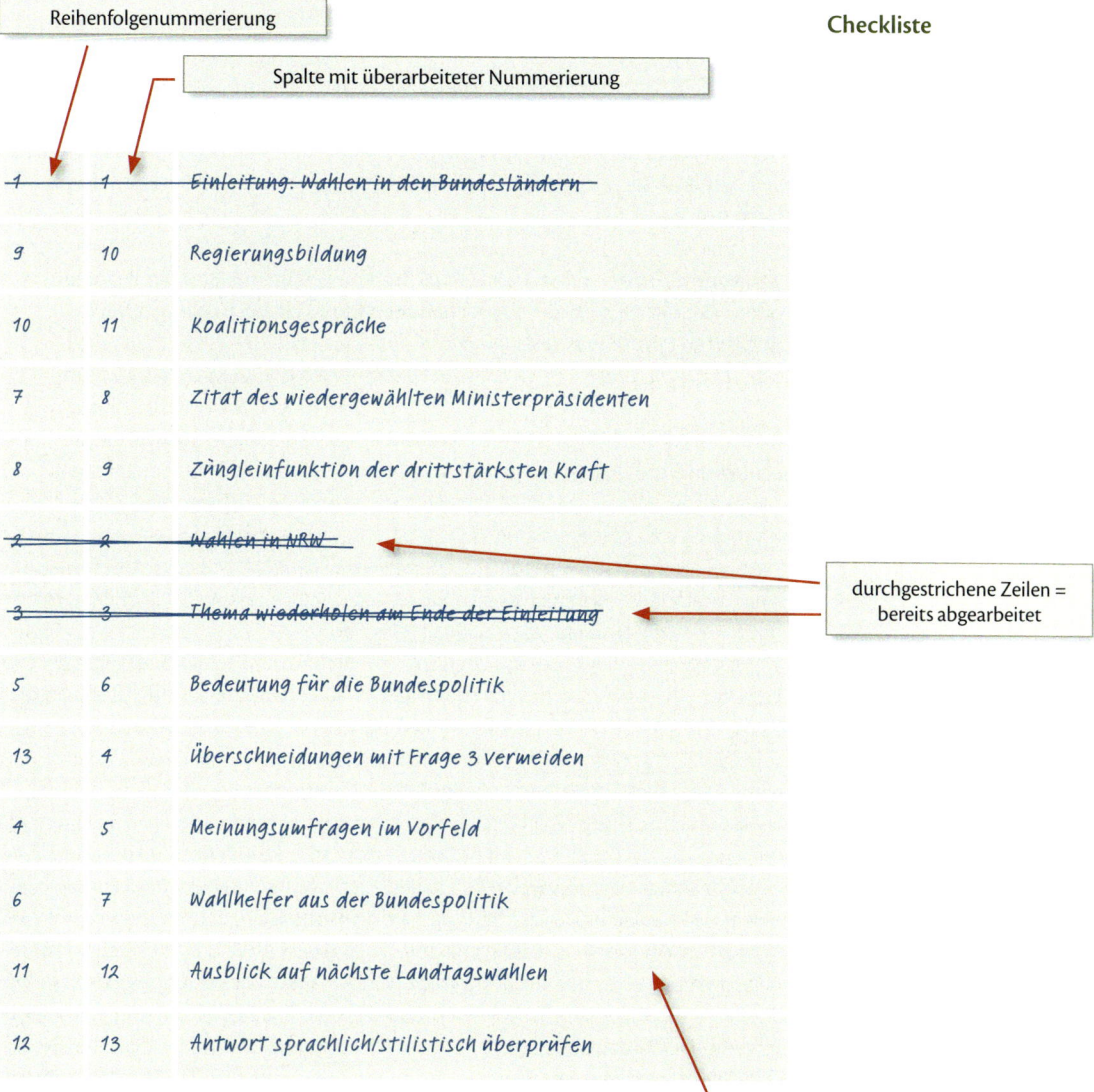

Reihenfolgenummerierung	Spalte mit überarbeiteter Nummerierung	
1	1	~~Einleitung. Wahlen in den Bundesländern~~
9	10	Regierungsbildung
10	11	Koalitionsgespräche
7	8	Zitat des wiedergewählten Ministerpräsidenten
8	9	Zügleinfunktion der drittstärksten Kraft
2	2	~~Wahlen in NRW~~
3	3	~~Thema wiederholen am Ende der Einleitung~~
5	6	Bedeutung für die Bundespolitik
13	4	Überschneidungen mit Frage 3 vermeiden
4	5	Meinungsumfragen im Vorfeld
6	7	Wahlhelfer aus der Bundespolitik
11	12	Ausblick auf nächste Landtagswahlen
12	13	Antwort sprachlich/stilistisch überprüfen

durchgestrichene Zeilen = bereits abgearbeitet

Gedanken und Tätigkeiten

1.6 Networking

Wem es als Schüler oder Student gelingt, sich ein Netzwerk zu schaffen, verfügt früh-zeitig über Networking-Kompetenz, ein wesentlicher Bestandteil der immer mehr in den Vordergrund tretenden Soft Skills.

Definition	**Soft Skills** sind die nicht fachbezogenen Fähigkeiten im menschlich-psycho-logischen wie auch im methodisch-strategischen Bereich, die für den beruf-lichen Erfolg als ausschlaggebend angesehen werden. Dazu gehören Selbst-management, Kommunikationskompetenz, Networking, Teamfähigkeit und viele andere. Diese „weichen" Fähigkeiten ergänzen die „harten" Fähigkeiten der Fachkenntnisse und der Berufserfahrung. Sie können geschult und weiterentwickelt werden.

Networking wird oftmals noch negativ als Vetternwirtschaft oder Vitamin B abgetan, wobei wohl außer Acht gelassen wird, dass es ein aktiver Vorgang ist, der nicht früh genug beginnen kann und an dem man ständig arbeiten muss. Mit Networking verfolgt man aber nicht nur das Ziel, irgendwann einen Vorteil zu ziehen, sondern es beinhaltet auch, für andere bereit zu sein und zu geben.

Definition	**Networking** ist der aktive Prozess des Beziehungsaufbaus und der Beziehungs-pflege mit der Option, die so geschaffenen Kontakte bei Bedarf gezielt zu nutzen.

Beispiel für Networking

Bemühen wir doch wieder einmal das Beispiel von Anke, Bill und Chris, die die gleiche Schule und mehrere Kurse gemeinsam besuchen. Anke ist eine Spitzenschülerin in Mathematik. Bill ist nirgends Spitze, kann aber sehr gut mit Computern umgehen. Und Chris, der recht gut in Fremdsprachen und Kunst ist, ist dankbar, dass er – ebenso wie Bill – Ankes Mathe-Hausaufgaben abschreiben darf. Dafür hat er ihr bei der Übersetzung eines Artikels aus einer amerikanischen Fachzeitschrift geholfen. Bill hat ihren Computer optimiert und ihr gezeigt, wie man Blogs schreibt.

Wir haben es hier mit einem gut funktionierenden Mini-Netzwerk zu tun, das sicher-lich über viele Jahre halten wird. Wenn irgendwann einmal der Creative Director Chris der Werbeagentur XY die Programmierung einer Firmenhomepage an den selbst-ständigen Programmierer Bill vergibt, werden beide darüber scherzen, dass die promo-vierte Versicherungsmathematikerin Anke kürzlich einen irischen Exportkaufmann geheiratet hat, der kein Wort Deutsch spricht.

Während der Studienzeit an verschiedenen Universitäten sind Anke, Bill und Chris zwar in ständigem Kontakt geblieben, haben aber viele andere Menschen kennen gelernt, mit denen sie fachlich oder freundschaftlich verbunden sind. Während sich neue Kontakte anfänglich nur zufällig ergaben, hat Anke recht bald aktives Beziehungsma-nagement betrieben und den Kontakt zu Mathematikstudenten und Professoren ihrer eigenen und anderer Hochschulen forciert, indem sie Tagungen, Kongresse und Messen besucht hat. Bei einem Praktikum in einer Versicherung kam ihr die Idee eines Promo-tionsthemas, was der Versicherung sofort die Zusage finanzieller Unterstützung und etwas später ein attraktives Jobangebot wert war. Dafür konnte sie getrost das Angebot, Mathematik am Gymnasium zu unterrichten, ausschlagen.

neue Kontakte und Pflege bestehender Kontakte

Bills Beziehungsmanagement sah so aus, dass er sich zunächst eine Datenbank in der Form eines erweiterten Adressenverzeichnisses angelegt und ständig gepflegt hat. Hier sind nicht nur die Anschriften und Telefonnummern seiner Bekannten festgehalten, sondern auch Angaben über deren Spezialkenntnisse und -fähigkeiten, sei es nun, dass einer die Programmiersprache Cobol beherrscht oder ein anderer den Sommer als Surflehrer in Tarifa verbringt. Bills Datenbank ist so clever programmiert, dass sie ihm drei Tage vor dem Geburtstag jeder Person einen Hinweis darauf liefert, also rechtzeitig, um eine Glückwunschkarte schreiben zu können. Und die Adressenaufkleber für die Weihnachtskarten kommen auch automatisch.

Chris hat ein Jahr in den USA und ein halbes Jahr in Frankreich verbracht. In den USA hat er gelernt, wie wichtig Alumni-Vereinigungen sind, und in Frankreich, wie wichtig es ist, mit anderen Leuten zusammen essen zu gehen. Diese Kenntnisse hat er nach seiner Rückkehr nach Hause mit großem Erfolg angewandt.

Alle Vernetzungen unserer Beispielpersonen erfolgten freiwillig und ohne Termindruck. Die Initiative dazu ging von verschiedenen Seiten aus, und gelegentlich musste man auch feststellen, dass eine bestimmte Person kein Interesse an weiteren Kontakten hatte oder der Zeitpunkt noch zu früh war.

Verschiedene Studien (IBM, Hans-Böckler-Stiftung) belegen, dass Jobangebote, Beförderungen, Aufträge und persönlicher Erfolg zu einem hohen Prozentsatz von Beziehungen abhängen. Sicherlich gehören dazu auch manchmal Beziehungen mit einem etwas negativen Beigeschmack, z. B. Parteimitgliedschaften, verwandtschaftliche Verhältnisse oder bestimmte Formen von Lobbyismus.

Für beruflichen Erfolg sind gute Kontakte wichtig

In Großbritannien war einmal das School-tie-System sehr wichtig, das heute etwas an Bedeutung verloren hat. Zur Schuluniform gehörte eine bestimmte Krawatte. Wenn sich nun bei einem Vorstellungsgespräch herausstellte, dass der Personalchef und der junge Bewerber die gleiche Krawatte trugen, dann hatte man zumindest schon einmal einen Smalltalk-Gesprächsansatz über die gemeinsame Schule oder Universität und musste nicht den Gesprächseinstieg über das Wetter finden.

Wer ein geschickter Networker ist, hat davon viele Vorteile:

Vorteile durch Networking

- bessere Chancen bei Jobangeboten und Beförderungen,
- gute Chancen bei der Vergabe von Aufträgen,
- Hilfe bei Problemlösungen,
- Einladungen zu Veranstaltungen mit der Chance, neue Kontakte kennen zu lernen,
- schnelle Wiedereinstellung bei Arbeitslosigkeit,
- gute Kooperationsmöglichkeiten,
- Gelegenheiten zum kreativen Gedankenaustausch,
- bessere Möglichkeiten, an relevante Informationen zu kommen,
- direkte Ansprechpartner statt der umständlichen Recherche, wer wofür zuständig ist.

Networking ist aber nicht nur im Hinblick auf berufliches Fortkommen zu sehen, Networking hat auch eine starke private Komponente. Denken Sie an das besonders starke Netzwerk der Familie, des Freundeskreises, der Klasse, der Schule, der Universität oder des Wohnviertels.

Networking privat

Auch als Schülerin oder Schüler können Sie sich bereits ein Netzwerk aufbauen, das Ihnen in vielerlei Hinsicht nützen kann:

Netzwerkmöglichkeiten für Schüler

- Der Bruder Ihres Volleyballfreundes besucht die gleiche Klasse in einer anderen Schule. Sie können manche Hausaufgaben gemeinsam machen.
- Viele Lehrer neigen dazu, einmal aufwändig erstellte Klausuren mit nur geringen Veränderungen zu recyclen. Schauen Sie sich diese Klausuren bei den älteren Mitgliedern Ihres Schulchors an, die denselben Lehrer hatten.

- Bei einer Betriebsbesichtigung hat Ihnen ein Werkmeister in der Produktion freundschaftlich-kumpelhaft angeboten, Sie könnten einmal einen Tag lang in der Werkstatt mitarbeiten. Tun Sie es und bleiben Sie im Kontakt.
- Sie hängen mit Ihrem Referat über die Funktionsweise eines Mikrowellenherdes fest. Der Vater Ihrer besten Freundin ist Physiker. Fragen Sie ihn doch.
- Ihre Nachbarin ist Fitness-Trainerin. Und Sie bereiten sich gerade auf eine praktische Sportprüfung vor. Hier drängt sich doch ein intensiverer Kontakt geradezu auf.

Aber es geht auch anders herum:
- Ihr Tanzstundenpartner kommt aus einer Immigrantenfamilie und hat eine schwierige Hausarbeit in Deutsch abzuliefern. Bieten Sie ihm Ihre Hilfe beim Korrekturlesen an.
- Ein neuer Schüler, der als „Superhirn" angekündigt wurde, steht am ersten Tag verloren herum. Sprechen Sie ihn an und zeigen Sie ihm das Schulhaus oder stellen Sie ihn Ihren Lehrern vor.
- Ein Mitschüler aus Ihrer Gegend, der sich auf den öffentlichen Nahverkehr verlassen muss, kommt häufig zu spät zum Unterricht und bekommt deshalb Ärger. Sie werden von Ihrem Vater, der mit dem Auto in die Firma fährt, regelmäßig und pünktlich an der Schule abgesetzt. Fragen Sie Ihren Vater, ob er den Mitschüler auch mitnehmen kann.

emotionale Intelligenz Networking ist aber nicht nur Nehmen und Geben, es hat auch etwas mit Sozialverhalten und mit emotionaler Intelligenz zu tun. Und Networking ist eng verwandt mit Teamfähigkeit, Projektmanagement und Kommunikation.

Das Kontaktnetz

Ein Kontaktnetz ist ein persönliches Instrument, mit dem Sie Ihre fach- und wissensbezogenen Kontakte systematisch zusammenstellen und visualisieren können. In vier Bereichen listen Sie Ihre internen und externen Kontakte auf und machen die Beziehungen untereinander sichtbar. Diese Darstellung dient dazu, Ihnen zu zeigen, wo Ihre Kontakte gut sind und wo noch Arbeit investiert werden muss. Diese reine Darstellung entbindet Sie aber nicht von der Aufgabe, Ihre Kontakte regelmäßig zu pflegen.
- Der Kreis in der Mitte steht für Sie selbst. Gern können Sie hier Ihren Namen eintragen.
- Nun tragen Sie in die Kopfzeile jeder Tabelle eines Ihrer Fachgebiete bzw. eine Ihrer Fachkompetenzen ein.
- Die inneren, dem Kreis näherliegenden Spalten der vier Tabellen sind für Ihre internen Kontakte, d. h. für dasjenige Gebiet relevante Personen innerhalb Ihrer Schule oder Organisation, die Sie bereits persönlich kennen und denen auch Sie bekannt sind. Tragen Sie die Namen dieser Leute in die inneren Spalten der jeweiligen Fachgebiets-/Kompetenzbereichstabelle ein.
- In die äußeren Spalten tragen Sie nun bitte die Namen derjenigen fachrelevanten Personen ein, die nicht in Ihrer Schule oder Organisation tätig sind, die Sie aber persönlich kennen. Dies sind Ihre externen Kontakte.
- Unterstreichen oder markieren Sie die Namen derjenigen Personen, die man getrost als Experten bezeichnen kann.
- Nun verbinden Sie bitte alle Personen aller vier Tabellen, die sich untereinander auch kennen.

Analyse des Kontaktnetzes Analysieren Sie Ihr Kontaktnetz jetzt:
- In welchen Bereichen bin ich gut vernetzt?
- In welchen Bereichen bin ich nicht ausreichend vernetzt?

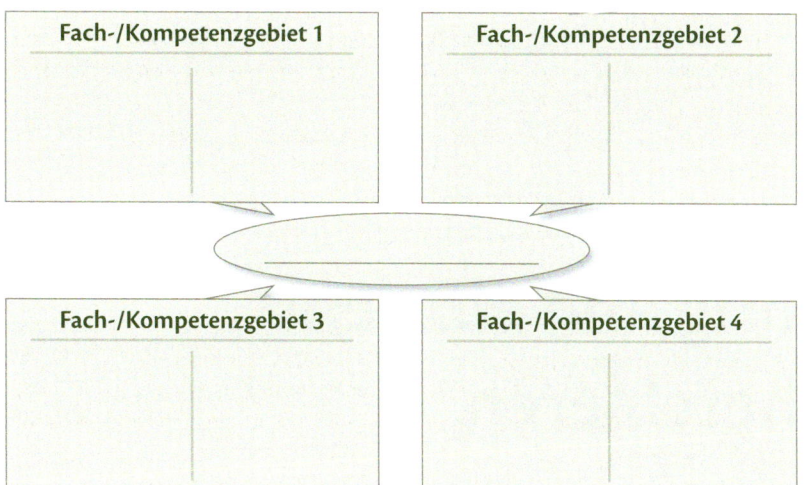

Das Kontaktnetz

⚡ **Webcode:** MT641048-037

- Wie viele Personen meines Netzes kennen sich untereinander? (Weniger ist hier mehr.)
- Wen hätte ich noch gern auf der Liste? (Schreiben Sie den Namen außerhalb der entsprechenden Tabelle auf.)

Dies mag für Schülerinnen und Schüler etwas weit hergeholt oder vielleicht sogar überflüssig erscheinen. Wenn Sie die Tabellen trotzdem einmal ausfüllen, werden Sie sicherlich über das Ergebnis nachdenken und ein Bewusstsein für Ihre Kontakte entwickeln. Der nächste Schritt ist dann die Frage:

Wie manage ich meine Kontakte?

Kontakte, sollen sie aktiv bleiben, müssen gepflegt werden. Suchen Sie sich aus der nachfolgenden Liste diejenigen Einträge heraus, die Ihnen in Ihrer persönlichen Situation sinnvoll erscheinen.

Kontakte aktiv halten

- Sie freuen sich über Geburtstags- und Weihnachtskarten. Schreiben Sie selbst auch welche! Bitte vergessen Sie die Serienbrieffunktion Ihres Textverarbeitungsprogramms und senden Sie handschriftlich verfasste Karten. Das ist persönlicher.
- Treten Sie nach dem Abitur dem Ehemaligenverein Ihrer Schule bei und werden Sie ein aktives Mitglied.
- Besuchen Sie Veranstaltungen Ihres Fachgebietes und suchen Sie das Gespräch mit den anderen Anwesenden, auch den Referenten.
- Nutzen Sie Tage der offenen Tür an Universitäten, bei Organisationen, Behörden, Regierungsstellen, um sich zu informieren und um Kontakte zu knüpfen.
- Nehmen Sie alle Möglichkeiten der Studien- und Berufsberatung wahr.
- Nehmen Sie an Wettbewerben teil, die es nahezu für alle Unterrichtsfächer gibt.
- Melden Sie sich zu Seminarveranstaltungen und Fachtagungen für Schülerinnen und Schüler zur Teilnahme an.
- Machen Sie in den Ferien ein fachbezogenes Praktikum.
- Übernehmen Sie auch eine ehrenamtliche Tätigkeit, z. B. im sozialen oder kommunalen Bereich (Schulsanitätsdienst, Jugendfeuerwehr, Wahlhelfer etc.).
- Melden Sie sich bei sozialen Netzwerken bzw. Online-Communities an (Facebook, LinkedIn, SchülerVZ, StudiVZ, MeinVZ, Wer-kennt-wen, XING oder Twitter). Bedenken Sie dabei aber auch, dass jede Information, jedes Foto und alles, was Sie über sich selbst ins Netz stellen und im Augenblick vielleicht für witzig und attraktiv halten, Ihnen später vielleicht schaden kann.

2

Richtig und effizient recherchieren

„Man muss nicht alles wissen,
man muss nur wissen, wo es steht."
*Dieser Spruch hat nach wie vor seine Berechtigung. Wenn man
allerdings auch nicht weiß, wo das, was man nicht weiß, steht,
dann sollte man zumindest über genügend Kenntnisse verfügen,
um sich durch eine geschickte Recherche dem Gegenstand seines
Interesses zu nähern. In diesem Kapitel erhalten Sie Einblick in
die dazu nötigen Techniken und Hilfsmittel.*

2.1 Der Unterschied zwischen Sammeln und Suchen

In unserer Informationsgesellschaft besteht immer die Gefahr, dass man von der unglaublichen Fülle von Informationen erdrückt wird, dass man nicht unterscheiden kann zwischen relevanten und irrelevanten Informationen und dass man viele – oft auch widersprüchliche – Informationen ungeprüft aufnimmt. Anders gesagt: Sammeln Sie nicht alles und jedes. Suchen Sie sich Ihre Informationen schon von Anfang an gezielt heraus. Prüfen Sie genau, ob die jeweilige Information etwas mit Ihrem Kontext zu tun hat und Sie in Ihrer Arbeit weiterbringt oder ob sie sich letztlich nur als überflüssiger Ballast erweist.

Qualitätskontrolle
Eine für Referate, Klausuren, Präsentationen etc. brauchbare Information muss die folgenden Qualitätskriterien erfüllen:

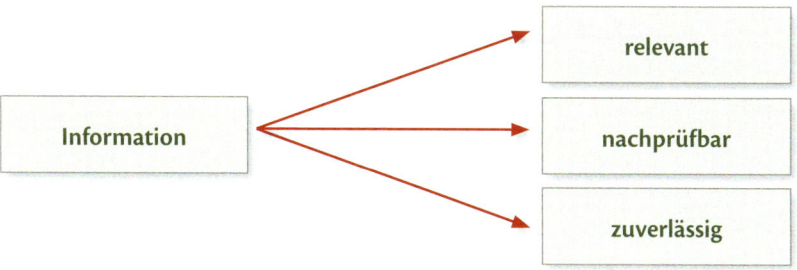

Was ist eine „relevante" Information?
Informationen, die sachgemäß sind, die die Arbeit an einem Thema voranbringen, sind relevant. Dass zum Beispiel die englische Königin Victoria mit einem deutschen Prinzen verheiratet war, ist keine relevante Information zum Thema „Englische Kolonialpolitik im 19. Jahrhundert", wohl aber die Information, dass Victoria auch Kaiserin von Indien war.

relevant

Was ist eine nachprüfbare Information?
Wenn zum Beispiel der deutsche Bundeskanzler bestimmte Vorstellungen zur Steuerreform hat, so wird diese Information nachprüfbar, wenn man weiß, in welcher Rede, in welcher Pressemitteilung er sich zu diesen Vorstellungen geäußert hat. Man kann sich die Originaldokumente besorgen und den genauen Wortlaut nachlesen.

nachprüfbar

Was ist eine zuverlässige Information?
„Wie aus gewöhnlich gut unterrichteten Kreisen verlautet ..." oder „nach bisher noch unbestätigten Meldungen ..." sind sicherlich Einleitungsformulierungen für spannende Informationen, sie lassen aber nicht erkennen, ob die Informationen richtig oder falsch sind. Die Zuverlässigkeit einer Information prüft man, indem man versucht, aus anderen unabhängigen Quellen eine Bestätigung der Information zu bekommen. Bei amtlichen Verlautbarungen, Rundfunk-, Fernseh-, Zeitungsmeldungen aus seriösen Blättern oder Meldungen von Nachrichtenagenturen kann man davon ausgehen, dass die betreffenden Journalisten sauber gearbeitet haben und die Richtigkeit der Information selbst bestätigen können oder überprüft haben. Darauf kann man sich bei der Weiterverwendung berufen.

zuverlässig

| Aufgabe | Sie arbeiten beispielsweise an einem Referat zum Thema „Auslandseinsätze der deutschen Bundeswehr". Welche der folgenden Informationen erfüllen die oben aufgeführten Kriterien? |

1. Bundesverteidigungsminister fordert Verfassungsänderung zur Erleichterung der Abwehr von Gefahren für die Schifffahrt am Horn von Afrika durch die Bundeswehr (siehe Stuttgarter Zeitung, 10. Aug. 2009)
2. Wie das Verteidigungsministerium am Samstag mitteilte, sprengte sich der Attentäter in einem mit Sprengstoff beladenen Auto vor dem Hauptquartier der Internationalen Schutztruppe ISAF in die Luft. (http://magazine.web.de/de/themen/nachrichten/ausland/8728832-Taliban-Terror-im-Herzen-von-Kabul.html)
3. Die Bundesregierung will nicht von einem Krieg in Afghanistan sprechen UNO und NATO sprechen teilweise eine andere Sprache. (FAZ, 13. August 2009)
4. Die bislang heikelste Operation deutscher Soldaten in Afghanistan (Der Spiegel, 27 Juli 2009)
5. Mehr und mehr deutsche Soldaten kommen mit Depressionen von Auslandseinsätzen zurück. (RTL, Juli 2009)

Von entscheidender Bedeutung für den Erfolg Ihrer Arbeit ist es, dass Sie vorab folgende Tipps beherzigen:

| Profitipp | **Tipps für die Vorbereitung der Recherche** |

- Vergewissern Sie sich zunächst, dass Sie die Fragestellung Ihrer Arbeit klar formuliert und das Ziel Ihrer Recherche genau bestimmt haben.
- Erstellen Sie dann einen Aktionsplan für Ihre Recherche, d. h. listen Sie auf, wo und wie Sie die Informationen beschaffen wollen.
- Überlegen Sie sich frühzeitig ein Ordnungsprinzip für Ihre Informationen, sodass Sie beim Sammeln und Notieren schon eine (noch flexible) Grobgliederung haben. Sie erkennen dann schneller, wo noch Informationen fehlen und wo Sie bereits über ausreichend Material verfügen.
- Notieren Sie sich alle relevanten Informationen (z. B. auf Karteikarten, Zettel, Datenbank) und schreiben Sie sofort dazu, woher die Information kommt. So wird jede Information leichter nachprüfbar und erleichtert intensivere Nachforschungen.
- Prüfen Sie die Zuverlässigkeit Ihrer Informationsquellen.

2.2 Die Medienrecherche

| Definition | **Medienrecherche** bedeutet, in allen zugänglichen Informationsquellen (Medien) gezielt und themenorientiert nach Informationen zu suchen. |

Welche Medien kann ich als Informationsquelle nutzen?
Welche Vorzüge bieten sie mir? Wo liegen die Probleme?

Medium	+	–
Printmedien		
Bücher	meist sehr ausführlich, auch mit Hintergrundinformationen	relativ großer Zeitaufwand beim Lesen und Bearbeiten, oft nicht aktuell
Zeitungen, Zeitschriften	gute und für das jeweilige Datum aktuelle Informationsquelle	zurückliegende Artikel lassen sich meist nur umständlich über ein Register oder eine Bibliografie erschließen
Fachpublikationen	sehr speziell und fachspezifisch für das jeweilige Thema	nur dann brauchbar, wenn man selbst über genügend Einblick bzw. fachspezifisches Hintergrundwissen verfügt
Wissenschaftliche Publikationen	sehr speziell und für anspruchsvolle Informationen wie auch für Hintergrundzusammenhänge nutzbar	oftmals schwierig zu lesen, für die Verwendung in der Schule nicht immer sinnvoll
Sonstiges: Fotos, Karten, Broschüren, Informationsmaterial etc.	je nach Art der Publikation recht spezifisch, kann aber meist gut eingesetzt werden	oft Probleme bei der Auswahl, da viele Materialien (z. B. Werbung) sehr subjektiv sind
AV-Medien		
TV-Sendungen, Videos, DVDs	interessant und multimedial gestaltet, hohe Informationsdichte	umständliche und schwierige Erschließung von Einzelinformationen
Hörfunksendungen, Tonträger (CDs etc.)	hohe Informationsdichte aus Wort, Musik und Geräuschen	umständliche und schwierige Erschließung von Einzelinformationen
Multimedia		
CD-ROMs, DVDs	multimediale und interaktive Informationsmöglichkeit, schnelle Ergebnisse; Möglichkeit, Texte, Fotos und Grafik auszudrucken	Recherche wird durch die Speicherkapazität der jeweiligen CD-ROM beschränkt, oft nicht sehr aktuell
Internet		
Wikipedia	meist sehr gute und als Erstinformation brauchbare lexikalische Artikel	verbreitet oft auch fehlerhafte Informationen
Sonstige Websites	oftmals zum Einstieg in ein Thema gut; zur Vertiefung unbedingt die Qualität der jeweiligen Website überprüfen!	sehr große Qualitätsunterschiede von „exzellent" bis unbrauchbar
Blogs	oft recht informativ, aber unbedingt auch die Qualität überprüfen	sehr große Qualitätsunterschiede von „exzellent" bis unbrauchbar
Datenbanken und Informationsdienste	schnell, multimedial, aktuell und meist sach- und themenorientiert	oft mit hohen Abonnementskosten verbunden und für Nicht-Abonnenten nicht zugänglich

2.3 Bibliotheken und Archive

Jede Fachdisziplin hat ihre eigenen, bewährten Methoden des Informationserwerbs. In den naturwissenschaftlichen und technischen Fächern gehört zählen, messen, beobachten und erproben dazu, in den Sozialwissenschaften kommt man oft ohne Befragungen und Interviews nicht weiter. Allen Fächern gemein ist die Arbeit mit Büchern und die Arbeit in Bibliotheken.

Wer die Möglichkeit hat, unter mehreren Bibliotheken wählen zu können, wird sehr schnell grundlegende Unterschiede und Eigenheiten feststellen:

2.3.1 Bibliotheken

Staatsbibliothek · Landesbibliothek · Kreisbibliothek · Stadtbibliothek

breit gefächertes Angebot

Diese öffentlichen Bibliotheken bieten ein sehr breit gefächertes Angebot und decken nahezu alle Interessen- und Fachgebiete ab. Je nach Größe, finanziellem Rückhalt und Serviceangebot können aber auch diese Bibliotheken innerhalb der verschiedenen Abteilungen sehr fachspezifisch sein und durchaus über neueste in- und ausländische Fachliteratur verfügen. Dies gilt insbesondere für Staats- und Landesbibliotheken. Kreis- und Stadtbibliotheken sehen sich in der Regel eher der Allgemeinbildung und weniger dem fachwissenschaftlichen Ansatz verpflichtet. Sie werden auch oft durch besondere Serviceleistungen wie Stadtteilbibliotheken und Fahrbibliotheken für literarische Unterhaltung genutzt.

Alle bisher genannten Bibliotheken sind Leihbibliotheken, das heißt, dass Bücher in der Regel vier Wochen lang entliehen werden können. Nicht ausleihbare Bücher, wie z. B. Referenzwerke (Lexika, Wörterbücher etc.) und besonders wertvolle oder seltene Bücher können (evtl. nach Vorbestellung) im Lesesaal der jeweiligen Bibliothek eingesehen werden.

Mediotheken

Mehr und mehr entwickeln sich die öffentlichen Bibliotheken auch zu Mediotheken, in denen der Nutzer nicht nur Bücher und Zeitschriften findet, sondern auch Videos, DVDs, CDs, CD-ROMs, Mikrofilme, Grafiken, Noten, Spiele, Karten und Internet-Arbeitsplätze.

Universitätsbibliotheken

Jede Universität hat neben den jeweiligen Instituts- und Seminarbibliotheken auch die zentrale UB, die Universitätsbibliothek, die normalerweise über einen oder mehrere

Lesesäle

Lesesäle verfügt, in denen die berechtigten Nutzer (meist Studenten und wissenschaftliches Personal der Universität) arbeiten können. Viele Bücher können auch entliehen werden. Universitätsbibliotheken konzentrieren sich auf die Fachbereiche, die an der jeweiligen Universität vertreten sind, und sind daher trotz großer Breite sehr fachspezifisch. Außerdem verfügen sie über Belegexemplare aller Dissertationen und Diplomarbeiten sowie anderer wissenschaftlicher Publikationen der Universität.

Instituts- und Seminarbibliotheken

Diese Bibliotheken, gleichgültig, ob es nun eine Bibliothek eines Universitätsinstituts oder einer nicht-universitären Einrichtung ist, bieten eine Fülle allgemeiner, populärer und wissenschaftlicher Werke zur jeweiligen Fachdisziplin des Instituts oder Seminars. In der

Präsenzbibliotheken

Regel sind diese Bibliotheken Präsenzbibliotheken, d. h., man sitzt an Arbeitsplätzen zwischen den Buchregalen und sucht sich die Werke, die man benötigt, selbst. Zugelassene Nutzer sind alle, die an dem Institut oder Seminar wissenschaftlich tätig sind oder studieren. Aber auch Außenstehenden, die ein berechtigtes Interesse an der Nutzung der Bibliothek nachweisen, wird der Zutritt in der Regel nicht verwehrt.

Spezialbibliotheken

Je nach Thema und Bedarf ist es sinnvoll, Bibliotheken zu nutzen, die von Firmen, Verbänden und Forschungsinstituten oder von Vereinen, Museen und Kirchen, Behörden oder Parlamenten getragen werden. Welche Möglichkeiten sich hier eröffnen, zeigt das Beispiel Erfurt (siehe unten). Davon zu unterscheiden sind die Archive (z. B. Stadtarchiv, Schularchiv), die Materialien und Dokumente zu bestimmten Themen gesammelt haben, auf die besonders bei Arbeiten und Projekten aus dem Bereich Geschichte und Sozialwissenschaften zurückgegriffen wird (zu den Archiven ➜ Kapitel 2.3.4).

Informationen zu bibliotheksspezifischen Studiengängen:

✵ Webcode: MT641048–043

Material

Was sich hinter dem Sammelbegriff „Spezialbibliotheken" verbergen kann, zeigt das Beispiel der thüringischen Landeshauptstadt Erfurt:

Universitäts- und Forschungsbibliothek Erfurt/Gotha
Bibliothek der Fachhochschule Erfurt
Bibliothek der Stiftung Deutsches Gartenbaumuseum
Bibliothek des Angermuseums
Bibliothek des Naturkundemuseums
Bibliothek des Stadtmuseums
Bibliothek des Thüringer Volkskundemuseums
Bibliothek Schloss Molsdorf
Bibliothek des Bundesarbeitsgerichts
Bibliothek des Landgerichts
Bibliothek des Thüringer Landtages
Bibliothek der Gleichstellungsstelle/Frauenbüro
Bibliothek des Vereins Brennessel e. V.
Bibliothek im Frauenzentrum Erfurt
Umweltbibliothek der Stadtwerke Erfurt Gruppe
Stadt- und Regionalbibliothek Erfurt
Musikbibliothek des Zentrums für Kirchenmusik
Evangelisches Augustinerkloster Erfurt, Bibliothek des evangelischen
    Ministeriums
Kinder- und Jugendbibliothek
Statistische Fachbibliothek des Thüringer Landesamtes für Statistik

Aufgabe

Welche der oben genannten Erfurter Bibliotheken würden Sie eher nicht zu den Spezialbibliotheken zählen?
Ist die Lehrerbibliothek Ihrer Schule eine Spezialbibliothek?
Finden Sie heraus, was die berühmte Anna-Amalia-Bibliothek in Weimar für eine Bibliothek ist.

Aufgabe

In welcher Bibliothek würden Sie das folgende Buch wahrscheinlich finden? Oft gibt es mehr als eine richtige Antwort.
1. Marcel Reich-Ranicki, *Mein Leben*
   a) Stadtbibliothek
   b) Bibliothek des Seminars für Zeitgeschichte
   c) Bibliothek des literaturwissenschaftlichen Instituts der Universität

▶▶▶

2. Simon Wunder, *Israel – Libanon – Palästina.*
   Der Zweite Libanonkrieg und der Israel-Palästina-Konflikt 2006
   a) Bibliothek des Militärgeschichtlichen Forschungsinstituts
   b) Bibliothek des Instituts für Zeitgeschichte der Universität
   c) Stadtbibliothek
3. Eckart von Hirschhausen, *Die Leber wächst mit ihren Aufgaben.*
   Kurioses aus der Medizin.
   a) Universitätsbibliothek, Fachbereich Gastroenterologie
   b) Stadtbibliothek
   c) Landesbibliothek, Abteilung Wirtschaftswissenschaften
4. Frank F. Hawkins, *Human Factors in Flight*
   a) Universitätsbibliothek, Abteilung Arbeitspsychologie
   b) Bibliothek des Instituts für Luft- und Raumfahrttechnik
   c) Stadtbibliothek
5. Jan Demas, *Philosophisches für Manager.*
   Antworten großer Denker auf Ihre Fragen.
   a) Studienbibliothek der International Business School
   b) Bibliothek des Philosophieseminars der Universität
   c) Fachbibliothek der Universitätskliniken, Fachbereich Stressforschung
6. Paul Davies, *Gott und die moderne Physik*
   a) Bibliothek des Theologieseminars
   b) Bibliothek des Max-Planck-Instituts für Metallforschung
   c) Bibliothek des Instituts für theoretische Physik
7. Lothar J. Seiwert, *Das neue 1x1 des Zeitmanagement*
   a) Bibliothek des Instituts für Arbeitspsychologie
   b) Lehrerbibliothek des Stephen-Hawking-Gymnasiums
   c) Stadtbibliothek

Profitipp

Vom Allgemeinen zum Speziellen: Tipps für eine strategische Recherche

- Bevor Sie mit der Literatursuche beginnen, sollten Sie zunächst Ihr Informationsbedürfnis abklären (Geht es um eine erste Orientierung zum Themenumfeld? Wollen Sie einen umfassenden Überblick über Ihr Sachgebiet erhalten? Benötigen Sie Spezialliteratur zu bestimmten Themenaspekten? u. Ä.).
- Wenn die Entscheidung für ein bestimmtes Vorhaben oder Thema gefallen ist, sollten Sie bei Ihrer Literatursuche vom Allgemeinen zum Speziellen vorgehen. Arbeiten Sie sich schrittweise an das eigentliche Thema heran.
- Verschaffen Sie sich einen ersten Eindruck über das Thema mithilfe von gängigen Lexika (Brockhaus, Meyers Lexikon, dtv-Lexikon), die Sie bei sich zu Hause oder in der Schulbibliothek finden. Auch Schulbücher sind für eine erste Orientierung geeignet. In beiden Fällen sollten Sie aber darauf achten, dass die Bücher nicht veraltet sind.
- Auch eine Internetrecherche kann ein erster Einstieg sein.
- Versuchen Sie einen umfassenden Überblick über Ihr Sachgebiet zu bekommen, indem Sie in einer gut ausgestatteten öffentlichen Bibliothek recherchieren. Hier finden Sie Speziallexika, Fachbücher, Zeitschriften oder Handbücher, die weiter ins Detail gehen.

■ Stellen sich Detailfragen, die sich mit der vorhandenen Literatur nicht bearbeiten lassen? Hat sich Ihr Thema so weit konkretisiert, dass ganz spezifische Fragen geklärt werden sollen? In diesem Fall kann sich der Besuch einer Spezialbibliothek lohnen. Lehrer oder Bibliothekare in den öffentlichen Bibliotheken können Ihnen beim Auffinden örtlicher Spezialbibliotheken weiterhelfen.

2.3.2 Der Katalog

Wenn Sie Bibliotheksräume oder den Lesesaal einer öffentlichen Bibliothek betreten, fühlen Sie sich von der Fülle der Bücher erschlagen. Natürlich kann es interessant sein und Spaß machen, wenn Sie jedes einzelne Buch aus dem Regal herausholen, ansehen und dann wieder zurückstellen, aber es gibt effizientere Methoden, den Weg zu seiner gewünschten Fachliteratur zu finden.

Wohl fast alle Bibliotheken sind heute mit einem elektronischen Katalog erschlossen. Früher gab es alle Arten von Katalogen, vor allem Zettelkataloge bzw. Karteikarten-kataloge. Auf den Karten, die in einem beeindruckend großen Karteikartenschrank untergebracht waren, standen die wichtigsten bibliografischen Angaben für jedes Buch: Autor(en) oder Herausgeber, Titel, Untertitel, Verlag, Erscheinungsort, Erscheinungsjahr, Auflage, ISBN und Buchsignatur. Diese Angaben finden Sie heute in elektronischer Form in einer Datenbank gespeichert.

Webcode: MT641048–045

> **Definition**
>
> **ISBN**
> Die International Standard Book Number ist eine international einheitlich gestaltete Nummer zur Identifizierung von Büchern. Die Nummer besteht aus 10 oder 13 Ziffern, die durchlaufend gedruckt werden, aber auch durch Leertasten oder Bindestriche in sich gruppiert werden können. Die erste Ziffer der 10-stelligen ISBN gibt die Sprache bzw. das Land an, in dem das Buch erschienen ist. Beginnt die ISBN mit einer „0", so ist das Buch meist englischsprachig und in Großbritannien oder den USA erschienen. Bücher deutscher Verlage beginnen mit einer „3". Die Ziffern 2 bis 9, meist in zwei Gruppen gedruckt, geben den Verlag und die Bestellnummer an. Die zehnte Ziffer ist eine Kontrollziffer für die elektronische Datenverarbeitung. Statt einer Ziffer kann hier auch „X" stehen. Bei der 13-stelligen Version ist der 10-stelligen ein aus drei Ziffern bestehendes Präfix vorangestellt, das einen Hinweis auf die Art des Buches gibt.
>
> **Signatur**
> Jede Bibliothek hat hausintern ein eigenes Organisationssystem, bei dem für jedes Buch eine andere, nur einmal vorkommende Nummer vergeben wird. Diese Nummern können jede Buchstaben- und Zahlenkombination sein. Diese Signatur ist meist gut sichtbar mit einem Aufkleber am Buchrücken befestigt und gelegentlich auch noch zusätzlich als Barcode vorhanden. Über die Signatur wird üblicherweise auch der Stellplatz des Buches im Regal festgelegt, sodass es für den Nutzer, der im Katalog die Signatur festgestellt hat, auffindbar ist.
>
> ▶▶▶

Online-Kataloge:
Webcode: MT641048–046

Zugang erhalten Sie über Computerterminals, die an verschiedenen Stellen der Bibliothek aufgestellt sind. Meist ist der Katalog der jeweiligen Bibliothek aber auch als Online-Katalog im Internet aufrufbar, sodass Sie von zu Hause aus die Bücher, die Sie benötigen, suchen und bestellen können und dann nur noch abholen müssen. Der Benutzer der Bibliothekssoftware, am Katalogterminal in der Bibliothek oder im Internet, wird in leicht verständlicher Form zu seinem Buch geführt. Modernste Computerprogramme lassen sogar vom Standort des Rechercheterminals bis zum Standort des gesuchten Buches eine Animation ablaufen und führen den Benutzer virtuell zum realen Standort des gesuchten Buches oder Mediums.

Nehmen wir an, Sie wollen über das Thema „Die Ereignisse des Jahres 1989 in der DDR" recherchieren, dann geben Sie, sobald Sie auf dem Bildschirm die Suchmaske sehen, in das entsprechende Feld das Stichwort „DDR" oder „DDR 1989" ein.

Nach einem Klick auf die Startschaltfläche beginnt die Software in allen eingegebenen Buchtiteln der Bibliothek zu suchen und präsentiert Ihnen dann eine Reihe von Büchern, die zu den eingegebenen Suchschlagworten passen. Von hier aus müssen Sie dann auswählen, welche dieser Bücher für Sie hilfreich sein können. Falls nichts geeignetes dabei ist, beginnen Sie die Suche noch einmal, aber mit anderen Schlagworten, z. B. „Wende", „Wir sind das Volk", „Ende der DDR", „friedliche Revolution".

Etwas einfacher ist es, wenn Sie den Autor oder den Titel des gesuchten Buches bereits kennen und in das entsprechende Feld der Suchmaske eingeben können. Ist das Buch in der Bibliothek vorhanden, erhalten Sie sehr schnell die Buchsignatur und können das Werk zur Ausleihe oder in den Lesesaal bestellen und dann innerhalb einer bestimmten Zeit (zwischen 30 Minuten und einem Tag) abholen.

Profitipp

Profitipps zur Erkundung der Bibliothek
- Machen Sie sich mit den örtlichen Gegebenheiten Ihrer Bibliothek vertraut. Vielleicht können Sie sogar an einer Führung teilnehmen. Sie investieren damit eine Stunde, die Sie später bei Ihrer Arbeit mehrfach wieder einsparen.
- Lassen Sie sich rechtzeitig einen Benutzerausweis ausstellen.
- Machen Sie sich mit dem Aufbau und der Arbeitsweise des elektronischen oder Online-Kataloges sowie mit dem Karteikartenkatalog vertraut.
- Verfallen Sie nicht der zeitaufwändigen Trial-and-error-Methode. Wenden Sie sich bei Unklarheiten lieber sofort an das qualifizierte Personal der Bibliotheksaufsicht.

- Testen Sie, wie viel Zeit vom Bestellen eines Buches bis zum Abholen an der Leihstelle oder der Lesesaalaufsicht vergeht.
- Überprüfen Sie, ob es möglich ist, per Internet von zu Hause aus im Katalog Ihrer Bibliothek zu recherchieren, und ob Sie Bücher dann online bestellen können.
- Überprüfen Sie, ob Sie Bücher telefonisch oder per Fax bestellen und verlängern können.
- Verfügen Sie über einen Laptop? Überprüfen Sie, ob die Arbeitsplätze in der Bibliothek einen Stromanschluss und einen Internetzugang haben, sodass Sie dort mit Ihrem Gerät arbeiten können.

2.3.3 Was tun Sie, wenn Sie das gewünschte Buch nun bekommen haben?

Zu den meisten Themen gibt es vielfältige Fachliteratur und es besteht immer die Gefahr, dass Sie den Überblick verlieren, wenn Sie sich blindlings in die Lektüre stürzen. Sie können nicht alle Bücher, die Sie zum Thema gefunden haben, von vorne bis hinten durchlesen. Oft sind nur einzelne Kapitel oder Teilabschnitte brauchbar. Überprüfen Sie also zunächst, ob sich das Buch als Ganzes oder in Teilen überhaupt für Ihre Zwecke eignet.

- Überprüfen Sie anhand des Impressums, ob das Buch inhaltlich noch aktuell ist (Erscheinungsjahr, letzter Neudruck).

Kurzcheck

- Suchen Sie im Klappentext, der Einleitung und im Vorwort nach Hinweisen zur Eingrenzung des Themas und zur Zielsetzung der Untersuchung.
- Prüfen Sie das Inhaltsverzeichnis und die Kapitelüberschriften. Können Sie direkte Verbindungen zu ihrem Thema feststellen?
- Testen Sie das Personen- und Sachregister. Neben dem Inhaltsverzeichnis ist es eine wichtige Orientierungshilfe zum Auffinden von Informationen.
- Lesen Sie kurz das ein oder andere Kapitel an, um zu sehen, wie der Autor bzw. die Autorin mit dem Stoff umgeht. Lesen Sie einzelne Kapitel diagonal, um einen Überblick zu gewinnen. Kursorisches Lesen ist eine Lesetechnik, mit der Sie Schlüsselwörter, Wichtiges und Interessantes auffinden.

→ Kapitel 3.2.1 Lesemethoden

Bibliografische Angaben

Wenn Sie das gefundene Buch für brauchbar halten, notieren Sie sich die genauen bibliografischen Angaben sofort und am besten nach einem bestimmten System (auf Karteikarten, als Liste o. ä., → Kapitel 3 Wissen und Informationen managen). Nur so ist es gewährleistet, dass Sie die Bücher leicht wiederfinden und korrekt zitieren können. Folgende Angaben müssen enthalten sein:

- Autorenname(n) bzw. Herausgeber
- Titel mit Untertiteln
- Erscheinungsort
- Verlag
- Erscheinungsjahr
- Auflage (ggf.)
- Reihe (ggf.)
- Fundort (Bibliothek) und Signatur

Wenn Sie Literatur kopieren, notieren Sie diese Angaben auf der Rückseite der Kopie.

Wie geht man bei der Arbeit mit einem Buch aus der Bibliothek vor?

- Entweder man liest das Buch ganz durch, oder man versucht mithilfe des Inhaltsverzeichnisses oder Registers alle relevanten Stellen zu finden und liest diese.

farbige Haftmarker

- Da man in einem entliehenen Buch nichts anstreichen sollte, empfiehlt es sich, jeweils bei den relevanten Stellen ein Blatt in das Buch einzulegen oder, noch wirkungsvoller, farbige Haftmarker (in jedem Schreibwarenhandel erhältlich) an den Seitenrand zu kleben. Die Farben der Haftmarker können dabei bereits als Einordnungskriterium verwendet werden.
- Nachdem alle relevanten Stellen nun in dieser Weise markiert sind, beginnt man mit dem Exzerpieren.

Definition

Ein **Exzerpt** ist ein Auszug aus einem größeren Text. Dabei ist zu beachten, dass zu jedem Exzerpt eine Quellenangabe gehört. Quellenangaben bestehen aus den bibliografischen Angaben sowie Seitenzahl der Seite, auf die sich das Exzerpt bezieht. Bei mehreren Exzerpten aus dem gleichen Buch können diese Angaben sinnvoll gekürzt werden. Exzerpte können stichwortartig, in Form gekürzter Zusammenfassungen oder als wörtliche Zitate angefertigt werden. Wörtliche Zitate werden durch „..." gekennzeichnet.

Arbeit mit Karteikarten

- Für das Festhalten von Exzerpten bieten sich Karteikarten an. Lesen Sie dazu bitte → Kapitel 3.3.1 Karteikarten.
- Zur eigentlichen Technik des Exzerpierens lesen Sie bitte → Kapitel 3.2.4 Notizen, Exzerpte, Kopien.

Aufgabe

Bitte gehen Sie in eine größere Bibliothek und beantworten Sie die nachfolgenden Fragen zum Arbeitsthema „Deutsche Einheit":

1. Welche Schriftsteller haben das Thema „Deutsche Einheit" seit 1989 in literarischen Werken verarbeitet?
2. Versuchen Sie aus Sachbüchern über die deutsche Einheit themenrelevante Definitionen für die nachfolgenden Begriffe zu exzerpieren:
   a. Mauerfall
   b. Begrüßungsgeld
   c. Nikolaikirche
   d. Zwei-plus-Vier-Vertrag
   e. Solidarpakt
   f. Gauck-Behörde
3. In welchen Zusammenhang gehören die nachfolgenden Zitate und von wem sind sie?
   a. „Willy Brandt ans Fenster!"
   b. „Wer zu spät kommt, den bestraft das Leben."
   c. „Jetzt wächst zusammen, was zusammengehört."
   d. „Wir sind das Volk!"
   e. „Das tritt nach meiner Kenntnis … ist das sofort, unverzüglich."
4. Finden Sie bitte heraus, wer die führenden Politiker der DDR in der Zeit zwischen dem Mauerfall und der Wiedervereinigung waren.

►►► Seite 50

Längere Sachtexte eignen Sie sich meist in umfassenden Arbeitszusammenhängen an. Wenn Sie sich das bereits erworbene Vorwissen vergegenwärtigen, können Sie Neues besser einordnen.

Arbeitsschritte zur Analyse längerer Sachtexte

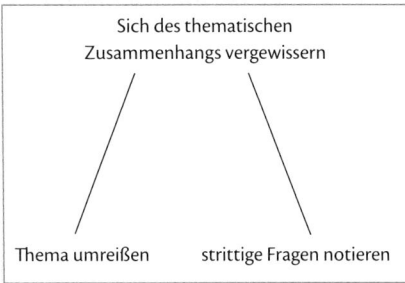

Sich des thematischen Zusammenhangs vergewissern

Thema umreißen   strittige Fragen notieren

Randzeichen

| wichtige Textaussage

{ zweifelhafte, nicht ganz nachvollziehbare Darstellung

? vorerst unklare Textstelle, über die Sie noch einmal nachdenken müssen (evtl. nach einer gründlichen Zweit- oder Drittlektüre)

! Aussage, die in besonderer Weise Ihren eigenen Ansichten entspricht

---

Aktiv lesen
(sich einen Überblick über den Inhalt verschaffen)

Schlüsselbegriffe unterstreichen

Randzeichen und Textmarkierungen

unbekannte Wörter in Lexika bzw. Wörterbüchern nachschlagen

zu jedem Abschnitt eine Überschrift formulieren

Markierungen im Text

Unterstreichung: ein zentraler Begriff; ein abschnittbildender Aspekt

Unterschlängelung: eine Textstelle, die erkennen lässt, mit welchen anderen Autoren/ Autorinnen, mit welchen widerstreitenden Meinungen sich der Text auseinandersetzt

Einkreisung: eine Textstelle, an der sich die Einstellung/persönliche Meinung/welt-anschauliche Position des Autors oder der Autorin besonders gut nachweisen lässt

---

Das Gelesene gedanklich verarbeiten (den Text durchmustern und die Aussagen rekonstruieren)

Begriffe in einem Modell mit Oberbegriff und untergeordneten Begriffen darstellen

mit der Treppen-methode die Text-aussagen gewichten und gedanklich aufeinander beziehen

eine Übersicht über den Text in Form eines Clusters erstellen

Markierungen am Rand

T = These/Behauptung

Arg = Argument

Erl = Erläuterung

Bsp = Beispiel

Zit = unterstützendes Zitat

Def = wichtige Definition

-> <- = widersprüchliche Aussagen (Markie-rungen an zwei Textstellen; die Pfeile sind aufeinandergerichtet)

rh = Besonderheit der Aussageweise/ rhetorische Figur

---

sich mit einer zentralen These/Information des Textes auseinandersetzen

Treppenmethode

1. Einen Satz formulieren, der die gesamte Textaussage umfasst
2. Sätze formulieren, die ganze Abschnitte umfassen
3. Sätze formulieren, die Unterabschnitte umfassen

5. Falls Ihre Bibliothek alle Ausgaben des Nachrichtenmagazins DER SPIEGEL auf Mikrofilm oder CD-ROM hat, suchen Sie bitte die Originalartikel, in denen das Magazin über den Tag der Maueröffnung berichtet.
6. Gibt es in Ihrer Bibliothek englisch- und französischsprachige Bücher zum Thema?
7. Führt Ihre Bibliothek türkischsprachige Zeitungen und Magazine?
8. Bitten Sie die Mitarbeiter an der Auskunft Ihrer Bibliothek, Ihnen zu erklären, wie Sie möglichst aktuelle Dissertationen (Doktorarbeiten) zum Wendethema einsehen können.
9. Gehen Sie der Frage nach, ob die Ostpolitik Willy Brandts ein Wegbereiter der deutschen Einheit war. Erstellen Sie eine Liste mit Büchern und Zeitschriftenartikeln, die für die Antwort ergiebig sein könnten.
10. Finden Sie heraus, in welchen Zusammenhängen zwischen 1990 und 1998 der Begriff „blühende Landschaften" verwendet wurde. Sammeln Sie den Originalwortlaut der Zitate mit diesem Begriff und notieren Sie die Belegstellen und die Autoren.

2.3.4 Archive

Mit diesem Artikel über den Einsturz des Kölner Stadtarchivs am 3. März 2009 wird deutlich, was ein Archiv ist und welch ungeheure Rolle es für die Erhaltung historischen Wissens in Form von Dokumenten und Realien spielt.

Material

Köln verliert sein historisches Gedächtnis

„Trümmer, Tränen, Zorn"

Eine Stadt unter Schock: Nach dem Einsturz des Historischen Archivs ist Köln im Ausnahmezustand. Zwei Tote wurden geborgen. Noch immer unter Tonnen von Stahl und Beton begraben sind unzählige Zeugnisse aus über Tausend Jahren rheinischer Geschichte. Das Historische Archiv der Stadt Köln galt als eine der bedeutendsten Sammlungen Mitteleuropas. Es beherbergte auf rund 30 Regalkilometern Kulturschätze von unermesslichem Wert: 65 000 Urkunden von Kaisern, Fürsten und Kaufleuten, von Klöstern, Kirchen und Päpsten, alle Ratsprotokolle der Stadt Köln seit dem 14. Jahrhundert, mehr als 1400 Handschriften von Albertus Magnus bis Paul Celan, 780 Nachlässe, darunter den des Literaturnobelpreisträgers Heinrich Böll, die Amtsakten des ehemaligen Kölner Oberbürgermeisters und ersten Bundeskanzlers Konrad Adenauer sowie über eine Million Grafiken und Fotografien. Wie viel davon gerettet werden kann, ist noch völlig unklar. Die Restaurierung wird vermutlich Jahrzehnte dauern. Der Verlust könnte größer ausfallen als der Schaden nach dem verheerenden Brand der Anna-Amalia-Bibliothek in Weimar 2004.

Westdeutscher Rundfunk, http://www.wdr.de/tv/westart/sonntag/sendungsbeitraege/2009/0315/topthema.jsp, Abruf vom 18.1.2010

Welche Arten von Archiven gibt es?

Grundsätzlich unterscheidet man zwischen privaten und öffentlichen Archiven. Die privaten decken das ganze Spektrum vom persönlichen Familienarchiv bis zum Firmen- und Konzernarchiv ab.

Gerade aufgrund der Sammlungen in den Archiven vieler Firmen konnte zum Beispiel das Problem jüdischer Zwangsarbeiter und anderer Häftlinge aus den Konzentrationslagern des Dritten Reiches teilweise rekonstruiert werden. Da derartige Archive aber keiner öffentlichen Aufsicht unterliegen, ist die Gefahr einer nachträglichen Manipulation nicht immer auszuschließen

Definition

Ein **Archiv** ist eine Institution, die Dokumente sammelt und aus rechtlichen oder kulturellen Gründen aufbewahrt. Diese Dokumente sind Akten, Urkunden, Karten, Bilder, Zeitungen und Zeitschriften sowie andere Ton-, Bild- und Informationsträger. Als Ergänzung können Sammlungen mit Objekten jeder Art, Sachquellen, hinzukommen.
Die Arbeit der Archivarinnen und Archivare besteht darin, die Dokumente zu sichten, zu sammeln, zu kategorisieren, zu katalogisieren, für die Geschichtsschreibung oder historische Rekonstruktion aufzubereiten und schließlich herauszugeben und der Öffentlichkeit zugänglich zu machen. Bei öffentlichen Archiven besteht je nach Staat, aktueller Regierungsform und Zeit eine Sperrfrist von in der Regel 20 bis 30 Jahren, während der der Öffentlichkeit kein Einblick gewährt wird. Hier gibt es aber auch zahlreiche Ausnahmen.

Das Führen und die Verwaltung öffentlicher Archive ist in Deutschland gesetzlich und behördlich geregelt. Auch die Ausbildung der Archivare folgt genauen Richtlinien. In Marburg gibt es die Deutsche Archivschule.

Zu den öffentlichen Archiven gehören:
- Staatliche Archive
- Kommunalarchive
- Kirchliche Archive
- Literaturarchive
- Wirtschaftsarchive
- Parlamentsarchive und Archive politischer Parteien und Verbände
- Universitätsarchive und Archive sonstiger Institutionen
- Medienarchive
- Archive sozialer Bewegungen

Archive der Bundesrepublik Deutschland:

Webcode: MT641048–051

Aufgabe

Zu welcher Gruppe von Archiven gehören die folgenden Institutionen?

1. Bundesarchiv Koblenz, Potsdamer Straße 1, 56075 Koblenz
2. Die Bundesbeauftragte für die Unterlagen des Staatssicherheitsdienstes der ehemaligen DDR (die so genannte Birthler-Behörde, davor Gauck-Behörde), Glinkastraße 35, 10117 Berlin
3. Zentralarchiv zur Erforschung der Geschichte der Juden in Deutschland, Bienenstraße 5, 69117 Heidelberg

4. Geheimes Staatsarchiv Preußischer Kulturbesitz, Archivstraße 12–14, 14195 Berlin
5. Nordrhein-westfälisches Hauptstaatsarchiv, Mauerstraße 55, 40474 Düsseldorf
6. Graf von Bissingen und Nippenburg, Archiv, Schloss Hohenstein, 78661 Dietingen
7. Archiv der Westfälischen Wilhelms-Universität Münster, Leonardo-Campus 21, 48149 Münster
8. Abteilung MA des Bundesarchivs (Militärarchiv), Wiesentalstraße 10, 79115 Freiburg im Breisgau
9. Deutscher Caritasverband, Archiv, Karlstraße 40, 79104 Freiburg im Breisgau
10. Stadtarchiv Dortmund, Märkische Straße 14, 44122 Dortmund
11. Außenstelle Berlin des Politischen Archivs des Auswärtigen Amts, Marx-Engels-Platz 2, 10178 Berlin
12. Deutscher Bundestag, Parlamentsarchiv, Marie-Elisabeth-Lüders-Haus, Adele-Schreiber-Krieger-Straße 1, 10117 Berlin
13. Landkreis Esslingen, Landkreisarchiv, Landratsamt, Pulverwiesen 42, 73728 Esslingen am Neckar
14. SPIEGEL-Verlag, Archiv, Brandstwiete 19, 20457 Hamburg
15. Das digitale historische Archiv, Köln
16. Daimler AG, Archive und Sammlung, 000 - C107 - BC/FA, 70546 Stuttgart

Wie bekomme ich Einblick in Archivmaterial?

Besonders bei Arbeiten aus dem Bereich Geschichte und Sozialwissenschaften ist es sinnvoll, auf Archive zurückzugreifen. Sie sollten aber vorab Literatur zum Thema durcharbeiten und ihr Thema und ihre Fragestellung so genau wie möglich eingrenzen. Welche Archive es an ihrem Ort gibt, erfahren Sie z. B. in Ihrer örtlichen Bibliothek. Während Sie aber in Bibliotheken direkt oder per Fernleihe alle Bücher bekommen, sind Archive nur **begrenzte Zuständigkeit der Archive** begrenzt zuständig. Prüfen Sie also genau, ob das jeweilige Archiv Bestände führt, die inhaltlich, räumlich und zeitlich zu Ihrem Thema passen. Auskunft hierüber geben z. B. der Name des Archivs, die Homepage, Bestandslisten, die die Archive als Vorabinformation herausgeben, oder auch Archivpädagogen und -mitarbeiter, die Sie vorab telefonisch befragen können. Entscheidend für eine erfolgreiche Suche im Archiv ist eine **Systematik nach dem Herkunftsgrundsatz** präzise Fragestellung, da die Archive ihre Bestände nach der Herkunft des Schriftgutes ordnen (z. B. werden alle Unterlagen einer Behörde oder eines Betriebszweiges zusammengefasst, unabhängig von ihrem jeweiligen Inhalt).

telefonische Voranmeldung Da Archive normalerweise keine Materialien ausleihen, sollte man sich über die Öffnungszeiten informieren und dann dort arbeiten. Oft empfiehlt sich eine telefonische Voranmeldung. Ist das gewünschte Material verfügbar, arbeitet man dort ähnlich wie in einer Präsenzbibliothek. Aber auch, wenn bestimmte Urkunden und Akten noch nicht generell für die Öffentlichkeit einsehbar sind, hat man eine gute Chance, an das Material heranzukommen, sofern man ein persönliches oder wissenschaftliches Interesse nachweisen kann.

Warum sind manche Archivmaterialien nicht generell zugänglich?

Schutz von Personen und internen Informationen Der Sinn der Zugangsbeschränkung liegt darin, dass Behörden und die mit ihnen in Beziehung tretenden Personen und deren Nachkommen vor Indiskretionen geschützt werden. Aktuelle wirtschaftliche bzw. zeitgeschichtliche politische Vorgänge sind

Webcode: MT641048-052

deswegen nicht zugänglich, damit politischen Gegnern, ausländischen Regierungen oder wirtschaftlichen Konkurrenten der Einblick in interne Entwicklungen verwehrt wird.

Wie gehe ich vor, wenn ich in einem Archiv ein bisher noch nicht veröffentlichtes Dokument einsehen kann?

Generell ist das Dokument wie eine Quelle zu betrachten und nach der Wer-was-wann-wie-warum-Analyse zu bearbeiten (➜ Kapitel 2.7 Quellen), um anschließend zu einer Wertung und Beurteilung zu gelangen.

Prinzip der Quellenauswertung

Von der arbeitstechnischen Verfahrensweise wird ein Dokument aus einem Archiv genauso behandelt wie andere Informationen auch, d. h., man exzerpiert (➜ Kapitel 3.2 Texte erfassen: Lesen, markieren, exzerpieren), benutzt z. B. Karteikarten (➜ Kapitel 3.3.1 Karteikarten), und man achtet genau auf die bibliografischen Belege. Bei Originaldokumenten aus Archiven enthalten diese die folgenden Angaben: Verfasser, Titel des Dokuments, Datum des Dokuments, Name des Archivs, Katalog-Nr. des Dokuments im Archiv, Seitenzahl.

bibliografische Belege

Die virtuelle Bibliothek

Das Internetunternehmen Google ist dabei, Millionen von Büchern, insbesondere vergriffene Bücher, zu digitalisieren und irgendwo auf den firmeneigenen Servern zu speichern. Dieser digitale Speicherort, „Cloud" genannt, soll allen interessierten Nutzern gebührenpflichtig zugänglich gemacht werden. Interessierte, die sich mit ihren PCs, Netbooks, Smartphones oder E-Readers einwählen, erwerben damit nicht das Buch, sondern den Zugang zu dessen Inhalt. Diese Möglichkeit wird zunächst in den USA angeboten, aber auch schrittweise dem Rest der Welt zugänglich gemacht.

2.4 Webrecherche

Es ist natürlich viel einfacher und bequemer, sich über die allgemein zugänglichen Internetadressen über einen Sachverhalt zu informieren, als mindestens einen halben Tag für einen Bibliotheksbesuch zu investieren, wo man sich noch dazu zwischen all den Büchern sehr verloren vorkommt und vielleicht auch nicht gerade überaus freundlich bedient wird.

Ein erfahrener Fachlehrer kann aber mit einem Blick auf das Literaturverzeichnis Ihrer Hausarbeit oder Ihres Referates einschätzen, wie professionell Sie gearbeitet haben. Wenn da lauter seltsame Internetadressen und ein paar veraltete populärwissenschaftliche Buchtitel stehen, die man so gemeinhin von wohlwollenden Verwandten zum Geburtstag bekommt (z. B. Wie die alten Römer lebten oder Physik leicht gemacht), dann weiß man eigentlich sofort, hier hat jemand die Arbeitsweise der Oberstufe noch nicht verstanden.

Das Internet ist sicher eine starke Versuchung und auf jeden Fall sollten Sie dieses Medium nutzen, aber bitte verfallen Sie nicht in Leichtgläubigkeit und Abhängigkeit. Es gelten die gleichen Qualitätskriterien, die bereits angesprochen wurden.

2.4.1 Was ist eine gute Website?

Zunächst einmal kann man bemerken, wie eine Website überhaupt programmiert wurde, wie sie gepflegt wird und ob sie auch gute Inhalte transportiert. Für die technische Gestaltung einer Website oder Homepage gibt es inzwischen bereits Qualitäts-

Webcode: MT641048–053

zertifikate und internetbasierte Checkprogramme, die beim Aufrufen einer Adresse sofort über 50 Positionen überprüfen und dem Anfragenden einen standardisierten Testbericht liefern. Dabei geht es hauptsächlich um

- inhaltliche Aufbereitung und regelmäßige Pflege,
- Benutzerfreundlichkeit und Gestaltung (der Insider spricht hier natürlich von „Usability" und „Design"),
- Technologie (Kompatibilität mit unterschiedlichen Browsern und Softwarekomponenten, Suchmaschinenoptimierung, Benutzerstatistik, Schnelligkeit des Aufbaus).

Wer steckt hinter einer Website? Für die Recherche ist es auch wichtig, zu wissen, wer eigentlich hinter einer Website steckt. Angenommen, Sie recherchieren über einen aktuellen französischen Romanautor. Welche Adresse ist wohl die brauchbarste: die eigene Homepage dieses Autors, die vorlesungsbegleitende Website von Professor XY vom Seminar für französische Gegenwartsliteratur einer bekannten Universität in Südfrankreich oder die Website eines literarisch interessierten Zehntklässlers aus Bad Wiesenruh, der ein begeisterter Fan dieses Autors ist, nachdem er zwei seiner Kurzgeschichten gelesen hat, und der nun die Welt an seinen Erkenntnissen teilhaben lassen möchte?

Oder versuchen Sie einmal, im Internet über neue gesellschaftliche Werte in den USA seit Präsident Obama zu recherchieren. Es ist erstaunlich, wie viele seltsame und dubiose, meist ultrakonservative Gruppierungen, Religionsgemeinschaften und Frustriertenclubs hier an die Internet-Öffentlichkeit treten und auf ausgesprochen seriös und wissenschaftlich daherkommenden Seiten ihr Gedankengut verbreiten und als letztgültige Weisheit darstellen. Hier ist große Vorsicht geboten.

Zuverlässige Websites kommen in der Regel aus Ländern und Staaten, in denen Meinungsfreiheit herrscht und in denen es eine demokratische Kontrolle gibt. Hier können Sie sich meistens verlassen auf Websites von:

Websites mit Vertrauensbonus

- staatlichen Behörden und Organisationen,
- Universitäten und Bildungsinstitutionen,
- bekannten und anerkannten Wissenschaftlern,
- seriösen Zeitungs- und Buchverlagen,
- Rundfunk- und Fernsehstationen,
- Pressediensten und Agenturen,
- kommunalen Behörden und Organisationen,
- Verbänden,
- etablierten Kirchen.

Homepages von Firmen oder Parteien Ob Sie sich auf Unternehmens- und Firmenwebsites oder diejenigen von Hilfsorganisationen, Interessenvertretungen und Vereinen verlassen können, müssen Sie von Fall zu Fall entscheiden und überprüfen.

Und wie sieht es mit den Homepages der politischen Parteien aus? Hier sind sicherlich Informationen über die Geschichte der Partei, die Mitgliederzahl und die Funktionsträger oder auch generelle programmatische Aussagen eher brauchbar als wahlkampfaktuelle Dinge oder nichtssagende Worthülsen wie „Wir besetzen die demokratische Mitte".

2.4.2 Wikipedia

Wikipedia ist nicht zitierfähig, aber ein empfehlenswerter Einstieg in ein Thema Wikipedia ist bei Schülerinnen und Schülern sehr beliebt und hat auch in einem unabhängigen Vergleichstest mit etablierten Lexika und Nachschlagewerken recht ordentlich abgeschnitten. Trotzdem ist Vorsicht geboten. Aus wissenschaftlicher Sicht ist Wikipedia nicht zitierfähig.

Was ist Wikipedia?

Im Januar 2001 startete der Amerikaner Jimmy Wales ein Internetprojekt, bei dem es um nichts Geringeres gehen sollte, als das Gesamtwissen der Menschheit in allen Sprachen im Internet zu speichern und für jeden abrufbar zu machen. Bis 2009 lagen nach eigenen Angaben der Wikipedia Foundation in San Francisco, die das Projekt werbefrei betreibt, über zehn Millionen Artikel in 230 Sprachen vor, davon über 944 000 Artikel auf Deutsch. Die Wiki-Software, nach dem hawaiianischen Wort für „schnell", macht es möglich, dass jeder Nutzer nicht nur ganz einfach Artikel aufrufen und kopieren kann, sondern er kann auch jederzeit eingreifen und Artikel ändern, korrigieren und aktualisieren. Und genau da liegt das Problem.

Da fühlt sich vielleicht ein Atomwissenschaftler bemüßigt, einen überschaubaren Artikel, ein Wiki, über die Kernspaltung zu verfassen und hochzuladen. Der als Taxifahrer in Tuttlingen jobbende Student Gregor F. (34) liest das und ist der Meinung, man könne das nicht so stehen lassen, und beginnt, wesentliche Passagen des Textes zu ändern. Dies ist zwar in der deutschsprachigen Wikipedia nicht so einfach möglich, kommt aber vor. Andere Nutzer reagieren wieder darauf und ändern ihrerseits den Eintrag. Und gelegentlich gibt es auch völlig falsche Artikel.

Für denjenigen, der die Wikipedia für Recherchezwecke nutzt, bedeutet das, dass er, wenn er Glück hat, einen richtig guten und informativen Artikel erwischt. Es kann aber auch ein von Halbwissen und Unklarheiten gekennzeichneter Artikel sein, der morgen vielleicht schon wieder ganz anders aussieht. Zwar kann man sich an Diskussionen beteiligen und Änderungen nachverfolgen, nur hilft das nicht weiter, wenn man korrekte Informationen möchte. Wikipedia ist ein empfehlenswerter Einstieg in die Informationssuche zu einem bestimmten Thema. Mehr aber nicht!

Webcode: MT641048-055

2.4.3 Blogs

Blog ist die Kurzform von Weblog. Ursprünglich war dies eine Form eines im Internet öffentlich geführten Tagebuches, Kommentarbuches oder persönlicher Informationsseite. Inzwischen gibt es Blogs, die nicht nur von Einzelpersonen und kleinen Gruppen, sondern auch von Organisationen, Institutionen, Verbänden, Vereinen, Interessengruppen und Firmen zu speziellen Themenbereichen veröffentlicht werden.

Material

Die Blogs, die zu bestimmten Sachgebieten abrufbar sind, sind
- **Artblogs**, die sich mit Kunst, Theater, Musik und anderen kulturellen Dingen beschäftigen.
- **Blawgs**, bei denen es sich um „law", also um juristische Inhalte dreht.
- **Edublogs**, die „education", Erziehung und Bildung, zum Inhalt haben.
- **Funblogs**, die der Unterhaltung dienen.
- **Joblogs**, die für Arbeit, Jobs und Personalfragen interessant sind.
- **Linkblogs**, die Listen von Internetlinks zu bestimmten Themen zusammenstellen und veröffentlicen.
- **Wahlblogs**, die zu Wahlzeiten von Politikern und Parteien ins Internet gestellt werden.
- Darüber hinaus gibt es **Blogromane**, **Krimiblogs**, **Litblogs** (literarische und literaturkritische Inhalte), **Wissenschaftsblogs**, themenbezogene **Fachblogs**, **Reise-** und **Placeblogs** (Städte, interessante Orte) sowie **Corporate Blogs** (Firmen und Unternehmen).

Aufgrund der Vielfalt der Blogs und der Unterschiedlichkeit der Anbieter und Autoren ist auch hier höchste Vorsicht geboten. Ein Blog ist nicht grundsätzlich ein zuverlässiges Informationsmedium, sondern muss sorgfältig überprüft werden.

2.4.4 YouTube, Podcasts, Twitter

YouTube

YouTube ist ein Internet-Videoportal, das es seit 2005 gibt und das heute von Google Inc. in 13 Sprachen betrieben wird. Jeder kann Inhalte hochladen, die er mit seinem Handy irgendwo gefilmt hat, aber auch durchaus professionell gemachte Videos sind auf You-Tube zu finden. Und jeder kann diese maximal 10 Minuten langen Kurzvideos mit seinem Computer oder seinem Handy ansehen bzw. runterladen, speichern oder weiterversenden. Hinsichtlich der Zuverlässigkeit, Relevanz und Nachprüfbarkeit ist wieder höchste Vorsicht geboten. Gleiches gilt auch für andere Videoportale wie z. B. Clipfish oder MyVideo.

Kurzvideos

Podcast

Seit dem Jahr 2000 gibt es Podcasts. Das sind Audio- oder Videodateien, die von jedem ins Internet hochgeladen und von jedem anderen runtergeladen und gehört bzw. angesehen werden können. Auch automatische Abonnements sind möglich. Es gibt Radio- und Fernsehausschnitte als Podcasts. Man kann sie selbst mit geringem technischen Aufwand herstellen und verbreiten. Das Internetradio funktioniert über Podcasts. Zeitungsverlage, Musikverlage und Buchverlage stellen Podcasts ins Netz, z. B. herunterladbare Hörbücher. Universitäten stellen komplette Vorlesungsreihen als kostenlose Podcasts ins Netz. Im modernen Fremdsprachenunterricht spielen sie eine Rolle. Politiker veröffentlichen auf diese Weise ihre Reden. Und natürlich gibt es eine Unmenge unseriöser Varianten. Sie können es sich jetzt schon denken: Vorsicht bei der Nutzung als Informationsquelle!

Vorlesungsreihen als Podcasts

Twitter

Das jüngste Kommunikationsmedium in dieser Reihe heißt Twitter und existiert seit 2006. Es ist das, was man als Mikro-Blog bezeichnet. Der Sender („Twitterer") verfasst mit seinem Handy oder Computer eine Kurznachricht von maximal 140 Zeichen, die aber mit einem Link auf eine längere Datei verbunden sein kann. Seine angemeldeten Abonnenten („Followers") bekommen diese Nachricht ebenfalls auf ihr Handy oder ihren Computer und sind sehr schnell über wesentliche oder unwesentliche Dinge informiert. Das erste Foto von dem auf dem New Yorker Hudson River notwassernden Airbus 2009 wurde mit einem Handy aufgenommen und ging wenige Minuten später per Twitter um die Welt. Das Ergebnis der Bundespräsidentenwahl 2009 war von twitternden Bundesversammlungsmitgliedern bereits ausgeplappert worden, bevor das Ergebnis offiziell verkündet war. Es gibt aber auch den Fall, dass jemand illegal den Polizeifunk abhörte und die dort gegebenen Informationen in Umlauf twitterte, z. B. wo der Polizeihubschrauber landen würde, welche Straßen sofort abgesperrt werden mussten.

schnelle Informationsquelle

Trotz technischer Anfälligkeiten und Sicherheitslücken wird Twitter immer beliebter und wird auch von politischen Parteien bei Wahlkämpfen eingesetzt. Weitere Einsatzmöglichkeiten sind z. B. Informationen über wissenschaftlich-technische Projekte, Wetter- und Naturkatastropheninformationen, Hinweise auf Veranstaltungen und deren Programme und Inhalte. Da aber gelegentlich auch bewusste Falschmeldungen verbreitet werden, ist Twitter mit großer Vorsicht zu genießen.

Diskutieren Sie mit Ihren Mitschülern, wie Sie die Problematik der folgenden Informationslage sehen.

1. Sie haben eine Videoaufzeichnung von der Inaugurationsrede des neuen amerikanischen Präsidenten gemacht. Von der Website des Weißen Hauses in Washington laden Sie sich den offiziellen Text dieser Rede herunter und stellen fest, dass sich die tatsächlich gehaltene Rede von der offiziell veröffentlichten in einigen Passagen wesentlich unterscheidet. Worauf können Sie sich bei einer Hausarbeit beziehen?
2. Sie recherchieren über den aktuellen Bundeshaushalt. Die vom Bundesfinanzministerium veröffentlichten Zahlen stimmen nicht mit den Zahlen auf der Homepage eines renommierten Wirtschaftsforschungsinstituts überein. Wem vertrauen Sie?
3. Im Wahlblog einer politischen Partei werden Vorschläge zur Reform des Gesundheitswesens gemacht. Ein führender Politiker dieser Partei äußert sich in einem Interview im Online-Portal einer Tageszeitung abweichend von diesen Vorschlägen. Wie können Sie feststellen, wie diese Partei wirklich zur Gesundheitsreform steht?
4. In einem zwei Jahre alten Lexikon eines etablierten Verlages lesen Sie eine Definition des Begriffes „Feinstaubbelastung". Die Definition in der Wikipedia kommt zu einem etwas anderen Ergebnis. Wie verhalten Sie sich?
5. Auf YouTube wird ein Film gezeigt, in dem der gefüllte Tank eines Autos mit einem brennenden Streichholz zur Explosion gebracht wird. In einem populärwissenschaftlichen Fernsehmagazin wird behauptet, dass so etwas gar nicht möglich sei. Wem glauben Sie?

2.4.5 Wie finde ich Informationen im Internet?

Es ist kein Problem, wenn man weiß, wer die gewünschten Informationen bereitstellt, und wenn man dessen Internetadresse kennt. Wenn man die Adresse nicht kennt, muss man sich über Suchmaschinen und entsprechende Stichwörter seinem Ziel nähern. Suchmaschinen sind Spezialprogramme. Sie geben ein Stichwort oder eine Stichwörterkombination ein, starten die Suche, und das Programm listet Ihnen alle möglichen Texte und Einträge, die im Internet unter Ihren Suchstichwörtern zu finden sind, auf. Klickt man nun auf einen der angezeigten Listeneinträge, gelangt man zu der entsprechenden Website.

Suchmaschinenverzeichnisse und Suchmaschinentest:

☀ Webcode: MT641048–057

Die Startseiten vieler Suchmaschinen enthalten neben dem Eingabefeld für den Suchbegriff bereits vordefinierte Suchabläufe, z. B. für Tagesnachrichten, Schlagzeilen, Wetter, Börsenkurse, Sport, TV-Programm.

vordefinierte Suchabläufe

Bei der Eingabe des Suchbegriffs kann man die Suche einengen oder auch erweitern: Man kann z. B. wählen, ob im gesamten Internet oder nur im deutschsprachigen gesucht werden soll, ob auf Groß- und Kleinschreibung zu achten ist, ob Rechtschreibfehler bei der Eingabe erlaubt werden, ob komplette Wörter oder Teile davon gesucht werden sollen, ob Suchbegriffe mithilfe der Bool'schen Operatoren (z. B. AND, OR, AND NOT) zu komplexeren Fragen kombiniert werden und noch weitere. Diese Suchoptionen gibt man entweder über Schaltflächen oder Auswahlmenüs ein.

Suchoptionen

Bool'sche Operatoren

Beispiel: (Berlin OR Brandenburg) AND (Zeitungen OR Zeitschriften) AND NOT (Sport OR Freizeit). Mit dieser Eingabe suchen Sie nach Zeitungen und Zeitschriften, die

Beispiel

in Berlin oder Brandenburg erscheinen und keine speziellen Sport- oder Freizeitpublikationen sind.

Meta-Suchmaschinen und Kataloge:
:'k Webcode: MT641048–058

Besonders leistungsfähig sind Meta-Suchmaschinen, die in mehreren Suchmaschinen parallel suchen. Suchmaschinen und Meta-Suchmaschinen suchen hauptsächlich nach konkreten Begriffen, Personen oder Informationen. Daneben gibt es eine andere Art von Suchmaschine, die man als Katalog bezeichnet. Kataloge sind von einer Redaktion bearbeitet, insofern als Internet-Dokumente nach Themengebieten zusammengefasst und geordnet. Inhaltlich sind Kataloge daher oft ergiebiger, auch wenn die Anzahl der durchsuchten Dokumente geringer ist.

Recherche-Ordner

Wenn Sie eine für Ihr Thema brauchbare Website gefunden haben, legen Sie bitte mit einem beliebigen Office- oder Zettelkasten-Programm einen Ordner an und kopieren Sie die Internetadresse (URL) und bereits wichtige Textpassagen oder Grafik und Fotos in eine Datei. Notieren Sie das Datum Ihres Websitezugriffes dazu, denn morgen können die Inhalte schon wieder anders sein. Versehen Sie diese Datei mit einer Kopfzeile, in der ein Stichwort zum Inhalt der Datei steht. Dieses Stichwort können Sie auch für den Dateinamen wählen, unter dem Sie die Datei abspeichern. So haben Sie, wenn Sie nur den Ordner aufrufen, am Bildschirm bereits einen Überblick, zu welchen Stichwörtern Sie Materialien oder Links haben.

Wenn Sie z. B. mit einem Notizbuchprogramm wie Microsoft OneNote arbeiten, das in den meisten Office-Paketen enthalten ist, können Sie an jeder beliebigen Stelle Ihre eigenen Notizen, Berechnungen oder Zeichnungen einfügen und können jede einzelne Seite über Registerkartenreiter, Seiten und Unterseiten strukturieren, sogar farbig, und diese Strukturen dem Fortgang Ihrer Arbeit anpassen.

Falls Sie Ihre Recherche lieber handschriftlich dokumentieren möchten, benutzen Sie ein Rechercheformular nach diesem Muster:

persönliches Recherche-Formular

Thema					
Suchbegriffe					
Recherche bei	Adresse	Erfolg?	Ausdruck? Archiviert unter	Bestellung	Abo
Nachschlagewerken					
Online-Zeitungen					
Zeitungsarchiven					
Suchdiensten					
Buchhandel					
öfftl. Bibliotheken					
Newsgroups					
Mailing-Listen					

Profisuche im www.

■ Wählen Sie einen geeigneten Suchdienst aus, eine Suchmaschine für gezielte Informationen zu einem Thema, eine Meta-Suchmaschine für eine grobgerasterte Parallelsuche oder einen Katalog für die Suche nach einem spezifischen Sachgebiet.

■ Wählen Sie bei schwierigen Anfragen mehrere Suchdienste aus und vergleichen Sie die Ergebnisse.

■ Überlegen Sie vorher, wie Sie durch geschickte Formulierung, durch Präzisierung des Themas oder des Stichworts die Suche eingrenzen können. Oft hilft es, themenbezogene Wortfelder zu erstellen und so die Anzahl der Suchbegriffe zu spezifizieren. Substantive im Singular und zusammengesetzte Begriffe sind besonders ergiebig. Auch fremdsprachige Schreibweisen helfen insbesondere bei internationalen Suchmaschinen weiter, z. B. „Europe" statt „Europa".

■ Benutzen Sie die Operatoren, die die Suchdienste zur Verfügung stellen, um Ihre Suchstichwörter sinnvoll zu kombinieren.

■ Erstellen Sie sich mithilfe eines Formulars einen persönlichen Recherche-Plan. Damit vermeiden Sie zeitaufwändige Mehrfachsuchen, wenn Sie Ihre Arbeit einmal unterbrochen haben und vielleicht ein paar Tage später wieder anfangen wollen.

Versuchen Sie bitte, die folgenden Fragen mithilfe des Internet zu beantworten:

1. Gibt es eine Online-Version Ihrer lokalen Tageszeitung? Wenn ja, wie unterscheidet sie sich von der gedruckten Version? Wo gibt es Gemeinsamkeiten?

2. Schauen Sie bitte im Online-Buchhandel nach, welche aktuellen Bücher zum Thema „Deutschland nach 1989" zurzeit lieferbar sind.

3. Suchen Sie mithilfe einer Suchmaschine Informationen zu politischen Parteien auf Landesebene in Deutschland. Die Stadtstaaten Hamburg, Bremen und Berlin sollen dabei unberücksichtigt bleiben.

4. Finden Sie mithilfe einer Suchmaschine den Originaltext des Vertrages zur Herstellung der deutschen Einheit.

5. Überlegen Sie sich (evtl. mithilfe eines persönlichen Rechercheformulars) eine Suchstrategie, mit der Sie genügend Informationen erhalten, um damit ein Kurzreferat über die Zwei-plus-Vier-Verhandlungen vorzubereiten.

6. Suchen Sie die Titel von zehn internationalen Zeitschriften aus den Jahren 1989/90, in denen Sie Artikel zu einzelnen Aspekten der damaligen deutschen Entwicklung finden.

7. Überlegen Sie sich ein Ordnungsprinzip für die 20 Internetadressen, die Sie am häufigsten aufrufen, und speichern Sie sie entsprechend unter Ihren Favoriten ab.

8. Suchen Sie die Homepage Ihrer bevorzugten Fernseh-Nachrichtensendung auf und vergleichen Sie die Nachrichtenpräsentation dort mit der der Sendung.

2.5 TV und Radio

Die modernen Massenmedien gehören heute zu den Standard-Informationsmitteln, über die jeder verfügt. Es ist sehr einfach, sich über aktuelle Ereignisse und Hintergrundinformationen kundig zu machen, und auch die Meinungsbildung wird sehr stark vereinfacht. Es besteht allerdings auch die Gefahr, dass Nachrichten und andere Informationen ungeprüft übernommen werden, im Vertrauen darauf, dass Journalisten gewissenhaft gearbeitet haben. Leider ist es oft so, dass Nachrichten und Meldungen korrigiert werden müssen.

Wer Rundfunk- oder Fernsehmeldungen für seine eigene Arbeit verwenden möchte, wird sicher gut daran tun, nur brauchbare Informationen zu übernehmen. Eine weitere Problematik liegt darin, dass Sendeanstalten meist nicht völlig unabhängig sind und auch in ihren Informationssendungen einseitige politische Tendenzen nicht ausgeschlossen werden können.

2.5.1 Angebotsvielfalt

Sicherlich unterliegen in Deutschland und anderen europäischen Ländern die öffentlich-rechtlichen Sender einer stärkeren internen Qualitätskontrolle als die Vielzahl der kommerziell orientierten Privatsender. Darüber hinaus haben wir aber auch Zugang zu unzähligen ausländischen Sendern, die wir z. B. über Satelliten-TV empfangen können. Viele von den privaten Sendern bieten kein komplettes oder Vollprogramm, sondern sind Spartensender, deren Programme weitgehend gleichartige Inhalte bieten, z. B. Unterhaltung, Sport, Musik, Spielfilme, Mode, Kinder, Religion, Kultur, Dokumentationen oder Nachrichten. Hinzu kommt eine unermessliche Anzahl von Internet-Radiosendern, die zwar meist unterschiedlichste Musikrichtungen zum Inhalt haben, oft aber auch Informationen anbieten, die man nicht grundsätzlich und ohne Überprüfung als glaubhaft voraussetzen sollte.

:¦: **Webcode:** MT641048–060

Spartensender können für Arbeiten und Referate zu aktuellen historisch-politischen Themen interessant sein. Hier bieten sich die Nachrichtensender an, als Beispiele seien die deutschsprachigen n-tv, N24 und Euronews genannt oder die englischsprachigen von CNN, CNBC, BBC World und Bloomberg. So wie man aber von verantwortungsvollen Journalisten korrekte Informationen erwarten darf, muss man als Nutzer dieser Informationen gleichzeitig ihre Relevanz und Zuverlässigkeit überprüfen. Das gilt für Radio- und TV-Informationen ebenso wie für diejenigen aus Printmedien oder dem Internet.

Aufgabe	**Diskutieren Sie mit Ihren Mitschülern über die folgenden Nachrichtensituationen:**

1. Während eines innenpolitischen Skandals, in dem es um Gesetzesverstöße in der Parteienfinanzierung geht, behaupten führende Politiker der betroffenen Partei und langjährige Inhaber von Spitzenämtern in verschiedenen Fernsehinterviews, von all den Unregelmäßigkeiten nichts gewusst zu haben. Wie glaubhaft ist diese Information?
2. Bei einer Pressekonferenz sagt ein Regierungssprecher, die bilateralen Verhandlungen mit einem schwierigen außenpolitischen Partner seien in angenehmer und konstruktiver Atmosphäre verlaufen. Zwar sei noch kein Durchbruch erzielt, aber die Talsohle sei bereits durchschritten. Welchen Informationswert haben diese Aussagen?

3. In der Zeit des Nationalsozialismus und vor allem während des Zweiten Weltkrieges konnten viele Deutsche die deutschsprachigen Nachrichten des feindlichen britischen Rundfunksenders BBC hören. Das Einschalten des Senders war natürlich strengstens verboten. Wer nur den deutschen Rundfunk hörte, bekam völlig andere Meldungen zu hören. Worin bestand das Informationsproblem der Radiohörer im Deutschen Reich?

4. Nach langen Tarifverhandlungen stellen sich ein Vertreter der Arbeitgeber, die maximal 1 % Lohnerhöhung zugestehen wollten, und ein Gewerkschaftsführer, der mindestens 5 % gefordert hat, den Kameras. Beide bezeichnen den erzielten Kompromiss von 2,2 % mehr Lohn und einer einmaligen Sonderzahlung als einen großen Erfolg für ihre eigene Organisation. Wer ist denn nun als Sieger aus den Verhandlungen gegangen?

5. Nach wichtigen Wahlen trifft sich die Runde der Generalsekretäre aller größeren Parteien im Fernsehstudio. Der eine behauptet, zwar sein Wahlziel nicht erreicht zu haben, die Wahl aber dennoch gewonnen zu haben, weil seine Partei weiterhin die stärkste Fraktion stellt. Der nächste hält sich für den Sieger, weil die Verluste geringer ausgefallen seien als befürchtet. Der dritte freut sich, überhaupt wieder im Parlament vertreten zu sein, was einem Sieg gleichkomme. Und der letzte hält es für einen Sieg, dass er zwar keine Stimmen gewonnen habe, aber dadurch gestärkt werde, dass andere weniger Stimmen bekommen haben. Wo liegt der Informationsgehalt dieser Aussagen?

Aufgabe

Vergleichen Sie ein wichtiges, nachrichtenrelevantes Tagesereignis in unterschiedlichen Medien: Wann und wie wird dieses Ereignis in der ARD-Tagesschau, bei den ntv-Nachrichten, bei SPIEGEL ONLINE, im Deutschlandfunk, in Ihrer lokalen Tageszeitung und im Nachrichtenteil auf der Startseite Ihres Internetproviders dargestellt?

2.5.2 Informationsdichte

Im Gegensatz zum Radio verfügt das Fernsehen über völlig andere Mittel, Informationen einprägsam zu präsentieren. Aber wie viel von diesen Informationen bleibt bei der Vielzahl der optischen und akustischen Reize einer Sendung tatsächlich in unserem Gedächtnis haften? Machen Sie einen Test:

Aufgabe

Zeichnen Sie eine Nachrichtensendung per Video auf. Zeigen Sie diese Aufzeichnung anschließend einer Gruppe von Mitschülern und bitten Sie sie vorher nur, die Sendung aufmerksam zu betrachten. Stellen Sie hinterher die folgenden Fragen:

1. Welches waren die wichtigsten Meldungen?
2. Wie wurden diese Meldungen dargeboten? In Wort, Bild oder Film? Wurde nur berichtet oder auch kommentiert? Welche Meinung hat der Kommentar vertreten? Gab es grafische Illustrationen? Waren Bild und Ton vom gleichen Urheber oder ist die Meldung im Studio bearbeitet worden?

3. Wie viele Meldungen enthielt die gesamte Sendung ungefähr? In welcher Reihenfolge wurden die Meldungen präsentiert?
4. Welche Meldungen bezogen sich auf Ereignisse und Personen im Inland, welche auf das Ausland?
5. Wie war die Nachrichtenmischung? Gab es vorzugsweise politische Meldungen oder wurde auch aus der Wirtschaft, aus der Kultur und aus anderen Bereichen berichtet?
6. Gab es Interviews? Wenn ja, was wurde gefragt, was geantwortet?
7. Was ist besonders in Erinnerung geblieben? Eine Grafik, die Krawatte des Nachrichtensprechers, sein Versprecher oder die polemische Formulierung eines Politikers?

Nun schauen Sie sich die Sendung nochmals an und stellen die gleichen Fragen noch einmal. Wie unterscheiden sich die Antworten?

Um sich klarzumachen, welche Fülle von Informationen eine Nachrichtensendung enthält, schauen Sie sich diese ein drittes Mal an und fertigen dabei eine Strichliste an, um die folgenden Fragen zu beantworten:
- Wie viele Schnitte gab es während der Sendung?
- Wie viele Grafiken und Karten wurden eingeblendet?
- Wie viele unterschiedliche Themen wurden angesprochen?
- Wie viel Zeit wurde jedem Thema gewidmet?
- Wie viele verschiedene Personen wurden namentlich genannt?
- Wie viele Schauplätze für die Ereignisse gab es?
- Wie viele Inlandsmeldungen, wie viele Auslandsmeldungen enthielt die Sendung?

Material

Checkliste
Durch welche Mittel können Film- und Fernsehdokumentationen manipuliert werden?
- Unterschlagen von Bildern / Hinzufügen von Bildern
- Zu schnelle Schnittfolge / zu langsame Schnittfolge
- Kommentar und Bild stimmen nicht überein
- Ungenügende Recherche
- Überfrachtung der Information
- Unterschlagung zugänglicher Informationen
- Falschmeldungen
- Falsche O-Töne zum Bildmaterial
- Propagandistische Musik
- Tendenziöse Sprechweise
- Vorzensur durch Sender / Nachzensur
- Falsche Übersetzung aus der Fremdsprache
- Bildmonopol durch Presseoffiziere
- Schere im Kopf des Redakteurs
- Vermittlung von Feindbildern

zusammengestellt nach Christian Hörburger: Krieg im Frieden. Didaktische Materialien und Analysen für die Medienerziehung. Tübingen 1996, S. 47

2.5.3 Radio- und TV-Sendungen für Referate und Seminararbeiten nutzen

Um Radio- oder Fernsehsendungen für den Informationserwerb zu nutzen, ist es immer sinnvoll, sich eine Ton- oder Videoaufzeichnung zu machen und diese später in Ruhe auszuwerten. Für Informationen besonders geeignet sind:

- Nachrichtensendungen
- Dokumentarfilme und -programme
- Interviews aller Formate, auch seriöse Talkshows
- politische Magazine
- Schulfunksendungen
- Wissenschaftsmagazine
- Auslandsberichte

Um die Aufzeichnung einer Sendung für ein Referat oder eine Seminararbeit zu nutzen, müssen Sie deren Informationsgehalt analysieren. Dabei stellt sich die Frage nach den Autoren und ihrer jeweiligen Perspektive der Dinge:

- Was wollen die Autoren eines Radio- oder Fernsehberichts zum Ausdruck bringen? Geht es nur um Fakten? Oder werden genügend Hintergrundinformationen gebracht? Ist die Argumentationskette schlüssig? Werden Fakten mit medientypischen Mitteln untermauert, also mit Originalton und Bild?
- Wie ist der Bericht gegliedert? Werden die verschiedenen Seiten einer Nachricht angesprochen?

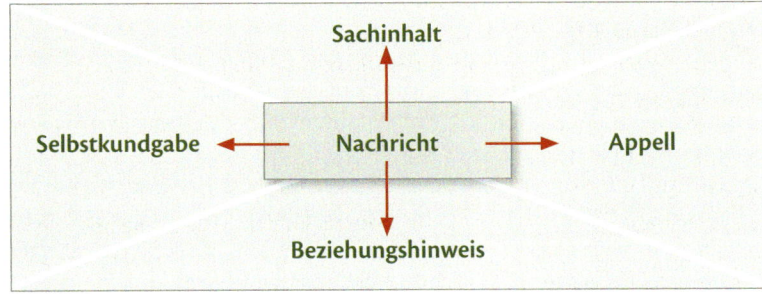

Die vier Seiten einer Nachricht nach Schulz von Thun

- Welche Wirkung ist bei den Zuhörern oder Zuschauern beabsichtigt? Kann die Nachricht missverstanden oder fehlinterpretiert werden?
- In welchem Ereigniszusammenhang steht die Nachricht?

Alle Hinweise und Beobachtungen inhaltlicher und formaler Art werden wie Exzerpte aus schriftlichen Quellen auf Karteikarten oder als Mitschrift schriftlich festgehalten, wobei zur späteren Überprüfung die jeweilige Stelle mit dem Zählwerkstand des Abspielgerätes mit aufgeschrieben wird. Dies gilt ebenso für wörtliche Zitate. Bei der späteren Verwendung von Radio- oder Fernsehsendungen wird der Beleg so angegeben: Titel der Sendung, Autoren, Sender, genauer Sendetermin mit Datum und Uhrzeit des Sendungsbeginns.

Wenn Sie sich in einem Referat auf eine Radio- oder Fernsehsendung beziehen, kann es Ihren Vortrag sehr beleben, wenn Sie den Zuhörern einen kurzen Ausschnitt vorspielen, sei es als Einstieg, Schluss oder zur Stützung einer besonders wichtigen Aussage. Suchen Sie sich einen geeigneten Ausschnitt aus Ihrer Aufzeichnung aus – geeignet heißt auch von vorführfähiger Ton- und Bildqualität – und achten Sie darauf, dass der Ausschnitt nur maximal drei Minuten lang ist.

Falls Sie die Sendeanstalten kontaktieren möchten, um Rückfragen zu stellen oder um vielleicht sogar Zugang zu deren Archiven zu bekommen, so können Sie die Adressen über das Internet herausbekommen, die, ähnlich wie vergleichbare Institutionen in anderen Ländern, z. B. die „Inatheque de France" in Paris oder das „The Payley Center for Media" in New York/Los Angeles, einen Einblick in die prägenden und repräsentativen Programme von Hörfunk und Fernsehen gibt.

Web-Fernsehen und Kinematheken:
Webcode: MT641048–064

2.5.4 Internetradio

Internetradio ist nicht nur eine Fülle von weltweit über 10 000 Radiosendern, die mit dem Computer und Streaming-Software erreichbar sind. Sie haben den Zugriff heute auch mit anderen Geräten, sei es nun ein Smartphone oder ein PC-unabhängiges WLAN-Radio, das Sie innerhalb der Reichweite Ihres WLAN-Anschlusses hören können. Da sich die Technik hier sehr schnell weiterentwickelt, sind entsprechende Internetadressen sicherlich eher als ein Buch für aktuelle Informationen geeignet.

traditionelle Sender

Nahezu alle traditionellen Radiosender senden ihr Programm auch parallel über Internet und erreichen damit Stammhörer und Interessierte außerhalb Ihres Sendebereichs. So können Sie Ihren Lokalsender auch hören, wenn Sie gerade einen Amerikaaustausch machen, oder Sie brauchen, wenn Sie wieder zurück sind, nie mehr auf Ihren amerikanischen Lieblings-Countrysender zu verzichten. Je nach technischer Ausstattung und der jeweiligen Rechtslage können Sie Programme nicht nur hören, sondern auch aufzeichnen. Manche Sender bieten auch einen kostenpflichtigen Aufzeichnungsservice. Hier können Sie ein bestimmtes Programm anfordern und bekommen es als CD bzw. DVD. Ein Beispiel dafür sei die ARD.

Internetsender

Zu diesen traditionellen Sendern kommen unzählige Sender, die mit geringem technischen Aufwand, aber in ordentlicher Qualität nur über das Internet senden. Hier können Sie zwischen zahlreichen Musikrichtungen auswählen, finden aber ebenso Sparten wie Sport, Politik, Dokumentationen, Diskussionen.

Da die Entwicklung sich sehr stark auf eine Verschmelzung der gängigen Medien und der Kommunikationstechniken, sei es nun Einwegkommunikation oder Mehrwegkommunikation, hin entwickelt, wird auch das Internetradio mit seinen ungeheuren Archivierungsmöglichkeiten allmählich zu einer ernst zu nehmenden Informationsquelle. Gleichwohl, und hier kommt der erhobene Oberlehrerzeigefinger, muss darauf hingewiesen werden, dass die ständige Verfügbarkeit neuer Medien und der interaktive Zugang der Seriosität abträglich ist und dass bei der Verwendung derartiger Informationsquellen eine besondere Sorgfalt geboten ist.

Webcode: MT641048–064

2.6 Presse

Der Wandel vom Papier zum Bildschirm ist in vollem Gange und erfolgt geräuschlos. Mehr und mehr Menschen lesen nicht mehr regelmäßig eine Zeitung, sondern beziehen ihre tagesaktuellen Informationen aus dem Internet. Wenn die Wissenserweiterung aber mit einem angemessenen Tiefgang erfolgen soll, sind seriöse Presseerzeugnisse nach wie vor unverzichtbar. Das Internet mit den verkürzten Nachrichten auf den Startseiten aller möglichen Portale mag durchaus den Status des Informiertseins vorgaukeln, kommt oft aber nicht über Triviales hinaus. Es ist das Medium der schnellen Einstiegsinformation. Wer gut und tiefgreifend informiert sein möchte, wird weiterhin die ungeheure Vielfalt der Presse nutzen.

2.6.1 Übersicht

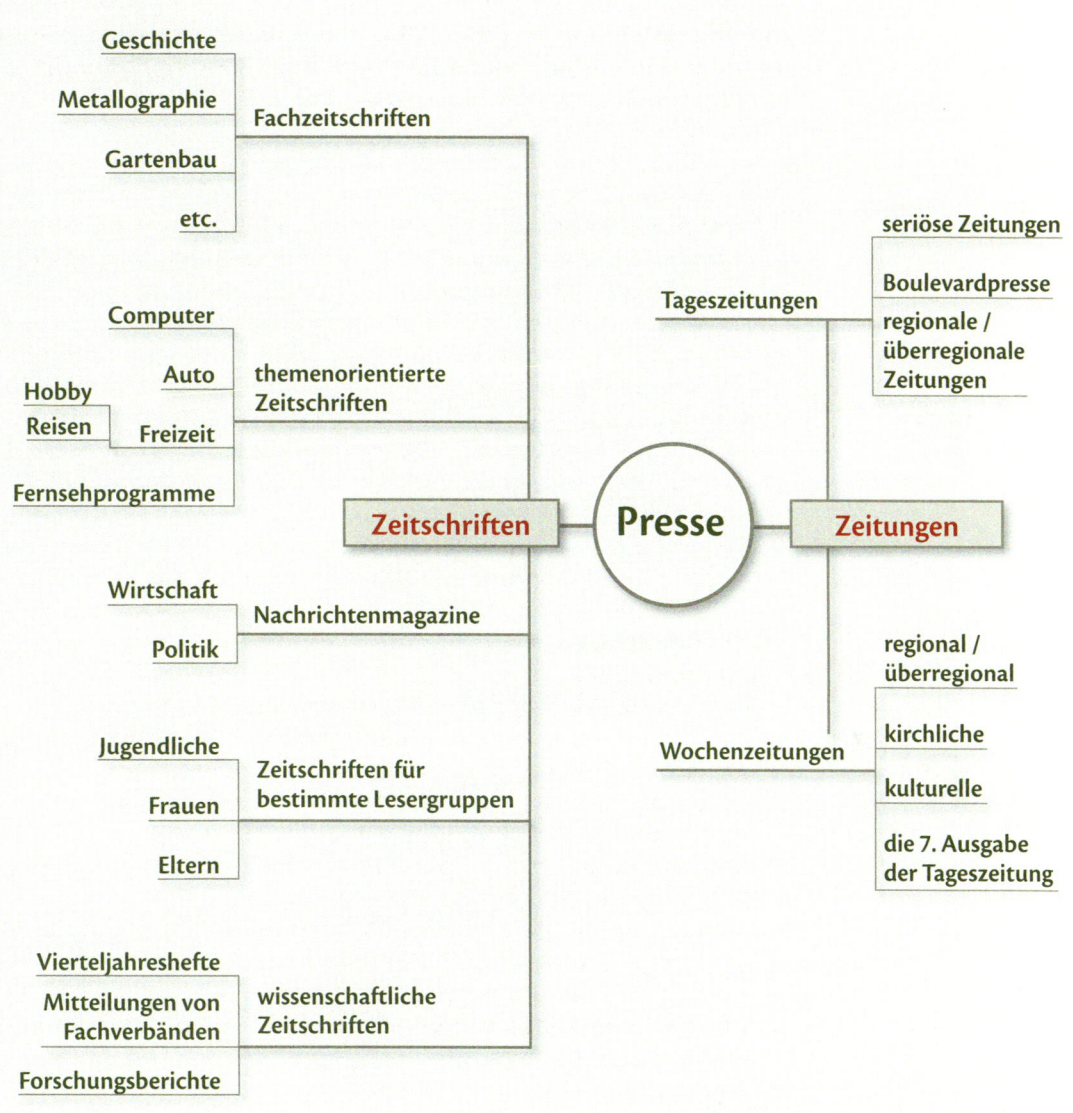

Zeitungen gehören zu den wichtigsten Informationsmedien über gesellschaftliche und politische Ereignisse. Anders als beim Fernsehen, im Radio oder im Internet erscheinen die Nachrichten und Meldungen um mehrere Stunden zeitversetzt. Dafür bieten Zeitungen die Möglichkeit zur nachlesbaren und damit genaueren Information und der Rhythmus und der Umfang der Informationsaufnahme wird durch den Leser und die Leserin bestimmt. Zeitungen transportieren Nachrichten und Meinungen, und ihre Aufgabe ist es, die Leserinnen und Leser möglichst umfassend und objektiv über aktuelle Ereignisse und ihre Hintergründe zu informieren. Wenn Sie verschiedene Tageszeitungen von einem bestimmten Tag nebeneinanderlegen, zeigt sich jedoch schnell,

der Leser bestimmt den Rhythmus

unterschiedliche Angebote

dass Meldungen unterschiedlich gewichtet werden: Was eine Zeitung auf der ersten Seite berichtet, erscheint in einer anderen Zeitung erst auf Seite drei und in einer weiteren überhaupt nicht. Ein weiteres Problem liegt in der politischen Färbung der Berichterstattung. Während die eine Zeitschrift kritisch oder nachdenklich über ein Ereignis berichtet und kommentiert, ist die andere eher zustimmend positiv. Auch wenn sich eine Zeitung im Impressum oder auf der Titelseite als unabhängig und überparteilich darstellt, so bedeutet dies nicht, dass sie auch meinungsneutral und politisch ausgewogen ist. Wer sich einen objektiven Standpunkt zu einem Ereignis bilden möchte, muss also die Berichterstattung nicht nur in einer, sondern in mehreren Zeitungen und Zeitschriften untersuchen. Bei diesem Versuch kann man aber auch an Grenzen stoßen, die durch den Konzentrationsprozess auf dem Zeitschriftenmarkt bedingt sind. Während **Zeitungsvergleich** Sie sich über Ereignisse von überregionaler Bedeutung (z. B. die Haushaltsdebatte im Bundestag) leicht aus mehreren Zeitungen informieren können („Die Welt", „Frankfurter Rundschau", „taz" u. a.) kann man sich über das lokale Geschehen häufig nur über eine Zeitung, nämlich das jeweilige Heimat- oder Lokalblatt informieren. Kritisch mit den angebotenen Informationen umzugehen ist insbesondere in diesem Fall geboten.

Als Zeitungsleser sollten Sie sich daher folgende Fragen stellen:

kritische Analyse
- Werde ich umfassend oder einseitig informiert? Sind die Informationen nachprüfbar und zuverlässig? Werden fremde Meinungen als solche kenntlich gemacht?
- Welche Texte enthalten Informationen, Wertungen, Aufforderungen? Wird der journalistische Grundsatz eingehalten, Meinung und Nachricht zu trennen?

2.6.2 Leseverhalten

Im Gegensatz zu Romanen z. B. werden Zeitungen und Zeitschriften in der Regel nicht komplett von vorn bis hinten gelesen, sondern wir zeigen als Leser ein eigentümliches und doch wahrnehmungspsychologisch völlig normales Verhalten.

- Große und griffig formulierte Schlagzeilen werden eher gelesen als kleinformatige Überschriften.
- Das Auge folgt dem stärksten Impuls, sei es ein auffälliger farbiger Balken, ein fettgedruckter Kurztext oder ein Foto.
- Dinge, die uns wichtig erscheinen, lesen wir zuerst.
- Rechschreibfehler bemerkn wir normaleweise nicht, wenn wir den Sinn des Wortes sofort erfassen. (In diesem Satz sind es 3!)
- Aufgelockerte, durch Absätze und Einrückungen optisch und inhaltlich strukturierte Texte lesen wir lieber als lange Blöcke.

Während Boulevardzeitungen diese Erkenntnisse in lauter und schriller Weise nutzen, reflektieren seriöse Zeitungen durch ihr dezenteres Erscheinungsbild auch die gehobeneren Ansprüche ihrer Leser.

Über den heutigen Stellenwert des Lesens (Bücher und Regionalzeitungen) sowie über die deutschen Tageszeitungen im Wandel informieren drei Internetartikel.

Webcode: MT641048–066
Außerdem finden Sie im Webcode ein Presse-Glossar.

2.6.3 Recherche

Um an die gewünschten Artikel aus zurückliegenden Erscheinungsjahrgängen heranzukommen, können Sie bei abonnierten Fachzeitschriften die jeweiligen Jahresregister einsehen. Darüber hinaus gibt es zwei Möglichkeiten, Internet und Bibliothek, die sich auch beide kombinieren lassen und die für allgemeine Zeitschriften und Zeitungen besser geeignet sind.

Auf einen Blick/Übersicht

Elemente der Titelseite einer Zeitung

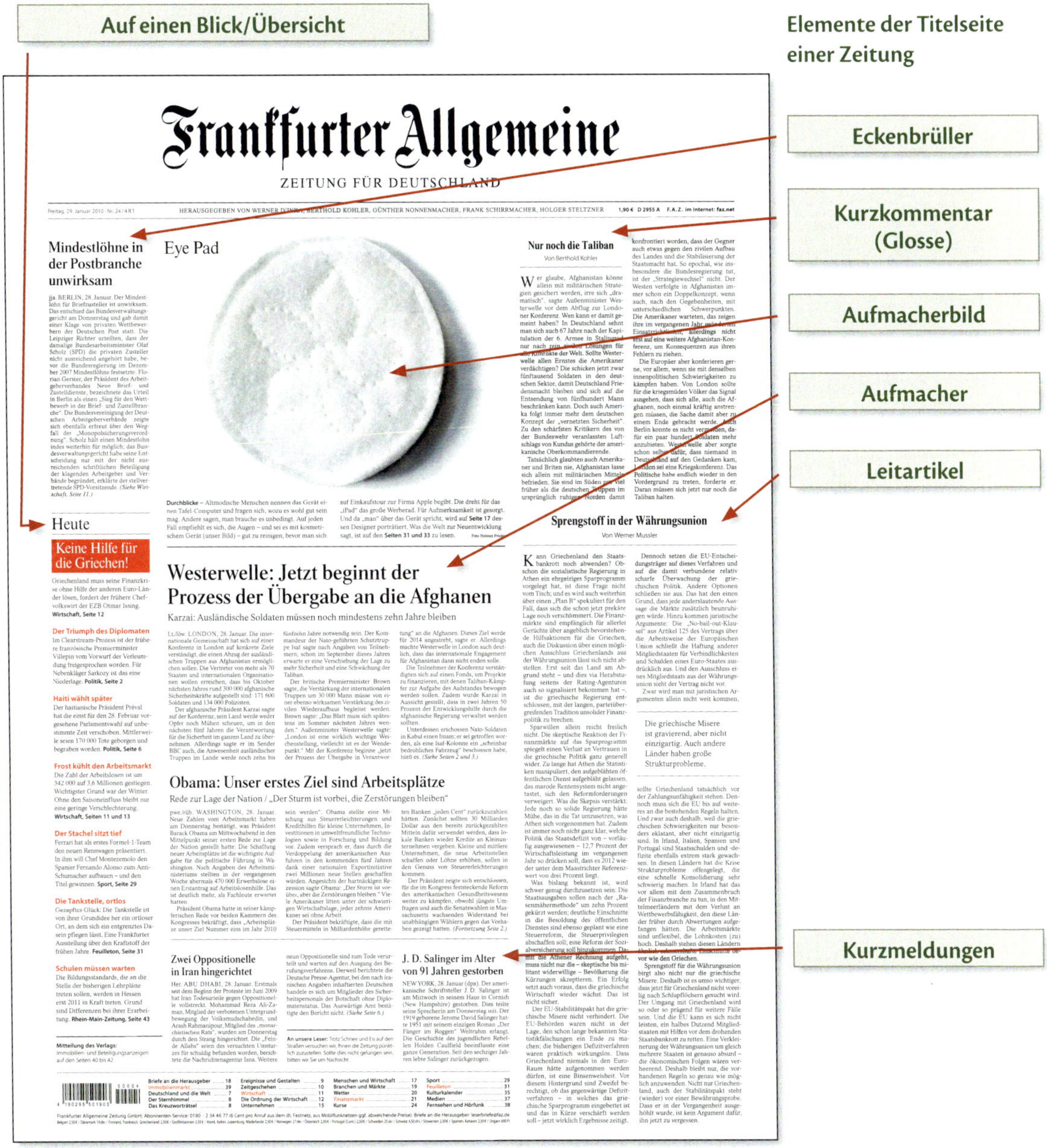

Eckenbrüller

Kurzkommentar (Glosse)

Aufmacherbild

Aufmacher

Leitartikel

Kurzmeldungen

So kann man sich im Internet über eine Suchmaschine oder einen Katalog bestimmte Zeitungen aufrufen, um in den Onlinearchiven der Zeitungsverlage zu recherchieren: Unter der Adresse des nordrhein-westfälischen Hochschulbibliothekszentrums finden Sie einen komfortablen Werkzeugkasten mit über 100 000 Links zu Büchern und deutschen Bibliotheken, zur digitalen Bibliothek und zu den Zeitungen, über die Sie sich bei den aufgenommenen Zeitungen direkt einloggen können. Der Archivzugang erfolgt dann über die Homepage des aufgerufenen Verlages.

Das Herunterladen einzelner Artikel aus elektronischen Zeitschriftenarchiven oder Datenbanken wie z. B. den Genios-Wirtschaftsdatenbanken ist oft mit Kosten pro Artikel verbunden. Günstiger ist es in der Bibliothek. Hier gilt die folgende Vorgehensweise:

Webcode: MT641048–067

Bibliotheksrecherche

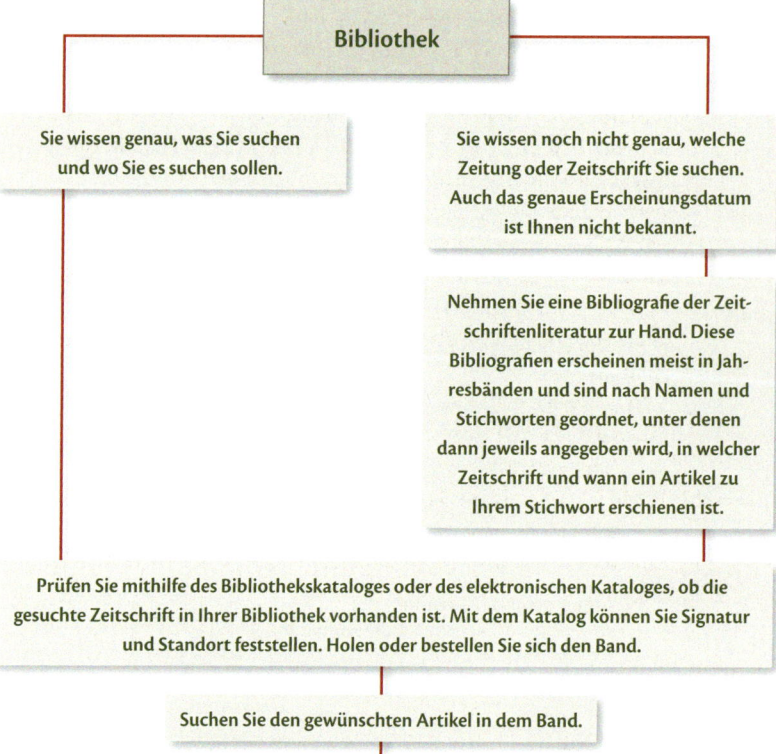

Bibliothek

Sie wissen genau, was Sie suchen und wo Sie es suchen sollen.

Sie wissen noch nicht genau, welche Zeitung oder Zeitschrift Sie suchen. Auch das genaue Erscheinungsdatum ist Ihnen nicht bekannt.

Nehmen Sie eine Bibliografie der Zeitschriftenliteratur zur Hand. Diese Bibliografien erscheinen meist in Jahresbänden und sind nach Namen und Stichworten geordnet, unter denen dann jeweils angegeben wird, in welcher Zeitschrift und wann ein Artikel zu Ihrem Stichwort erschienen ist.

Prüfen Sie mithilfe des Bibliothekskataloges oder des elektronischen Kataloges, ob die gesuchte Zeitschrift in Ihrer Bibliothek vorhanden ist. Mit dem Katalog können Sie Signatur und Standort feststellen. Holen oder bestellen Sie sich den Band.

Suchen Sie den gewünschten Artikel in dem Band.

Bearbeiten Sie den Artikel nun im Sinne der in Kapitel 2.1 beschriebenen, kritischen Betrachtungsweise. Wie Sie die aus dem Artikel bezogenen Informationen verwalten, lesen Sie bitte in Kapitel 3 nach.

Aufgabe	

1. Besorgen Sie sich drei oder vier verschiedene Tageszeitungen vom gleichen Tag und vergleichen Sie sie miteinander.
   a) Welches sind jeweils die Hauptartikel auf der ersten Seite?
   b) Welche Themen werden in den Leitartikeln kommentiert?
   c) Welche politische Grundhaltung der Kommentatoren wird in den Leitartikeln deutlich?
   d) Wie werden die Informationen präsentiert? (sachlich, tatsachenbezogen, grafisch aufbereitet, sensationslüstern, sarkastisch, satirisch, informativ etc.)
   e) Wie aussagekräftig sind die Fotos?
   f) Haben Sie den Eindruck, dass die Artikel ordentlich recherchiert, dass die Darstellung plausibel und glaubwürdig und dass die Zeitung zitierfähig ist?
   g) Sind die Informationen, die Sie aus den Zeitungen beziehen, relevant, zuverlässig und nachprüfbar?
2. Vergleichen Sie eine Ausgabe von „Der Spiegel" mit einer Ausgabe von „Focus" und „Wirtschaftswoche".
   a) Wie oft erscheinen diese Zeitschriften?
   b) Welche Themen werden hauptsächlich behandelt?

    c) Wie werden die Informationen präsentiert?

    d) Wie tiefgehend sind die Hintergrundinformationen, die der Leser erhält?

3. Welches waren die zehn wichtigsten Meldungen heute vor einem Jahr? Versuchen Sie, diese Frage mit dem Internet und in einer Bibliothek zu beantworten. Welche Arbeitsweise sagt Ihnen eher zu? Warum?

4. Vergleichen Sie einen Artikel aus einer Fachzeitschrift mit einem Artikel aus einer allgemeinen Wochenzeitschrift zum gleichen Thema.

    a) Welche Ansprüche stellt die Fachzeitschrift, welche die allgemeine Zeitschrift an ihre Leserschaft?

    b) Worin bestehen die Unterschiede in der Präsentation der Informationen?

5. a) Gehen Sie in ein großes Zeitschriftengeschäft, z. B. am Bahnhof oder Flughafen. Stellen Sie fest, zu welchen Themenbereichen es wie viele verschiedene themenorientierte Zeitschriften im Handel gibt.

    b) Lösen Sie die Aufgabe 5a alternativ durch den Besuch eines virtuellen Presseshops im Internet.

6. Informieren Sie sich im Internet über das Angebot des Vereins „Zeitung in der Schule" (ZIS)

:'. **Webcode:** MT641048-069

2.7 Quellen

Quellen sind alle Materialien, die dazu beitragen, vergangene Ereignisse und Sachverhalte aufzuklären. Quellen sind besonders wichtig in allen historischen und geschichtsnahen Disziplinen.

Definition

Schriftliche Quellen	Sachquellen	Audiovisuelle Quellen
Urkunden	archäologische Funde	Filme
Akten	Gegenstände	Fotos
Verträge	Kleidung	Tonaufzeichnungen
Parlamentsprotokolle	Siegel	Fernsehaufzeichnungen
Gesetzessammlungen	Orden	Telefongespräche
Briefe	Waffen	Datenaufzeichnungen
Tagebücher	Haushaltsgerätschaften	
Memoiren	Architekturfragmente	
Geschäftsbücher	Kunstgegenstände	
statistische Daten	Denkmäler	**Traditionen und Überlieferungen**
Pamphlete	Münzen	
Flugblätter	Karten	Sprache
Zeitungen		Recht
Zeitschriften		Religion
Literatur	**Oral History**	Kultur
wissenschaftliche Texte	Interviews	
Geschichtsschreibung	Zeitzeugenbefragungen	

Welche Arten von Quellen gibt es?

Die oben aufgeführten Quellen sind Beispiele, die Einteilung ist durchaus hinterfragbar. Oft ist es so, dass man aus Begeisterung darüber, dass man eine geeignete Originalquelle gefunden hat, jede kritische Distanz vergisst. Davor sei gewarnt. Quellen können Fälschungen sein, sie können vom Verfasser in manipulatorischer Absicht formuliert worden sein und sie können zu ihrer Zeit gezielte Desinformationsabsichten gehabt haben. Daher gehört zu jeder Arbeit mit Quellen eine genaue Analyse mithilfe der Fragen „Wer?", „Was?", „Wann?", „Wie?" und „Warum?".

Quellenkritische Analyse

	Analyse	Beurteilung und Bewertung
Wer?	■ Wer ist der/sind die Verfasser? ■ Vor welchem zeitgeschichtlichen/sozialen/kulturellen Hintergrund schrieb er? ■ Hat er ein Amt, eine öffentliche Funktion? Trifft er Entscheidungen von großer Tragweite? ■ Aus welcher Perspektive schreibt er?	■ Beurteilung der gesellschaftlichen und politischen Funktion und der Einflussmöglichkeiten ■ Unabhängigkeit oder Parteilichkeit ■ Bindung an Denkmuster und Normen
Was?	■ Was sagt die Quelle aus? ■ Welches sind die Leitgedanken? ■ Wie ist sie strukturiert? ■ Welche Schlüsselbegriffe werden verwendet?	■ inhaltliche und textliche Bewertung
Wann?	■ Wann wurde die Quelle verfasst? ■ Welche zeitlichen und örtlichen Hinweise werden gegeben? ■ Welche Bezüge zu Personen oder Ereignissen im weiteren Umfeld gibt es?	■ historische Einordnung
Wie?	■ Wie wird die Aussage präsentiert? ■ Welche Schwerpunkte werden gesetzt?	■ Vergleich mit anderen Quellen
Warum?	■ Warum wurde das Dokument verfasst? Was wurde damit beabsichtigt? Wer profitiert davon? Wer hat eher Nachteile?	■ Aussageabsicht ■ Manipulation ■ Information ■ Meinungsbildung ■ Propaganda ■ Überredung ■ Überlieferung ■ Bevorzugung/Benachteiligung anderer

Aufgabe

Analysieren Sie die nebenstehende historische Quelle.

Adressen für historische Quellen:
☀ **Webcode:** MT641048–070

Michael Geidel
Geschw.-Scholl-Str. 19
Miltitz
7154

Aufruf an alle demokratischen Kräfte

1. Die Montagsdemonstrationen drohen zu entgleisen. Ein Teil der
Demonstranten ist in zwei feindliche Lager gespalten.
Die einen haben Angst vor sofortigem Anschluss an die Bundesrepublik und Neofaschismus, die anderen vor dem, was sie als "rot"
und als "Sozialismus" kennen.
Beide verstehen einander immer weniger. Schon an zwei Montagen
sah ich am Stadthaus, wie Missverständnis, Chaos und Aggressivi-
tät wachsen.
Wer diese Lager nicht versöhnen kann, sollte sie voreinander
schützen. Ich appelliere an alle demokratischen Parteien und
Organisationen, sich erneut am Runden Tisch über die Sicherheit
der Montagsdemonstrationen zu verständigen.

2. Die Demonstrationen vermitteln im Moment den vermutlich falschen Eindruck, dass eine Mehrheit den sofortigen Anschluss will.
Noch hat niemand die gefragt, die nicht mehr mitgehen. Wer "Wiedervereinigung" will, muss noch lange nicht für sofortigen Anschluss sein. Hütet Euch davor, durch demagogische Losungen par-
teiegoistische Interessen zu verfolgen und die Stimmung anzuhei-
zen! Ihr spielt mit unser aller Schicksal! Sucht die Mehrheit
derjenigen, die den sofortigen Anschluss nicht wollen, eine spätere Einheit aber nicht ausschliessen. Gebt ihnen dafür eine
Alternative: maximale Demokratie, Sicherheit, Gerechtigkeit,
Wärme. Und ein Wirtschaftskonzept, dass die Chance bietet, den
derzeitigen Lebensstandard zu halten und die Umweltsituation
entscheidend zu verbessern.
Verständigt Euch darüber, ob die Verlegung der Kundgebung aller
demokratischen Kräfte auf einen anderen Tag eine Chance bietet,
die Situation zu entschärfen!
Sollte es zum Volksentscheid kommen, dann überlegt Euch genau die
Formulierung des Entweder-Oder!

Verteiler: Evang. und kathol. Kirche
           Bezirksverbände CDU,LDPD,NDPD,DBD,SED
           Neues Forum,SDP,D.A.,Böhlener Plattform,Initiative f.
           Frieden und Menschenrechte, Grüne
           Studentenrat KMU und Päd. Hochschule, FDGB
                   " HFGB

Bitte keine Antwort, sondern Taten und Einigkeit !

5. 12. 1989

Archiv Bürgerbewegung Leipzi
Konie ABL A. 11

2.8 Statistiken und Diagramme

Definition

Statistik bedeutet sowohl die Darstellung von Sachverhalten mit Zahlen und grafischen Mitteln als auch die wissenschaftliche Disziplin, die sich mit der Erhebung von Werten, deren Auswertung und deren Präsentation und Veröffentlichung beschäftigt. Die Erhebung von Werten erfolgt entweder durch Meinungsumfragen (➜ Kapitel 2.10 Meinungsumfrage) oder durch Auswertung von Quellen jeder Art, aber auch durch Messungen und Beobachtungen. Naturwissenschaftliche Methoden stehen gleichberechtigt neben z. B. historischen oder sprachwissenschaftlichen.

2.8.1 Statistische Tabellen, Säulen- und Kreisdiagramme

Bei statistischen Tabellen gibt die Tabellenüberschrift einen inhaltlichen Überblick, während die Einzeldaten durch die Kopf- und Randleiste weiter inhaltlich untergliedert werden. Zusammen stellen sie die zum Verständnis der Tabelle notwendigen Informationen zur Verfügung. Während eine statistische Tabelle exakt ablesbare Zahlenwerte enthält, steht bei einem Diagramm (Schaubild) die Anschaulichkeit im Vordergrund.

Tabelle

Tabellenüberschrift mit Bezugsjahr →
Kopfzeile →
Zeilen →
evtl. Summen →
Quelle →
Spalten →
Anmerkungen, Erklärungen →

Einbürgerungen in die Bundesrepublik 1980–2005			
Jahr	Insgesamt	Ausländer	Statusdeutsche*
1980–1984	189 692	70 907	118 785
1985–1989	224 678	76 355	148 323
1990–1994	881 524	191 233	690 291
1995–2000	1 621 323	677 995	943 328
2001–2005	904 458	904 458	–
1980–2005	**3 821 675**	**1 920 948**	**1 900 727**

Quelle: Statistisches Bundesamt

*Bei Statusdeutschen handelt es sich um Deutsche im Sinne des Grundgesetzes, z. B. Spätaussiedler. Mit der Novellierung des Staatsangehörigkeitsgesetzes, die am 1. August 1999 in Kraft trat, erwarben alle noch verbliebenen Spätaussiedler die deutsche Staatsbürgerschaft.

Statistiken sind einfacher und schneller lesbar, wenn sie in Diagrammen visualisiert werden. Das Säulendiagramm (S. 74) ist die gebräuchlichste und einfachste Form der Zahlenpräsentation. Die Länge der Säulen entspricht dem Häufigkeitswert. Im Unterschied zum Kurvendiagramm, das Sie aus dem Mathematikunterricht kennen, werden die einzelnen Werte nicht miteinander verbunden.

In verschiedenen Fachdisziplinen gibt es unterschiedliche Diagrammarten. Techniker arbeiten beispielsweise mit Schaltplänen, Physiker arbeiten in der Teilchenphysik und in der Festkörperphysik mit Feynmann-Diagrammen, für die Darstellung von sich täglich ändernden Kursverläufen gibt es bei dem Börsenanalytikern Candlestick-Charts oder Balken-Charts. Struktogramme und Ablaufdiagramme finden Verwendung bei Informatikern, Statistiker visualisieren Häufigkeitsverteilungen mit Histogrammen.

Das U-Bahn-Netz einer Stadt, die Oberflächenstruktur einer Landschaft, die Kosten von Hagelschäden und die jährlichen Abiturdurchschnitte können alle mit verschiedenen Diagrammen dargestellt werden.

Säulendiagramm

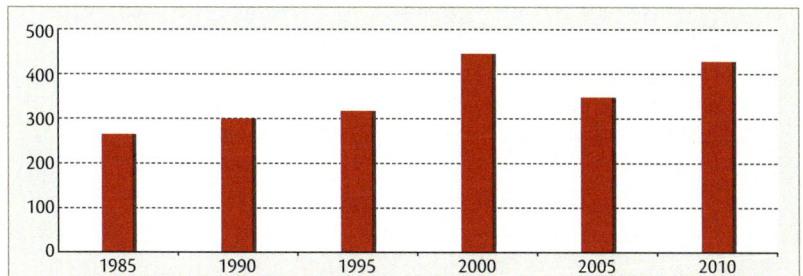

> Die visuelle Aufbereitung von Informationen, wie wir sie täglich im Fernsehen, in Printmedien und besonders in Schulbüchern finden, bezeichnet man als **Infografik**. Ziel ist die attraktive und übersichtliche Darstellung von Zusammenhängen.

Definition

Die wichtigsten Diagrammformen für den allgemeinen Gebrauch neben dem bereits erwähnten Säulendiagramm entnehmen Sie bitte der folgenden Übersicht:

Kreisdiagramm Variationen: Doppelkreisdiagramm; Halbkreisdiagramm; Ringdiagramm; Explodiertes Kreisdiagramm mit herausgelösten Teilen; alle auch dreidimensional als Tortendiagramme	zur übersichtlichen Veranschaulichung von Prozentanteilen. Die Summe ergibt immer 100 %.	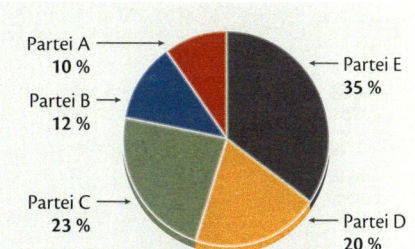
Flächendiagramm Variationen: zweidimensional oder dreidimensional; mit übereinander gestapelten Flächen; mit prozentual gestapelten Flächen	zur vergleichenden Darstellung von Entwicklungen unterschiedlicher Reihen	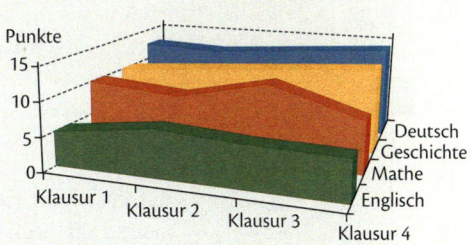
Netzdiagramm, auch Polar- oder Radardiagramm Variationen: kreisförmiges Netz; unterschiedliche Anzahlen von Strahlen; auch mit mehreren Wertlinien; Wertlinien mit oder ohne Punkte; Darstellung auch als geschlossene Fläche(n) innerhalb der Wertlinie(n)	Netzdiagramme stellen verschiedene Aspekte einer Sache dar, wobei alle Strahlen des Netzes vom zentralen Nullpunkt ausgehen und nach außen hin höherwertig werden.	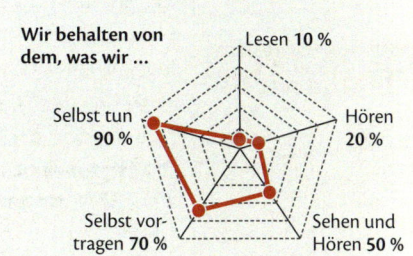

Liniendiagramm Variationen: auch als gestapelte Linie; mit oder ohne Linienpunkte; als 3D-Linie; mit geglätteten (gerundeten) Linien oder Geraden von Punkt zu Punkt	Mit Liniendiagrammen können gemessene oder beobachtete Verläufe, Entwicklungen oder Verhältnisse dargestellt werden.	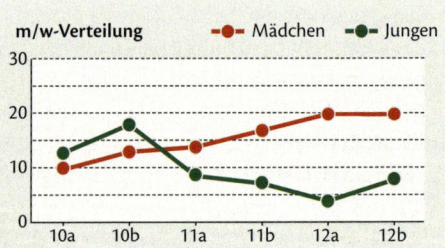
Punktdiagramm auch Streudiagramm Variationen: Blasendiagramm (zeigt den Unterschied zwischen zwei Werten für jeden Punkt durch die Größe der Blase an); auch als 3D-Blasendiagramm	zur Darstellung der Verteilung zweier quantitativer Merkmale	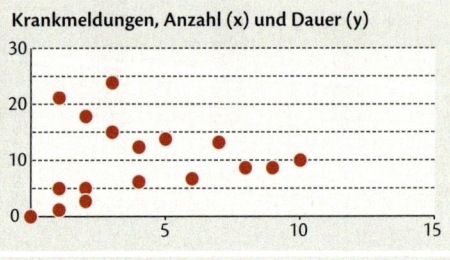
Säulendiagramm Variationen: Balkendiagramm; 3D-Varianten wie z. B. Zylinderdiagramm, Kegeldiagramm, Pyramidendiagramm; alle auch als Stapeldiagramme	zur Veranschaulichung von Vergleichswerten über einen bestimmten Zeitraum	→ Seite 73 oben

Webcode: MT641048-074 Weitere Hinweise zu Diagrammtypen und ihrer Anwendbarkeit finden Sie im Internet. Um ein Diagramm herzustellen, können Sie natürlich lange mit Zirkel, Lineal und Bleistift arbeiten. In der Regel wird man aber mit dem Computer und einem Tabellenkalkulationsprogramm arbeiten, z. B. Microsoft Excel, oder der Tabellendokumentfunktion von OpenOffice. Dabei geben Sie die Werte in die einzelnen Felder der Tabelle ein, markieren die Felder, wählen anschließend über die Diagrammfunktion eine geeignete Diagrammversion aus und lassen das Diagramm erstellen.

2.8.2 Die Indexkurve

Oft gibt es bei Statistiken auch einen Indexwert, d. h., die Werte eines bestimmten, willkürlich festgelegten Jahres erhalten den Indexwert 100 (siehe die Grafik auf Seite 75; hier ist die Stahlproduktion für jedes der vier Länder für 1973 gleich 100 % gesetzt worden). Die Werte aller Folgejahre und deren Veränderung werden dann im Verhältnis zu diesem Bezugspunkt gesehen, d. h., Indexkurven arbeiten mit relativen und nicht mit absoluten Zahlenwerten und sind besonders geeignet, Entwicklungen zu pointieren.

Definition	**Absolute und relative Werte** Nehmen wir beispielsweise die Entwicklung bestimmter Aktien an der Wertpapierbörse. Eine Aktie A ist eine Woche lang täglich gleichmäßig um € 1,50 gestiegen. Ihr Wert lag am Anfang bei € 75,00. Damit hat sie nach fünf Börsentagen € 7,50 zugelegt, kostet jetzt also € 82,50. Dies ist ein absoluter Wert.

Die gleiche Aktie hat am 1. Tag 2,00 %, am 2. Tag 1,96 %, am 3. Tag 1,92 %, am 4. Tag 1,89 % und am 5. Tag 1,85 % hinzugewonnen. Auf fünf Börsentage bezogen, betrug die Zunahme oder Anstiegsquote 10 %. Dies ist der relative Wert. Eine andere Aktie, B, steigt innerhalb einer Woche auch um € 7,50. Bei Aktie B ist der Ausgangswert aber € 100,00. Damit ist diese Aktie zwar um den gleichen absoluten Betrag gestiegen wie Aktie A, relativ aber nur um 7,5 %. Gerade im Bereich von Aktien gibt es in der statistischen Wissenschaft die Unterdisziplin der Chartanalyse. Aus dem in Form eines Liniendiagramms dargestellten Kursverlauf einer Aktie wird versucht, unter Einbeziehung externer Faktoren, Regelmäßigkeiten und Tendenzen zu erkennen, um so eine Prognose für den weiteren Verlauf der Kursentwicklung zu geben.

Stahlerzeugung in absoluten Zahlen (obere Zeile Mio. t) und in Indexzahlen (untere Zeile)				
	1973	1978	1980	1987
UdSSR	96	151	108	162
	100	157	112	168
USA	92	124	39	88
	100	135	42	95
Bundesrepublik Deutschland	37	41	28	38
	100	110	76	102
DDR	2,2	7	2,1	8,2
	100	318	95	373

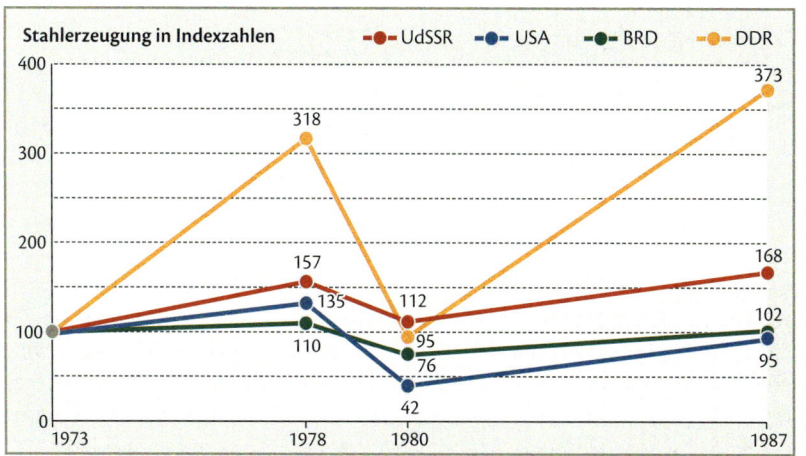

Stahlerzeugung in Indexzahlen — UdSSR — USA — BRD — DDR

Vergleichen Sie die Indexzahlen (unten) mit den tatsächlichen Produktionszahlen (oben). Was stellen Sie fest?

Aufgabe

2.8.3 Analyse von Infografiken

Wie geht man bei der Interpretation von Statistiken, seien es nun Zahlen oder seien sie infografisch aufbereitet, vor?

Checkliste: Schritte zur Analyse von Statistiken und Diagrammen

1. Statistiken werden oft als Faktenmunition für Auseinandersetzungen in Politik und Wirtschaft genutzt und besonders grafisch aufbereitete Daten sollen immer etwas „zeigen". Nicht immer ist der erweckte Eindruck den tatsächlichen Verhältnissen angemessen und manchmal muss man selbst den Verdacht der Manipulation hegen. Es ist daher bei Statistiken zunächst wichtig zu wissen:
   - Wer ist der Auftraggeber für die jeweilige Erhebung?
   - Wer hat die Erhebung durchgeführt?
   - Wie wurden die Werte ermittelt?
   - Auf welche Quellen bezieht sich die Statistik oder Grafik?
   - Von wem stammen die Werte? Ist die Erhebung repräsentativ?
   - Wann und wo wurde die Statistik oder Infografik veröffentlicht?
   - An welche Adressaten ist die Statistik oder Infografik gerichtet?

2. Versuchen Sie zunächst Klarheit über die Sache und damit auch über die Begriffe zu gewinnen, über die die Statistik Auskunft geben soll.
   - Wie lautet das Thema, die Tabellenüber- oder - unterschrift?
   - Was wird miteinander in Beziehung gesetzt? Welche Kriterien werden dabei verwendet?
   - Welche Aussagen werden visualisiert?

3. Überprüfen Sie den formalen Aufbau der Statistik:
   - Wie ist das Schaubild grafisch aufgebaut (Zeichnungen, Diagramme, Texte)?
   - Um welche Materialart handelt es sich (Säulendiagramm, Indexkurve ...)?
   - Welche Zahlenarten werden verwendet (absolute, relative Zahlen), Prozentangaben oder Beziehungszahlen (t/ha) und/oder Indexzahlen? Werden Veränderungen auf diese umgerechnet?
   - Wie genau sind die Zahlenwerte (gerundet, geschätzt oder vorläufig; „k. A."= Daten sind nicht verfügbar)?
   - Ermitteln Sie den Bezugsraum und die zeitlichen Komponenten der Statistik; achten Sie auch auf die Zeit, in der die Statistik selbst erstellt wurde.
   - Prüfen Sie die Maßeinheiten der Achsen (Gibt es Zeitsprünge oder Verzerrungen?).
   - Sind die verwendeten Begriffe und die Art der Gruppenbildung eindeutig?

4. Analysieren Sie die Aussage der Statistik:
   - Benennen Sie Minimal- und Maximalwerte.
   - Benennen Sie Häufigkeitsverteilungen.
   - Beschreiben Sie zeitliche Entwicklungen (gleichmäßig, sprunghaft?) und unterschiedliche Verlaufsphasen (Zunahme, Abnahme, Stagnation?). Wie laufen Veränderungen ab (stetig, wechselhaft, auf-, abwärts, Hoch-, Tiefpunkte, Mittelwerte, Anfangs- und Endpunkte ...)?
   - Prüfen Sie beim Vergleich von Zahlen, was verglichen wird. Es gibt Sachverhalte, die grundsätzlich oder zumindest mit bestimmten statistischen Methoden nicht vergleichbar sind.
   - Vergleichen Sie Daten untereinander und zeigen Sie Zusammenhänge auf; formulieren und belegen Sie mögliche Tendenzen und Arbeitshypothesen.

5. Bewertung und Kritik
   - Ist die gewählte grafische Darstellung geeignet?
   - Sind bei relativen Zahlenangaben die Grund- bzw. Bezugswerte angegeben?
   - Sind die gewonnenen Aussagen aufgrund des Zeitraums, der Zeitpunkte, des Bezugsraumes oder der Aufarbeitung mit zusätzlichem Material vergleichbar?
   - Überlegen Sie stets, ob das vorgelegte statistische Material dem Aussagewert entspricht, den man ihm unterstellt.

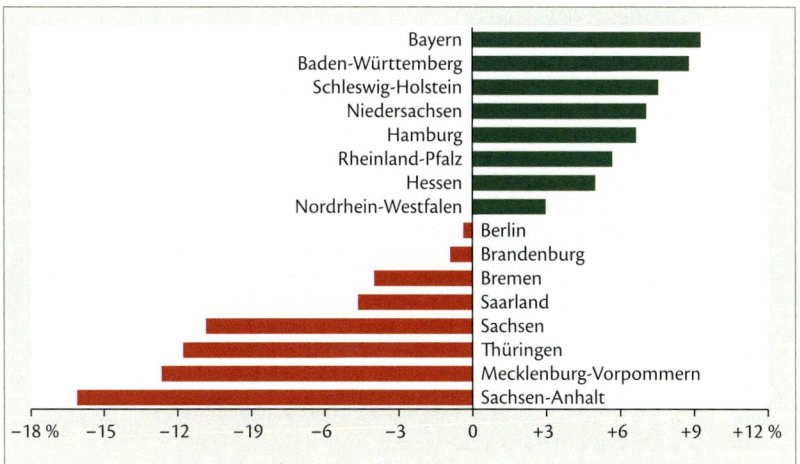

Entwicklung der Bevölkerung in Privathaushalten April 1991 bis 2008

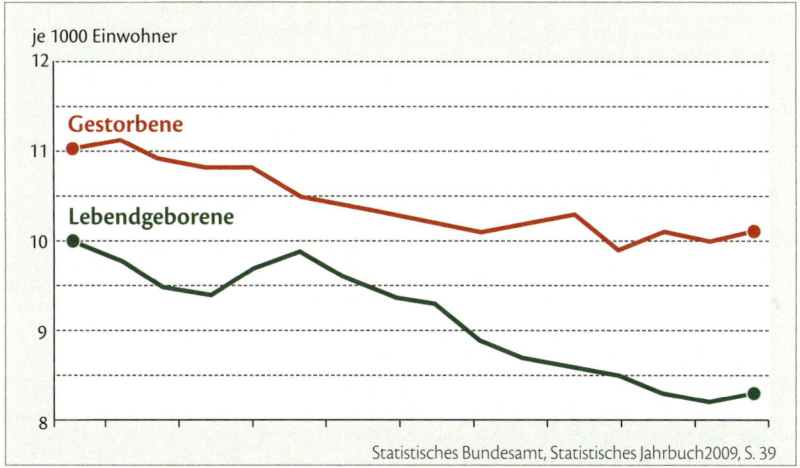

Statistisches Bundesamt, Statistisches Jahrbuch 2009, S. 39

Lebendgeborene und Gestorbene

<table>
<tr><td>Analysieren Sie die Statistiken oben auf der Grundlage der Checkliste.</td><td rowspan="5">**Aufgabe**</td></tr>
</table>

Analysieren Sie die Statistiken oben auf der Grundlage der Checkliste.
- Welche Bundesländer haben eine negative, welche eine positive Bevölkerungsentwicklung?
- Was bedeutet das für die einzelnen Bundesländer längerfristig?
- Wohin entwickelt sich die deutsche Gesellschaft? Ist ein Trend erkennbar?
- Zeichnen Sie ausgehend von obigem Liniendiagramm eine Indexdarstellung mit dem Ziel, den Bevölkerungsrückgang besonders ungünstig wirken zu lassen.

2.8.4 Zahlen und das halbvolle bzw. das halbleere Glas

Mit Zahlen lässt sich trefflich spielen. Eine Reihe von Beispielen mit Erklärungen finden Sie im Internet. „Mit Zahlen lügen" ist das Script zu einer Sendung aus der Reihe *Quarks & Co* des WDR. Der britische Premierminister Winston Churchill soll gesagt haben: „Trau keiner Statistik, die du nicht selbst gefälscht hast." Aber auch wenn Zahlen nicht gefälscht sind, interpretieren wir gern das hinein, was uns gerade genehm ist. Dazu ein Beispiel:

Webcode: MT641048–077

Material

Lesen Sie bitte zuerst die beiden Problemstellungen in der farblich unterlegten Box. Entscheiden Sie sich spontan für eins der Programme A, B, C oder D. Lesen Sie bitte dann erst den gesamten Text.

Epidemie mit 600 Toten

Amos Tversky und Daniel Kahneman zeigten in ihrem Artikel „The Framing of Decisions and the Psychology of Choice", dass Menschen wegen ihres subjektiven Interpretationsrahmens einerseits gleiche Probleme in unterschiedlichen Formulierungen verschieden beurteilen und andererseits riskanter sind, wenn es um Verluste geht statt um Gewinne.

Unter Studenten der Stanford University und der University of British Columbia machten sie zwei kleine Umfragen. Sie formulierten das gleiche Problem in zwei sprachlich unterschiedlichen Varianten:

Problemstellung 1: (152 Teilnehmer)	Problemstellung 2: (155 Teilnehmer)
Stellen Sie sich vor, dass sich die USA auf den Ausbruch einer ungewöhnlichen asiatischen Krankheit vorbereiten, von der man erwartet, dass sie 600 Leute töten wird. Zur Bekämpfung der Krankheit wurden zwei alternative Vorgehensweisen vorgeschlagen. Gehen Sie davon aus, dass die exakten wissenschaftlichen Auswirkungen der Programme wie folgt sind: Falls Programm A angenommen wird, werden 200 Menschen gerettet. Falls Programm B angenommen wird, gibt es eine 1/3 Wahrscheinlichkeit, dass 600 Menschen gerettet werden und eine 2/3 Wahrscheinlichkeit, dass keine Leute gerettet werden.	Stellen Sie sich vor, dass sich die USA auf den Ausbruch einer ungewöhnlichen asiatischen Krankheit vorbereiten, von der man erwartet, dass sie 600 Leute töten wird. Zur Bekämpfung der Krankheit wurden zwei alternative Vorgehensweisen vorgeschlagen. Gehen Sie davon aus, dass die exakten wissenschaftlichen Auswirkungen der Programme wie folgt sind: Falls Programm C angenommen wird, werden 400 Leute sterben. Falls Programm D angenommen wird, gibt es eine 1/3 Wahrscheinlichkeit, dass niemand sterben wird und eine 2/3 Wahrscheinlichkeit, dass 600 Leute sterben werden.

Die beiden Problemstellungen wurden an unterschiedliche Probanden verteilt. Wie man leicht sehen kann, sind die Programme A und C in ihren zu erwartenden Auswirkungen völlig gleich. In Programm A und in Programm B überleben 200 Menschen und 400 Menschen werden sterben. Auch die Programme B und D sind, was die Zahl der zu erwartenden Überlebenden und die Zahl der Opfer betrifft, komplett gleich.

Überraschend sind allerdings die Ergebnisse:

Bei der Problemstellung 1 entscheiden sich 72 % der Befragten für das Programm A und nur 28 % für das Programm B. Die Probanden scheuen also das Risiko. Bei der Problemstellung 2 sieht es nahezu umgekehrt aus: Nur 22 % entscheiden sich für das Programm C und 78 % entscheiden sich für das Programm D. In dieser Problemstellung sind die Befragten also hochgradig risikobereit.

Wie ist das zu erklären? Der Unterschied in beiden Problemstellungen liegt darin, dass man im ersten Fall den zu erwartenden Ausgang durch Angabe der geretteten Leben angibt und im zweiten Fall die zu erwartenden Opfer. Tversky und Kahneman kommen in ihrem Artikel zu dem Schluss, dass Menschen weitaus risikobereiter sind, wenn es um zu erwartende Verluste als um Gewinne geht.

Diese Untersuchung zeigt eindringlich, dass wir als Menschen in vielen Situationen nicht in der Lage sind, statistische Sachverhalte konsistent und kohärent zu beurteilen. Gleichzeitig bietet diese Statistik-„Fehlsichtigkeit" Menschen die Möglichkeit, andere Menschen nach ihren Wünschen zu beeinflussen.

2.8.5 Wo finde ich Statistiken?

Die zentrale Stelle für viele Statistiken ist das Statistische Bundesamt, Gustav-Strese-mann-Ring 11, 65189 Wiesbaden, mit Zweigstellen in Bonn und Berlin. Das Bundesamt ist zu Neutralität, Objektivität und wissenschaftlicher Unabhängigkeit verpflichtet. Aufgabenstellung und Arbeit werden durch das Bundesstatistikgesetz vom 22. Januar 1987 geregelt. Das Bundesamt führt Erhebungen durch und erarbeitet und veröffentlicht statistische Informationen zu den Bereichen:

- Arbeitsmarkt ■ Bevölkerung ■ Preise ■ Verdienste und Arbeitskosten
- Volkswirtschaftliche Gesamtrechnungen ■ Zahlreiche weitere Themen

Statistiken im Internet:
✷ **Webcode:** MT641048–079

Aufgabe

1. Finden Sie mithilfe des Internets heraus, wie hoch die Gesamtbevölkerung in den Staaten der Europäischen Union und in den USA ist.
2. Besorgen Sie sich vom Ordnungsamt bzw. Einwohnermeldeamt Ihres Wohnortes die absoluten und relativen Zahlen zur Bevölkerungsentwicklung der letzten zehn Jahre. Vergleichen Sie, inwieweit sich Ihr Wohnort prozentual von der Bevölkerungsentwicklung Ihres Bundeslandes bzw. der gesamten Bundesrepublik unterscheidet.
3. Vergleichen Sie die Ergebnisse der letzten zwei Landtagswahlen in Ihrem Bundesland und erläutern Sie dann, welche Parteien sich zu Recht als Gewinner sehen dürfen.
4. Finden Sie heraus, in welcher deutschen Großstadt die Durchschnittsmieten am niedrigsten sind.
5. Man hat gelegentlich eine hohe Korrelation zwischen der Zahl der Störche und der Geburtenzahl festgestellt. Was war Ursache, was war Wirkung?
6. Man hat häufig eine hohe Korrelation zwischen der Zahl der Arbeitslosen und den Stimmen für radikale politische Parteien festgestellt. Was war Ursache, was war Wirkung? Wie stellen Sie das fest?

2.9 Vorträge

Es kommt sicher selten vor, dass Schüler Vorträge im klassischen Sinn besuchen. Andererseits ist auch im Unterricht, vor allem in den sozialwissenschaftlichen Fächern, der Lehrervortrag eine oft anzutreffende Unterrichtsform.

Damit Sie aus solch einem Unterricht möglichst viel an Informationen mitnehmen, empfehlen wir Ihnen die Methode der Mitschrift (→ 3.2.3 Mitschriften und Protokolle). Das gilt ebenso für Vorlesungen.

Weniger praktisch ist es, bei öffentlichen Vorträgen mitzuschreiben, weil die Zuhörer meist in engen Stuhlreihen sitzen und keine Schreibunterlage haben. Aus arbeitstechnischer Sicht gehören zu solchen Vorträgen

- Reden und Ansprachen, Fachvorträge, Predigten, aber auch
- Podiumsdiskussionen, Parlamentsdebatten, Anhörungen (Hearings).

Wenn Sie die Möglichkeit haben, eine Ton- oder Videoaufzeichnung zu machen, und hinterher ein wörtliches Protokoll anfertigen, so können Sie dieses methodisch wie eine Quelle behandeln.

Vortragsportale:
✷ **Webcode:** MT641048–079

Profitipp	Tief durchatmen!

Ein großes Problem ist es, bei längeren Vorträgen als Zuhörer konzentriert zu bleiben. Sie wissen selbst, wie das ist, wenn Sie auch nicht mehr ganz frisch sind, der Raum ist warm, die Luft ist verbraucht, es herrscht ein PowerPoint-freundliches Halbdunkel, und der oder die Vortragende verfügt nicht über die Mittel, den Vortrag abwechslungsreich und interessant zu gestalten. Nun müssen Sie selbst zu Maßnahmen greifen.

- Atmen Sie mehrfach tief durch.
- Verändern Sie Ihre Sitzposition.
- Vergleichen Sie das, was der Vortragende sagt, mit Ihrer eigenen Erfahrung und schreiben Sie diese Querverweise als Stichworte mit. Setzen Sie ein Zustimmungszeichen (!), einen Konfliktpfeil (✗) oder ein Zeichen für Unklarheiten (?).
- Stellen Sie eine sachangemessene Zwischenfrage.

Profitipp	

Machen Sie sich nach einem Vortrag die Mühe, den Inhalt mit eigenen Worten wiederzugeben. Halten Sie auf der Grundlage Ihrer Mitschrift mit den Informationen des gehörten Vortrags Ihren eigenen Vortrag und nehmen Sie ihn mit einem Diktiergerät oder Handy oder vielleicht sogar mit einer Videokamera auf. Wenn Sie dies nach verschiedenen Vorträgen immer wieder üben, steigern Sie nicht nur Ihre Konzentrationsfähigkeit, sondern auch Ihre eigene Vortragstechnik.

Aufgabe	

1. Überprüfen Sie, ob Sie aus Ihren Unterrichtsmitschriften den inhaltlichen Verlauf einer Unterrichtsstunde komplett rekonstruieren können. Wenn nicht, arbeiten Sie bitte das Kapitel 3.2.3 genau durch.
2. Gehen Sie zu einem öffentlichen Vortrag, schreiben Sie mit und geben Sie hinterher in einem eigenen ca. 5-minütigen Vortrag eine genaue Analyse des zuvor gehörten Vortrags.

2.10 Meinungsumfrage

2.10.1 Unsere Meinung ist gefragt

Wussten Sie, dass 47 Prozent aller Männer und 55 Prozent aller Frauen gerne einmal Sex am Strand haben würden, wie eine Umfrage des Hamburger Gewis-Instituts unter 1007 Bundesbürgern für die Zeitschrift „Fit for Fun" ergab? Allerdings landet Sex im Glücks-Ranking der Deutschen mit 56 Prozent nur auf Platz 7, nach Urlaub, Sich-Verlieben, Zusammensein mit Freunden, Bestehen einer Prüfung, Zusammensein mit Partner und Meistern einer schwierigen Situation. Das hat das Allensbach-Institut im Auftrag des Stern herausgefunden.

Meinungsumfragen werden immer beliebter. „Spiegel", „Focus" und „Stern" überbieten sich mit Kurven, Fragen und Trends, dargestellt in bunten Kästchen, zu jedem noch so komplexen Problem. Bis hinter das Komma genau indiziert das ZDF-Politbarometer die Liebes- und Hass-Indizes der Politgarde und gar täglich, zur Hauptsendezeit, verkündet RTL die Stimmungslage der Nation. Ob per TED (Teledialog), im Internet, in der Fußgängerzone, per Telefon oder Hausbesuch: Unsere Meinung zu Produkten, zu alltäglichen und politischen Ereignissen wird erforscht durch Allensbach, Emnid, Infas oder Forsa, um nur einige der medienwirksamsten Firmen und Institute zu nennen, die im Auftrag der Wirtschaft, der Politik und der Wissenschaft arbeiten. Dass dabei nicht nur Meinungen ermittelt, sondern auch gebildet werden, zeigt das Beispiel der Wahlprognosen. Führt eine Partei, so kann sie darauf hoffen, das unentschlossene Wähler, die zu den Siegern gehören wollen, auf den „Tanzwagen" aufspringen („Band-Wagon-Effekt"); liegt eine Partei bei den Umfragen hoffnungslos zurück, so bleibt ihr die Hoffnung auf den „Underdog-Effekt", auf Mitleidsstimmen von Wählern, die die Niederlage der Partei in Grenzen halten wollen. In Frankreich oder Spanien sind Wahlprognosen auch deshalb verboten, während die Demoskopie in Deutschland ein hohes Ansehen genießt: 60 % der Bürger glauben, dass die Ergebnisse von Meinungsumfragen stimmen.

Institute für Demoskopie

2.10.2 Meinungsumfragen als sozialwissenschaftliche Methode

Verfassen Sie eine „Packungsbeilage", die „Nutzen, Risiken und Nebenwirkungen" von Meinungsumfragen genau beschreibt. Berücksichtigen Sie hierzu auch Ihre eigenen Erfahrungen mit Umfragen, die Definition und die folgenden beiden Texte.	**Aufgabe**

Die **Demoskopie** (dt.: Meinungsforschung) ist ein Anwendungsbereich der empirischen Sozialforschung. Ihr Ziel ist es, Einstellungen und Meinungen in der Bevölkerung oder Teilen der Bevölkerung, insbesondere zu politischen, ökonomischen und kulturellen Fragestellungen und Problemen, systematisch anhand von Untersuchungen kleiner, zumeist repräsentativer Stichproben zu ermitteln.	**Definition**

Material

Reagenzgläser, Mikroskope und Fragebögen

(...) Der weitaus größte Teil der Daten, die in der empirischen Sozialforschung erhoben werden, (wird) mithilfe von Umfragetechniken erhoben. Imogen Seger meint dazu: „Wie wir uns den Chemiker mit einem Reagenzröhrchen in der Hand vorstellen, den Biologen mit einem Mikroskop, so den Soziologen mit einem langen Fragebogen. (...)" (...) Wenn nun auch die Befragung die inzwischen am weitesten und am systematischsten entwickelte sozialwissenschaftliche Forschungstechnik darstellt, die überdies sehr vielfältig einsetzbar ist, so ist gerade diese Methode auch einer wachsenden Kritik ausgesetzt. Als besonders diskussionswürdig erweisen sich hierbei folgende Argumente und Einwände:

- Durch Befragungen werden nur Aussagen, eventuell auch Einstellungen und Meinungen, nicht aber das tatsächliche Verhalten abgebildet. Es ist insofern schwierig, die Bedeutung von Aussagen, Meinungen oder Einstellungen für das tatsächliche Verhalten abzuschätzen.
- Das übliche Frage- und Antwortspiel von Interview bzw. Fragebogen – oft noch mit vorgegebenen Antworten zur Auswahl – kann niemals die ganze Komplexität der sozialen Wirklichkeit, wie sie der Befragte faktisch in seinem Kontext erlebt, erfassen. Die Messung von Einstellungen ist neben der aktuellen physischen und psychischen Verfassung der Befragten oft auch abhängig vom aktuellen sozialen Setting der Befragung bzw. von der konkreten Interviewerpersönlichkeit (Alter, Geschlecht, Kleidung und Sprache, unbewusstes oder bewusstes Aussenden von Signalen oder Hinweisen usw.). Probleme der Gültigkeit entstehen deshalb u. U. dann, wenn prestigegeladene Fragen gestellt werden, die möglicherweise keine sachliche, sondern eher eine sozial erwünschte Antwort finden. (...)

Trotz dieser und anderer Bedenken erweisen sich aber Befragungen nach wie vor als eine zentrale Möglichkeit, bestimmte Aspekte und Ausschnitte der komplexen sozialen Wirklichkeit zu untersuchen. Hinzu kommt, dass es in vielen Fällen – nicht zuletzt aus Kostengründen – keine methodische Alternative gibt. Ansonsten werden eigentlich die Schwierigkeiten der Planung und Durchführung von seriösen Befragungen eher unter-, die Aussagekraft der erhobenen Befragungsdaten dagegen eher überschätzt. Insbesondere bei der Interpretation von Befragungsergebnissen und den hierauf gründenden Schlussfolgerungen sind deshalb die vorgenannten einschränkenden Argumente sorgfältig zu berücksichtigen.

Hans Peter Henecka, Grundkurs Soziologie UVK, Konstanz, 9. überarbeitete Auflage 2009, S. 216–218

Material

Auftragsforschung

Meinungsforschung beschränkt sich weitestgehend auf ein- und zweidimensionale Häufigkeitszählungen. Komplexere statistische Fragestellungen vermisst man beinahe gänzlich.

(...) Die Ursachen für die methodische Selbstbeschränkung dürften zum einen in den immens hohen Kosten demoskopischer Untersuchungen liegen. Eine Befragung von rund 1000 zufällig ausgewählten Bundesbürgern von jeweils 45 Minuten Dauer einschließlich Auswertung kostet etwa 35 000 bis 45 000 €. Zum anderen sind die Ursachen in der Schwierigkeit zu suchen, komplexere statistische Überlegungen dem Auftraggeber oder der Öffentlichkeit zu vermitteln. Das Kernproblem demoskopischer Forschung bleibt jedoch die Frage nach ihrer gesellschaftspolitischen Funktion. (...) (Sie ist) zumeist Auftragforschung und bietet häufig nur eine Legitimation für längst gefällte Entscheidungen. (...) Allein schon die Entscheidung, ob ein Ergebnis publiziert wird oder nicht, kann eine Manipulation der Öffentlichkeit darstellen.

Harald Kerber, Arnold Schmieder (Hg.), Handbuch Soziologie, Reinbek bei Hamburg, 1984, S. 75

2.10.3 Wie geht man bei einer Meinungsumfrage vor?

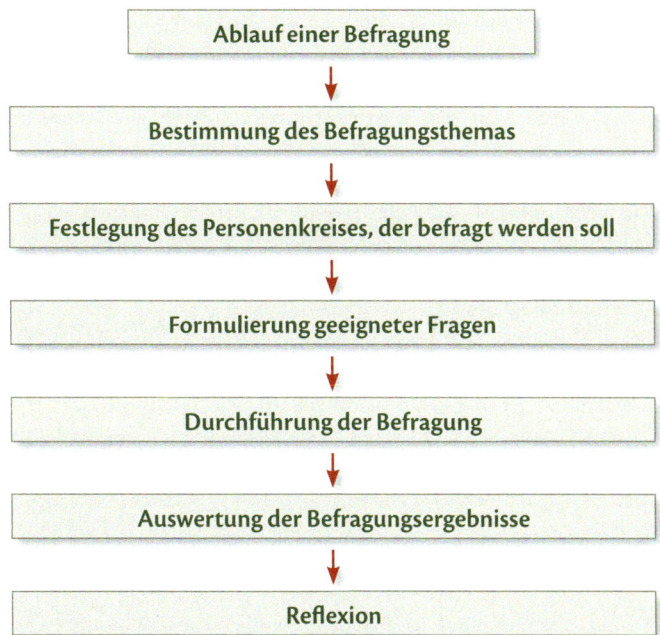

Da aus organisatorischen und finanziellen Gründen nicht alle Menschen in einem vergleichsweise kurzen Zeitraum befragt werden können, greift man zur Methode der Repräsentativumfrage. Repräsentativ bedeutet, dass nur eine überschaubare Anzahl von Personen befragt wird, die aber im Kleinen ein möglichst genaues Abbild der relevanten Gesamtmasse darstellen. Die Auswahlkriterien für die zu Befragenden können Alter, Wohnort, Beruf, Geschlecht, Schulbildung oder Einkommen sein. Die Ergebnisse der Befragung werden dann oft auf die Gesamtmenge hochgerechnet, wobei die Fehlerquote geringer wird, je höher der Prozentanteil der ausgewählten Befragten von der Gesamtmenge ist.

Repräsentativumfrage

Wenn Sie beispielsweise wissen wollen, was die ca. 1000 Schülerinnen und Schüler eines Großstadtgymnasiums, davon 600 Mädchen, 80 Schülerinnen und Schüler mit türkischem Migrationshintergrund und 250 Schülerinnen und Schüler aus einem bürgerlichen Villenvorort, von der Einführung eines neuen Faches, der Fremdsprache „Türkisch" halten, würde ein repräsentativer Querschnitt vielleicht aus 100 Schülerinnen und Schülern bestehen, die sich über alle Jahrgangsstufen verteilen. Unter diesen wären 60 Mädchen, 8 mit türkischen Wurzeln und 25 aus dem Villenvorort. Das Ergebnis der Umfrage innerhalb dieser repräsentativen Gruppe wird wahrscheinlich ganz nah bei dem Ergebnis liegen, das man erzielen würde, wenn man alle 1000 Schülerinnen und Schüler befragen würde, ist aber mit erheblich weniger Aufwand verbunden.

Beispiel für eine Repräsentativumfrage

Um aber bei der Präsentation der Umfrageergebnisse möglichst korrekt zu sein, würde man nicht sagen: „35 % aller Schüler würden die Einführung des Faches Türkisch befürworten.", sondern „35 % der befragten Schüler" oder „35 % der befragten Repräsentativgruppe würden die Einführung des Faches Türkisch befürworten."

Statt einer ausgewählten Repräsentativgruppe kann man auch Personen nach dem Zufallsprinzip befragen. Die Fehlerquote wird dabei in der Regel wesentlich höher sein.

Auswahl der Befragten nach dem Zufallsprinzip

Um mit dem Instrument der Meinungsumfrage zu arbeiten, muss man sich zunächst über die Untersuchungsmasse und die Grundlagen der Stichprobenbildung klar werden. Als Nächstes stellt sich die Frage der Erhebungsmethode (z. B. Fragebogen, Telefonumfrage, Zufallsbefragung), die den Anforderungen der Validität und der Reliabilität genügen muss. Und schließlich muss die Durchführung organisiert werden und ein Einblick in die statistischen Auswertungsverfahren zur Ergebnisanalyse gewonnen werden.

Definition

Validität = Gültigkeit
Ein Befragungsresultat ist dann valide, wenn tatsächlich gemessen wird, was zu messen beabsichtigt ist. Die Fragen und mögliche Antwortvorgaben müssen daher so klar gestellt sein, dass eine Fehlinterpretation oder tendenziöse Wertung ausgeschlossen wird.
Reliabilität = Zuverlässigkeit
Das Ergebnis einer Meinungsumfrage ist dann zuverlässig, wenn die Fehlerquote aufgrund der Anzahl und Auswahl der Befragten wie auch der einheitlichen Fragestellung so gering wie möglich gehalten wird und die tatsächliche Meinung der Zielgruppe widerspiegelt.

Webcode: MT641048–084

Befragungssituation

Befragungen können mündlich, d. h. auch telefonisch, (➜ Kapitel 2.11 Interview) oder schriftlich (Fragebogen) erfolgen. Für besondere Anwendungen gibt es speziellere Methoden. Bei der schriftlichen Befragung füllen die befragten Personen selbstständig, d. h. ohne externe Vermittlungshilfe bzw. Rückfragemöglichkeiten, einen Fragebogen aus; dies setzt voraus, dass die gestellten Fragen präzise und verständlich formuliert sein müssen. Das mündliche Interview hat den Vorteil, dass bei bestimmten Antworten nochmals nachgefragt werden kann. So können Sie sofort überprüfen, ob der Befragte Sie so verstanden hat, wie Sie es gemeint hatten.

Standardisierungsgrad

Befragungen können auch mehr oder weniger standardisiert sein. Bei der standardisierten Befragung sind der Wortlaut und die Reihenfolge der Fragen eindeutig (und meist schriftlich) festgelegt; „Improvisationen" seitens des Interviewers sind nicht erlaubt. Zwar

Offene und geschlossene Fragen

können die einzelnen Fragen prinzipiell „offen" (Antworten können frei formuliert werden) oder „geschlossen" (Antwortalternativen sind vorgegeben) sein, doch werden in der Regel bei standardisierten Befragungen aus Gründen der Auswertbarkeit „geschlossene" Fragen bevorzugt.

Die nicht-standardisierte (auch „unstrukturiert" oder „ungelenkt" genannte) Befragung ist hingegen nur als „echtes" Interview praktikabel. Lediglich das allgemeine Erkenntnisziel der Befragung ist vorgegeben; der Interviewer kann also sensibel den Inhalt wie auch situativ den Verlauf der gesamten Befragung gestalten. Dies stellt besondere Ansprüche an die Interviewer.

Halbstandardisierte Befragung

Eine Mischform der beiden vorgenannten Typen stellt die halbstandardisierte Befragung dar, die im Wesentlichen mit einem so genannten Interviewleitfaden arbeitet, bei dem der Interviewer die Fragen situativ variieren und auch zusätzliche Sondierungsfragen einbringen kann.

Profitipp

Fragebogenkonstruktion
Bei der Entscheidung für ein standardisiertes Befragungsverfahren wird die Konstruktion eines Fragebogens notwendig. Hierbei sind generelle Grundsätze zu beachten:

- Die Fragen sollen möglichst einfach (kurzer, unkomplizierter Satzbau), klar und verständlich formuliert werden.
- Die Fragen sollen eindeutig sein und präzise das erfassen, was abgefragt bzw. gemessen werden soll. (Schlecht: Benutzen Sie Ihr Auto häufig? Besser: Wie oft benutzen Sie Ihr Auto im Durchschnitt? mit den entsprechenden Antwortmöglichkeiten: täglich, mehr als zweimal die Woche, einmal die Woche usw.)
- Schließlich dürfen Fragen nicht suggestiv sein, d. h., sie sollen so neutral wie möglich abgefasst werden (Schlecht: Sind Sie nicht auch der Meinung ...? Besser: Wie beurteilen Sie ...?). Wenn Sie Meinungen und Urteile abfragen, sollten Sie die Möglichkeit für differenzierte Antworten geben (die Benennung konkreter Punkte oder zumindest Abstufungen zwischen Ja/Nein Antwortmöglichkeiten einbauen; hier kann die Skala z. B. von 1 = stimmt genau, bis 6 = stimmt überhaupt nicht, reichen).
- Bringen Sie die Fragen in eine logische Reihenfolge, d. h., stellen Sie erst allgemeine Fragen und dann Fragen zu den dazugehörigen Details.
- Professionelle Fragebögen arbeiten zudem mit Einleitungsfragen als „Eisbrecher", Übergangsfragen zur Erleichterung eines Themenwechsels oder Kontrollfragen zur Aufdeckung von Widersprüchen bzw. zur Prüfung der Aufrichtigkeit der Antworten.
- Begrenzen Sie die Anzahl der Fragen auf eine überschaubare, für die Befragten zumutbare Anzahl.

Bevor Sie nun Ihre Befragung durchführen, sollten Sie noch folgende Punkte klären:

das Umfeld der Befragung klären

- Wird von Ihnen berücksichtigt, dass die Befragung freiwillig ist und dass kein Proband gezwungen werden darf, Fragen zu beantworten?
- Wird bei der Befragung, der Auswertung und der Ergebnisverwendung die Anonymität der Befragten gewahrt?

Webcode: MT641048–085

- Sind die möglichen Antworten auf die gestellten Fragen später auch auswertbar? Hier sollten Sie im Vorfeld überlegen, ob Sie eine Probebefragung in der Klasse durchführen, um die entsprechenden Antworten probehalber auszuwerten.

Standardisierungsgrad

- Haben Sie für Ihre Befragung die Zustimmung der Schulleitung eingeholt?

Wenn Sie Ihren Fragebogen überwiegend mit geschlossenen Fragen konstruieren, ist die Auswertung Ihrer Umfrage am leichtesten. Für die Präsentation können Sie Tabellenkalkulationsprogramme wie MicrosoftExcel, StarCalc u. a. verwenden.

Auswertung und Präsentation

Da die Meinungsumfrage, wenn sie richtig durchgeführt wird, einen ungeheuren Aufwand verlangt, ist sie in der Regel für die Informationsbeschaffung für ein Referat in der Schule oder für eine Seminararbeit nicht unbedingt geeignet. Ist allerdings der Kreis der Befragten eher überschaubar, so kann eine solche Umfrage eine Arbeit sehr beleben. Auch als Einstieg für eine mündliche Präsentation ist sie sehr gut geeignet.

Demoskopie im Internet:
Webcode: MT641048–085

Profitipp

Eine gute Hilfe für die Durchführung von Fragebogenprojekten ist das speziell für Unterrichtsbedürfnisse entwickelte Programm GrafStatWin, mit dem Sie Fragebögen komfortabel erstellen können. Die gewonnenen Daten können arbeitsteilig an verschiedenen Arbeitsplätzen eingetippt, anschließend zusammengeführt und numerisch, aber vor allem auch grafisch ausgewertet werden.

Webcode: MT641048–085

Aufgabe

1. Erarbeiten Sie einen Fragebogen, mit dem Sie herausfinden können, wie die Schüler Ihrer Schule über das Verhältnis von alten und neuen Bundesländern und über die Integration osteuropäischer Länder in die Europäische Union denken.
2. Stellen Sie aufgrund der Ihnen von Ihrer Schulleitung zur Verfügung gestellten statistischen Daten Ihrer Schule eine Repräsentativgruppe von Schülerinnen und Schülern zusammen. Bitten Sie die Mitglieder dieser Gruppe, den Fragebogen der Übung 1 zu beantworten.
3. Werten Sie die Antworten aus und stellen Sie sie grafisch dar.

Lesen Sie den

:·► Webcode: MT641048–086

4. Online-Bericht der Bertelsmann-Stiftung über eine Befragung zu den Folgen der Wirtschafts- und Finanzkrise aus dem Jahre 2009. Versuchen Sie, aufgrund dieses Artikels den Fragebogen zu rekonstruieren, mit dem die Befragung durchgeführt wurde .

2.11 In zehn Schritten zu einem Interview

Definition

Ein **Interview** ist eine gezielte Befragung beliebiger oder ausgewählter Personen. Ziel ist es, Informationen über diese Personen zu erhalten oder über Themenbereiche, in denen sie über Wissen verfügen.

Welche Arten von Befragungen und Interviews gibt es?	
Einzelinterview	Einer oder mehrere Interviewer stellen Fragen, ein Befragter antwortet.
Mehrere Interviewpartner gleichzeitig	Einer oder mehrere Interviewer stellen Fragen, zwei oder mehrere Befragte antworten. Bei dieser Form des Interviews kann es dazu kommen, besonders bei Politikern unterschiedlicher Parteien, dass die Interviewten nicht nur auf Fragen der Interviewer antworten, sondern zunächst die Aussagen der Vorredner kommentieren oder aus ihrer Sicht korrigieren müssen. Interviewer werden dann oft zu bloßen Stichwortgebern degradiert oder müssen als Moderatoren ein solches Gespräch wieder in geordnete Bahnen lenken.
Mehrere Interviewpartner nacheinander	Dies ist das klassische Straßeninterview, bei dem zufällig ausgesuchte Passanten ohne erkennbaren Expertenstatus jeweils kurz zu einer Stellungnahme oder zur Beantwortung einer oder mehrerer Fragen aufgefordert werden. Es kann aber auch die Talkshow sein, bei der ein Moderator mit mehreren Gästen nacheinander ein Gespräch führt.
Telefonumfrage	Die Telefonumfrage funktioniert genauso, nur dass mehrere zu Befragende nacheinander angerufen werden.
Schriftliches Interview	Der oder die Interviewte bekommt eine Liste mit Fragen und beantwortet jede Frage schriftlich. Diese Form wird häufig genutzt, um unterschiedlichen Personen exakt die gleichen Fragen vorzulegen.

Beispiel: Sie bearbeiten ein Referat oder eine Seminararbeit zu einem Aspekt des Themas „Die deutsche Entwicklung seit 1989" und haben die Möglichkeit, eine langjährige Bundestagsabgeordnete, die Mitglied im Ausschuss für Inneres ist, zu befragen. Wie gehen Sie vor?

1. Vereinbaren Sie möglichst langfristig einen Termin, den Sie sich einige Tage vorher nochmals telefonisch oder per Fax oder Mail bestätigen lassen. Seien Sie dann möglichst 10 Minuten früher am vereinbarten Ort. Sie müssen wahrscheinlich ohnehin noch eine Viertelstunde warten, und wenn Sie Pech haben, kommt die Abgeordnete überhaupt nicht selbst, sondern schickt einen persönlichen Referenten. — Terminvereinbarung

2. Bereiten Sie sich inhaltlich optimal auf das Interview vor. Sie sollten, wenn das Interview im Zusammenhang mit einer Seminararbeit oder einem Referat steht, bereits tief in die Materie eingearbeitet sein und Ihren Gesprächspartnern nicht die Zeit mit Fragen stehlen, die deren Expertstatus unterfordern. Als Interviewer bestimmen Sie weitgehend den Gesprächsverlauf. Seien Sie daher vorbereitet, indem Sie sich Ihre zehn wichtigsten Fragen stichwortartig notieren und im richtigen Augenblick stellen. Seien Sie aber auch flexibel genug, um auf die Antworten Ihrer Interviewpartner einzugehen oder nachzufragen. — inhaltliche Vorbereitung

3. Bereiten Sie sich auch arbeitstechnisch vor. Die Bedienung Ihres Aufnahmegerätes, der Kassettenwechsel etc. sollten wortlos nebenher laufen. Es gehört zu den Regeln der Höflichkeit, vorher zu fragen, ob man ein Aufnahmegerät mitbringen darf. Schreibutensilien und Ersatz müssen natürlich auch vorbereitet sein. Falls Sie sich ganz auf die Interviewführung konzentrieren und das Protokollieren bzw. die Aufnahme des Gesprächs einer zweiten Person überlassen möchten, sollte dies Ihrem Interviewpartner schon bei der Terminabsprache signalisiert werden. — arbeitstechnische Vorbereitung

4. Erläutern Sie Ihrem Interviewpartner am Anfang kurz noch einmal, warum Sie das Gespräch führen möchten, wozu Sie die Antworten benötigen und wie Sie sie verwenden werden. Vielleicht wollte Ihr Gesprächspartner die wesentlichen Fragen bereits vorher schriftlich eingereicht bekommen. Erklären Sie sich evtl. auch dazu bereit, eine Mitschrift anzufertigen oder das Tonbandprotokoll abzutippen und erst dann zu verwenden, wenn die Genehmigung dazu erteilt wurde. — Einstimmung des Interviewpartners

5. Der Ton macht die Musik. Verstimmen Sie Ihren Interviewpartner nicht dadurch, dass Sie die Antworten bewerten, dass Sie Ihre abweichende Meinung vortragen oder dass Sie emotional oder provozierend fragen oder reagieren. Nehmen Sie die Haltung des neutralen Informationssuchenden ein, der zwar kritisch und hart fragen darf, aber nicht das ganze Interview durch sein Verhalten zum Scheitern bringen sollte. — Atmosphäre

6. Stellen Sie offene Fragen. Sie erhöhen damit die Wahrscheinlichkeit, dass Ihr Gesprächspartner nähere Angaben macht und weitere Details erwähnt. Stellen Sie bitte auch keine unnützen oder schädlichen Fragen. Warum-Fragen z. B. könnten Gesprächspartner in eine Abwehrhaltung bringen, um einem Rechtfertigungszwang zu entgehen. Suggestivfragen („Als ehemalige DDR-Bürgerin können Sie dieses Problem gar nicht anders bewerten, oder?") beinhalten die Antwort bereits und nehmen den Interviewten die Chance, eigene Antworten zu formulieren. Mehrfachfragen oder Kettenfragen („Waren Sie gestern in der Sitzung? Was wurde da besprochen? War der Herr Minister auch da? Welche Punkte enthält das Sitzungsprotokoll?") verwirren die Befragten und führen meist nur zu unzureichenden Antworten auf die jeweils letzte Teilfrage. Rhetorische Fragen („Wer hätte je gedacht, dass wir hier einmal zusammensitzen und über innerdeutsche Entwicklungen sprechen?") sind evtl. für Vorträge gut, bringen ein Interview aber in der Regel nicht weiter. Fangfragen, deren Antwort gar nicht interessiert, aber Rückschlüsse zulässt, („Waren Sie — Fragetypen

eigentlich bei der Pressekonferenz der Kanzlerin dabei?" Bei einem „Nein" spricht man wohl doch nicht mit einer führenden Expertin für Innenpolitik.) können die Gesprächsatmosphäre und das ganze Gesprächsergebnis beeinträchtigen. Auch provozierende Fragen („Ist die Haltung Ihrer Partei nicht das eigentliche Problem?") sollten unterbleiben.

Definition	
	Geschlossene Fragen sind Fragen, die man mit „ja", „nein" oder mit kurzen faktischen Angaben beantwortet. Sie sind nur dann gut, wenn man Gesprächspartner, die zu langatmigen Antworten neigen, zwischendurch etwas bremsen möchte.

▪ War das Thema „Zonenrandförderung" seit 1989 schon einmal auf der Tagesordnung des Deutschen Bundestages?

▪ Wie viele Themenbereiche bearbeiten Sie in einer Ausschusssitzung?

▪ Wo findet die nächste gemeinsame Sitzung der Ministerpräsidenten statt?

▪ Werden Sie dabei sein?

Offene Fragen sind so formuliert, dass der Gesprächspartner einfacher zu einer längeren und informativeren Antwort findet:

▪ Welche Aspekte der innerdeutschen Sicherheitslage spielen in den Ausschusssitzungen eine besondere Rolle?

▪ Bitte erzählen Sie von Ihrer Brüsselreise und den Gesprächen mit Europaabgeordneten.

▪ Was interessiert Sie an diesem internationalen Gedankenaustausch besonders?

Offene Fragen können auch die Form von Aussagen haben:

▪ Das ist eine sehr theoretische Antwort.

▪ Innenpolitik ist ein Thema mit sehr vielen Teilaspekten. Sie beschäftigen sich mit einigen sicherheitsrelevanten Schwerpunkten.

Nachhaken

7. Scheuen Sie sich nicht, bei unklaren oder ausweichenden Antworten eine Frage zur Präzisierung zu stellen, z. B.: „Sie sagen, die Folgen der Abwanderung junger Leute in die alten Bundesländer seien noch gar nicht alle absehbar. Aber welche Teilaspekte zeichnen sich denn jetzt bereits ab?"

innere Einstellung zum Gesprächspartner

8. Versuchen Sie während der Interviewführung nicht nur Ihre vorbereiteten Fragen abzuhaken, sondern hören Sie auch zu, wenn Ihr Interviewpartner etwas sagt. Dazu gehört auch eine positive innere Einstellung zum Gesprächspartner. Wenn Sie den Leipziger Geschäftsführer einer internationalen Computerfirma zum Thema Globalisierung interviewen und von vornherein wissen, dass er für Sie ein „Bonze" ist, der schon zu DDR-Zeiten auf der Gewinnerseite stand, und Sie ihn daher nicht mögen, weil Sie genau wissen, was er sagen wird, und weil er Sie und Ihre Fragen ohnehin nicht ernst nehmen, sondern Sie einfach nur abfertigen wird, dann sind Sie vielleicht nicht der richtige Interviewer für einen solchen Mann. Zum Interviewen gehört auch die Kunst des aktiven Zuhörens.

Profitipp	
	Aktives Zuhören, wie geht das?

▪ Signalisieren Sie als Interviewer Ihrem Gesprächspartner durch Ihre Körpersprache, insbesondere Mimik, Gestik und Blickkontakt, dass Sie das, was er sagt, interessant finden.

- Bestätigen Sie gelegentlich durch Nicken oder kurze Einwürfe, dass Sie den Gedankengang nachvollziehen können.
- Fassen Sie schwierige Sachverhalte noch einmal kurz und vorläufig mit eigenen Worten zusammen und zeigen Sie dem Gesprächspartner somit, dass Sie ihn verstanden haben. Dies ermutigt ihn vielleicht, seine Gedanken weiter zu entwickeln oder zu ergänzen.

Diese Art des aktiven Zuhörens kann besonders in emotionsgeladenen Situationen, bei Konflikten und Unklarheiten oder Missverständnissen zur Klärung beitragen

9. Zum Abschluss des Interviews fassen Sie den Verlauf und die Ergebnisse noch einmal kurz zusammen, danken Ihrem Interviewpartner und erläutern evtl. nochmals kurz, warum Sie dieses Interview benötigen, wie Sie es verwenden werden und warum es Ihnen bei Ihrer Arbeit weiterhilft. Sie können auch anbieten, wenn Ihre Seminararbeit fertig ist, eine Kopie zur Verfügung zu stellen. Vermeiden Sie negative Bewertungen wie „Es war ein nettes Gespräch, hat mir aber nicht wesentlich weitergeholfen." oder „Ich hätte eigentlich erwartet, dass Sie sich etwas substanzieller äußern würden."

   Abschluss

10. Die eigentliche Arbeit beginnt erst nach dem Interview. Sie müssen sich die Tonaufzeichnung mehrfach anhören oder die Mitschriften durchlesen und evtl. eine Abschrift anfertigen. Die Inhalte des Interviews müssen so nach Oberbegriffen in einer Datenbank oder auf Karteikarten geordnet werden, dass sie jederzeit abgerufen und in eine Arbeits- oder Referatstruktur eingearbeitet werden können. Möglicherweise haben Sie durch die Führung des Interviews eine andere Sicht der Dinge bekommen und müssen Ihr bisheriges Konzept nochmals überdenken. Zur Nachbereitung des Interviews gehört auch, dass man Faktenaussagen nicht nur gläubig übernimmt, sondern sie überprüft. Sollte sich der Interviewpartner geirrt haben, so kann man diesen Teil des Gesprächs nicht für seine Arbeit nutzen, es sei denn, man belegt den Irrtum mit einem Hinweis oder einer Fußnote.

Webcode: MT641048-089
Unter diesem Webcode finden sie einige Beispiele dafür, wie schwierig oder hoffnungslos es manchmal war, ein Interview oder ein Gespräch mit dem Schauspieler Klaus Kinski zu führen. Versetzen Sie sich bitte in die Lage der Fragenden.

Das professionelle Interview

- Erscheinen Sie pünktlich und in angemessener Kleidung bei Ihrem Interviewpartner. Sie werden dann ernster genommen.
- Falls Sie Ihren Interviewpartner zu sich oder in Ihre Schule einladen, stellen Sie sicher, dass das Gespräch ungestört und in angenehmer Atmosphäre verlaufen kann (bequeme Sitzgelegenheit, Getränke etc).
- Treten Sie höflich, selbstbewusst und interessiert auf. Dazu gehören auch Ihre Wortwahl und Ihre Körpersprache.
- Falls Ihr Interviewpartner Ihre Fragen ausweichend beantwortet, scheuen Sie sich nicht, noch einmal nachzufragen. Hören Sie aber damit auf, nachzuhaken, wenn es klar wird, dass er zu bestimmten Themen keine präzise Antwort geben möchte.
- Vermeiden Sie es, Ihrem Gesprächspartner ins Wort zu fallen.
- Warten Sie mit Ihrer nächsten Frage bei längeren Gesprächspausen, die dem Nachdenken dienen.
- Lassen Sie sich nicht durch Gegenfragen aus dem Konzept bringen. So wie es Hinweise und Tipps zur Durchführung eines Interviews gibt, so

Profitipp

Webcode: MT641048-089

▶▶▶

gibt es auch Taktiken, mit denen man als Interviewter spielen kann. Eine Gegenfrage verlagert das Gesprächszentrum schnell auf sicheres Terrain und kann für den Interviewten ein Befreiungsschlag aus einer misslichen Situation sein.

- Bereiten Sie sich optimal vor! Machen Sie sich einen Interviewplan (Formular, siehe Webcode). Trainieren Sie Interviews mit einem Freund oder einer Freundin.

Aufgabe

1. Formulieren Sie die folgenden geschlossenen Fragen zu offenen Fragen um.
   Beispiel: ■ *Glauben Sie, dass die Mauer auch in den Köpfen der Bevölkerung inzwischen gefallen ist?* ▶ *Wie hat sich Ihrer Meinung nach das wechselseitige Bild von Ost- und Westdeutschen nach dem Mauerfall entwickelt?*
   a. Ist die Ausschusssitzung gut verlaufen?
   b. Sind Sie mit dem Ergebnis Ihrer Besprechungen zufrieden?
   c. Haben Sie Beschlüsse zur inneren Sicherheit gefasst?
   d. Ist die Innenpolitik von äußeren Entwicklungen abhängig?
   e. Ist der Ausschuss auch für Finanzierungsfragen zuständig?
   f. Halten Sie den Einsatz der deutschen Bundeswehr in Afghanistan für wichtig?
   g. Haben Sie selbst Vorschläge in die Gespräche eingebracht?
   h. Sind die Beratungen jetzt abgeschlossen?
   i. Ist die Weiterführung der Gespräche vorgesehen?

2. Wenn Sie die Möglichkeit hätten, einen Staatssekretär im hessischen Wirtschaftsministerium zum Thema „Die wirtschaftliche Entwicklung Hessens und Thüringens nach der Wende" zu interviewen, wie würden Sie dabei vorgehen? Erarbeiten Sie eine Interviewplanung.

3. Machen Sie eine Videoaufzeichnung von einem Interview, das ein Journalist mit einem Politiker führt, und beantworten Sie die folgenden Fragen dazu.
   a. Wer steuert den Verlauf des Interviews, der Journalist oder der Politiker?
   b. Woran kann man evtl. erkennen, ob der Journalist Sympathien für die Partei des Politikers hegt oder eher eine Gegenmeinung vertritt?
   c. Ordnen Sie die Fragetypen zu, die im Interview vorkommen (offen, geschlossen, suggestiv, sondierend, mehrfach, präzisierend etc.).
   d. Wie oft hat der Befragte nicht direkt die Frage beantwortet? Hat der Journalist nachgehakt oder insistiert? Mit welchem Ergebnis?
   e. Wie war die Gesprächsatmosphäre?
   f. Welche körpersprachlichen Signale sind von beiden Interviewpartnern ausgegangen?
   g. Hat das Interview zu neuen Erkenntnissen geführt oder diente es eher der Selbstdarstellung?

4. Führen Sie mit einem Freund oder einer Freundin ein 5-Minuten-Interview zu einem beliebigen Thema und trainieren Sie dabei offene Fragen und Präzisierungsfragen.

5. Geben Sie eine kritische Kommentierung zur Fragestellung des SPIEGEL-Gesprächs zum Thema „Die DDR ist mausetot".

Webcode: MT641048-090

2.12 Tipps zur Auswertung von Materialien

✳ Webcode: MT641048-091

Bei der erfolgreichen Auswertung von Arbeitsmaterialien wie Texten, Diagrammen, Tabellen und Karten erscheint die Abfolge nachstehender Arbeitsschritte sinnvoll: Überprüfung der formalen Aspekte, Beschreibung und Begriffsklärung, Interpretation sowie Bewertung und Kritik. Dabei gilt grundsätzlich, dass Sie erst fundierte Aussagen entwickeln können, wenn Sie

- die Aufgabenstellung vollständig verstanden oder das Ziel Ihrer Bearbeitung klar formuliert haben (➜ Kapitel 3.2 Texte erfassen: lesen, markieren, exzerpieren),
- das Material genau erfasst haben (z. B. Überschrift, Signaturen, Begriffe oder Zahlenwerte). Die exakte Erarbeitung der formalen Aspekte und der Beschreibung ist genauso wichtig wie die Interpretation und Bewertung.

Profitipp

Materialcheck

1. Überprüfung der formalen Aspekte
- Um welche Materialart handelt es sich (z. B. wissenschaftlicher Text, Diagramm, thematische Karte)?
- Wie lauten das Thema, die Überschrift und der Untertitel?
- Wer ist der Verfasser (Perspektive, ggf. Hinweis auf subjektive Sichtweise)?
- Aus welcher Quelle stammt das Material (Seriosität) und wann ist es erschienen?

2. Beschreibung und Begriffsklärung
- Klären Sie unbekannte Begriffe sowie Abkürzungen.
- Welche Verständnisschwierigkeiten treten auf, wie können Sie diese überwinden?
- Formulieren Sie die Hauptaussagen des Materials und belegen Sie diese durch genaue Materialangaben (z. B. Zeilenangabe).
- Welche Besonderheiten und Auffälligkeiten sind zu nennen?

3. Interpretation
- Aussagen des Materials werden mithilfe des Vorwissens und/oder zusätzlichen Materials im Gesamtzusammenhang bzw. der Aufgabenstellung eingeordnet und erklärt. Dabei werden stets konkrete Verweise auf die jeweilige Materialstelle (z. B. Zeilenangabe) gegeben.
- Welche möglichen Ursachen bzw. Folgen lassen sich aus den beschriebenen Aspekten ableiten?
- Versuchen Sie die Einzelaspekte grafisch darzustellen (vgl. Strukturdiagramm), um ihre Vernetzung untereinander zu klären.
- Welche neuen Erkenntnisse sind zu gewinnen?
- Sind die Aussagen durch weiteres Material überprüfbar?

4. Bewertung und Kritik
- Ist das Material logisch und widerspruchsfrei?
- Wird sachlich informiert oder versucht, den Leser zu beeinflussen?
- Wo liegen die Aussagegrenzen des Materials, sodass Sie nur begründete Vermutungen formulieren können?

3

Wissen und Informationen managen

Zu allen Zeiten und in allen Kulturen haben sich Philosophen und Literaten mit dem Phänomen Wissen beschäftigt. Es ist daher nicht verwunderlich, dass gerade in moderner Zeit, wo alles irgendwie „gemanagt" wird, man auch der Komplexität des Wissens durch angemessene Managementmethoden beikommen möchte.

In diesem Kapitel erfahren Sie, wie Sie Wissen generieren, indem Sie Informationen erkennen, aufnehmen, organisieren und verwalten und schließlich so ablegen, dass Sie sie kontextbezogen wiederfinden können.

3.1 Begriffsklärung

Wir verfügen über unterschiedliche Arten von Wissen, denen man sich mit lern- und arbeitspsychologischen Begriffen nähern kann.

Eine Schülerin oder ein Schüler, die auch im Zustand völliger Übermüdung die Mitternachtsformel aufsagen können oder die in der für nutzloses Imponierwissen reservierten Ecke ihres Gehirns hinterlegt haben, dass der englische Begriff „barging of spent acid" auf Deutsch so viel wie „Dünnsäureverklappung" bedeutet, verfügen damit über ein deklaratives Wissen, das bewusst erworben wurde und verbal aus dem Faktengedächtnis reproduzierbar ist. Die Tatsache, dass die gleiche Person nach einer heftigen Party, ohne zu wissen wie, aber trotzdem allein und ohne fremde Hilfe den Weg nach Hause gefunden hat, ist eher dem prozeduralen Wissen zuzuschreiben, den motorischen, praktischen und oft ohne tieferes Verständnis durch Übung erworbenen Fertigkeiten, die man auch ohne bewusste Kontrolle abrufen kann. Das deklarative Wissen kann man auch als explizites Wissen bezeichnen, wohingegen das implizite Wissen, dessen Existenz in der Forschung als nicht gesichert gilt, auch ein unbewusstes und auf subjektiven Wahrnehmungen beruhendes Wissen ist.

Wissen ist eng mit den Fähigkeiten des Gedächtnisses verbunden. Wir verfügen über mehrere Arten von Gedächtnis:

Autobiografisches Gedächtnis	Faktengedächtnis	Prozedurales Gedächtnis	Priming
bewusstes Gedächtnis (explizit)		unbewusstes Gedächtnis (implizit)	
im limbischen System (Ansammlungen von Gehirnwindungen unterhalb der Großhirnrinde)			
Erinnerungen an Personen, Ereignisse und Empfindungen aus dem eigenen Leben	erlernte Fakten	Steuerung automatisierter Vorgänge (Laufen, Sprechen, Klavier spielen etc.)	Formenübertragung und Erkenntnis (z. B. Wiedererkennen und Einordnen von Landschaften, Personen)

Unsere Gedächtnisarten stehen alle miteinander in Beziehung und kooperieren. So können wir zum Beispiel, wenn wir eine gewisse Tonfolge hören, sofort unterscheiden, ob es sich um den Big-Ben-Schlag oder Beethovens 5. handelt. Das Priming-Gedächtnis gibt den Impuls, im expliziten Gedächtnis wird die Erkenntnis dann in Worte umgeformt, deren sprachlicher Ausdruck wieder über das prozedurale Gedächtnis gesteuert wird.

Das prozedurale Wissen erwerben wir durch ständige Übung. So wie ein Musikstück nicht mehr besonders angenehm klingt, wenn der ausübende Musiker längere Zeit nicht gespielt oder geübt hat, so degenerieren auch andere prozedurale Fertigkeiten infolge mangelnder Anwendung. Wir können diese Fähigkeiten nicht konservieren, nicht über einen langen Zeitraum auf hohem Niveau speichern. Dieses Problem tritt in gleichem Maße bei den deklarativen Fähigkeiten auf. Hier können wir uns aber durch externe Hilfsmittel und Methoden behelfen, die wir mit dem umfassenden Begriff des „Wissensmanagements" bezeichnen.

„Ich weiß, dass ich nicht weiß."
Aus Platons Apologie,
Sokrates zugeschrieben

„Wissen ist Macht."
Francis Bacon

„Zu wissen, was man weiß, und zu wissen, was man tut, das ist Wissen."
Konfuzius

„Wenige wissen, wie viel man wissen muss, um zu wissen, wie wenig man weiß."
William Faulkner

3.1.1 Wissensmanagement nach dem Bausteinmodell

Wenn wir von Wissensmanagement sprechen, bewegen wir uns auf dem Gebiet der Wirtschaftsinformatik. Eine Ressource vieler Unternehmen sind das Wissen und die Kenntnisse der Mitarbeiter. Fehlt dieses Wissen in bestimmten Bereichen und erkennt man, wo es sich befindet, wo es zu holen ist, spricht man von der Wissensidentifikation. Wissenserwerb bedeutet, dass man Mitarbeiter mit genau diesen Kenntnissen einstellt und ihr Wissen nutzt. Wenn die Firma nun neue Kenntnisse und Prozesse aufbaut, sowohl mithilfe des erworbenen Wissens als auch durch internes Generieren, so handelt es sich um den Prozess der Wissensentwicklung. Ein weiterer Baustein in dieser Reihe ist die Wissens(ver)teilung. Wissen wird an all den Stellen, die dem Unternehmen nützlich sind, verfügbar gemacht. Nach der erfolgreichen Verteilung folgt die Wissensnutzung, indem seine zielgerechte und ökonomisch motivierte Anwendung sichergestellt wird, und schließlich die Wissensbewahrung, das Speichern und Aktualisieren. Über all dem gibt es die Controlling-Instanzen der Wissensbewertung, die den Erfolg messbar machen, der im Zusammenhang mit ursprünglichen Wissenszielen formuliert wurde. Dieses durchaus nicht unumstrittene Modell stellt Wissensmanagement als die gegenseitigen Abhängigkeiten dieser Bausteine theoretisch dar, wobei die operativen Bausteine einen inneren und die strategischen einen äußeren Kreislauf bilden.

Wissensmanagement, Modell

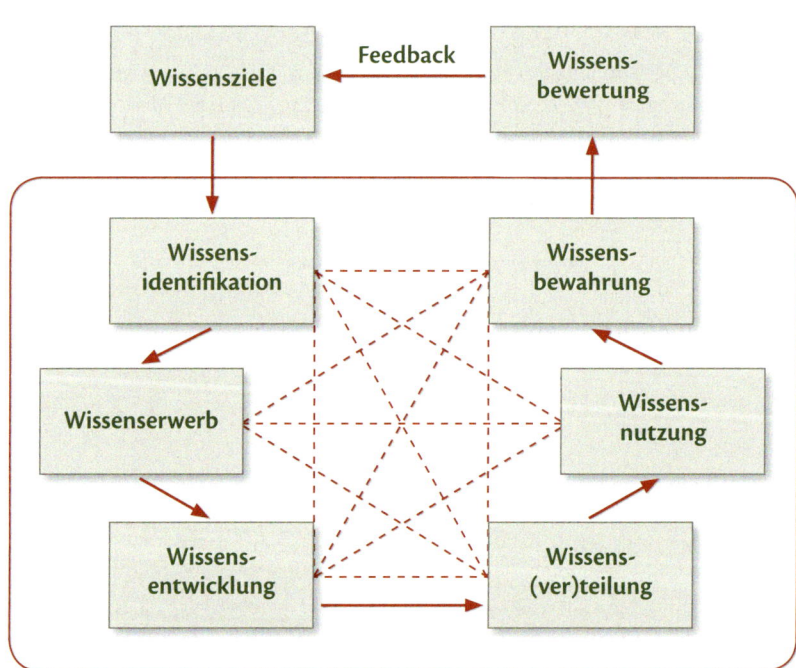

Bausteinmodell des Wissensmanagements, 1997 von Probst, Raub und Romhardt vorgestellt in: Wissen managen: Wie Unternehmen ihre wertvollste Ressource optimal nutzen. Gabler, Wiesbaden 1997.

3.1.2 Persönliches Wissensmanagement

Das oben beschriebene Modell ist sehr theoretisch. Da es noch dazu auf Organisationen und Firmen bezogen ist, scheint es zwar vielleicht für die Schule als Institution, nicht aber für individuelle Schüler, Studenten oder Lehrer relevant zu sein. Aber wenn wir es näher betrachten, beschreibt es eigentlich genau das, was wir als Individuen mit unserem lebenslangen Lernen auch tun. Wir beschreiben unsere Wissensziele, die wir meist im

Sinne gesellschaftlich-beruflicher Ziele avisieren, identifizieren das Wissen und die Kenntnisse, die dafür notwendig sind, erwerben das so identifizierte Wissen mehr oder weniger mühevoll, entwickeln es weiter, setzen es an den richtigen Stellen und Stationen unseres Lebens nützlich ein, sammeln damit Erfahrungen und können uns schließlich ein Urteil darüber erlauben, was uns nun weitergeholfen hat und was nicht und an welchen Stellen wir noch arbeiten müssen. Dabei gehen wir in der Selektion des Wissens sehr präzise vor. Wer zum Beispiel an Ingenieurwissenschaften interessiert ist, für den spielt es keine über die Allgemeinbildung hinausgehende Rolle, welche geistesgeschichtlichen Prinzipien der amerikanischen Verfassung zugrunde liegen. Die künftige Romanistin wird die bewegungstechnischen Abläufe des Felgaufschwungs nicht unbedingt in Begeisterungstaumel versetzen, und den Kunst- und Architekturliebhaber wird man mit dem Sezieren einer Seegurke wohl kaum aus der Galerie locken können. Allen gemeinsam ist, das sie bestimmte Konzepte von Wissensbeständen entwickeln, die sie mit spezifischen Methoden in die Lage versetzen, persönliche Kompetenzen, Informationen oder Netzwerkbeziehungen zielgerichtet im Sinne der individuellen Prioritäten einzusetzen.

Übertragbarkeit des Modells auf die Situation von Lernenden

Definition

Persönliches Wissensmanagement bedeutet daher, sich über seine aktuelle Interessenlage klar zu sein, Ziele zu definieren und mithilfe von Methoden der Informationsgewinnung, der Organisation und Strukturierung, der Speicherung oder Ablage und der Weitergabe zu verfolgen. Hinzu kommt auf der Reflexionsebene die Fähigkeit des Bewertens. Insofern ist persönliches Wissensmanagement nicht auf die Schulzeit, das Studium und die Ausbildung beschränkt, sondern begleitet uns lebenslang in unserer persönlichen und beruflichen Entwicklung. So wie wir uns mit zunehmendem Alter und ständigem Erfahrungszugewinn verändern, so wandeln sich auch die Techniken unseres persönlichen Wissensmanagements.

Persönliches Wissensmanagement verfolgt mit unterschiedlichen Methoden vier verschiedene Arten von Zielen: strategische Ziele, operative Ziele, Innovationsziele und Effizienzziele. Vereinfach dargestellt, ergibt sich daraus dieses Schaubild:

Persönliches Wissensmanagement

Strategische Ziele

Entwicklung von Fachkompetenz

Entwicklung von Schlüsselkompetenzen

Persönliches Wissensmanagement

Effizienzziele

Innovationsziele

konvergentes Problemlösen

divergentes Problemlösen

Operative Ziele

Definition	
	Strategische Ziele sind die langfristigen Ziele, die auch mit einer Vision einhergehen können: „Ich möchte nach dem Abitur in Kanada Mathematik studieren."

Strategische Ziele sind die langfristigen Ziele, die auch mit einer Vision einhergehen können: „Ich möchte nach dem Abitur in Kanada Mathematik studieren."

Operative Ziele sind präzise definierte und messbare Ziele, die eher kurzfristig angelegt sind: „Ich möchte in der nächsten Mathematikklausur 13 Punkte erreichen."

Effizienzziele versuchen, Aufwand und Ertrag optimal auszutarieren. „Ich möchte mich statt täglich einer oder zwei Stunden ein ganzes Wochenende lang konzentriert auf die Mathematikklausur vorbereiten."

Innovationsziele wollen eine Veränderung herbeiführen: „Ich möchte meine Arbeitsweise ändern und mir nicht mehr jeden Tag unterschiedliche Fächer zum Lernen vornehmen, sondern jeden Tag ein anderes Fach und dann pro Fach 5 Stunden konzentriert nur dafür arbeiten."

Fachkompetenzen sind Fähigkeiten, die auf ein bestimmtes Fach oder eine Disziplin bezogen sind.

Schlüsselkompetenzen sind überfachlich, z. B. Recherchieren, Dokumentieren, Präsentieren.

Konvergentes Problemlösen bedeutet, das Wissen und die Kenntnisse, die zum Lösen eines Problems nötig sind, sind vorhanden und müssen korrekt eingesetzt werden.

Divergentes Problemlösen bedeutet, dass Lösungswege und -prinzipien erst noch selbstständig gefunden werden müssen. Hier ist in höherem Maße auch Kreativität gefragt.

3.1.3 Informationsmanagement

Wissensmanagement und Informationsmanagement werden umgangssprachlich häufig verwechselt. Daher soll hier kurz noch auf Informationsmanagement eingegangen werden.

Im Gegensatz zu Wissensmanagement hat Informationsmanagement den Charakter einer organisationsinternen Dienstleistung. Es handelt sich um die Sicherstellung der termingerechten Verfügbarkeit von Daten und Informationen jeder Art, die für den Adressaten relevant sind. Damit sind wir schon wieder im Bereich der Wirtschaftsinformatik, aber auch in der Informationstechnologie. Größere Organisationen haben eine eigene Abteilung, die sich damit beschäftigt. Als Beispiel sei nur das Bundesamt für Informationsmanagement und Informationstechnik der Bundeswehr in Koblenz genannt.

organisationsinterne Dienstleistung

Auch wenn Schule und Studium heute nicht mehr ohne eine IT-Grundausstattung vorstellbar sind, sprechen wir im persönlichen Bereich nicht vom Informationsmanagement. Dieser Bereich ist durch die Definition des persönlichen Wissensmanagements mit abgedeckt.

3.2 Texte erfassen: Lesen, markieren, exzerpieren

Texte werden traditionell gelesen, sei es nun still oder laut, sei es, dass man sie vorliest, sei es, dass man sie für sich selbst liest. Manchmal muss man aber nicht einen ganzen Text lesen, um herauszufinden, ob er für die eigenen Zwecke verwendbar ist. Hier eine Reihe von Möglichkeiten des Lesens:

3.2.1 Lesemethoden

Das kursorische Lesen eines Buches ist die zeitaufwändigste, aber auch gründlichste Art, sich damit auseinanderzusetzen. Neben dem reinen Lesen mit dem Ziel der Inhaltserfassung werden Notizen, Randbemerkungen und Hinweise erstellt, relevante Textstellen unterstrichen und Fragen an den Text formuliert. Mehrfaches Lesen und Bearbeiten einzelner Textpassagen gehört ebenso dazu wie der Erwerb von Kenntnissen, die sich auf das Buch und den gesamten dazugehörenden Themenbereich beziehen. | Kursorisches Lesen

Das intensive Lesen geht noch einen Schritt weiter. Über das kursorische Lesen hinausgehend wird das Gelesene bewertend unter der Fragestellung der Aussageabsicht und der Argumentationsstrukturen reflektiert. | Intensives Lesen

Das sequenzielle Lesen eines Textes ist die Leseform, die uns am vertrautesten ist. Man liest den Text, das Buch, von vorn bis hinten, Sequenz für Sequenz, vollständig durch, ohne dabei etwas auszulassen oder längere Passagen oder Kapitel nochmals zu lesen. Somit wird der Gedankengang des Textes kontinuierlich und in einem Zug erfasst. | Sequenzielles Lesen

Mit dem diagonalen Lesen kann man unter Verzicht auf Details einen Gesamtüberblick über einen Text bekommen, indem man ihn nicht ganz liest, sondern sich auf jeder Seite nur die Anfänge der Absätze oder besonders ins Auge fallende Schlüsselwörter oder Kurzpassagen ansieht. Es ist eher ein Scannen jeder Seite, allerdings nicht mit dem Ziel, etwas Bestimmtes zu finden, sondern mit dem Ziel, nach kurzer Zeit sagen zu können, worum es in dem Text geht. Sprachlich-stilistische Aspekte bleiben dabei unberücksichtigt. Mit etwas Übung kann man beim diagonalen Lesen sehr viel Zeit sparen. Zeitungen werden oft diagonal gelesen. | Diagonales Lesen

Beim punktuellen Lesen wird der Text nicht ganz erfasst, sondern nur teilweise, um möglichst schnell zu den wichtigsten Informationen zu gelangen. Man sucht sich zum Lesen also nur diejenigen Stellen aus, die entsprechend ergiebig sind. Sachbücher werden bei der Vorbereitung von Referaten oft nur punktuell gelesen. | Punktuelles Lesen

Beim Verdoppeln oder Verdreifachen der normalen Lesegeschwindigkeit durch Speed-Reading versucht man einen Text so schnell wie möglich zu lesen und ihn nur optisch zu erfassen, also ohne das Mitsprechen der gedruckten Wörter im Kopf (Subvokalisierung). Das Auge soll ohne anzuhalten eine Zeile durchlaufen, beim geübten Leser gleich mehrere, wobei man mit einem Bleistift bzw. einem anderen Zeigegegenstand in der Lesegeschwindigkeit über die Zeilen fährt und damit das Auge führt. Diese Art des Lesens bedarf ständigen Trainings. Zum genauen Verständnis eines komplizierten Textes ist sie aber eher ungeeignet. | Speed-Reading

Hier handelt es sich um eine Lesetechnik, bei der es auch um die Zusammenfassung des gelesenen Textes geht. Die Buchstaben SQRRR bezeichnen die 5 Schritte der Technik: | SQ3R

S – Survey (Überblick)
In einer Einführungsphase bereitet man sich auf das Lesen des Buches vor und weiß dann bereits, was zu erwarten ist, denn man kennt das Inhaltsverzeichnis, das Register, vielleicht auch schon einzelne Absätze, Kapitelüberschriften oder die wesentlichen Kernaussagen.

✳️ Webcode: MT641048–097

Q – Questions (Fragen)

Bevor man nun tatsächlich anfängt zu lesen, stellt man sich Fragen, deren Antwort man aus dem zu lesenden Text erwartet. Man fördert seine Neugier, sein Interesse.

R – Read (Lesen)

Jetzt erst liest man den Text im Hinblick auf die Fragen durch, wobei man mit farbigen Markern Anstreichungen vornimmt, weitere Fragen und Kommentierungen an den Rand schreibt oder Unklarheiten markiert. Während man sich zu Beginn erst einen Überblick verschafft hat, geht es jetzt darum, auch Details zu verstehen.

R – Recite (Rekapitulieren)

Das Gelesene wird bei diesem Schritt ins Gedächtnis zurückgerufen, indem man es nochmals mit eigenen Worten formuliert oder in Stichworten oder als Diagramm, Tabelle, Mindmap niederschreibt.

R – Review (Rückblick)

In diesem letzten Schritt verschafft man sich nochmals – ähnlich wie am Anfang – einen Überblick, jetzt aber auf der Grundlage der genauen Kenntnis des Buches. Man stellt die Zusammenhänge her und überprüft, ob die Fragen des zweiten Schrittes alle beantwortet sind oder ob es die richtigen Fragen waren.

MURDER

Hier handelt es sich um eine Weiterentwicklung der SQ3R-Technik mit den Schritten M – Mood (Laune, Stimmung), U – Understanding (Verständnis), R – Recall (Wiederholung), D – Digest (Verarbeiten), E – Expand (Erweitern) und R – Review (Rückblick). Dabei geht es nicht nur um das Lesen und Verstehen, sondern zusätzlich um eine psychologische Komponente. Neben der reinen arbeitstechnischen Seite spielten auch die Stimmung (Mood) und das Lernambiente eine Rolle und haben Rückwirkungen auf die Motivation.

PQ4R

Noch eine Variation von SQ3R:

☀ Webcode: MT641048-098

P – Preview; die erste Orientierung, um einen Überblick über die Buch- bzw. Textstruktur und einen Einblick in das Thema zu bekommen.

Q – Questions; Fragen an die einzelnen Kapitel bzw. Textabschnitte.

R –Read; Lesen im Hinblick auf die zuvor gestellten Fragen.

R – Reflect; Nachdenken über das Gelesene, Herstellen einer Verbindung zum eigenen Vorwissen.

R – Recite; Textwiedergabe, abschnittweise Rekapitulation des gelesenen Textes. Bei Unsicherheiten nochmaliges Lesen des Abschnittes.

R – Review; Wiederholen, Umformulieren, Zusammenfassen des gesamten Textes.

Eine weitere Lesetechnik ist z. B. **PhotoReading.**

effektive Formen des orientierenden Lesens

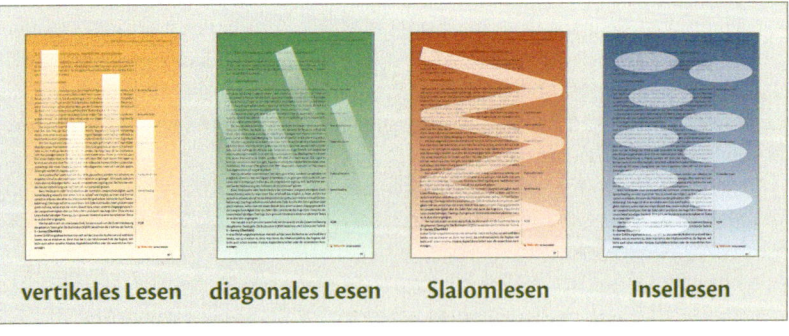

vertikales Lesen   diagonales Lesen   Slalomlesen   Insellesen

Quelle: Lesekompetenz und der Thüringer Lehrplan Deutsch
http://www.lesekompetenz.th.schule.de/pi-lepla.htm

3.2.2 Markieren

In der Lesephase, die einem Referat oder einer Hausarbeit vorangeht, empfiehlt es sich, zur Texterschließung die folgenden Arbeitsschritte vorzunehmen (siehe hierzu auch ergänzend die Hinweise zu „Kurzcheck" und „Wie geht man bei der Arbeit mit einem Buch aus der Bibliothek vor" beide ➜ Kapitel 2.3.3 Was tun Sie, wenn Sie das gewünschte Buch nun bekommen haben?):

1. Schritt: Einen Überblick gewinnen
Klären Sie für sich selbst in Frageform, worauf Sie von dem Text eine Antwort erwarten. Verschaffen Sie sich einen Überblick über den Text und prüfen Sie, ob er überhaupt oder in Teilen für Ihre Zwecke geeignet ist. Falls Sie ihn für ein Referat oder eine Facharbeit verwerten wollen, tragen Sie Titel (ggf. Überschriften von Absätzen), Autor/-in, Textart in ein Quellenprotokoll ein und fügen Sie sämtliche bibliografischen Angaben hinzu.

Quellenprotokoll	
Quelle Nr.: …	
Art des Materials TEXT – BILD – MATERIAL – DOKUMENT – AUFZEICHNUNG – KOPIE (ggf. Signatur):	
Brauchbar für Punkt … und … (Gliederung) (Raum für Exzerpte, Konspekte, Zusammenfassungen, eigene Skizzen, Grafiken, Seitenangaben für wörtliche Zitate)	Verfasser: … Titel: … Zeitschrift/Lexikon/CD-ROM/WEB-Page Erscheinungsort/-jahr; Seite(n) Gibt Antwort auf die Fragestellung: … Lässt sich verknüpfen mit … Kommentare: …

2. Schritt: Markieren
Es ist ratsam, beim zweiten Lesen mit dem Stift die Textstellen zu markieren, die
- zentrale Begriffe und Gedanken zu Ihrer Fragestellung enthalten,
- Zusammenhänge aufweisen, Widerspruch provozieren oder auf andere Auffassungen (eigene oder fremde) verweisen,
- sprachlich auffällig sind.

Arbeiten Sie hierbei neben dem Unterstreichen im Text auch mit Symbolen und Abkürzungen am Textrand, z. B.:

wichtig: *!*	**nachschlagen:** *Lex. →*
unverständlich: *?*	**wichtige Literaturangabe:** *Lit.*
fragwürdig: *??*	**Verweis:** *S. X*

Knappe Bemerkungen zur Gedankenführung können spätere Exzerpte erleichtern (z. B. These, Folgerung, Beispiel, Antithese).

Markieren Sie sprachliche Auffälligkeiten im Text in einer anderen Farbe und bezeichnen Sie sie kurz am Rand (z. B. Metapher, Ironie).

3.2.3 Mitschriften und Protokolle

Ausführliche Mitschriften entstehen im Unterricht z. B. bei Referaten, oder wenn Sie die Aufgabe erhalten, ein Protokoll zu verfassen. Protokolle spielen in vielen Bereichen eine wichtige Rolle, z. B. bei beruflichen Besprechungen oder Gerichtsverhandlungen. Das *Unterrichtsprotokoll* Unterrichtsprotokoll hat den Zweck, den Gesprächsverlauf einer Stunde oder den Inhalt eines Vortrages so wiederzugeben, dass alle, auch abwesende Gruppenmitglieder, sich informieren können über

- einzelne Gesprächs- und Arbeitsphasen,
- zentrale Frage- oder Aufgabenstellungen,
- den Inhalt von Vorschlägen, Thesen und Diskussionsbeiträgen,
- wichtige Beschlüsse, Zwischen- und Endergebnisse.

Klarheit und Übersichtlichkeit Der geübte Hörer wird recht schnell einen individuellen Modus für seine Mitschriften finden. Dies kann durchaus eine Mischform zwischen Mitschrift und Protokoll sein. Da jede Art der Mitschrift zum Sammeln von Informationen gehört, sollte sie so übersichtlich und klar sein, dass man später, auch nach längerer Zeit, wieder darauf zurückgreifen kann.

Karteikarten Obwohl es vom Handling her einfacher ist, für Mitschriften einen Block oder ein Ringbuch zu benutzen, kann man hier natürlich auch Karteikarten verwenden. Letztere haben den Vorteil, dass Sie sie leicht ordnen, umordnen und ergänzen können. Dabei gilt auch hier wieder, dass für jeden neuen Gedanken, für jede neue Information auch eine neue Karte verwendet wird.

Profitipp

Erst denken, dann schreiben!

- Hören Sie erst genau zu und schreiben Sie dann. Das Schreiben sollte Sie nicht bei Ihrem konzentrierten Zuhören einschränken.
- Unterscheiden Sie Wichtiges von Unwichtigem und reduzieren Sie Gehörtes auf Stichworte.
- Schreiben Sie so klar und mit eindeutig identifizierbaren Abkürzungen, Verweisen etc., dass Sie mit Ihren Aufzeichnungen auch noch nach einem längeren Zeitraum etwas anfangen können.
- Wenn Sie etwas nicht verstanden haben, bitten Sie den Vortragenden um Wiederholung.
- Halten Sie Ihre Mitschriften und Protokolle möglichst knapp. Ein wörtliches Protokoll kann sehr umfangreich werden. Bei allen anderen Formen gilt, dass weniger mehr ist.
- Heften Sie, wenn möglich, Kopien der Dokumente an Ihr Protokoll, auf die Sie Bezug nehmen. Folien, Tafelanschriften u. Ä. sollten möglichst originalgetreu wiedergegeben werden.
- Legen Sie Protokolle möglichst chronologisch, Mitschriften themenbezogen ab.

	Mitschrift	Protokoll		
		Verlaufsprotokoll	Ergebnisprotokoll	wörtliches Protokoll
Charakter	eher privat	eher öffentlich		
Zweck	Erinnerung an das, was man selbst gehört hat, und Grundlage für intensives Weiterarbeiten	schriftliches Fixieren mündlicher Beiträge zur Rekapitulation und Dokumentation sowie zur Information von Personen, die an der betreffenden Veranstaltung nicht teilgenommen haben		
Inhalt	Kopfzeile mit Titel der Veranstaltung, Datum und Themen; stichwortartige Zusammenfassung der Hauptgedanken, nicht wörtlich	Kopf mit Datum, Uhrzeit des Beginns und Endes, Ort, Teilnehmer, Leitung, Anlass oder Thema mit Tagesordnung		
		chronologisches Nachvollziehen der Veranstaltung in Stichworten	Wortlaut der Beschlüsse und Ergebnisse von Abstimmungen	wortwörtliches Mitschreiben aller Diskussions- und Gesprächsbeiträge,
		Inhalt von Vorschlägen, Diskussionen etc., evtl. auch mit Namensnennung	klar formulierte Ergebnisse, Teilergebnisse und Zwischenergebnisse der Sitzung	evtl. auch nach Tonbandmitschnitt
		Beschlüsse oder Ergebnisse wörtlich mit Abstimmungsergebnissen	Unterschriften des Protokollführers und des Sitzungsleiters	alle Ergebnisse wörtlich
		Unterschrift des Protokollanten und des Sitzungsleiters	Anlage (Dokumentkopien, Bemerkungen, Erläuterungen)	Unterschriften der Protokollanten und Sitzungsleiter
		Anlagen		Anlagen
Sprache	Verwendung von Abkürzungen, wo immer es möglich ist	knapp und sachlich, ohne schmückende Adjektive und ohne persönliche Wertungen der Protokollanten		wörtliche Mitschrift
	Genaue und vollständige Notierung von Namen, Fachbegriffen, Literaturhinweisen und Zitat belegen	Tempus: Präsens		
		Konjunktiv für zitierte Begründungen und Sachbeiträge		
		Zusatzerklärungen in Klammern wörtliche Mitschrift		
äußere Form	handschriftlich mit genügend Raum für nachträgliche Ergänzungen, Querverweise, Zusammenhangsbeziehungen	präsentationsfähige Reinschrift, möglichst mit Schreibmaschine oder Computer, soweit nicht ein handschriftliches Protokollbuch geführt wird		

Aufgabe

1. Fertigen Sie ein Verlaufsprotokoll von einer Nachrichtensendung im Fernsehen an. Aus dem Protokoll soll erkennbar sein, welche Nachrichten in welcher Reihenfolge gesendet weden, welche Bild- und Filmbeiträge die einzelnen Meldungen unterstützen und wie die gesamte Sendung strukturiert und gegliedert ist.
2. Schauen Sie sich Ihre alten Mitschriften aus dem Deutsch- oder Geschichtsunterricht an. Stellen Sie fest, ob Sie den Inhalt und den Verlauf der Stunde aufgrund Ihrer Aufschriebe noch genau rekonstruieren können. Wenn nicht, fertigen Sie eine Liste verbesserungswürdiger Punkte an.
3. Erproben Sie anhand einer Unterrichtsmitschrift auf Karteikarten verschiedene Möglichkeiten, die Ergebnisse sinnvoll zu ordnen und zu gliedern.

▶▶▶

4. Besprechen Sie gemeinsam die Protokolle zu einer Unterrichtsreihe:
   - Ist die sprachliche Form angemessen?
   - Wurden Punkte zu ausführlich oder zu knapp dargestellt?
   - Enthält das Protokoll alle wichtigen Punkte?

3.2.4 Notizen, Exzerpte, Kopien

Notizen

Wir alle haben, unabhängig von unserem Alter, die Erfahrung gemacht, dass wir uns auf unser Gedächtnis nicht verlassen können und dass es besser ist, sich Dinge zu notieren. Überlegen Sie einmal, wie oft Sie sich am Tag verschiedene Dinge aufschreiben, sei es eine Telefonnummer, eine Einkaufsliste, eine besonders gelungene Formulierung oder eine wichtige Information. Aber wohin mit all diesen Notizen? Natürlich können Sie sich den *allgemeine Notizen* Bildschirm oder den Badezimmerspiegel mit Post-its zukleben. Sie können aber auch einen Unterschied machen zwischen den Notizen, die sich auf Ihren Tagesablauf beziehen und die am besten in einem Zeitplanbuch oder einem kleinen „Notiz"-buch unter- *Referatsnotizen* gebracht sind, und den Notizen, die für eine Hausarbeit oder ein Referat wichtig sind.

Gerade für Referatsnotizen und kurze Hinweise sind Post-its bzw. Haftmarker, die in verschiedenen Größen, Formen und Farben gibt, ein sehr brauchbares Hilfsmittel. *„Parkplatz" für Haftnotizen* Reservieren Sie sich in Ihren Referatsunterlagen mehrere DIN-A4-Seiten als „Parkplatz" für derartige Klebenotizen. Immer, wenn Ihnen etwas Neues einfällt oder sie einen wichtigen Gedanken festhalten wollen, kleben Sie ihn auf den Parkplatz. So wie Sie im Verlauf eines Tages ja vielleicht auch öfter einmal nach Ihrem Auto schauen, und sei es nur, um an der Parkuhr nachzuzahlen, schauen Sie im Verlauf der Referatarbeit auch gelegentlich auf Ihren Notizparkplatz. Wenn Sie dann dort etwas finden, was gerade zu einem der Themen passt, die Sie bearbeiten, nehmen Sie den Zettel mit und kleben Sie ihn dort an die entsprechende Stelle. Und wenn Sie ihn abgearbeitet haben, vernichten Sie ihn einfach. Dieses System funktioniert nicht nur bei Referaten, sie können sich auf die gleiche Weise einen Ideenparkplatz, einen Vokabelparkplatz, oder eine To-do-Liste und vieles andere einrichten.

Exzerpte

Exzerpieren heißt, wichtige Zitate, Argumente, Gedankengänge und Ideen eines Textes *schriftlich festhalten* schriftlich exakt und übersichtlich festzuhalten und zu sammeln. Die so gesammelten Aufschriebe sind „Exzerpte".

Überblick Man verschafft sich zunächst einen Überblick über den Text oder über den Absatz, die äußere Struktur und den inhaltlichen Zusammenhang.

Thema und Aussage zum Thema Fragen Sie sich nach dem Thema des Absatzes und nach dem, was über das Thema ausgesagt wird. Die Antwort auf diese zweite Frage hält man als Paraphrase oder, wenn nötig, als wörtliches Zitat in seinem Exzerpt fest.

erst lesen, dann exzerpieren Um sich möglichst weit vom Originaltext zu lösen, sollten Sie erst nach dem Lesen eines Absatzes oder Kapitels mit dem Exzerpieren beginnen.

neue Karte für jeden Aspekt Je mehr Sie lesen, desto mehr neue Aspekte werden in Ihre Arbeit eingebracht. Karteikarten sind für Exzerpte besonders geeignet, da man für jeden neuen Aspekt, jede neue Idee auch eine neue Karte benutzt, die man dann an geeigneter Stelle im Karteikasten systematisch einordnen kann.

Korrektheit überprüfen
- Wörtliche Zitate müssen unbedingt auf Inhalt, Orthografie und Interpunktion überprüft werden, da die Originalquelle später vielleicht nicht mehr zur Verfügung steht.

Sie sollten durch Anführungszeichen gekennzeichnet sein und die Quelle sollte genannt werden.

- Bei sinngemäßen Auszügen, bei denen nur der Sinn oder Inhalt einer Aussage knapp paraphrasiert wird, nicht aber die wörtliche Formulierung, gehört der Zusammenhang, in dem der Gedanke auftritt, zum Exzerpt. Auch hier ist die Quellenangabe zur späteren Verifizierung, evtl. auch durch den Leser, notwendig.

Zusammenhang

Kopien

Fotokopien ersetzen keine Exzerpte. Sie sind zwar hilfreich, wenn man den Buchtext oder Artikel anders nicht bekommen kann, aber exzerpieren bedeutet auch, sich mit dem Inhalt auseinanderzusetzen und wesentliche Aspekte schriftlich zu fixieren.

Fotokopien können komfortable Dienste leisten, wenn man es gewöhnt ist, Textstellen anzustreichen oder farbig hervorzuheben, was Sie aber bei Bibliotheksbüchern nicht tun sollten. Beim Kopieren ist zu beachten, dass auch hier unbedingt die Belege zur Kopie dazugehören.

Kopien zum Anstreichen und Markieren

Profitipp

Schreiben Sie sich auf die Rückseite jeder Kopie die bibliografischen Angaben des Originals, sodass Sie jederzeit die Herkunft von kopierten Textstellen überprüfen und nachvollziehen können.

Beachten Sie bitte, dass alle veröffentlichten Texte dem Copyright unterliegen und Sie nur im Rahmen der rechtlichen Regelungen, z. B. für wissenschaftliche Arbeiten, Textstellen unter Nennung der Quelle weiterverbreiten dürfen.

Aufgabe

Fertigen Sie zum folgenden Text über den Weg zur deutschen Einheit ein Exzerpt an, das nützlich wäre für die Bearbeitung der Fragestellung: „Warum ist der 9. November ein denkwürdiger Tag in der deutschen Geschichte?". Mit Markierungen und Randbemerkungen auf einer Kopie erleichtern Sie sich die Texterschließung, das Exzerpieren und Ihre themenorientierte Informationsverarbeitung.

Material

Der Weg zur deutschen Einheit

Exemplarisch einige wichtige Daten, die den Weg zur deutschen Einheit ebneten:

Vier Jahrzehnte lang war die Politik der DDR durch das Machtmonopol der SED bestimmt worden, bis im Herbst 1989 die gewaltfreie Bürgerbewegung schneeballartig an Größe zunahm und ihre Forderungen immer deutlicher formulierte. Die **„friedliche Revolution"**, initiiert und getragen von den DDR-Bürgern und -Bürgerinnen, hatte ihren Lauf genommen. Im Anschluss an das traditionell stattfindende Montagsgebet in der Nikolaikirche in Leipzig kam es seit etwa Mitte August 1989 zu immer größeren Demonstrationen – den so genannten

Montagsdemonstrationen – in der Innenstadt. Am 6. Oktober gingen 150 000 Menschen auf die Straße, am 6. November forderten fast 500 000 Reise-, Versammlungs-, und Vereinigungsfreiheit. In dieser Zeit wurde auch der bekannt gewordene Ruf **„Wir sind das Volk!"** geprägt, der später von vielen zu **„Wir sind ein Volk!"** umgeformt wurde.

Was über Jahre hinweg niemand mehr zu hoffen gewagt hatte: am 9. November 1989 wurde es Wirklichkeit – die Mauer fiel! Gegen 22 Uhr öffneten die Grenzbeamten die Schlagbäume, und Tausende von Ost- und Westdeutschen feierten in dieser Nacht miteinander ein Freudenfest.

Material

Die **Volkskammerwahl** vom 18. März 1990 stellte eine Zäsur in der Geschichte der DDR dar: Erstmals konnten sich die 12,2 Millionen Wahlberechtigten frei zwischen 19 Parteien und fünf Listenverbindungen entscheiden. Meinungsumfragen zufolge lag die SPD in der Wählergunst Anfang Februar noch mit 54 Prozent der Stimmen deutlich in Führung vor der PDS (der einstigen SED und heutigen Die Linke) mit 12 Prozent und der CDU mit 11 Prozent. Das Wahlergebnis sah dann aber völlig anders aus: Am 18. März stimmten 48 Prozent der Befragten für die Parteien der „Allianz für Deutschland" mit der CDU als stärkster Gruppierung. Die SPD kam nur auf 21,9 Prozent der Stimmen, gefolgt von der PDS mit 16,4 Prozent und der „Allianz freier Demokraten" mit 5,3 Prozent.

Das Ergebnis war ein unüberhörbarer Ruf nach rascher Wiedervereinigung und (sozialer) Marktwirtschaft sowie eine klare Zurückweisung jeder Form des Sozialismus. Die Wahlniederlage der SPD kam wohl vor allem deshalb zustande, da die Sozialdemokraten die drängenden Wiedervereinigungserwartungen vieler Ostdeutscher enttäuscht hatten. Der Wahlausgang bedeutete zugleich das faktische Ende der DDR.

Der außenpolitische Weg zur deutschen Einheit führte über die Zustimmung der **Siegermächte des Zweiten Weltkriegs** (USA, Großbritannien, Frankreich und die Sowjetunion): Seit dem 5. Mai 1990 berieten in den so genannten **Zwei-plus-Vier-Gesprächen** die Außenminister der vier Siegermächte zusammen mit ihren Kollegen aus den beiden deutschen Staaten über die Ablösung der Rechte der Alliierten sowie die Haltung der Sowjetunion zur Bündniszugehörigkeit Gesamtdeutschlands.

Der sowjetische Präsident **Michail Gorbatschow** erteilte überraschend am 14. Juli 1990 nach Gesprächen mit Bundeskanzler **Helmut Kohl** seine Zustimmung zur Deutschen Einheit.

Schon am 12. September 1990 unterzeichnen die sechs Außenminister in Moskau den **Zwei-plus-Vier-Vertrag**, mit dem die USA, die ehemalige Sowjetunion, Großbritannien und Frankreich dem vereinigten Deutschland die volle Souveränität gewährten. Der Vertrag regelte in zehn Artikeln die außenpolitischen Aspekte der deutschen Vereinigung und kam damit einer Art Friedensvertrag zwischen Deutschland und den Alliierten gleich. Das Ergebnis war die Wiedererlangung der „vollen Souveränität Deutschlands über seine inneren und äußeren Angelegenheiten". Unter anderem wurde auf die polnische Forderung hin die Oder-Neiße-Linie als polnische Westgrenze in das völkerrechtlich verbindliche Abschlussdokument aufgenommen.

Bereits am 18. Mai 1990 wurde der Vertrag über die Schaffung einer Wirtschafts-, Währungs- und Sozialunion zwischen der Bundesrepublik und der DDR unterzeichnet, obgleich viele Wirtschaftsexperten vor den negativen Folgen für die marode DDR-Wirtschaft warnten. Die DDR übernahm ab dem 1. Juli 1990 große Teile der Wirtschafts- und Rechtsordnung der Bundesrepublik, die D-Mark wurde das einzige Zahlungsmittel in der DDR. Damit war die Eingliederung der DDR in die Bundesrepublik praktisch vollzogen.

Landeszentrale für politische Bildung, Baden-Württemberg, 09.11.09, http://www.lpb-bw.de/deutsche_einheit0.html, Abruf vom 19.1.2010

3.2.5 Zitieren

Wenn Originaltextstellen nicht nur exzerpiert, sondern wörtlich wiedergegeben und weiterverwendet werden, spricht man von Zitaten. Das Zitieren ist bei wissenschaftlichen Arbeiten unumgänglich. Alle Zitate müssen aber aus Gründen der Nachprüfbarkeit genau belegt werden. Dies gilt nicht nur für wörtliche, sondern auch für sinngemäße Zitate.

Zitieren ist nicht nur eine Arbeitsweise, die zum sauberen wissenschaftlichen Vorgehen gehört und daher gewissen Formvorgaben zu folgen hat, Zitieren hat auch einen rechtlichen Aspekt, da Sie sich des geistigen Eigentums anderer Personen bedienen und

Urheberrechte

damit deren Urheberrechte tangieren.

Wann darf zitiert werden?

Aus dem deutschen Urheberrechtsgesetz, § 51, neu gefasst ab 1.1.2008:
Zulässig sind die Vervielfältigung, Verbreitung und öffentliche Wiedergabe
eines veröffentlichten Werkes zum Zweck des Zitats, sofern die Nutzung in
ihrem Umfang durch den besonderen Zweck gerechtfertigt ist. Zulässig ist
dies insbesondere, wenn

1. einzelne Werke nach der Veröffentlichung in ein selbständiges wissenschaftliches Werk zur Erläuterung des Inhalts aufgenommen werden,
2. Stellen eines Werkes nach der Veröffentlichung in einem selbständigen
   Sprachwerk angeführt werden (…).

Webcode: MT641048–0105

Welche formalen Vorgaben sind beim Zitieren zu beachten? Zunächst kommt es darauf
an, ob man aus einem Printmedium zitiert, z. B. aus einem Buch, einer Zeitung oder Zeitschrift, einem Sammelband, einem Brief, aus Akten, Dokumenten, Gesetzestexten oder
aus einem elektronischen Medium, z. B. aus einer Datenbank, einer Homepage, einem
Blog, einem Forum oder einer Online-Publikation. Entsprechend unterschiedlich sind
auch die formalen Regeln, die dabei zu beachten sind.

formale Vorgaben

1. Printmedien

- Bei Büchern werden genannt: Nachname des Autors oder Herausgebers,
  Herausgeberhinweis, falls nötig, Buchtitel unterstrichen, Erscheinungsort, Erschei-
  nungsjahr, Seite.
  Gerhart Maier, *Die Wende der DDR*, Bonn, 1991, Seite 101.

  Bücher

- Bei mehreren Autoren werden alle genannt:
  Bernd Eisenfeld/Roger Engelmann, *13.8.1961 Mauerbau. Fluchtbewegung und Macht-
  sicherung*, Bremen, 2001, Seite 92.

  mehrere Autoren

- Sind Autor und Herausgeber unterschiedliche Personen, werden beide genannt:
  Konrad Lorenz, *Denkwege*, hg. Beatrice Lorenz, München, 1992.

  Autor / Herausgeber

- Bei mehrbändigen Werken wird die Bandnummer mit römischen Ziffern hinzugefügt:
  Gert Raeithel, *Geschichte der nordamerikanischen Kultur III. Vom New Deal bis zur
  Gegenwart. 1930–1995.* Frankfurt am Main, 1995.

  mehrbändige Werke

- In Übersetzungen wird der Name des Übersetzers und, wenn möglich, der Original-
  titel genannt:
  Mogens Kirckhoff, *Mind Mapping. Einführung in eine kreative Arbeitsmethode* [Sådan
  bruger du mind-maps, deutsch]. Übers. Rainer Berg, Offenbach, 1995.

  Übersetzungen

- Bei Beiträgen in Sammelwerken wird der Beitrag und der Sammelband so wie im
  folgenden Beispiel aufgeführt:
  Sabine Asgodom, „Weiterbildung für Frauen – eine Herausforderung." *Zukunftsmanagement. Trainingsperspektiven für das 21. Jahrhundert.* Hrsg. Ute Flockenhaus/
  Sabine Asgodom, Offenbach, 1999. Seite 21.

  Beiträge in Sammelwerken

- Bei Zeitschriftenartikeln oder Zeitungsartikeln wird das Erscheinungsdatum oder die
  laufende Nummer der Zeitschrift mit angegeben. Der Erscheinungsort darf fehlen:
  Norbert F. Poetzl, „DDR-Bürger A 000 000 1", *Der Spiegel* Nr. 47, 22. November 1999,
  Seite 178.

  Zeitschriftenartikel

- Zitiert man Wörterbücher, gibt man das Stichwort selbst an:
  Stephen C. France/Philip Mann/Bernd Kolossa, *Thematischer Wirtschaftswortschatz
  Englisch*, Stuttgart, 1995, unter „blue chip".

  Wörterbücher

2. Elektronische Medien

Wie zitiert man eine Information, einen Gedanken, die man sich vorübergehend auf den Bildschirm laden oder ausdrucken kann, die aber beim nächsten Aufruf ein paar Tage später bereits ergänzt, umformuliert, verändert oder gar nicht mehr vorhanden ist? Viele Autoren, vor allem an den Universitäten, haben darüber nachgedacht und ihre Ergebnisse im Internet veröffentlicht. Im Folgenden sind einige Vorschläge der amerikanischen Modern Language Association wiedergegeben, die auch beim Zitieren von Printmedien einen Orientierungsstandard gesetzt hat.

✳ **Webcode:** MT641048-106

Datenbankartikel

- Datenbankartikel werden mit Stichwort, Titel der Datenbank, soweit möglich Versionsnummer, Datum, Referenzdatum und Adresse zitiert:
  „Erkennungsabzeichen des Demokratischen Aufbruch", *Objektdatenbank Online im Museum in der Runden Ecke*, Leipzig, 09. November 2009. **http://runde-ecke-leipzig.de/sammlung/index.php**

Online-Zeitungsartikel

- Bei Online-Zeitungsartikeln werden, wenn möglich, Autor, Titel, Titel der Homepage, Erscheinungsdatum, letztes Update, Referenzdatum und Adresse genannt.
  Thorsten Denkler, „Als Schabowski die Mauer zerstammelte", *Sueddeutsche.de*, 09. 11. 2009, 18:22 **http://www.sueddeutsche.de/politik/482/493825/text/33/**.

Homepages

- Offizielle Homepages von Instituten, Ämtern, Verbänden, Firmen, etc. sollten den Titel des zitierten Artikels, Erscheinungsdatum, Homepagetitel, Referenzdatum und Adresse enthalten.
  Jochen Hecht, „Die Stasi-Unterlagen als Quellen für die Gesellschaftsgeschichte der DDR", Die Bundesbeauftragte für die Unterlagen des Staatssicherheitsdienstes der ehemaligen Deutschen Demokratischen Republik, 5. November 2003, **http://www.bstu.bund.de/cln_028/nn_714810/DE/Archiv/Fachbeitraege/gesellschaftsgeschichte.html_nnn=true , 09. 11. 2009**.

möglichst viele Einzelheiten

Generell kann man feststellen, dass beim Belegen von Internetzitaten möglichst viele Einzelheiten genannt werden sollten. Vor allem ist auch das Referenzdatum des jeweiligen Internetrecherche-Zugangs wichtig, weil sich bereits kurze Zeit später vieles schon wieder verändert haben kann.

3.3 Informationen verwalten

So wie es beim Erwerb von Informationen zahlreiche Möglichkeiten gibt, so bieten sich auch für die Fixierung/Konservierung/Speicherung und vor allem für die Verwaltung von Informationen mehrere brauchbare Möglichkeiten an. Immer wieder stellen sich daher die grundlegenden Fragen:

- Wozu werden die Informationen gebraucht? Warum werden sie gesammelt?
- Sollen die Informationen langfristig und dokumentarisch gespeichert werden?
- Werden die Informationen nur kurzfristig zum Anfertigen einer Arbeit oder eines Referates zwischengespeichert?
- Ist Datenpflege, also die regelmäßige Aktualisierung der Daten, notwendig?
- Werden die Informationen von einem oder mehreren Nutzern gebraucht?
- Werden die Informationen zunächst nur gesammelt und später geordnet oder werden sie bereits im Hinblick auf bestimmte Ordnungskriterien gesammelt?

Vor- und Nachteile

Jede Art der Datensammlung und Informationsverwaltung hat medienbezogene Vor- und Nachteile. Hier ein Überblick über einige Möglichkeiten, die unabhängig von der jeweiligen Fachdisziplin für nahezu alle Arbeitsgebiete anwendbar sind:

Medium	+	–
Karteikarten oder Zettelsammlung im Karteikasten	Leicht transportabel und überall einsetzbar wegen der geringen Größe. Die Anzahl der Karteikarten wächst mit der Größe des Daten- und Informationsbestandes mit. Sehr flexibel, da jederzeit eine Umsortierung nach anderen Ordnungskriterien möglich ist.	Längere Texte, Belegstellen etc. passen nicht auf eine Karte.
Karten oder Zettel auf Pinwand oder Korkwand	Sehr übersichtlich, vor allem dann, wenn Stoffsammlungen, Übersichten und Gliederungen erstellt werden. Karten oder Zettel können sofort sichtbar einem Oberbegriff zugeordnet werden.	Weniger geeignet für große Datenbestände, die den zur Verfügung stehenden Raum auf den Pinwänden überschreiten.
Ordner und Ringbücher	Sehr gut als Zwischenspeicher für Teilergebnisse geeignet.	Zu großformatig für viele Kurzinformationen. Mit Ordnern ist es schwieriger, den Gesamtüberblick zu behalten.
elektronische Datenbank	Sehr schneller und präziser Zugriff, vor allem auch bei sehr großen Datenbeständen; vielfältige und formal ansprechende Möglichkeiten der Datenpräsentation.	Hohe Anfangsinvestition für Computer, Datenbanksoftware und Einlernzeit bzw. Zeit für Programmierung einer anwenderspezifischen Datenbank.

3.3.1 Karteikarten

Der Karteikasten ist ein klassisches Medium für große und wachsende Datenbestände, die „per Hand" verwaltet werden müssen. Auch moderne Computerprogramme benutzen für ihr Handling ein Bildschirmdesign, das dem klassischen Karteikartenindex nachempfunden ist.

Karteikarten sind einfach zu handhaben, nicht allzu teuer und in verschiedenen Farben und Größen erhältlich.

Je nach Verwendungszweck sind manche Größen besonders geeignet. Für eine reine Lernwortschatzkartei genügt DIN A8. Für eine Autorenkartei oder für die Registrierung von Büchern, CDs, Videos etc. reicht DIN A7 aus. DIN A5 ist besonders für die Stoffsammlung und Organisation von Seminararbeiten und Referaten geeignet. Größere Formate sind für diese Verwendungen nicht zu empfehlen. Karteikarten sind sehr gut für Exzerpte zu verwenden.

Karteikartenformate		
	Breite in mm	Höhe in mm
DIN A5	210	148
DIN A6	148	105
DIN A7	105	74

Ordnungsprinzipien für Karteikarten

Farbzuordnung

Ein unveränderliches Kennzeichen einer Karteikarte, das als Ordnungsprinzip genutzt werden kann, ist die handelsübliche Farbe: weiß, gelb, grün, blau, orange oder grau (Recyclingpapier). Wer mit mehreren Karteikartenanwendungen gleichzeitig arbeitet, kann bestimmte Farben bestimmten Themen/Fächern/Teilbereichen/Jahrgängen etc. zuordnen.

Weitere Ordnungsmerkmale muss man selbst anlegen. Ein einfaches Verfahren ist es, die Karteikarten nach dem folgenden Muster in vier Bereiche einzuteilen:

Karteikarte

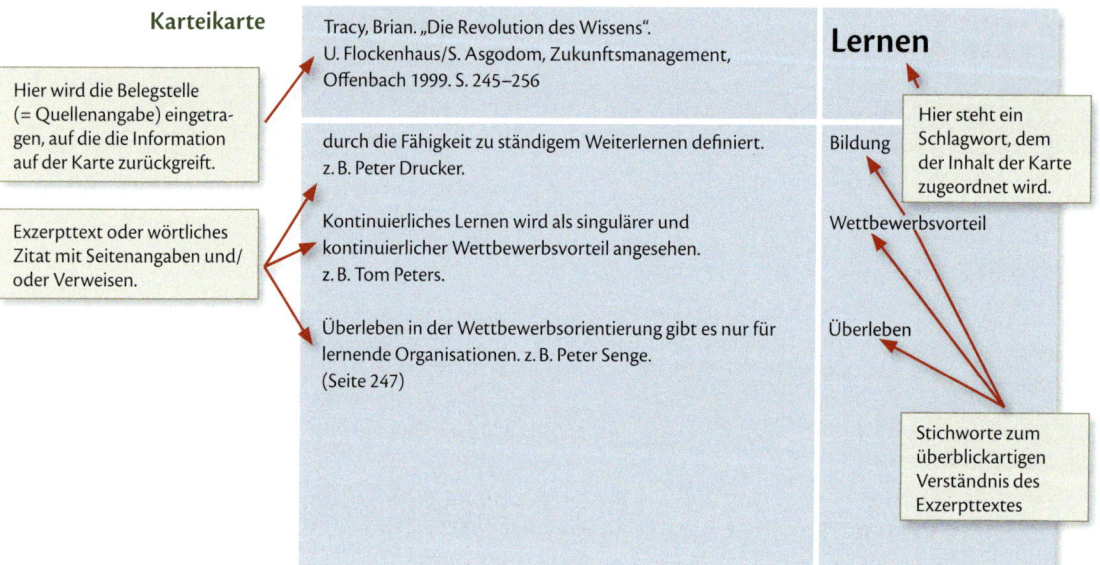

Hier wird die Belegstelle (= Quellenangabe) eingetragen, auf die die Information auf der Karte zurückgreift.

Exzerpttext oder wörtliches Zitat mit Seitenangaben und/oder Verweisen.

Tracy, Brian. „Die Revolution des Wissens". U. Flockenhaus/S. Asgodom, Zukunftsmanagement, Offenbach 1999. S. 245–256

Lernen

durch die Fähigkeit zu ständigem Weiterlernen definiert. z. B. Peter Drucker.

Bildung

Hier steht ein Schlagwort, dem der Inhalt der Karte zugeordnet wird.

Kontinuierliches Lernen wird als singulärer und kontinuierlicher Wettbewerbsvorteil angesehen. z. B. Tom Peters.

Wettbewerbsvorteil

Überleben in der Wettbewerbsorientierung gibt es nur für lernende Organisationen. z. B. Peter Senge. (Seite 247)

Überleben

Stichworte zum überblickartigen Verständnis des Exzerpttextes

3.3.2 Pinnwandtechnik

Die Arbeit mit einer Magnettafel, Korkwand oder jeder anderen Art von Pinnwand zeichnet sich durch hohe Flexibilität und, je nach Größe der Pinnwand, auch durch Übersichtlichkeit aus. Allerdings hat jede Wand auch ihre räumlichen Grenzen.

Wichtig ist, dass
- alle Karten/Zettel möglichst gleich groß sind,
- alle Karten über einen gut sichtbaren Ordnungsbegriff verfügen,
- auf der Wand genügend Platz zum Verschieben und Arrangieren ist (evtl. weitere Wand nutzen),
- die Wand nicht für mehrere Zwecke oder Themen gleichzeitig benutzt wird.

Wie arbeite ich mit der Pinnwand?
1. Alle Karten werden zunächst wahllos angepinnt.
2. Es können jederzeit Karten hinzugefügt oder entfernt werden.
3. Sobald eine grobe Systematik erkennbar ist, werden alle Karten eng, auch leicht überlappend, zu einem Cluster zusammengruppiert.
4. Zu jedem Cluster wird eine andersfarbige Karte mit einem zusammenfassenden Oberbegriff angebracht.

5. Die Cluster werden dann auf der Grundlage einer systematischen Gliederung durchnummeriert.
6. Anschließend werden die Cluster zu vertikalen Kartenreihen umgesteckt, der Oberbegriff oben, alle anderen als Reihe darunter. Man kann sehr viele Karten auch überlappend stecken.
7. Die Reihenfolge innerhalb der jeweiligen Kartenreihe kann nun verändert und angepasst werden.
8. Die Karten, die für eine Arbeit oder ein Referat abgearbeitet sind, werden von der Pinnwand entfernt.
9. Diese Pinnwandtechnik kann nicht nur für die Materialsammlung und Gliederung bei der Bearbeitung eines Referats oder einer Hausarbeit angewandt werden, sondern auch für:
   - Brainstorming, Brainwriting, Ideensammlung
     (→ Kapitel 7.4 Kreatives Arbeiten),
   - Projektplanung und Projektüberwachung
     (→ Kapitel 6 Planung und Durchführung eines Seminarprojekts),
   - Zeit- und Organisationsplanung (→ Kapitel 1.1.3 Zeitplanung),
   - Zentrale Informationsanlaufstelle für Teammitglieder
     (→ Kapitel 7 Im Team arbeiten).

Pinnwand zur Erarbeitung der inhaltlichen Gliederung für dieses Buch

Aufgabe

1. Führen Sie ein Gruppenbrainwriting (→ Kapitel 7.4 Kreatives Arbeiten) zu einem der nachfolgenden Themen durch:
   - Über 20 Jahre nach dem Mauerfall: Ist Deutschland jetzt zusammen gewachsen?
   - Führt die Ostalgie zu einer Verharmlosung des DDR-Regimes?
   - Hat sich das politische Gewicht der Bundesrepublik Deutschland durch die Wiedervereinigung verändert?
2. Übertragen Sie die Ergebnisse des Brainwriting auf Karten.
3. Ordnen Sie die Karten an der Pinnwand so, dass bereits die Grobstruktur eines Referates zum Thema erkennbar ist.
4. Verfeinern Sie die Struktur durch Umorganisation, Hinzufügen und Ergänzen von Karten.
5. Erläutern Sie in einem kurzen Vortrag Ihre Fragestellung, Arbeitsweise und bisheriges Ergebnis.

3.3.3 Hefte, Kladde, Ringbücher, Ordner

Arbeitshefte nutzt man:

Arbeitshefte

- als traditionelle Haushefte und Klassenarbeitshefte in der gymnasialen Unter- und Mittelstufe,
- für kontinuierlich aufeinanderfolgende Mitschriften und Protokolle,
- für Tagebücher und Ideensammlungen.

Hefte bieten wenig Flexibilität und sind daher nicht besonders gut geeignet für kreative Arbeiten und für Arbeiten, bei denen es um Reihenfolgen- und Ordnungsanpassungen geht. Sie sind aber sehr einfach zu führen und mitzuführen und werden deshalb hier auch erwähnt.

Schreibkladde

Schreibkladde, A4 oder A5

Dies ist ein dickes, gebundenes Buch im A4- oder A5-Format, liniert, mit mindestens 100 Seiten. Alle wichtigen Dinge werden hier täglich eingetragen. Jeder Tag beginnt mit einer neuen Seite. In der Kopfzeile steht das Datum. Der Reihe nach werden hier nun die täglich anfallenden Informationen eingetragen: Telefonnotizen, Gesprächsinhalte, Gedächtnishilfen, kreative Ideen, was man täglich tut, was man bereits erledigt hat oder noch tun muss. Jeder Eintrag, der auf eine zu erledigende Tätigkeit hinweist, wird diagonal durchgestrichen, wenn die Tätigkeit erledigt oder die Information nicht mehr relevant ist.

Ringbücher finden Anwendung:

Ringbücher

- zur Vorbereitung und Durchführung von Besprechungen (Notizen und Aufschriebe werden nach Tagesordnungspunkten geordnet eingeheftet. Folien und empfindliche Dokumente können problemlos in Klarsichthüllen mit eingeordnet werden.).
- bei Mitschriften im Unterricht, in Seminaren und bei Vorträgen. Unbequem ist, dass die Ringmechanik immer dann stört, wenn z. B. Rechtshänder die linke Seite und Linkshänder die rechte Seite beschreiben möchten. Bequem ist es hingegen, dass man nie viel Material mitführen muss, weil die gerade nicht gebrauchten Blätter in einem Ordner abgelegt werden können.
- bei Vorträgen und Führungen. Vor allem sehr kleine Formate sind hier hilfreich. Man kann sie im Querformat nutzen, pro Seite ein Stichwort oder Gedanke, und sie nacheinander abarbeiten.

Ringbücher sind nicht unbedingt für Materialsammlungen geeignet, da sie, selbst wenn man jedes Blatt nur einseitig und schlagwortorientiert beschreibt, nicht sehr flexibel sind und das Ordnen und Wiederauffinden von Informationen doch sehr mühselig ist.

Ordner werden benutzt:

Ordner

- für ungeordnete und umfangreiche Materialsammlungen, die noch bearbeitet werden müssen,
- zum Sammeln und Archivieren fertig bearbeiteter Themen und Vorgänge.

Vom Handling her ist ein Ordner ähnlich flexibel wie ein Ringbuch, aber schon allein wegen seiner Größe und seines Gewichts für den ständigen und ausschließlichen Gebrauch wenig geeignet.

3.3.4 Zettelwirtschaft und andere Organisationsformen

„Zettelwirtschaft" oder „kreatives Chaos"?

Sicher kennen Sie diejenigen Arbeitsplätze, an denen über den ganzen Schreibtisch verteilt Zettel liegen, die Pinnwand ist voller Hinweise und Notizzettel, und am Bildschirm kleben die Haftnotizen schon dreifach übereinander. Egal, ob Sie das nun als „kreatives Chaos" feiern oder als „Zettelwirtschaft" brandmarken: Wenn Sie die folgenden Hinweise konsequent anwenden, sparen Sie Zeit und Ihnen gehen keine wichtigen Informationen verloren.

Terminbuch

Zeitplanbuch,
→ Kapitel 1.1.3 Zeitplanung

Termine gehören in ein übersichtliches Terminbuch, besser noch in ein komplettes Zeitplanbuch oder einen elektronischen Organizer. Hier ist dann auch der Raum für Adressen, Telefon- und Faxnummern, Geburtstage, Kontonummern, Prioritätenlisten u. a. (→ Kapitel 1 Wann, wo, wie und mit wem? Die Lernumgebung).

Komposthaufen

Ein Komposthaufen als Ablage ist so organisiert, dass die älteren Bestandteile unten liegen und die neueren immer oben darauf abgelegt werden. Alles, was nicht sofort bearbeitet werden kann, kommt oben auf den Haufen, der ab und zu „gelüftet" werden muss. Dies bedeutet, dass man alle Papiere dort schnell durchgeht, ohne sie jedoch nochmals genau zu lesen. Alles, was sich mittlerweile von selbst erledigt hat, wird entsorgt. Der Rest bleibt im Stapel und wird nach und nach bearbeitet. Aber Vorsicht: Wie schon an anderer Stelle erwähnt, Komposthaufen dieser Art haben eine deutlich ausgeprägte Tendenz zum Wachsen, selten zum Abnehmen.

> Komposthaufen

Weitere Möglichkeiten der Materialablage werden an anderer Stelle beschrieben: Hängemappen (➜ Kapitel 1.3 Der Arbeitsplatz) oder der Parkplatz für Haftnotizen (➜ Kapitel 3.2.4.1 Notizen)

> weitere Ablagemöglichkeiten

3.3.5 Wissensbank

Zu nahezu jedem Thema gibt es im Internet fertige, von einem Team regelmäßig gepflegte Wissensbanken, in denen alle wichtigen fachbezogenen Informationen bequem abgerufen werden können. Hier geht es aber um eine **persönliche Wissensbank**, die der Einzelne sich selbst anlegt, die er selbstständig aktualisiert und die damit seinen eigenen Wissensstand darstellt und seinen Wissenszuwachs dokumentiert. Gleichzeitig kann sie als ideale Referenzquelle genutzt werden.

> ständige Datenpflege

Natürlich kann man eine solche Wissensbank mit Karteikarten und einem Karteikartentrog und in mühevoller Feinarbeit anlegen. Angesichts der vielen Möglichkeiten, die mächtige Datenbankprogramme heute bieten, ist das aber eine sehr romantische Vorstellung.

Der primäre Speicherplatz für unser gesamtes Wissen ist, und das steht außer Frage, natürlich das Gehirn und unsere verschiedenen Gedächtnisse. Es wäre aber töricht, den Computer nicht als gedächtnisunterstützendes System zu nutzen.

> Computer zur Unterstützung des Gedächtnisses

Was muss eine Wissensbank leisten?
- Informationen müssen schnell und logisch auffindbar sein.
- Wissen muss mit Querverbindungen vernetzbar sein.
- Das Wissen muss aktuell sein.

Am besten geeignet für derartige Aufgaben ist natürlich eine relationale Datenbank, z. B. Microsoft Access, vor allem, wenn man eine fertige Anwenderlösung erwerben kann. Die eigene Einrichtung ist sehr zeitaufwändig und erfordert Spezialkenntnisse. Für die Erstellung einer Wissensbank für Oberstufenschüler reichen die fertigen Datenbanken aus, die im nächsten Teilkapitel vorgestellt werden.

> relationale Datenbank

Die wichtigste Aufgabe des Nutzers besteht darin, die Wissensbank ständig zu pflegen, d. h. zu ergänzen, zu aktualisieren, zu überarbeiten und zu bereinigen. Aus pädagogischer Sicht sind diese Wartungsaktivitäten auch ein Baustein in der Weiterentwicklung des persönlichen Wissens.

> Wartung und Pflege

Beginnen Sie damit, sich eine Struktur zu überlegen. Was wollen Sie in Ihrer Wissensbank hinterlegen? Beginnen Sie am besten schon in Klasse 10, indem Sie für die wichtigsten Fächer und Wissensgebiete je einen Ordner anlegen.

> Planung einer Struktur

Innerhalb der Fächer überlegen Sie sich bitte eine sinnvolle, fachrelevante Unterstruktur, die für jedes Fach anders sein kann. Für moderne Fremdsprachen, nehmen wir als Beispiel Englisch, genügen fünf Unterordner: Wortschatz, Grammatik, Landeskunde, Literatur und Methoden. Für Geschichte sind Epochenordner geeignet: 19. Jahrhundert,

20. Jahrhundert etc., sowie ebenfalls Methoden. Den englischen Unterordner Landeskunde können Sie auf einer weiteren Ebene in Großbritannien, USA, Irland, Commonwealth-Länder und Sonstige unterteilen. Den Geschichtsordner 20. Jahrhundert unterteilen Sie in Deutsche Geschichte, Geschichte Europas, Internationale Beziehungen.

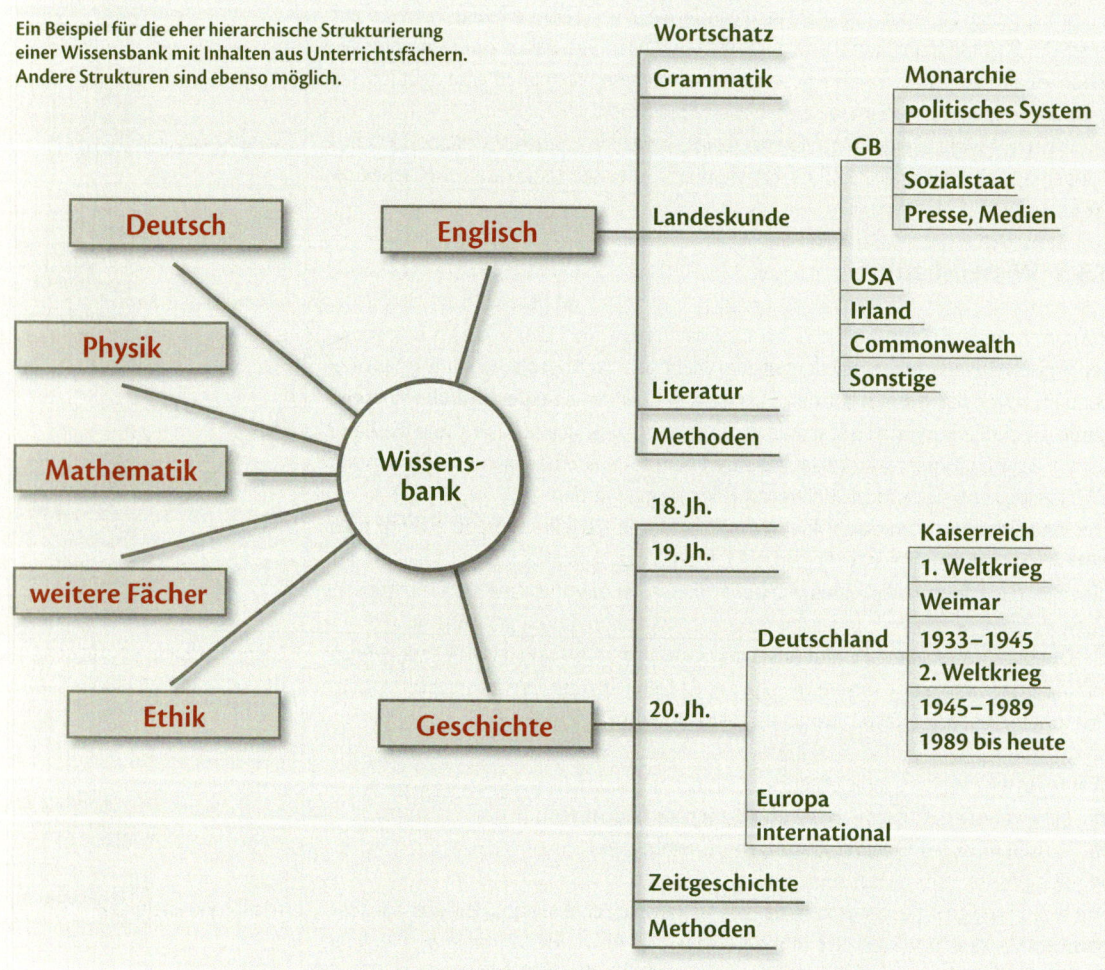

Ein Beispiel für die eher hierarchische Strukturierung einer Wissensbank mit Inhalten aus Unterrichtsfächern. Andere Strukturen sind ebenso möglich.

Text-, Grafik- und Tondateien	Ab der 4. Ebene sind Sie nun verzweigt genug, um die Ordner mit Inhalten zu füllen, normalerweise mit Textdateien und Grafik, aber auch Tondokumente sind wünschenswert
Hyperlink	und möglich. Und wichtig ist auch, dass Sie nun per Hyperlink unterschiedliche Dateien in unterschiedlichen Ordnern miteinander verlinken können.
	Die obige Mindmap-Darstellung von einem Teil der Struktur einer Wissensbank ist nur ein Beispiel für die Darstellung eines formalen Aspekts. In den Ordnern können Sie auch Mindmaps von inhaltlichen Aspekten ablegen, Sie können Tabellen und jede andere
verbale oder grafische Darstellung von Inhalten	übersichtliche verbale oder grafische Darstellung von Sachverhalten wählen. Auch externe Links zu thematischen Websites sind möglich.

3.3.6 Software zur Informationsverwaltung

Zunächst gibt es Datenbankprogramme von unterschiedlichen Anbietern wie z. B. Microsoft Access, FileMaker pro, dBASE, Datamat, OpenOffice.org Base, StarOffice und anderen. Es handelt sich um Anwenderprogramme, in die man sich mit erheblichem Zeitaufwand einarbeiten muss, dann aber kann man sich maßgeschneiderte Spezialanwendungen selbst programmieren. Zwar gibt es in den mitgelieferten Vorlagen Fertiglösungen, die aber nicht immer die eigenen Bedürfnisse erfüllen.

CueCards 2005: Das Programm ist sehr einfach zu bedienen, sieht nicht besonders spektakulär aus, ist aber sehr leistungsfähig und Microsoft-kompatibel. CueCards ist ein hierarchisch organisierter Zettelkasten. Über die Volltextsuche finden Sie jedes Stichwort. Für Einsteiger ist ein animiertes Lernzentrum integriert.

CueCards 2000: Ist der kleine Bruder von CueCards 2005 und ist nicht netzwerkfähig, nur auf Deutsch, und hat einen geringeren Funktionsumfang. Dafür ist es ein einfaches, schnelles und komfortables Zettelkastenprogramm, das Sie sich kostenlos als Freeware herunterladen können.

lexiCan: lexiCan ist eine sehr gute und leistungsfähige Software für Wissensbankanwendungen mit einer Hyperlinkfunktion. Die Bedienung ist einfach. Mit MicrosoftWord geschriebene Texte werden formatiert übernommen, Internet-Artikel durch „Kopieren" und „Einfügen". Von allen eingegebenen Artikeln wird automatisch ein Index erzeugt. Die Standard-Version ist kostenlos, beschränkt aber die Anzahl der Artikel auf 30 pro Wissensgebiet. Für Stoffsammlungen, wissenschaftliches Arbeiten, Wörterbücher etc. ist lexiCan sehr gut geeignet.

zkn3: Ein kostenloses Zettelkastenprogramm, das besonders für die Verwaltung von Zitaten, Exzerpten und Texten geeignet ist, also für die Anfertigung von Hausarbeiten und Referaten. Verweise werden automatisch generiert, können aber auch einfach von Hand eingegeben werden.

Personal Brain 5: Ein durchaus spektakuläres Programm, mit dem hierarchisch Stichwörter eingegeben werden. An jedes dieser Stichwörter lassen sich dann Links zu anderen Programmen, Dateien und Websites andocken, sodass Sie hier eigentlich ein komplettes Daten- und Programmmanagementsystem haben, das nicht nur Texte und Grafik verwaltet, sondern jede Art von Programm und Datei, die sich auf Ihrem Computer befindet. Neben der hierarchischen Gliederung gibt es aber auch die Möglichkeit der Vernetzung. Der jeweils aktive Gedanke wird immer ins Zentrum des Bildschirms gerückt, alle anderen gruppieren sich darum herum.

Citavi: Citavi ist ein Schweizer Programm, das ebenfalls sehr gut für Wissensorganisation und hervorragend für Literaturverwaltung geeignet ist. Es sucht über das Internet komplette bibliografische Angaben heraus, erinnert Sie an Rückgabetermine und organisiert Ihre verwendete Literatur nach Sachgruppen und Stichwörtern. Internetartikel werden mit einem Zusatzprogramm automatisch übernommen, der Austausch mit anderen Programmen funktioniert problemlos, Fußnoten und Literaturverzeichnisse werden während des Schreibens schnell und zuverlässig per Mausklick erstellt, es gibt die Möglichkeit der Wissensorganisation, und selbst ein Aufgabenplaner ist integriert. Die kostenlose Version von Citavi ist auf 100 Datensätze beschränkt.

Microsoft OneNote: Dies ist ein recht komfortables Notizbuchprogramm, in dem Sie mehrere Notizbücher mit unterschiedlicher und flexibler Seiteneinteilung anlegen können. Sie können an jeder beliebigen Stelle Einträge vornehmen, diese hin- und herschieben, Sie können Links zu anderen Programmen, Dateien und zu Websites setzen und Sie können sogar damit rechnen.

Webcode: MT641048-113

4

Informationen strukturieren

Falls Sie Hobby- oder Heimwerker sind, haben Sie möglicherweise eine große Kiste, in der Sie Nägel, Schrauben, Werkzeuge, Klebeband, Leim und die Aufbauanleitungen von Ikea-Schränken sammeln und aufbewahren. Sie finden zwar nie die Schrauben, die Sie gerade suchen, aber man kann ja neue kaufen und die nicht verwendeten wieder in die Kiste werfen. Falls Sie ein ordentlicher Hobby- oder Heimwerker sind, haben Sie in der großen Kiste mehrere kleine, eine für Nägel, die in sich wieder mehrfach unterteilt ist, eine für Schrauben, die ebenfalls zahlreiche Unterfächer hat, und eine für Werkzeuge, wo Sie ein Fach für Sägeblätter, eins für Bohrer und diverse andere haben. Stellen Sie sich vor, die Schrauben, Nägel oder Werkzeuge seien Informationen. In diesem Kapitel wird erläutert, wie Sie diese Informationen in kleine und passgenaue Kisten und Schachteln packen, damit Sie sie wiederfinden und benutzen können.

4.1 Vom Chaos zur Übersicht

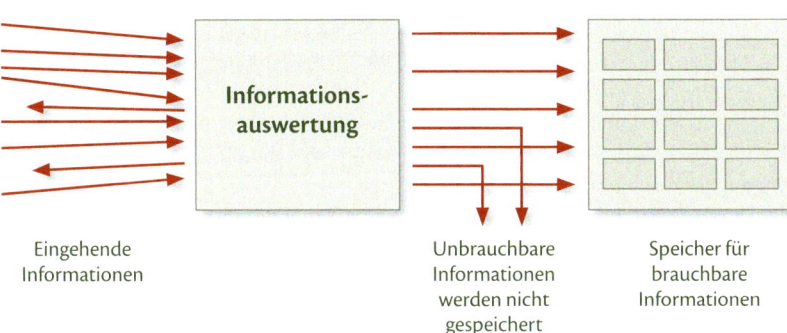

Informationsauswertung

Eingehende Informationen

Unbrauchbare Informationen werden nicht gespeichert

Speicher für brauchbare Informationen

Wenn Sie für ein Referat oder eine Seminararbeit recherchieren, besteht immer die Gefahr, dass Sie zu einem bestimmten Zeitpunkt Ihrer Arbeit den Überblick verlieren. Sie stehen vor einem Berg von Materialien und Informationen, der kaum noch zu überschauen ist, und es kostet Sie wertvolle Zeit, bis Sie wieder durchblicken und gezielt nach weiteren, evtl. noch fehlenden Informationen suchen können. Diese Situation kann z. B. aus folgenden Fehlerquellen resultieren:

Überblick verloren?

- Sie haben erst einmal Material gesammelt und die Auswertung des Materials auf einen späteren Zeitpunkt verschoben.

Fehlerquellen

- Sie können nicht gezielt auf einzelne Materialien und Informationen zugreifen, weil Sie diese nicht in eine gegliederte und strukturierte Form gebracht haben.
- Sie haben die Einzelinformationen nicht zu deutlich erkennbaren Einheiten zusammengefasst und auch keine Beziehung zwischen den einzelnen Informationen hergestellt.

Auch die sorgfältige Analyse einzelner Materialien (➜ Kapitel 2 Richtig und effizient recherchieren) und das perfekteste Ordnungssystem (➜ Kapitel 3 Wissen und Informationen managen) gewährleisten nicht, dass Sie inhaltlich den Überblick behalten, wenn Sie es versäumt haben, eine klare Leitfrage für Ihre Arbeit zu formulieren, und wenn Sie nicht zu Beginn der Recherche Ihr Thema eingegrenzt und in Haupt- und Teilaspekte gegliedert haben.

Keine Leitfrage?

Keine Gliederung?

Erst wenn Sie diese Anforderungen erfüllt haben, können Sie:

- ihre Arbeit planen, z. B. sinnvoll auf die Mitglieder einer Arbeitsgruppe verteilen oder einen Zeit- und Arbeitsplan für eine Facharbeit aufstellen und kontrollieren,
- eine Suchstrategie entwickeln, Wichtiges von Unwichtigem unterscheiden, irrelevante Informationen aussortieren und erkennen, was Ihnen noch an Informationen fehlt,
- Informationen auswerten, Verbindungen zwischen Informationen erkennen und relevante Informationen für Ihre Arbeit nutzen, d. h. in neue, auf Ihre Leitfrage und Ihre Themenstellung zugeschnittene Strukturen einbinden.

4.2 Vom Thema zur Gliederung

Thema erkunden

Wenn Sie nichts oder nur wenig über Ihr Thema wissen, müssen Sie sich zunächst einen groben Überblick verschaffen. Sie können hierzu

- Ihren Lehrer oder Lernpartner befragen,

- in Konversations- und Speziallexika recherchieren,
- allgemeine Überblicksliteratur in der Stadtbücherei sichten,
- im Internet zu Ihrem Themenstichwort recherchieren (auch um herauszufinden, mit welchen Nachbar- und Nebengebieten Ihr Thema verknüpft ist),
- ein Brainstorming durchführen.

Tragen Sie alles zusammen, was Sie erkundet haben und übertragen Sie es auf ein Schaubild (ein Netzdiagramm, eine Mindmap etc. ➜ Kapitel 4.3 Strukturiertes Denken bis ➜ Kapitel 4.8 Cluster).

Thema eingrenzen

Themenaspekt auswählen

Viele Themen für Seminararbeiten oder Referate sind zu weit gesteckt. Sie sollten den Mut haben, Ihr Thema so eng zu begrenzen, dass Sie es auch mit wirklich guten Ergebnissen bewältigen können. Suchen Sie sich – ausgehend von Ihrem Schaubild – einen Themenaspekt aus, der Sie interessiert, den Sie für geeignet halten und von dem Sie glauben, dass er sich im Rahmen Ihrer Arbeit bewältigen lässt (ein begrenzter Themenbereich, ein bestimmtes Problem, der spezifische Zusammenhang von bestimmten Problemen oder Phänomenen).

Oft ergibt sich auch eine Eingrenzung des Themas, wenn Sie sich

formale Vorgaben

- auf bestimmte Personengruppen konzentrieren,
- auf einen Zeitraum, einen Ort oder ein Medium beschränken.

Präzisierungen des Themas ergeben sich auch durch formale Aspekte oder Vorgaben, die mit der Präsentationsform Ihrer Arbeit verbunden sind (Seitenumfang Ihrer Seminararbeit, Länge eines Vortrages, Arbeitsanweisungen für eine Klausur …).

Wichtig: Berücksichtigen Sie die Themeneingrenzung bei der Themenformulierung, z. B. indem Sie einen Zusatz zum Thema formulieren (etwa: „eine Untersuchung am Beispiel …" oder „unter Berücksichtigung von …").

Fragestellung/Zielsetzung formulieren

roter Faden

Wenn Sie das Thema eingegrenzt haben, müssen Sie festlegen, was Sie bei Ihren Nachforschungen herausfinden oder bei Ihrem Referat problematisieren wollen. Eine gute Frage gibt Ihren Recherchen eine Richtung, bildet den roten Faden für die Informationsauswertung und macht Ihre Arbeit interessant und sinnvoll.

Hier sind einige Tipps für Fragewörter:

- *Wer, was, wann, wo, wohin, untersuche, finde heraus* führen oft zu einfachen Fragen. *Wie* und *Warum* führen normalerweise zu besseren Fragen.
- Suchen Sie nach Wörtern, die Ihrer Frage eine Richtung geben, wie z. B. *Veränderungen, Merkmale, Struktur, Zweck, Rollen, Stellenwert, Arbeitsweise, Beziehungen, Lebensstil, Anpassungen, Bedingungen* ...
- Arbeiten Sie mit Wörtern, die Beziehungen verdeutlichen, wie z. B. *vergleichen, gegenüberstellen, verursachen, bewirken, ableiten, beinhalten, analysieren, Wert, Bedeutung, Folgen* ...

Bevor Sie eine Aufgabe oder Fragestellung bearbeiten, müssen Sie diese vollständig verstanden haben, Es ist ein großer Unterschied, ob Sie etwas darstellen, vergleichen oder überprüfen. Operatoren wie z. B. „vergleichen" oder „analysieren", die Sie aus Arbeitsanweisungen für Klausuren kennen, bestimmen den Erwartungshorizont, das Anspruchsniveau, die Quantität und die Qualität einer Aufgabe bzw. Fragestellung.

Die folgende Operatoren-Übersicht soll Ihnen helfen, Arbeitsaufträge/selbstgestellte Aufgaben exakter zu verstehen/zu formulieren.

benennen	Informationen bzw. Sachverhalte ohne Erläuterung aufzählen
wiedergeben	Informationen bzw. Sachverhalte aus einem Material oder aus dem Vorwissen stichwortartig wiederholen oder zusammenfassend aufzählen
darstellen	Informationen bzw. Sachverhalte mit Text, Tabelle und/oder Skizze eingehend wiedergeben
beschreiben	eine geordnete, fachspezifisch angemessene, genaue Darstellung eines Sachverhaltes aus dem vorgegebenen Material in seinen Einzelheiten mit dem Zweck, eine klare Vorstellung des Dargestellten zu vermitteln
charakterisieren	Sachverhalte unter einem zentralen Aspekt bzw. einer Fragestellung beschreiben
skizzieren	komplexe Sachverhalte in ihren Kernaussagen kurz beschreibend darstellen
gliedern/ abgrenzen	Aussagen nach Ordnungsmerkmalen differenzieren, gruppieren oder in eine logische Reihenfolge bringen
gegenüberstellen	Informationen, Sachverhalte oder Argumente beschreibend vorstellen und Unterschiede und Gemeinsamkeiten ansprechen, ohne eine Ergebnis-formulierung
vergleichen	Informationen, Sachverhalte oder Argumente beschreibend gegenüber-stellen, mit dem Ziel, eine tiefere Einsicht in den Untersuchungsgegenstand zu erlangen (mit einer Ergebnisformulierung)
erläutern/ erklären	einen Sachverhalt zunächst benennen (s. o.), um diesen dann durch ver-gleichbare Begriffe, Beispiele bzw. durch Vorwissen zu verdeutlichen, sodass der Inhalt und die Zusammenhänge verständlich werden
untersuchen	an einen Sachverhalt gezielte Fragen stellen und deren Ergebnis aufzeigen
analysieren	Ein Sachverhalt wird in seine Einzelaspekte zerlegt und untersucht mit der Absicht, kausale Beziehungen aufzuzeigen.
interpretieren	Ein Sachverhalt wird nach allen Aspekten und Methoden, die gemäß der Themenstellung wichtig sind, analysiert, um ein tieferes Verstehen des Beziehungsgefüges sowie eine kritische Reflexion zu erreichen.
auswerten	Ein Sachverhalt wird zunächst in seine Einzelaspekte zerlegt und auf seine Wechselwirkungen hin untersucht (analysiert). Mit der Erkenntnis neuer kausaler Beziehungen werden die Einzelelemente zu einer neuen Einheit zusammengefasst, sodass neue Aussagen ersichtlich werden, die zunächst nicht offensichtlich erscheinen.
(über)prüfen	(Inhalt) Eine Vermutung bzw. Hypothese durch zusätzliche Materialien oder aufgrund ihrer inneren Logik messen. (Methoden) Die angewendeten Methoden werden auf ihre Leistungsfähig-keit und Aussagegrenzen hin untersucht und bewertet.
beurteilen	Aussagen über Richtigkeit, Wahrscheinlichkeit, Angemessenheit, Anwend-barkeit eines Sachverhaltes oder einer Behauptung machen.
bewerten	Zu einem Sachverhalt oder einer Behauptung persönlich Stellung nehmen. Dabei wird eine begründete und differenzierte persönliche Meinung mit Bezug auf eine Wertung entwickelt und dargelegt.
Lösungsvorschläge	Erarbeitete Ergebnisse bzw. Vorschläge zu je einem strittigen Sachverhalt werden begründet weitergedacht bzw. unter der Berücksichtigung mög-lichst aller Perspektiven wird ein begründeter eigenständiger Entwurf vor-gelegt.

| Die Gliederung erstellen

Definition	Eine **Gliederung** erstellen bedeutet, Ordnungsmerkmale zu entwickeln, nach denen Informationen differenziert, gruppiert und in eine logische Reihenfolge gebracht werden (chronologisch, systematisch ...). Nach welchen formalen Prinzipien Sie Ihre Gliederung strukturieren, hängt von Ihrem konkreten Vorhaben ab: Ein Vortrag wird anders strukturiert als eine Seminararbeit, ein Datenbestand im Fach Geschichte wird anders gegliedert als naturwissenschaftliche Informationen (➜ Kapitel 4.3 Strukturiertes Denken).

Webcode: MT641048–118

Wenn Sie eine Leitfrage festgelegt haben, können Sie Ihre Unterthemen abstecken, d. h., Sie müssen Ihr Schwerpunktthema in kleinere Arbeitsgebiete aufteilen. Natürlich müssen Sie Ihre Gliederung und die Kriterien, nach denen Sie Informationen sammeln, im Laufe der Arbeit immer wieder überprüfen, ggf. Ihre Leitfrage aktualisieren, einzelne Unterthemen verändern, streichen oder ergänzen. Hier heißt es flexibel sein: Das Ziel ist es nicht, eine erste Gliederung zu entwerfen, um dann starr an ihr festzuhalten, ggf. kann es Ihnen sogar passieren, dass Sie im Verlauf der Recherche Ihre erste Gliederung komplett umwerfen. Doch zur Erinnerung: Ohne eine frühe Gliederung und eine präzise Leitfrage bleibt jede Chance auf Erkenntnis im Wust der Fakten stecken.

Exkurs: Einen vorhandenen Datenbestand ordnen

Wenn Sie von einem vorhandenen Datenbestand ausgehend eine Gliederung entwickeln, helfen zwei Fragen in jedem Fall weiter:

■ Welches sind die Hauptaspekte des Themas?
Legen Sie je nach Umfang der zu erwartenden Arbeit am Thema etwa fünf Hauptaspekte fest. Je nachdem, wie Sie arbeiten, ordnen Sie jede Einzelinformation auf einer Karteikarte oder einem elektronischen Zettelkasten oder jeden Datensatz einer Datenbank einem dieser Hauptaspekte zu. Wenn eine Information zu mehreren Aspekten passt, legen Sie Doubletten an und vermerken Sie darauf „siehe auch ...". Schreiben Sie für jeden Hauptaspekt eine Indexkarte, hinter der Sie alle zugehörigen Karten einordnen.

■ Welches sind die Teilaspekte des Themas?
Hier gehen Sie genauso vor wie bei den Hauptaspekten.
Nehmen Sie sich alle Karteikarten jedes Hauptaspekts nochmals vor. Formulieren Sie für jeden Hauptaspekt eine angemessene Zahl von Teilaspekten. Schreiben Sie andersfarbige Indexkarten und ordnen Sie die Karteikarten den jeweiligen Teilaspekten zu.

Mit dieser Vorgehensweise haben Sie für alle zu einem Thema gehörenden und einzeln aufgeführten Informationen eine Grobgliederung erstellt. Ihr Datenbestand ist jetzt vorstrukturiert und kann, wenn Sie an der Gliederung für Ihre Arbeit oder Präsentation arbeiten, nochmals den aktuellen Gegebenheiten angepasst werden.

Profitipp

- Wenn Sie Ihren Datenbestand nun gegliedert haben, werden Sie feststellen, dass Sie zu bestimmten Teilaspekten viel Material haben, zu anderen eher zu wenig. Sie sehen also sehr schnell, in welchen Bereichen und in welcher Richtung Sie noch weiter recherchieren müssen.
- Sie werden ebenso feststellen, dass Sie eine ganze Anzahl von Karteikarten oder Datensätzen haben, die überhaupt nicht in Ihr Grobraster passen. Legen Sie diese irgendwo unter dem Stichwort „Diverses" ab, oder wenn Sie besonders selbstbewusst und mutig sind, entsorgen Sie diese Informationen gleich komplett.

Aufgabe

1) Erstellen Sie für die nachfolgenden neun Kurzinformationen zum Thema „Die deutsche Einheit" eine Liste von drei oder vier Hauptaspekten.
   a) Am 18. Oktober 1989 tritt Erich Honecker als Generalsekretär der SED und Staatsratsvorsitzender zurück. Damit ist der Zusammenbruch des SED-Regimes eingeleitet.
   b) Am 18. Mai 1990 wird der Vertrag über die Wirtschafts-, Währungs- und Sozialunion unterzeichnet.
   c) Am 23. August 1990 findet eine Sondersitzung der DDR-Volkskammer statt, in der der Beitritt der DDR zum Geltungsbereich des Grundgesetzes am 3. Oktober 1990 beschlossen wird.
   d) Große Menschenmengen feiern in der Nacht zum 3. Oktober vor dem Berliner Reichstagsgebäude den Beitritt der DDR zum Geltungsbereich des Grundgesetzes.
   e) Seit dem 4. September 1989 gibt es in Leipzig die Montagsdemonstrationen im Anschluss an das traditionelle Friedensgebet in der Nikolaikirche.
   f) Am 30. September 1989 verkündet der Außenminister der Bundesrepublik Deutschland, Hans-Dietrich Genscher, vom Balkon der Prager Botschaft die Ausreiseerlaubnis für ca. 6000 DDR-Flüchtlinge, die sich auf dem Botschaftsgelände befinden.
   g) Mehr als 200 000 Übersiedler aus der DDR sind bis zum 9. November über Ungarn, die ČSSR und Polen in die Bundesrepublik gekommen.
   h) Neben der Massenflucht sind es die aufkommende Oppositionsbewegung und die Aktivitäten der Bürgerrechtler, die das DDR-System immer mehr destabilisieren. Hinzu kommt die offenere Haltung Moskaus gegenüber dem Westen.
   i) Aus völkerrechtlichen Gründen ist eine deutsche Wiedervereinigung ohne die Zustimmung der vier Siegermächte des Zweiten Weltkrieges nicht möglich.
2) Nehmen Sie sich bitte ein Oberstufenlehrbuch zur modernen Geschichte vor und suchen Sie alle Stellen zum Thema „Deutsche Wiedervereinigung" heraus, in denen die USA, die Sowjetunion, Großbritannien und Frankreich erwähnt werden, und erstellen Sie eine Grobgliederung der dort gegebenen Informationen über die Rolle dieser Länder 1989/90. Vergleichen und diskutieren Sie Ihre Entwürfe im Kurs.

4.3 Strukturiertes Denken

Neben den klassischen Strukturierungsprinzipien wie der Gliederung oder der Tabelle gibt es zahlreiche weitere Methoden und Techniken, mit deren Hilfe Sie Daten nicht nur ordnen und zusammenfassen können. Durch Strukturierungshilfen wie Mindmap (Gedächtnislandkarten), Netz- oder Flussdiagramme können Sie

- relevante Informationen und Begriffe plausibel verketten,
- Probleme analysieren, Verbindungen herstellen und Zusammenhänge erkennen,
- Präsentationen interessant gestalten.

Diagramme

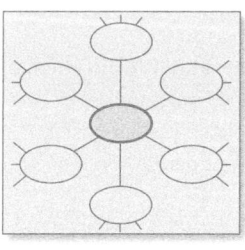 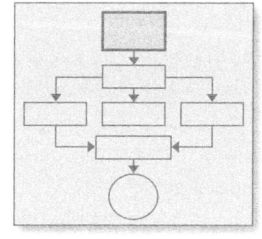 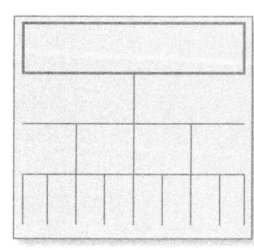

Netzdiagramm   Flussdiagramm   Baumdiagramm

Netzwerke und lineare Verfahren

Netzwerke wie das Mindmap-Verfahren haben gegenüber linearen Verfahren zudem den Vorteil, dass Sie der Funktionsweise unseres Gehirns besser entsprechen, da dieses Informationen nicht linear, sondern strukturell verarbeitet. Dazu ein Beispiel: Wenn jemand ein Buch beschreibt, das er gelesen hat, liest nicht aus dem Gedächtnis ab, er

Schlüsselbegriffe

referiert also keine lineare Mitschrift, sondern gibt vielmehr nach Schlüsselbegriffen eine Übersicht, indem er Hauptpersonen charakterisiert, über Umstände und Ereignisse berichtet und Detailbeschreibungen einfügt. In entsprechender Weise bringt das Schlüsselwort oder die Schlüsselphrase ganze Erfahrungs- oder Erfindungsreihen zurück (denken Sie z. B. an die Vorstellungsreihen, die ausgelöst werden, wenn Sie das Wort „Schule" oder „Kind" lesen). Das heißt: Wenn Sie selbst Informationen durch Netzwerke und Schlüsselbegriffe komprimieren, reduzieren Sie nicht nur den Lernstoff (mithin entlasten Sie Ihr Kurzzeitgedächtnis, das nur über eine begrenzte Speicherkapazität verfügt);

Assoziationsnetzwerke

durch Ihre Assoziationsnetzwerke und Schlüsselbegriffe behalten Sie zugleich den Zugang zu den dahinterliegenden, „verdrängten" Informationen und können diese je nach Bedarf abrufen.

4.4 Mindmap

Mindmaps …

    … sind, wie der englische Begriff schon ausdrückt, Gedanken- oder Gedächtnislandkarten.

    … sind nicht aufwändig. Alles, was man benötigt, ist ein DIN-A4-Blatt und einen Stift.

    … sprechen sowohl die analytisch-sprachliche Gehirnhälfte an wie auch die kreativ und bildhaft-künstlerisch denkende.

    … sind jederzeit und überall anwendbar und schaffen Überblick bei gleichzeitig großer Zeitersparnis.

    … sind vielseitig und nahezu unbegrenzt erweiterbar.

Beispiel für eine einfache
Mindmap-Struktur.

Eine Mindmap ist eine Skizze, die an die stilisierte Silhouette eines Baumes aus der Vogel-
perspektive erinnert. Es gibt einen Stamm, Äste und Zweige.

Wie wird eine Mindmap angelegt?
- Zeichnen Sie zunächst den Baumstamm, einen Kreis oder ein Oval in die Mitte Ihres
  DIN-A4-Blattes (Querformat) und schreiben Sie das Thema in wenigen Stichworten
  hinein.
- Zeichnen Sie dann die Äste, die für die Hauptaspekte Ihres Themas stehen. Beschrif-
  ten Sie die Äste in Stichworten mit diesen Hauptaspekten.
- Nun kommen die Nebenaspekte oder Zweige, die Sie wieder alle mit Stichworten
  beschriften, pro Zweig ein Stichwort.

Benutzen Sie bei allen handschriftlichen Beschriftungen nur Druckschrift bzw. Groß-
buchstaben. Fertige Mindmaps sind dann einfacher zu lesen. Sie können bei Mindmaps,
die nur für Sie selbst bestimmt sind, auch Abkürzungen, Symbole und besondere Zeichen verwenden. In Mindmaps, die Sie z. B. auf Folien oder Flipcharts für Präsentationen
einsetzen, sind unterschiedliche Farben oder kleine Bilder und Zeichnungen oft ein gutes
Mittel zur Verdeutlichung oder Hervorhebung.

individuelle Gestaltung von
Mindmaps

Wenn Ihnen während der Arbeit an den Teilaspekten und Unteraspekten noch ein
weiterer wichtiger Hauptaspekt einfällt, können Sie ihn jederzeit als neuen Ast irgendwo
zwischen den bereits vorhandenen Hauptästen entstehen lassen.

Mindmaps sind so vielseitig, dass sie sich für unzählig viele Anwendungen sinnvoll
einsetzen lassen. Hier nur einige Möglichkeiten:

Einsatzmöglichkeiten von
Mindmaps

- Ordnen, Auswerten und Gliedern von Informationen
- kreatives Sammeln von Ideen
- strukturierendes Mitschreiben bei Vorträgen, Referaten, Vorlesungen,
  Präsentationen, Seminaren, Unterricht, Gesprächen, Besprechungen
- Bearbeiten fremdsprachiger Wortschatzeinheiten
- Vorbereiten von Vorträgen und Referaten
- Mitschreiben von Telefonnotizen
- Protokollieren von Vorgängen
- Planen für den nächsten Tag, nächste Woche, Urlaub, Reise
- Planen für Einkäufe
- Projektplanung

Webcode: MT641048–122

Die Mindmapping-Technik hat inzwischen einen hohen Bekanntheitsgrad, und so gibt es auch im Internet viele Fundstellen zu diesem Thema. Eine britische Mindmapping Seite zeigt z. B. eine umfassende Sammlung diverser Mindmaps, andere Anbieter führen direkt in die Arbeitstechnik ein oder verweisen auf weiterführende Literatur und Seminare. Daneben wird Software zum Download angeboten, mit der Sie elektronische Mindmaps erstellen können (z. T. als Freeware, z. T. kostenpflichtig). Eine spezielle Seite nur für Mindmapping-Software führt ca. 80 derartige Programme auf und verlinkt jeweils dort hin.

Profitipp

Mindmaps sind so einfach zu erstellen, dass man nicht viel Zeit auf intensives Training verwenden muss. Aber ein wenig Übung führt auch hier näher zur Perfektion. Nehmen Sie sich vor, einen Tag lang alles, was Sie mitschreiben, aufzeichnen oder schriftlich planen müssen, nur mit Mindmaps zu machen. Sie werden zwar nicht gerade süchtig werden, Sie werden aber feststellen, dass Sie mit dieser Technik hervorragend klarkommen.

Aufgabe

1. Sie sollen im Rahmen eines fächerübergreifenden Projektes zum Thema „Japan" einen Kurzvortrag zu einem Thema Ihrer Wahl halten. Grenzen Sie mithilfe einer Mindmap Ihr Thema ein.
2. Fassen Sie in einer Mindmap zusammen, was eine Facharbeit ausmacht und welche Anforderungen mit ihr verbunden sind (zur Facharbeit → Kapitel 5.3.3 Der Aufbau einer Facharbeit/eines Referats).
3. Erarbeiten Sie die Handlungsstruktur eines literarischen Werkes, das Sie gerade in Deutsch oder einer modernen Fremdsprache gelesen haben, mithilfe einer Mindmap.
4. Schauen Sie sich eine Sondersendung im Fernsehen zu einem aktuellen Thema an, z. B. ein „ZDF-special" oder einen „ARD-Brennpunkt". Strukturieren Sie die Informationen aus dieser Sendung in einer Mindmap.
5. Wenn Sie ein Referat zu einem der folgenden Themen halten müssten, wie würden Sie es mit einer Mindmap strukturieren?
   - Der Versailler Vertrag
   - Das deutsch-französische Verhältnis zwischen den beiden Weltkriegen
   - Die Rolle des Reichspräsidenten in der Weimarer Verfassung
   - War Hitlers Machtergreifung durch die Weimarer Verfassung gedeckt?
6. Wenn Sie demnächst wieder zwei Referate hören, schreiben Sie eins bitte so mit, wie Sie es bisher getan haben. Den Inhalt des anderen notieren Sie bitte als Mindmap. Beantworten Sie hinterher diese Fragen:
   - Bei welcher Art des Mitschreibens haben Sie sich genauer auf das Referat konzentriert?
   - Welche Aufzeichnungen helfen Ihnen, die Strukturierung des Referates besser zu erkennen?
   - Welches Referat könnten Sie aufgrund Ihrer Aufzeichnungen spontan besser wiedergeben?

4.5 Baumstruktur

Das nebenstehende Beispiel zeigt eine Baumstruktur, die sich mit formalen Aspekten eines Referates beschäftigt.

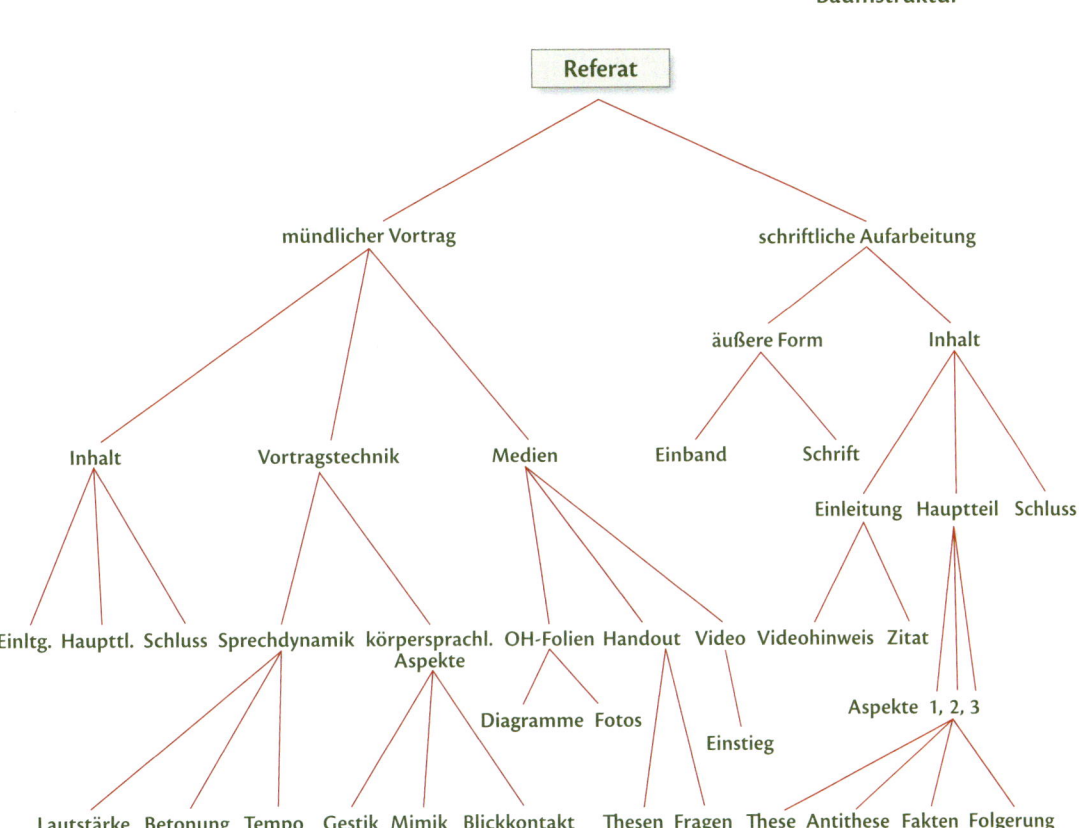

Baumstruktur

Hier handelt es sich um eine typische, von oben nach unten verlaufende Baumstruktur. Die verwendeten Begriffe und Aspekte sind hierarchisch geordnet (von Ober- zu Unterbegriffen bzw. -themen). Deutlich ist die Dreiecksform zu erkennen, deren Basis sich mit jedem weiteren Schritt verbreitert.

Ein gutes Beispiel für einen umgekehrten Verlauf ist der Familienstammbaum, bei dem die Person, deren Stammbaum gezeichnet wird, allein oder evtl. mit Geschwistern, unten steht. Darüber kommt die Elterngeneration mit zwei Personen. Bei den Großeltern sind es schon vier Personen und so weiter. Auf jeder höheren Stufe verdoppelt sich die Zahl der Einträge.

hierarchische Ordnung

Organigramm:

Das ehemalige Bundesministerium für innerdeutsche Beziehungen

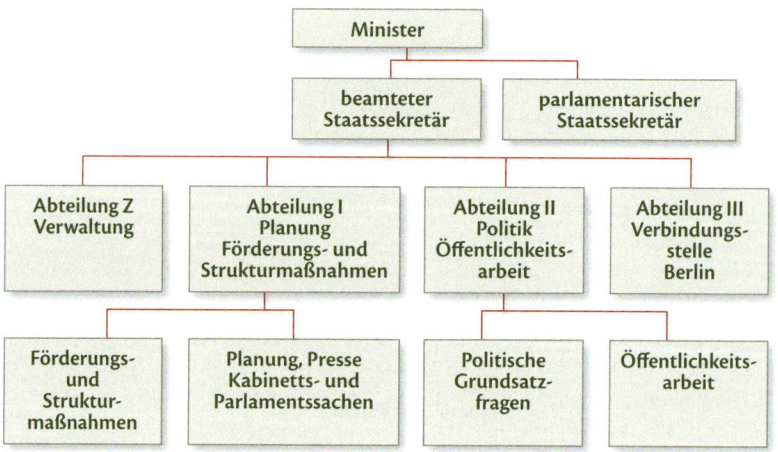

Organigramme, Baumdiagramme

Weitere Beispiele für Baumstrukturen sind Baumdiagramme und Organigramme, mit denen oft Verwaltungshierarchien in Ämtern oder Firmen dargestellt werden. Das obige Beispiel zeigt die Struktur des ehemaligen Bonner Bundesministeriums für innerdeutsche Beziehungen.

Organigramme sind rechtwinklig angelegt und zeigen die hierarchischen Ebenen genau. Die rechtwinkligen Verbindungslinien sind allerdings ein optischer Umweg und bedürfen im Gegensatz zum zuvor abgebildeten Baumdiagramm, das als Beziehungslinie den direkten Weg geht, einer „inneren Interpretation".

Tannenbaumtechnik

Eine weitere Möglichkeit, Daten auswertend zu strukturieren und optisch aufzubereiten, ist die Tannenbaumtechnik, eine auf einen einzelnen Ast bezogene Mindmap-Variante. Nehmen wir zum Beispiel das Thema „Geldanlagen". Dieses Thema bildet den Stamm unseres Tannenbaums. Nun kommen die Äste: „Lebensversicherungen", „Sachversicherungen", „Wertpapiere", „Kapitalanlagen", „Immobilien", „Bausparen". Jetzt kommen an jeden Ast Zweige bzw. Nadeln. An den „Lebensversicherungs"-Ast kommen z. B. „Risiko-LV", „Ausbildungs-LV", „Betriebliche Altersversorgung", „Todes- und Erlebensfall" etc. Auf diese Weise kann man das ganze Bild mit Inhalt füllen und bekommt eine geordnete Struktur.

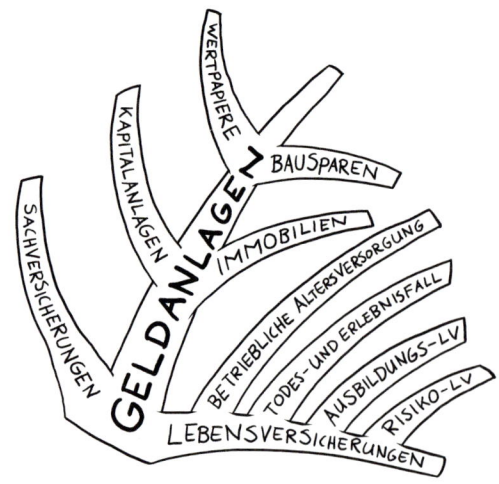

Baumstrukturen müssen nicht immer in vertikaler Richtung verlaufen, auch ein links beginnendes und nach rechts verlaufendes Modell ist möglich. Sie stoßen aber in der grafischen Darstellung insbesondere bei höherer Ebenenzahl bald an ihre Grenzen. Mit jeder weiteren Eben wächst die Krone weiter an und ein normales Blatt Papier ist auf der einen Hälfte nahezu leer, auf der anderen Seite reicht der Platz nicht aus.

4.6 Netzstruktur

Wenn wir uns eine Autobahnkarte eines Landes, die Eisenbahnverbindungen, das Londoner U-Bahn-System oder die Streckenverbindungen einer Fluggesellschaft ansehen, so blicken wir auf eine Netzstruktur, bei der zahlreiche Punkte auf einer Verbindungslinie liegen und die Verbindungslinien sich in Knotenpunkten treffen. Diese Verkehrsinfrastruktur findet sich in der Kommunikation wieder, vom einfachen Telefonnetz innerhalb eines Hauses bis zum weltumspannenden Internet.

Knotenpunkte und Verbindungslinien

Netze lassen sich aber auch auf Informationen übertragen. Sie können komplexe Zusammenhänge klar machen und eine Vielfalt von Beziehungen verdeutlichen. Abhängigkeiten werden ebenso sichtbar wie fehlende Beziehungen.

Bei der grafischen Gestaltung eines Netzwerkes geht man von den Knotenpunkten aus. Diese stehen für Ereignisse, Maßnahmen, Probleme, Ergebnisse oder auch Personen und Orte. Die Verbindungslinien stehen für Einflüsse, Abhängigkeiten, Beziehungen, Bewegungen etc. Diese Verbindungslinien können durch Dicke, Farbe, Pfeile, Unterbrechungen etc. gewichtet und zugeordnet werden. Eine Gewichtung der Knotenpunkte erreicht man durch deren Größe.

Netzwerkgrafiken können z. B. eingesetzt werden

Einsatzmöglichkeiten

- bei der Textarbeit (Aufsatzplanung, Textstrukturen erfassen, Romanhandlungen planen),
- um Anweisungen aufzulisten oder Arbeitspläne zu entwerfen,
- um den Ablauf von Vorgängen und Entwicklungen zu analysieren,
- zur Problemanalyse,
- um Beziehungen von Personen untereinander zu verdeutlichen,
- in der Wortschatzarbeit,
- für Präsentationen.

Zur Erhaltung der optischen Klarheit insbesondere bei der visuellen Unterstützung von Referaten und Präsentationen sollte ein Netzwerk nicht mehr als zehn Knotenpunkte enthalten. Auch sollten nur die wichtigsten Verbindungen eingetragen werden. Von der Anordnung her sollten die Knotenpunkte so gelegt werden, dass sich die Verbindungslinien möglichst wenig überschneiden

Hier ein Beispiel eines Beziehungsnetzes:

Beziehungsnetz

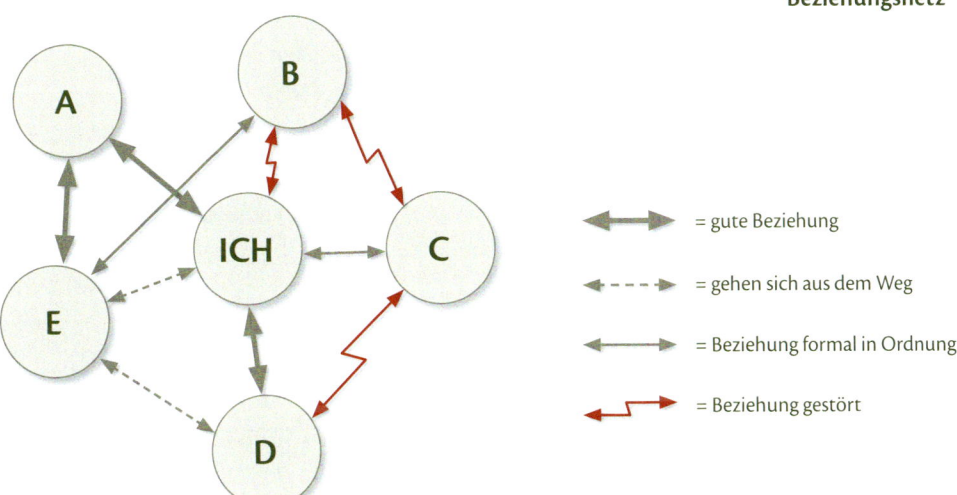

Concept-Map

komplexe Sachverhalte und Wechselwirkungen

Anders als bei der Mindmap-Verwendung, wo man von einer Baumstruktur ausgeht, kann man bei der Concept-Map-Methode komplexere Sachverhalte und Wechselwirkungen grafisch darstellen. Es handelt sich um eine Netzstruktur, bei der die Konzepte (Wörter) in Felder geschrieben werden und (Pfeil-)Verbindungen zu anderen Wörtern und Begriffen haben. Um die Qualität dieser Verbindungen auch deutlich zu machen, werden sie beschriftet.

Concept-Maps eignen sich besonders für die Darstellungen mathematisch-naturwissenschaftlicher Themen und ihrer Wechselbeziehungen, aber ebenso für die Darstellung komplexer Handlungs- und Charakterbeziehungen und -entwicklungen oder für sozialwissenschaftliche Schaubilder. Sie sind ideal für Prüfungs- und Abiturvorbereitungen. Hier ein Beispiel, das sich mit der Methode selbst beschäftigt.

Concept-Map
Webcode: MT641048–126

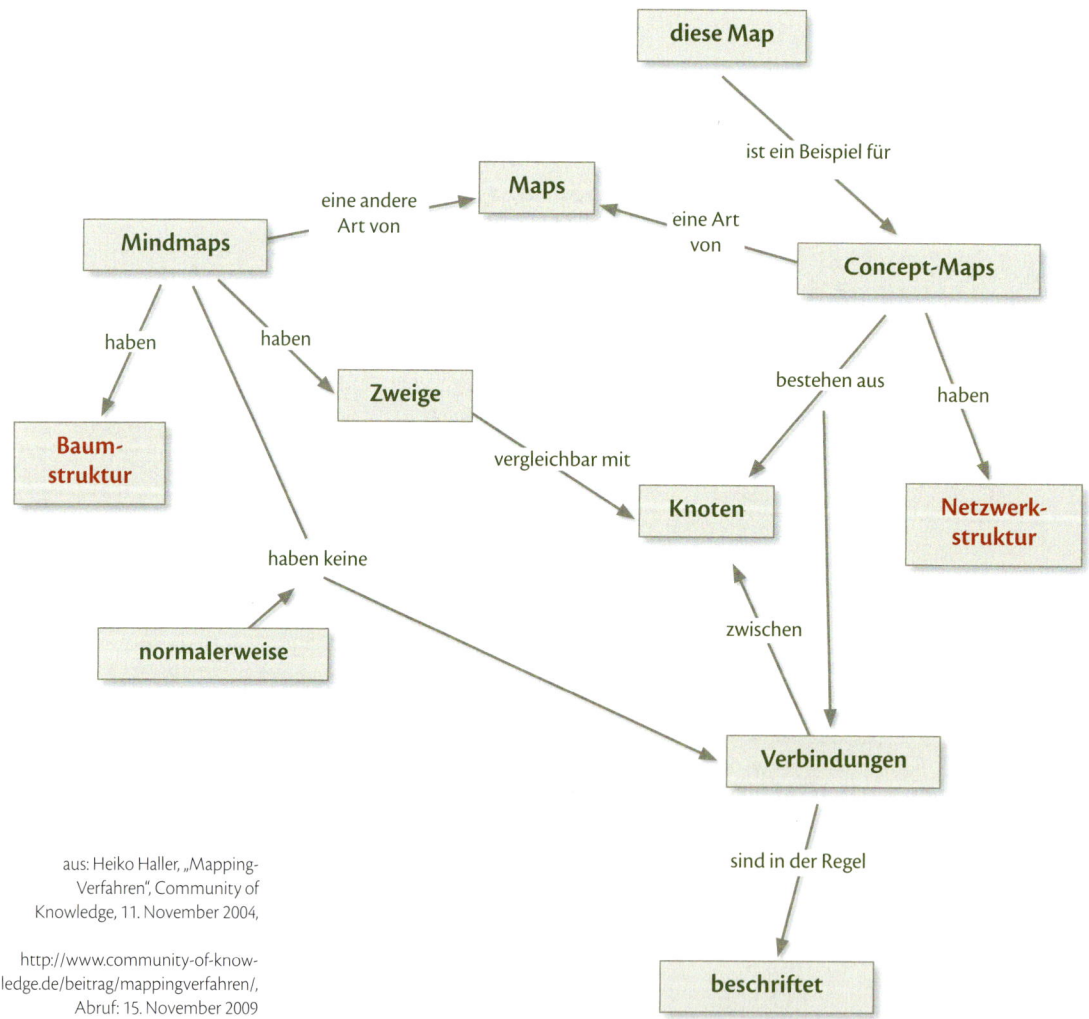

aus: Heiko Haller, „Mapping-Verfahren", Community of Knowledge, 11. November 2004,

http://www.community-of-know-ledge.de/beitrag/mappingverfahren/, Abruf: 15. November 2009

4.7 Flow-Chart oder Flussdiagramm

Eine ganz besondere Form der Netzstruktur ist ein Flow-Chart oder Flussdiagramm. Hier geht es darum, bestimmte Abläufe und Entwicklungen sowie deren Alternativen deutlich zu machen. Hier ein Beispiel aus dem Englisch-Unterricht: Wie kommt man von Stuttgart nach London?

Flow-Chart
Flussdiagramm

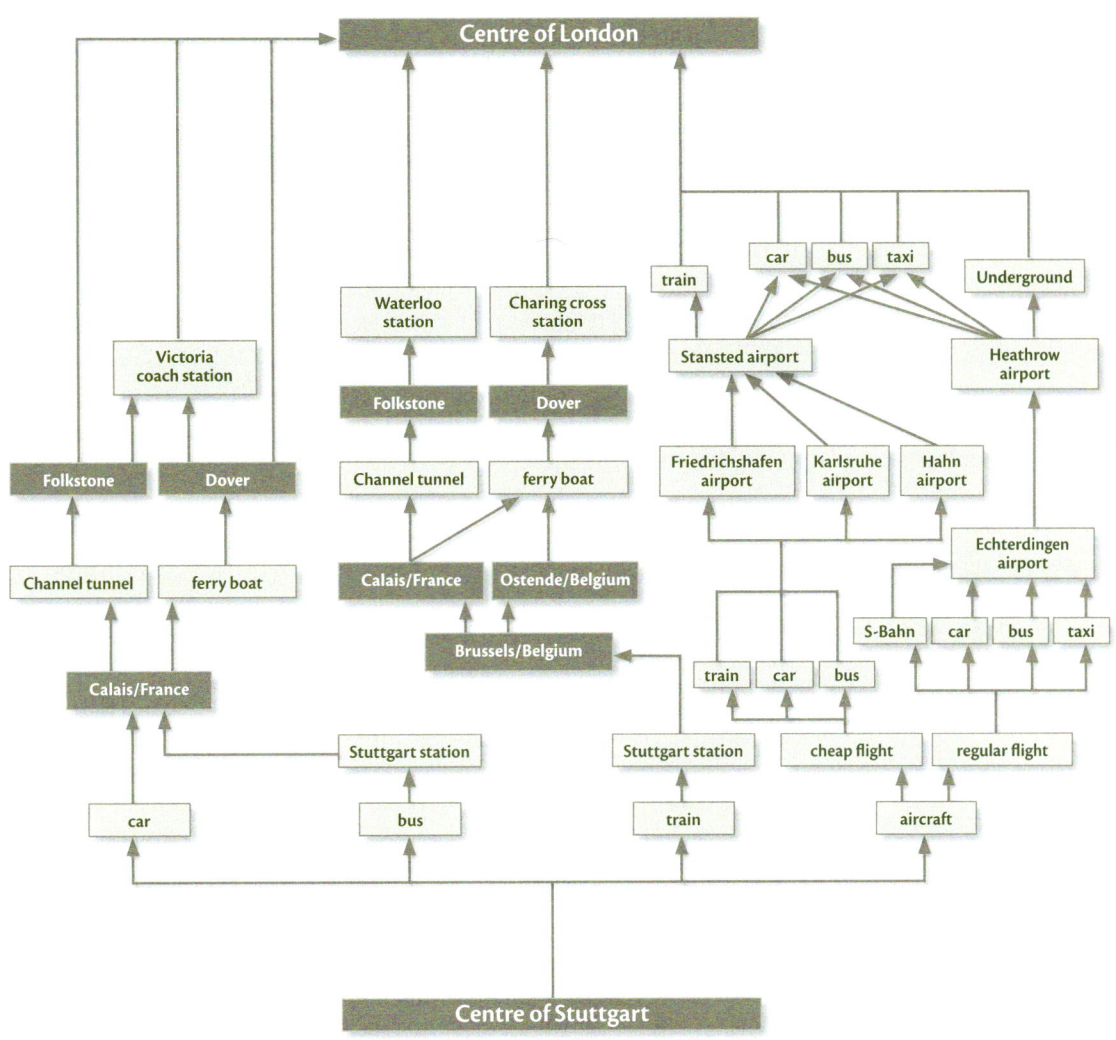

Auch der nachfolgende Soziocomic ist eine Form eines Flussdiagramms:
Eine bewegte Geschichte in sechs Bildern:

Soziocomic

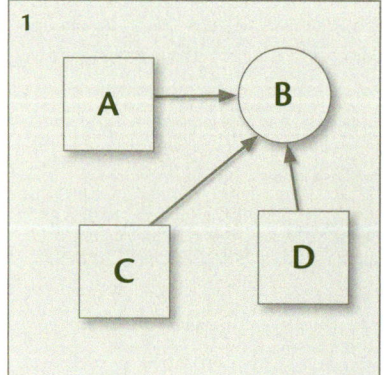
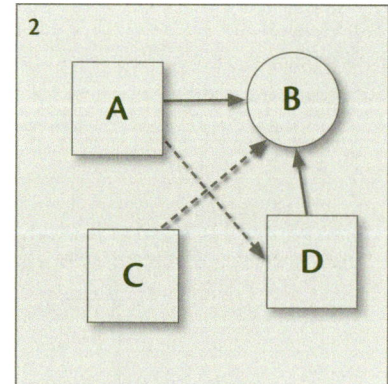

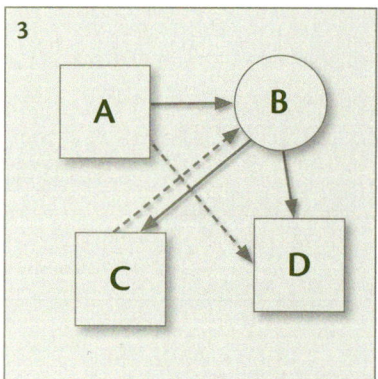
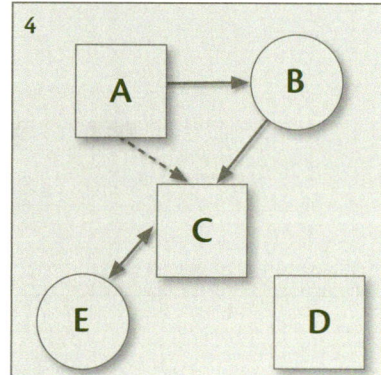

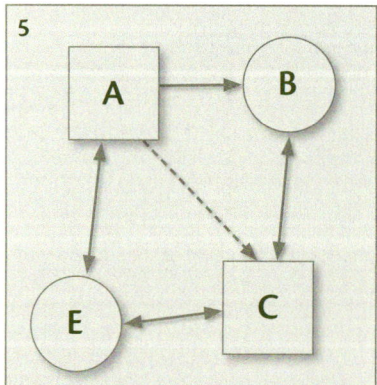
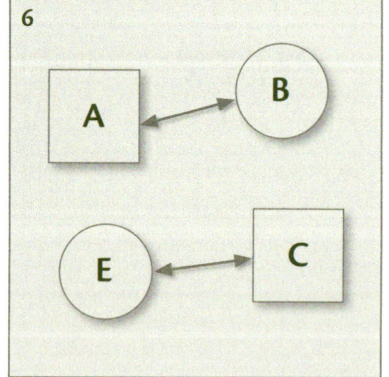

Aufgabe	■ Analysieren Sie den obenstehenden Soziocomic, der einer Geschichte abgelauscht ist, „wie sie das Leben schrieb".
	■ Beachten Sie dabei die Bedeutung der Symbole (Viereck für Jungen, Kreis für Mädchen, durchgezogene Linie = positive Beziehung, unterbrochene Linie = ablehnende Beziehung, Pfeilrichtung = zeigt an, auf wen das Gefühl gerichtet ist).
	■ Erfinden Sie die dazugehörige Geschichte.

4.8 Cluster

Clustering ist eine Kreativtechnik, bei der ausgehend von einem zentralen Begriff Assoziationsketten zu Papier gebracht werden.

- Schreiben Sie einen einzelnen Begriff in die Mitte des Blattes und kreisen Sie ihn ein. Das ist der Cluster-Kern.
- Überlegen Sie sich, ausgehend vom Kern, eine Assoziation. Schreiben Sie diese auf, umgeben Sie sie wieder mit einem Kreis und verbinden Sie die bisherigen beiden Kreise mit einer Assoziationslinie.
- Verfolgen Sie die Assoziationskette weiter, indem Sie neue Begriffe an den ersten Begriff der Kette anschließen.
- Neue Assoziationen beginnen Sie bitte wieder beim Kern.

Cluster

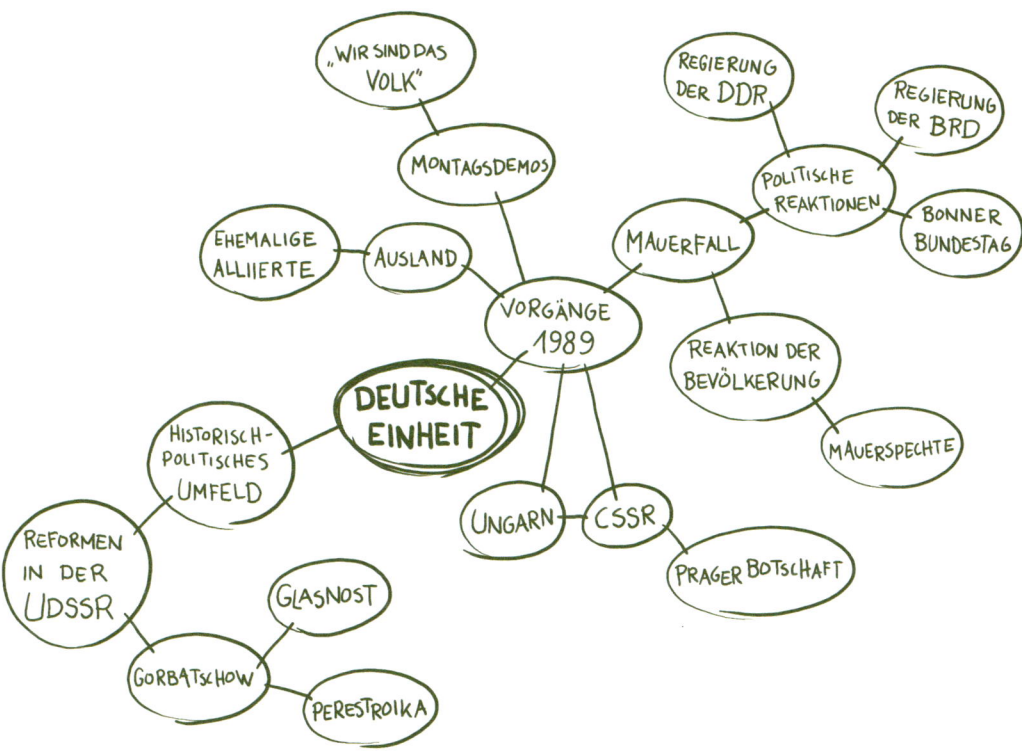

Da es sich bei dieser Methode darum handelt, ein Thema möglichst schnell grob zu strukturieren, bzw. darum, sich Gedanken zu notieren, empiehlt es sich, handschriftlich zu arbeiten. Ähnlich der Mindmap-Technik werden analytisch-logische und grafische Elemente miteinander verbunden und führen zu einer kreativen Reizung des Gehirns. Ausgehend von einer Assoziationskette kommen schnell weitere Gedanken, sodass man recht bald zu einem Überblick kommt und dann feinere Strukturen planen kann.

4.9 Texte mit Diagrammen strukturieren

Beispiel eines Strukturdiagramms

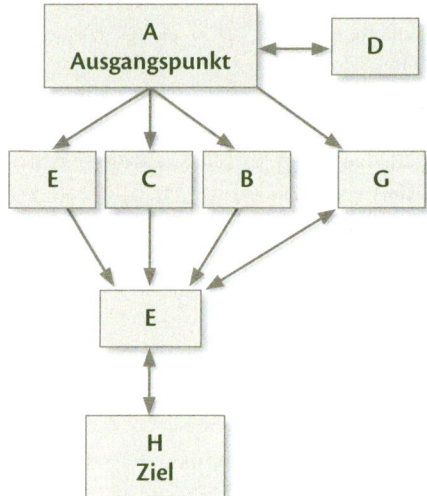

Strukturdiagramme dienen dazu, zentrale Aspekte eines Sachverhaltes in ihrer Verflechtung untereinander anschaulich darzustellen. Häufig eignen sich dazu Texte. Zunächst sollten Sie den Text aufmerksam lesen, zentrale Aspekte markieren und durch übergeordnete Begriffe zusammenfassen. Diese Begriffsfelder werden schließlich in einer logischen Beziehung zueinander angeordnet. Meist gibt Ihnen die Aufgabenstellung schon Hinweise auf den „Ausgangspunkt" und das „Ziel" des zu erarbeitenden Strukturdiagramms. Pfeile verdeutlichen die Qualität der Vernetzung zwischen Ursachen, Folgen und Ergebnissen („A ⟷ B" bedeutet: A steht in Wechselbeziehung zu B, „A ⟶ B" bedeutet: Aus A folgt B; „A ⟷ B" bedeutet: Sowohl A kann aus B als auch B aus A folgen). Durch unterschiedliche Pfeile sowie durch kurze Erläuterungen an den Pfeilen können die wichtigsten Verbindungen gekennzeichnet werden. Bei umfangreicheren Strukturdiagrammen sollten Sie zunächst Teilaspekte so weit wie möglich zusammenfassen und danach eine sinnvolle Anordnung auf einem Denkzettel skizzieren. Erst in einem nächsten Schritt, um Überschneidungen von Pfeilen zu minimieren, sollten Sie Ihre Skizze in Ihre Unterlagen übertragen.

Aufgabe

1) Wie würden Sie die folgenden Informationen strukturieren und grafisch darstellen? Wählen Sie eine der in Kapitel 4 beschriebenen Darstellungsformen.
   a) der organisatorische Aufbau Ihrer Schule
   b) der Weg der Entstehung eines Gesetzes, von der Gesetzesinitiative bis zur Verkündung
   c) das Verhältnis einer bestimmten Romanfigur zu den anderen Hauptcharakteren dieses Romans
   d) die Ergebnisse der Bismarck'schen Außenpolitik
   e) eine Grobgliederung eines Referates zum Thema „Bundeshauptstadt Berlin"
   f) eine Ideensammlung für Fragen an einen ehemaligen Volkskammerabgeordneten der DDR
   g) die wichtigsten Bestimmungen des deutschen Einheitsvertrags
   h) ein Überblick über die Vereinten Nationen und ihre Arbeitsbereiche
   i) das Verfahren zur Wahl des amerikanischen Präsidenten.

2) Erstellen Sie ein Flow-Chart, aus dem hervorgeht, welche Möglichkeiten und Alternativen Sie haben, um mit einem Textverarbeitungsprogramm eine Overheadfolie zu gestalten.

3) Zeigen Sie mittels einer Baumstruktur, welche Wege zur allgemeinen Hochschulreife führen.

4) Erarbeiten Sie eine Begriffsdefinition „vernetztes Denken" und präsentieren Sie diese mithilfe einer grafischen Unterstützung.

5) Erstellen Sie ausgehend vom Text unten ein visuelles Modell, das zeigt, wie Geld über Märkte zwischen Haushalten und Unternehmen fließt. Diskutieren Sie anschließend, mögliche Vorteile und Nachteile dieser modellhaften Darstellungen.

Material

Wie ist die Volkswirtschaft organisiert?

Die Volkswirtschaft besteht aus Millionen von Menschen, die sich in vielerlei ökonomischen Aktivitäten engagieren – Kaufen, Verkaufen, Arbeiten, Leute einstellen, Produzieren und so weiter. Um verstehen zu können, wie die Volkswirtschaft funktioniert, müssen wir einen Weg zur Vereinfachung des Nachdenkens über diese Aktivitäten finden. Mit anderen Worten brauchen wir ein Modell, das in allgemeinen Begriffen erklärt, wie die Volkswirtschaft organisiert ist.

In diesem Modell hat die Volkswirtschaft zweierlei Entscheidungsträger – Haushalte und Unternehmungen. Unternehmungen erzeugen Güter (Waren und Dienstleistungen), wobei sie verschiedene Inputs verwenden, wie z. B. Arbeit, Boden und Kapital (Realkapital wie Gebäude und Maschinen). Diese Inputs nennt man Produktionsfaktoren. Die Haushalte sind Eigentümer der Produktionsfaktoren, und sie verbrauchen alle von den Unternehmungen hergestellten Güter.

Haushalte und Unternehmungen interagieren auf zweierlei Märkten. Auf den Gütermärkten sind die Haushalte Käufer und die Unternehmungen Verkäufer: Genauer gesagt kaufen die Haushalte den von den Unternehmungen produzierten Output an Gütern. Auf den Faktormärkten sind die Haushalte Verkäufer und die Unternehmungen Käufer. Auf diesen Märkten stellen die Haushalte den Unternehmungen die zur Produktion der Güter notwendigen Inputs bereit. Das Modell bietet ein einfaches Verfahren, um all die zwischen den Haushalten und den Unternehmungen der Volkswirtschaft ablaufenden ökonomischen Transaktionen anzuordnen. Dazu gehören die Güterströme zwischen Haushalten und Unternehmungen. Die Haushalte „verkaufen" auf den Faktormärkten den Gebrauch ihrer Arbeitskraft, ihrer Grundstücke und Gebäude sowie ihres Realkapitals an die Unternehmungen. Die Unternehmungen verwenden diese Produktionsfaktoren bei der Herstellung von Gütern, die auf den Gütermärkten wiederum an die Haushalte verkauft werden. So fließen die Produktionsfaktoren von den Haushalten zu den Unternehmungen und die Güter von den Unternehmungen zu den Haushalten.

Zum anderen gibt es Güterströme, die den Geldströmen entsprechen. Die Haushalte geben Geld aus für den Kauf von Waren und Dienstleistungen von den Unternehmungen. Die Unternehmungen verwenden diese Einnahmen aus den Güterverkäufen teilweise dazu, um die Produktionsfaktoren zu entlohnen (z. B. Löhne und Gehälter für ihre Arbeitskräfte). Was übrig bleibt, ist der Gewinn des Unternehmers, der selbst auch zum Haushaltssektor gehört. Somit fließen Ausgaben für Güter von den Haushalten zu den Unternehmungen und Einkommen in Form von Löhnen, Mieten und Pacht sowie Gewinn von den Unternehmungen zu den Haushalten.

Text leicht verändert aus:
N. Gregory Mankiw: *Grundzüge der Volkswirtschaftslehre*. Stuttgart: Schäffer-Poeschel, 1999, S. 25 f.

5

Die Präsentation: Informationen weitergeben und vermitteln

Um jemandem militärische Ehren zu erweisen, hat man früher in solchen Kreisen feierlich das Gewehr präsentiert. Dies tut man wohl auch heute noch bei formellen militärischen Anlässen. Wenn Sie einem Zuhörerkreis in Wirtschaft, Wissenschaft, Lehre und anderen gesellschaftlichen Bereichen im zivilen Leben Respekt bei der Weitergabe von Recherche- und Forschungsergebnissen erweisen wollen, tun Sie das auch, indem Sie präsentieren. Nur, dass es nicht das Gewehr ist, sondern Inhalte unterschiedlichster Art. Es gibt vielfältigste Formen der Präsentation, mündliche, schriftliche, interaktive, direkte und indirekte.

Schauen Sie sich in diesem Kapitel um und Sie werden viele Hinweise finden, die Ihnen helfen, eine formal und inhaltlich gelungene Präsentation vorzulegen.

5.1 Inhalt und Formen der Präsentation

Eine **Präsentation** ist eine vom Ablauf und der Organisation her gründlich vorbereitete, themen- und zielgruppenbezogene Vorstellung von Informationen und Inhalten jeder Art. Die vorgestellten Informationen oder Inhalte sind das Resultat intensiver thematischer Vorarbeiten. Eine Präsentation verfolgt die Absicht, die Zielgruppe zu informieren, zu überzeugen oder zu motivieren. Präsentationen können mündlich, schriftlich, visuell, interaktiv oder als Mischung mehrerer dieser Formen erfolgen.

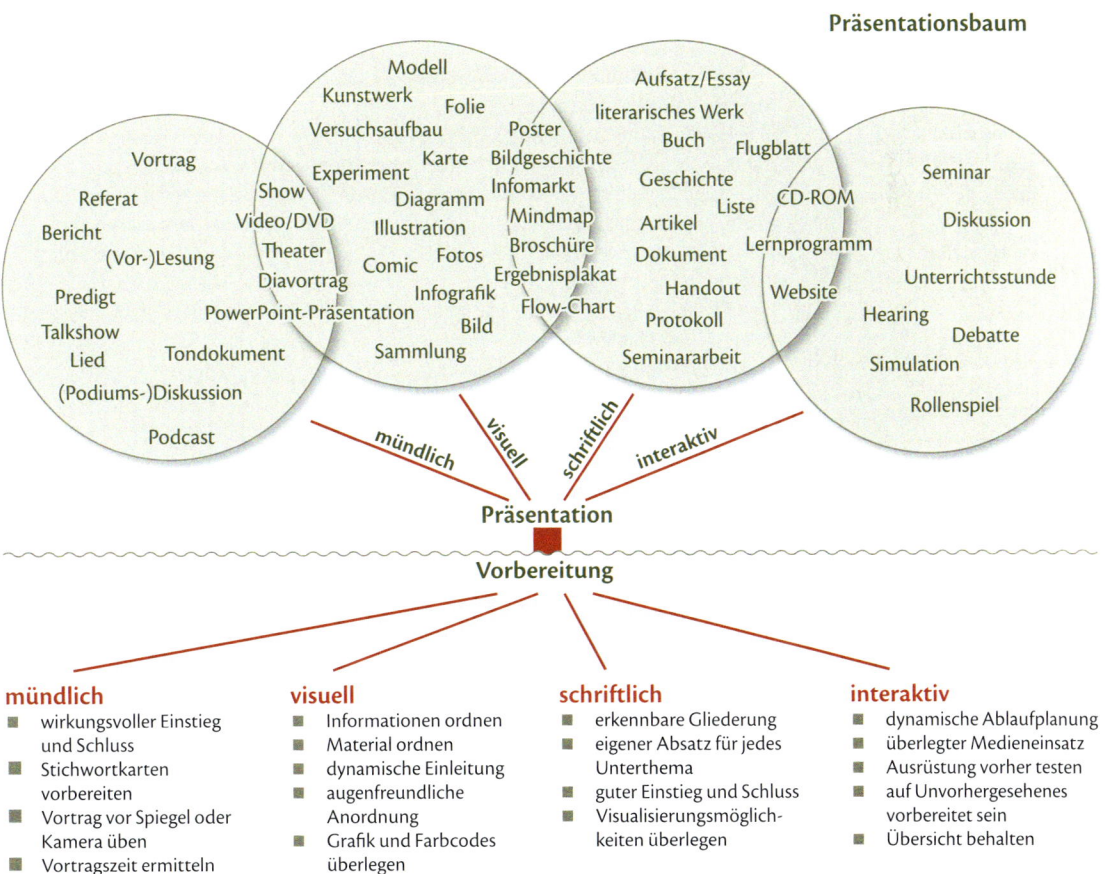

Präsentationsbaum

mündlich
- wirkungsvoller Einstieg und Schluss
- Stichwortkarten vorbereiten
- Vortrag vor Spiegel oder Kamera üben
- Vortragszeit ermitteln

visuell
- Informationen ordnen
- Material ordnen
- dynamische Einleitung
- augenfreundliche Anordnung
- Grafik und Farbcodes überlegen

schriftlich
- erkennbare Gliederung
- eigener Absatz für jedes Unterthema
- guter Einstieg und Schluss
- Visualisierungsmöglichkeiten überlegen

interaktiv
- dynamische Ablaufplanung
- überlegter Medieneinsatz
- Ausrüstung vorher testen
- auf Unvorhergesehenes vorbereitet sein
- Übersicht behalten

5.2 Die mündliche Präsentation – Reden halten, Referate vortragen

Bitte lesen Sie diese Geschichte von einem Vortrag, der zwar frei erfunden ist, sich aber tagtäglich überall so abspielen könnte. Was wird hier alles falsch gemacht? Wie könnte man es verbessern?
Formulieren Sie ausgehend von diesem Text zehn Regeln, die ein guter Redner beachten sollte.

Material

„Eins, zwei, geht's jetzt?"

Herr K., ein Mitarbeiter der Berufsberatung, soll am Dienstag um 10.00 Uhr vor 150 Abiturienten zweier benachbarter Schulen einen 30-minütigen Vortrag mit anschließender Diskussion über „Berufliche Perspektiven in den Zukunftstechnologien" halten.

Um 10.10 Uhr betritt Herr K. den Vortragssaal, die Abiturienten sind nahezu vollständig da. Als Herr K. ans Rednerpult tritt, wird es im Saal relativ schnell ruhig und Herr K. beginnt:

„Liebe Abiturienten, ..." Aber man hört ihn kaum. Er klopft an das Mikrofon, bläst hinein, aber man hört immer noch nichts. Der Oberstufenberater, ein Lehrer der gastgebenden Schule, und drei Abiturienten machen sich hilfreich an der Verstärkerelektronik zu schaffen und überprüfen die Verkabelungen und die Aussteuerung. Herr K. sagt dauernd: „Eins, zwei, hört man mich?", „Eins, zwei, geht's jetzt?", „Eins zwei? Eins, zwei?"

Der Oberstufenberater tritt ohne Mikrofon vor die Abiturienten und sagt: „Solange hier noch an den technischen Problemen gearbeitet wird, kann ich Ihnen ja Herrn K. erst einmal vorstellen ..." – „... eins, zwei. Wie isses jetzt?" – „... Herr K. kommt aus der Berufsberatung und ist Spezialist für ..." Über die Lautsprecher kommt ein ohrenbetäubendes Pfeifen. Einige Abiturienten halten sich kreischend die Ohren zu. „... ist Spezialist für High-Tech-Berufe ..." – „Eins, zwei! Ich glaub, so geht's jetzt!"- „... und wird Sie heute über Berufsaussichten in diesem Bereich informieren."

„Ja, danke schön, Herr Direktor," sagt Herr K., jetzt laut und deutlich zu verstehen, „also, Sie können mich jetzt gut hören, ja? Gut! Zuerst muss ich mich einmal für meine Verspätung entschuldigen, aber es war natürlich kein Parkplatz frei hier. Ich halte ja viele Vorträge und komme ziemlich rum, nicht nur an Schulen, aber so ein Theater wie hier ist mir noch nirgends begegnet. Aber was soll's! Also vielleicht erst mal 'was zu meiner Person: Bevor ich in die Berufsberatung gegangen bin, war ich EDV-Fachmann bei der Firma Chipland GmbH. Die sind dann von der TechnoLog AG aufgekauft worden, und da bin ich dann gegangen, weil die Arbeitsbedingungen und die Bezahlung nicht stimmten. Gut! Haben Sie bisher schon eine Frage? Also, wenn Sie Fragen haben, fragen Sie nur! Das ist mir lieber, als wenn ich Ihnen hier nur 'was vortrage, weil ich sowieso nicht weiß, was Sie eigentlich interessiert.

Also vielleicht gleich mal zu diesen Berufen. Da habe ich Ihnen eine Folie mitgebracht, was es so gibt."

Herr K. sucht in seinem Aktenkoffer und findet einen Ordner, entnimmt ihm eine Folie, hält sie prüfend hoch und legt sie dann resignierend auf den OH-Projektor. Nachdem er den Schalter für das Gerät gefunden hat, die Stromverbindung besteht bereits, schaltet er ein. An der Wand erscheinen verschwommene Farbtupfen. „Wo stellt man denn das scharf?" fragt er. „Die Geräte sind ja alle anders. Das neueste Modell ist das hier wohl auch nicht gerade." Trotz seiner Bemühungen schafft er es nicht, die ganze Folie, die vom Geräteventilator leicht in ständiger Vibration gehalten wird, scharf zu stellen. Entweder der obere oder der untere Teil bleibt unscharf. Die Folie ist überschrieben mit „Verdienstmöglichkeiten in High-Tech-Berufen".

Herr K. sagt: „Das wollte ich Ihnen zwar erst zum Schluss zeigen, weil es das ist, was Sie wohl am meisten interessiert. Aber Sie können es sich genauso gut gleich am Anfang ansehen."

Einige Schüler fangen an, miteinander zu sprechen. Im Saal herrscht ein gewisser Grundgeräuschpegel. Herr K. tritt näher an die Projektionswand und liest die Folie vor, wobei er etwas an der Seite steht, sodass jeder gut sehen kann. Allerdings kann man ihn nicht verstehen, weil er nicht über das Mikrofon spricht. Schließlich geht er wieder an das Rednerpult und sagt: „Also, wie ich gerade gesagt habe, die hellblauen Zahlen sind die durchschnittlichen Anfangsgehälter, die gelben sind die Spitzenverdienste, die vor ein paar Jahren in diesen Bereichen gezahlt wurden."

Die Sonne kommt hinter einer Wolke hervor und strahlt durch das Fenster auf die Projektionsfläche. Alle Farben verblassen, das Gelb verschwindet ganz. Zwischenfrage eines Schülers:

„Von wann sind denn diese Zahlen?" Herr K. antwortet: „Gerade mal ein paar Jahre. Das genaue Datum habe ich in meiner anderen Mappe noch im Auto. Aber wegen der Hektik mit dem Parkplatz, Sie verstehen ..." Ein anderer Schüler weist darauf hin, dass er die gelben Zahlen nicht erkennen kann. Herr K.: „Ich habe sie doch eben vorgelesen, aber das ist jetzt nicht so wichtig, weil Sie ja sowieso erst mit dem Anfangsgehalt anfangen, vorausgesetzt ...“ sagt er witzig, „... vorausgesetzt, Sie schaffen Ihr Abitur.“

Der Vortrag von Herrn K. endet nach 45 Minuten unter höflichem Beifall einiger Abiturienten. Es besteht kein Diskussionsbedarf. Herr K. ruft den Schülern, die den Raum bereits verlassen, noch seine Telefonnummer und seine Sprechzeiten nach, für den Fall, dass sich noch Fragen ergeben sollten.

Rede, Vortrag, Referat

Es gibt viele unterschiedliche Anlässe, eine Rede zu halten, sei es eine Feierlichkeit, eine politische Erklärung, die Wissensvermittlung oder die Erinnerung an etwas, um nur einige Beispiele zu nennen. Reden können kurz sein, sie können sich aber auch über Stunden hinziehen. Reden sind traditioneller Bestandteil unserer Kultur, und Reden werden von den Zuhörern entweder höflich ertragen, mit Begeisterung aufgenommen oder heftig und kontrovers diskutiert.

Rede

Während die Wissensvermittlung eher durch den Vortrag und das Referat erfüllt wird, haben Reden und Ansprachen eine darüber hinausgehende Bedeutung, sie sind ein vermittelndes Element, sie fokussieren die Aufmerksamkeit, sie schaffen eine Atmosphäre, sie haben oftmals eine zeremonielle Funktion und sie stellen ein Verhältnis zwischen Redner und Zuhörer her.

Die Rede ist monologisch und in Prosa, themenorientiert, rhetorisch ausgefeilt bis hin zu hoher Kunst, und sie folgt in der Regel einer bestimmten Etikette und traditionellen Konventionen.

☀ **Webcode:** MT641048–135

Ein guter Redner ist formal jemand, der alle Kniffe und Tricks der Rede beherrscht, ohne aber sein Publikum in demagogischer Weise zu beeinflussen oder gar zu manipulieren. Ein guter Redner ist aber auch jemand, der packend und interessant sprechen kann, auch wenn er ohne Kunstgriffe arbeitet, und dem man gern zuhört.

Aufgabe

Seit 1998 vergibt das Seminar für Allgemeine Rhetorik der Eberhard-Karls-Universität in Tübingen die Auszeichnung „Rede des Jahres“. Mit diesem Preis würdigt das Seminar für Allgemeine Rhetorik jährliche eine Rede, die die politische, soziale oder kulturelle Diskussion entscheidend beeinflußt hat. Lesen Sie zwei Reden auf der Homepage des Tübinger Rhetorikseminars und analysieren Sie sie anhand der folgenden Fragen:

☀ **Webcode:** MT641048–135

- Um was für eine Art von Rede handelt es sich?
- Was ist das Thema?
- Wer wird angesprochen? Wer sind die Zuhörer?
- Wer ist der Redner?
- In welche formalen und inhaltlichen Hauptbestandteile ist die Rede gegliedert?
- Finden Sie Beispiele für sprachliche und stilistische Elemente, die der Redner verwendet.
- Beschreiben Sie den Spannungsbogen der Rede.

Aufgabe

Schreiben Sie selbst eine ca. 5–10-minütige Rede:
- zur Verabschiedung eines Ihrer Lehrer oder Lehrerinnen in den Ruhestand
- zur Motivation Ihrer Klassenstufe am Beginn eines neuen Schuljahres

▶▶▶

- um sich für die Wahl zum Sprecher der Schülerschaft zu bedanken
- um eine stärkere Kooperation zwischen den Schülern, Lehrern und Eltern Ihrer Schule anzumahnen
- im Rahmen der Bundesjugendspiele über die Bedeutung und die gesellschaftliche Rolle des Sports
- um auf die besondere Rolle eines Unterrichtsfaches oder einer Arbeitsgemeinschaft aufmerksam zu machen.
- als Abiturientenrede bei der feierlichen Übergabe der Abiturzeugnisse

Vorträge

Vorträge sind in der Regel sachorientiert, haben ein meist wissenschaftliches Thema zum Inhalt und werden vor einem zuhörenden Publikum gehalten. Zwischenfragen sind eher nicht die Regel. Es gibt unterschiedliche Arten von Vorträgen, von Fachvorträgen bis hin zu längeren „Festvorträgen", die aber dann schon eher mit den Kategorien der Rede greifbar werden. Vorträge können, wie der klassische Diavortrag, von Medien unterstützt werden.

Referate

Referate sind meist kürzer und versuchen innerhalb einer angemessenen Zeit von 10–20 Minuten den Zuhörern Kenntnisse über ein bestimmtes Thema zu vermitteln. Bei der Behandlung eines eingegrenzten Themas in der Form eines Referates wird auf Literatur, auf Experimente oder auf Beobachtungen Bezug genommen. Referate können durch Medien unterstützt werden. Die Zuhörer können Materialien, z. B. Handouts, bekommen.

In unterschiedlichen Bundesländern gibt es unterschiedliche Formen zusätzlicher Leistungen, so müssen z. B. Schüler in Baden-Württemberg „Gleichwertige Feststellungen von Schülerleistungen (GFS)" erbringen.

Webcode: MT641048–136

5.2.1 Die Vorbereitung des Vortrags

„Aller Anfang ist schwer" heißt es und das gilt natürlich auch für einen Vortrag oder ein Referat. Allerdings kann man sich auch einen Vortrag etwas leichter machen, indem man ihn vorbereitet und den Ablauf Punkt für Punkt durchplant. Eine gelungene Rede ist meist das Ergebnis einer gründlichen und systematischen Vorbereitung. Welche Arbeitsschritte im Vorfeld und bei der Durchführung eines Vortrages zu beachten sind, zeigt die Übersicht auf S. 137.

Zunächst müssen Sie sich die Faktoren klarmachen, die an Ihrer Redesituation Anteil haben:

Anlass

1. **Warum?** Im schulischen Rahmen gibt es unterschiedliche Gelegenheiten für Schülerreden oder Vorträge:
   - Referate zu einem fachlich abgegrenzten Thema,
   - ein Einführungsvortrag zur Präsentation von Projektergebnissen,
   - eine Abiturrede oder eine Abschiedsrede für den pensionierten Direktor,
   - ein begründeter Antrag eines Schülervertreters auf der Schulkonferenz z. B. zur Aufstellung von Getränkeautomaten.

Je nach Redesituation unterscheiden sich die Ziele und die Absichten, die Sie mit einer Rede verfolgen (Belehren? Gewinnen? Bewegen?)

Publikum

2. **Zu wem** sprechen Sie? Welche Erwartungen, Kenntnisse oder Wünsche, Vorurteile bringt das Publikum mit? Wie ist Ihr Adressatenkreis zusammengesetzt (homogen oder unterschiedlich)? Wie viel Zeit haben Sie für Ihren Vortrag und wo werden Sie ihn präsentieren?

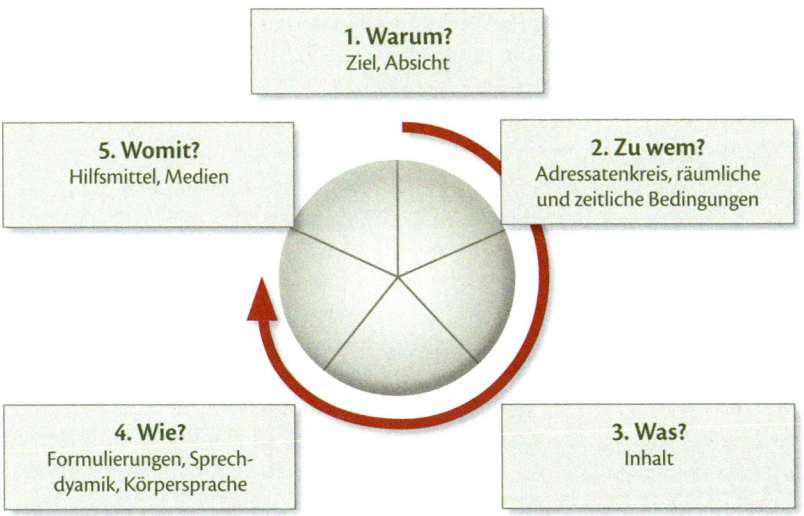

Redesituation

1. Warum?
Ziel, Absicht

5. Womit?
Hilfsmittel, Medien

2. Zu wem?
Adressatenkreis, räumliche
und zeitliche Bedingungen

4. Wie?
Formulierungen, Sprech-
dyamik, Körpersprache

3. Was?
Inhalt

3. **Was** sind der Anlass und der Inhalt der Rede? Gegen welche anderen Themen müssen Sie sich abgrenzen?

Inhalt

4. **Wie** erreichen Sie die vom Publikum und von Ihnen gewünschte Wirkung (Glaubwürdigkeit, Überzeugungskraft, Unterhaltsamkeit ...)? Welche sprachlichen Mittel (Wortwahl, Satzbau) sind angemessen, welche Sprechdynamik (Tempo, Tonlage und Lautstärke), welche Gestik und Mimik?

Form

5. **Womit** können Sie Ihren Vortrag unterstützen (Hilfsmittel, Medien)?

Konkretisieren Sie die im Schema genannten Faktoren für die unter 1 genannten unterschiedlichen Redeanlässe.

Aufgabe

Organisatorische Planung

Um sicherzustellen, dass Sie keine unangenehmen Überraschungen während Ihres Vortrages erleben, sollten Sie sich eine Checkliste anlegen, mit der Sie die äußeren Gegebenheiten für Ihren Vortrag überprüfen können. Die Liste hilft Ihnen sowohl bei der Vorbereitung als auch unmittelbar vor Beginn Ihres Vortrages und kann die folgenden Punkte enthalten (je nach Redesituation variierend):

Checkliste
Organisation

- Wie groß ist der Raum?
- Wie viele Zuhörer werden erwartet?
- Gibt es ein Rednerpult? Ist es auf die richtige Höhe eingestellt?
- Gibt es eine Mikrofonanlage? Funktioniert sie? Ist sie getestet?
- Stimmt die Beleuchtung? Lässt sie sich für Projektionen leicht dimmen?
- Welche audiovisuellen Geräte werden benötigt? Sind sie angeschlossen, ausgerichtet, scharf eingestellt? Stehen Gegenstände, Pflanzen etc. im Projektionsbereich, die evtl. Schatten werfen?
- Gibt es eine Tafel, Flipchart, Moderationswände, Pinnwand, Whiteboard, eine Karte, Poster etc. für Visualisierungen sowie die entsprechenden Stifte, Nadeln, Magnete, Karten, Zubehörteile etc.?
- Sind alle Materialien, Folien, Karteikarten, Unterlagen etc. in der richtigen Reihenfolge vorgeordnet?

Eine ausführliche Checkliste ist hier zum Download für Sie vorbereitet.

✴ **Webcode:** MT641048–137

Profitipp	Übersicht zur Anfertigung und Präsentation eines Referats

Recherchieren
(Informationen
sammeln)

- Lexika
- Expertengespräch
- Bibliothek   Stichwortkatalog
                Autorenkatalog
                Inhaltsverzeichnisse und Indices von
                Büchern
- Internet   Suchprogramme (Yahoo etc.)

Kopieren . . . . nicht zu viele Kopien anfertigen
Exzerpieren . . . . stichpunktartig; für jede wichtige Information
                                    eine eigene Karteikarte anfertigen
Zitieren . . . . nur ganz zentrale Aussagen wortwörtlich übernehmen!

**Informationen
verarbeiten**

- Das Material gliedern (Karteikarten können
  sortiert, zu Teilbereichen gruppiert werden)
- Das Material visuell gestützt gedanklich verarbeiten
  - ▸ Stichwortbilder
  - ▸ Tabellen
  - ▸ Diagramme
- Die Gliederung fixieren (die sortierten Karteikarten
  mit „Kapitelüberschriften" versehen)

Vortrag vorbereiten

- Visuelle Unterstützung des Vortrags überlegen
  (z. B. schriftliche Gliederung an der Tafel, Folien oder
  Lernplakate zu Stichwortbildern, Diagrammen)
- Schwer zu merkende Fakten (z. B. schwierige Namen,
  Jahreszahlen) auf den Karteikarten farbig markieren
- Sich gedankliche Zusammenhänge für einen freien
  Vortrag einprägen, z. B. anhand von Symbolen

Vortrag halten

- Gegliederter Vortrag: neue Teilbereiche jeweils erst
  benennen, dann in Einzelheiten gehen
- Blickkontakt mit den Zuhörer/-innen halten (frei
  sprechen)
- Pausen machen, Redetempo und Lautstärke
  variieren
- Gestik und Mimik bewusst verwenden
- Auf Reaktionen der Zuhörer/-innen achten und den
  Gedankengang evtl. noch einmal präzisieren oder
  veranschaulichen

Vortrag auswerten

- Die Zuhörer/-innen um Auskunft bitten, ob die
  unter „Vortrag halten" genannten Punkte eingehalten wurden

Das Redekonzept

Mit der klassischen Dreiteilung Ihres Vortrages in *Einleitung – Hauptteil – Schluss* und der entsprechenden Gewichtung (kurz – ausführlicher – kurz) liegen Sie immer richtig. Für eine über die Dreiteilung hinausgehende Gliederung bieten sich – je nach Thema und Zielsetzung – unterschiedliche Kriterien an: Argumentationskette, Ursache-Wirkungs-Prinzip, Chronologie, Leitmotiv ... Bei aller gebotenen Kürze sollten Sie aber nicht auf einen publikumswirksamen Einstieg verzichten und einen gelungenen Abschluss einplanen.

(Rand: klassische Dreiteilung)

Ziel jedes Redners/jeder Rednerin ist es, möglichst frei zu sprechen. Nur so können Sie den Kontakt zum Publikum herstellen und flexibel auf die Zuhörer reagieren. Für den Vortrag selbst ist es daher hilfreich, wenn Sie einen Ablaufplan entwickeln, aus dem Sie die Zeitstruktur, die Gliederung, den Medieneinsatz und sonstige, präsentationsrelevante Hinweise ersehen können. Das ausgearbeitete Redekonzept sollten Sie zudem in mehreren Arbeitsgängen entwickeln:

(Rand: frei sprechen)

(Rand: Ablaufplan)

a. Überwältigen Sie die Zuhörer nicht mit Ihrem geballten Fachwissen. Wählen Sie nur die Inhalte aus, die tatsächlich in Frage kommen (➜ Kapitel 4.2 Vom Thema zur Gliederung).
b. Reduzieren Sie die ausgewählten Inhalte auf das Wesentliche und bringen Sie diese in eine sprachliche Form, die auch Zuhörer anspricht.
c. Lesen Sie nicht vom Blatt ab, d. h., notieren Sie nur Stichworte und kurze Hinweise zu deren Zusammenhängen auf einem Spickzettel oder auf Karteikarten. Für Ihren Vortrag verwenden Sie nur dieses „Minimalpapier", alles andere sollten Sie sich einprägen, d. h. in Ihrem Gedächtnis unterbringen.

Die Anrede – Der Einstieg

Eine knappe Anrede der Anwesenden ist meist besser, als sofort mit der Tür ins Haus zu fallen und sofort mit inhaltlichen Dingen zu beginnen. Es ist nicht nötig, alle anwesenden Gruppen einzeln zu begrüßen, außer vielleicht bei einer Festrede, z. B. bei einer offiziellen Abiturabschlussfeier. Bei einer Festrede werden die Ehrengäste in der Reihenfolge der protokollarischen Gepflogenheiten angeredet. Anders bei einem Fachvortrag oder einer Präsentation. Hier beschränkt der Vortragende sich auf eine allgemeine Anrede, bei der höchstens eine Person(engruppe) hervorgehoben werden darf: „Verehrte Gäste, liebe Mitschülerinnen und Mitschüler".

(Rand: Begrüßung)

Ist der Vortrag oder die Präsentation Bestandteil einer größeren Veranstaltung, so ist es die Aufgabe des Veranstalters oder Gastgebers, die Begrüßung vorzunehmen.

Aufmerksamkeit und Konzentration sollten während des gesamten Vortrags erhalten bleiben. Ein gelungener Einstieg ist daher nach der Anrede das beste Mittel, um die Zuhörer erstmals für den Vortrag zu gewinnen. Bereits nach dem allerersten Augenblick entscheidet das Publikum, ob es dem Vortragenden gegenüber Sympathie, Gleichgültigkeit oder Antipathie empfindet. Das so gewonnene Bild lässt sich nachträglich kaum noch korrigieren.

(Rand: erster Eindruck)

Die Zuhörer wollen wissen:

■ Wer spricht zu mir?
■ Worum geht es?
■ Was habe ich davon?

Profitipp	**Der Un-Tipp (oder wie man es nicht machen sollte):**
	■ „Ich hatte leider nicht genügend Zeit, um mich auf diesen Vortrag richtig vorzubereiten, aber jetzt schaun wir mal. Also ..."
	■ „Finden Sie den Raum hier auch so unangenehm und kalt? Ich merke das immer an meinem Rheuma und morgen laufe ich garantiert wieder mit einer Erkältung rum."
	■ „Also ich halte ja wahnsinnig viele Vorträge, bundesweit und im Ausland. Aber hier komme ich nur ungern her. Allein schon die Anreise ist eine Zumutung."
	■ „Sie sehen so traurig aus, meine Damen und Herren. Also erst einmal ein Blondinen-Witz. Den kennen Sie garantiert noch nicht: ..."

Welche Einstiegsmöglichkeit gibt es?	Welche Wirkung hat sie?
aktuell	findet in der Regel uneingeschränkte Aufmerksamkeit
klassisch	stärkt die Glaubwürdigkeit der eigenen Person
fragend	regt die Zuhörer zum Mitdenken an
provozierend	trägt zur Steigerung der Spannung bei
überraschend	begünstigt gewollte Fragen und Zwischenrufe
ernst	kommt schnell zum Ergebnis und zu den Inhalten
heiter	als Icebreaker und zur Entspannung der Atmosphäre
persönlich	untermauert die Glaubwürdigkeit der Argumentation
anerkennend	schafft harmonische Atmosphäre
vergleichend	weckt Interesse der Zuhörer
spontan	kann entspannen und erheitern
demonstrierend	bleibt am besten im Gedächtnis haften

aktuell
■ Aktuelle Meldungen aus Bereichen, die für die Zuhörer relevant sind und deren Zusammenhänge sie aus den Medien kennen. Sobald die Zuhörer erkennen, dass die Meldung wichtig ist, steigt die Aufmerksamkeit. Einen aktuellen Einstieg können Sie auch aus der Tageszeitung, der kompletten Zeitung, nicht nur einem kleinen herausgeschnittenen Artikel, vorlesen. Aber bitte keine langen Texte, eher nur einen prägnanten Satz.

klassisch
■ Viele Vortragende beginnen mit einem Zitat von einer bekannten Persönlichkeit. Das Zitat muss zum Thema in enger Beziehung stehen. Während des Vortrages kann auch auf das Zitat Bezug genommen werden.

fragend
■ Fragen („Wissen Sie/Wisst ihr eigentlich warum ...?" oder „Haben Sie/Habt ihr eine Vorstellung wie häufig ...?") regen die Zuhörer zum Mitdenken an. Das können direkte Fragen sein, es können aber auch rhetorische Fragen sein, auf die keine Zuhörer-antwort erwartet wird. Mit der Beantwortung einer solchen Frage durch den Vor-tragenden selbst ist der Einstieg in das Thema erfolgt.

provozierend
■ Wenn Sie mit einer provozierenden Aussage beginnen und diese kurz auf die Zuhörer wirken lassen, steigt die Spannung. Danach kann durch eine Abschwächung der Provokation zum Thema übergeleitet werden. Die Zuhörer werden sicher sehr aufmerksam zuhören, solange sie nicht persönlich provoziert oder attackiert werden und solange nicht abwesende Dritte angegriffen werden.

■ Wenn Sie die Zuhörer in Erstaunen versetzen möchten, vertreten Sie beim Einstieg eine Haltung, die so nicht vom Redner erwartet worden wäre. Auch eine bewusste Falschmeldung hat diese Wirkung. Vielleicht fühlen sich Zuhörer auch zu Zwischenrufen veranlasst, um die Sachlage richtigzustellen. Dies tut der Vortragende auch und leitet damit zum Thema über.

überraschend

■ Wer relativ kurz vorträgt, um schnell zu Ergebnissen zu kommen, kann auch sofort im Einstieg schon das eigentliche Thema ansprechen. Dies wird in der Regel bei Vorlesungen an den Universitäten so gehalten.

ernst

■ Nichts ist schädlicher für den Einstieg, als einen plumpen Witz zu machen, der vielleicht sogar noch die Zuhörer aufs Korn nimmt. Eine humorvolle Bemerkung hingegen, die die Zuhörer zum Schmunzeln bringt, entspannt die Atmosphäre.

humorvoll

■ Wenn Sie mit einem persönlichen Erlebnis einsteigen, das im Zusammenhang mit dem Thema steht, erhöhen Sie Ihre Akzeptanz und Glaubwürdigkeit bei den Zuhörern.

persönlich

■ Ein Referent erhöht seine Akzeptanz auch dadurch, dass er seinen Zuhörern als Einstieg seine ernstgemeinte Anerkennung für einen konkreten Anlass ausspricht. Die Atmosphäre wird harmonisch und entspannt und die Zuhörer sind aufmerksam.

anerkennend

■ Wenn man die Zuhörer mit einem Beispiel, einem Vergleich oder einer anschaulichen Umschreibung an das Thema heranführt, bleibt Wesentliches länger im Gedächtnis haften, die Zuhörer sind interessiert und denken mit.

vergleichend

■ Heiterkeit und Entspannung wird erzeugt, wenn spontan auf Dinge eingegangen wird, die kurz zuvor passiert sind. Schlagfertigkeit und Professionalität des Redners werden dabei unter Beweis gestellt, die Zuhörer sind zunächst überrascht und dann amüsiert, erleichtert, entspannt.

spontan

■ Besonders aufmerksam sind die Zuhörer, wenn Sie ihnen zum Einstieg einen kurzen Film, eine Folie, ein Dia oder ein Objekt präsentieren, die dann zum eigentlichen Thema hinführen. Auch hier ist die Behaltensquote sehr hoch.

demonstrierend

Aufgabe

Überlegen Sie sich für das nächste Referat, das Sie halten werden, fünf mögliche Einstiege. Entscheiden Sie sich dann für einen und begründen Sie, warum dieser eine für Sie und Ihr Referat der beste ist. Üben Sie alle Einstiege vor dem Spiegel oder mithilfe einer Videokamera.

Der Hauptteil

Wenn der Einstieg erfolgt ist, sollten Sie das Thema und die eigene Gliederung kurz vorstellen („Mein folgendes Referat hat drei Teile: 1. ..., 2. ..., 3. ..."). Eine vorbereitete Flipchart mit den Gliederungspunkten kann während des ganzen Vortrags sichtbar sein, wobei man jeweils den Punkt (z. B. mit einem roten Pfeil) markiert, den man gerade abarbeitet. In ähnlicher Weise können Sie mit einem Overheadprojektor verfahren und jeweils den aktuellen Gliederungspunkt auf der Folie aufdecken. So wissen die Zuhörer, worum es geht, und können alles einordnen, was sie hören. Durch entsprechende Formulierung sollten Sie den Beginn eines neuen Abschnitts und seinen Zusammenhang mit dem Abschnitt davor akzentuieren („Einleitend will ich ...", „Daraus folgt ...", „Als Nächstes möchte ich ...").

Visualisierung
Akzentuierung

Ein gelungener Hauptteil ist das wichtigste Element in der Gesamtpräsentation. Dazu folgende Planungshinweise:

■ Geben Sie dem Hauptteil eine klare, für die Zuhörer nachvollziehbare Gliederung.
■ Planen Sie nur das, was Sie auch tatsächlich in der zur Verfügung stehenden Zeit erreichen können.

- Planen Sie eine Zeitstruktur, sodass Sie wissen, wie lange Sie für jeden Punkt benötigen und wie lange die gesamte Präsentation etwa dauert.
- Planen Sie nicht die Lösung von Problemen, sondern das Erreichen von Ergebnissen.
- Überlegen Sie sich, an welcher Stelle Sie zur Unterstützung Ihrer Aussagen Medien einsetzen können und wie Sie diese gebrauchen.

Der Abschluss

Die meisten Möglichkeiten, die für den Einstieg erwähnt wurden, können ebenso für den Abschluss genutzt werden. Besonders geschickt ist es auch, einen Rahmen, der evtl. durch den Einstieg geöffnet wurde, jetzt zu schließen, indem der anfängliche Gedanke nochmals weitergedacht wird, indem eine offene Frage mit Bezug zum Thema nun geschlossen wird oder indem eine provozierende Einleitung, nachdem man mehr über die Hintergründe erfahren hat, nun wieder aufgegriffen und geprüft wird.

Rahmen vollenden

Profitipp

Eine gute Rede hat einen guten Anfang und ein gutes Ende – und beide sollten möglichst dicht beieinander liegen.
Mark Twain

Der Abschluss

- Fassen Sie kurz die wesentlichen Aspekte Ihres Vortrags zusammen. Besonders wirksam geschieht dies mit einer vorbereiteten Overheadfolie.
- Vermeiden Sie es, mit ungeschickten Formulierungen darauf hinzuweisen, dass Sie „… jetzt am Ende seien", „… alles Wesentliche gesagt haben", „… nun zum Schluss kommen möchten".
- Wenn es – je nach Thema – sinnvoll ist, appellieren Sie an die Zuhörer, das, was sie von Ihnen gehört haben, nun in die Praxis umzusetzen, und bieten Sie Ihre Hilfe dabei an. Oder fordern Sie die Zuhörer auf, sich selbst, nach der Einführung durch Sie, mit dem Thema weiter zu beschäftigen.
- Formulieren Sie abschließend einen persönlichen Dank an die Zuhörer für die Aufmerksamkeit.
- Falls eine anschließende Diskussion vorgesehen ist, leiten Sie nun dazu über.

Aufgaben des Diskussionsleiters:

- der Diskussion ein Ziel geben,
- eine klare zeitliche Begrenzung setzen,
- Diskussionsbeiträge sammeln, Wortmeldungen koordinieren, eine Reihenfolge festlegen und konsequent durchhalten,
- auch zurückhaltende Teilnehmer zur Beteiligung auffordern und ihnen eine Chance geben,
- Missverständnisse ausräumen,
- die Diskussion auf einer sachlichen Ebene halten,
- Ergebnisse zusammenfassen,
- die Diskussion zum Abschluss bringen.

5.2.2 Gesprochene Sprache und nonverbale Sprache

Rhetorik

größere Überzeugungskraft

Immer häufiger gibt es z. B. in Firmen Rhetorikschulungen für bestimmte Mitarbeiterinnen und Mitarbeiter. Zum einen geht es darum, die Produkte der Firma mit größerer Überzeugungskraft an den Kunden zu bringen, zum anderen aber auch darum, dass grundlegende Rhetorikfähigkeiten nun einmal zum Gesamtbild einer (Führungs-)Persönlichkeit gehören.

Auch in Schulen hat man das natürlich erkannt und bietet immer öfter Seminare, Kurse oder AGs in praktischer Rhetorik an. Dass man damit den kleinen Harry, der 9 Jahre lang in der letzten Bank saß und glücklich war, wenn ihn niemand störte, und der starr vor Angst war, wenn er vor der Gruppe stehen und ein Referat stammeln musste, nicht von heute auf morgen zum genialen Redner auf Großveranstaltungen macht, ist sicher verständlich. Aber ein gut organisierter und geführter Rhetorik-Kurs vermittelt wesentliche Kenntnisse und dient in ganz hohem Maße der Persönlichkeitsbildung.

Rhetorik in der Schule

In Rhetorikseminaren geht es um die folgenden Themenbereiche:

Themen von Rhetorikseminaren

- Grundlagenkenntnisse in der Kommunikationstheorie
- Atemtechniken, Stimmbildung und Stimmtraining
- Technische und stilistische Aspekte des Sprechens
- Körpersprachliche Aspekte (Haltung, Blickkontakt, Gestik, Mimik, Dynamik)
- Umgang mit Angst, Lampenfieber und persönlichen Unzulänglichkeiten
- Kreativität und Schlagfertigkeit
- Offenheit und freies Sprechen
- Umgang/Spiel mit dem Publikum
- Formale Aspekte der Organisation, Vorbereitung und Durchführung
- Inhalt und Aufbau einer Rede

All diese Themen werden mit zahlreichen praktischen Beispielen geschult und normalerweise um besonders selbsterkenntnisreiche Übungen mit der Videokamera ergänzt. Ein begnadeter Redner wirkt auf sein Publikum so wie der Dirigent auf sein Orchester in dem untenstehenden Gedicht von Ernst Jandl.

Sicheres Auftreten

Die Inhalte der Rhetorikschulung sind auch die Inhalte von Trainingseinheiten für sicheres Auftreten, außer dass hier größerer Wert auf die psychologischen Aspekte der Selbstwahrnehmung und der Fremdwahrnehmung gelegt wird und nicht so sehr auf sprachlich-inhaltliche Dinge wie in der Rhetorik. Beide Bereiche sind eng verbunden.

Die Voraussetzung für sicheres Auftreten ist, dass man sein Thema, seine Methoden und seine Werkzeuge gut beherrscht. Dazu gehört natürlich Praxis. Niemand wird glauben, dass der Solist, der auf der Bühne gerade mit dem Sinfonieorchester zusammen ein großes Klavierkonzert gibt, dies nie geübt hat, sondern mit seiner Kunst und Fingerfertigkeit nur das umsetzt, was er irgendwo einmal in einem Buch gelesen hat.

Warum sollte das bei Reden und Referaten anders sein? Gerade als Schülerin und Schüler sollten Sie jede Möglichkeit des freien Sprechens und Referierens vor unterschiedlichen Gruppen wahrnehmen und als Übungsmöglichkeit begrüßen. Was kann Ihnen schon passieren? Sie können zu Hause vor dem Spiegel oder der Kamera noch so gut sein und doch vor der Gruppe versagen, weil Sie plötzlich von zwanzig Augenpaaren direkt angesehen werden, weil sie nicht hinter schützenden Mitschülern irgendwo in der dritten Reihe sitzen und weil Sie das Gefühl haben, rot zu

das fanatische orchester

der dirigent hebt den stab
das orchester schwingt die instrumente

der dirigent öffnet die lippen
das orchester stimmt ein wutgeheul an

der dirigent klopft mit dem stab
das orchester zerdrischt die instrumente

der dirigent breitet die arme aus
das orchester flattert im raum

der dirigent senkt den kopf
das orchester wühlt im boden

der dirigent schwitzt
das orchester kämpft mit tosenden wassermassen

der dirigent blickt nach oben
das orchester rast gen himmel

der dirigent steht in flammen
das orchester bricht glühend zusammen

Ernst Jandl, die bearbeitung der mütze

jede Übungsmöglichkeit nutzen

werden, oder weil Ihnen die Hände zittern oder schwitzen oder weil Sie plötzlich außer Atem sind. Je öfter Sie in diese durchaus unangenehme Situation kommen, desto besser lernen Sie sie zu bewältigen. Und wenn Sie diese Situation nicht zu vermeiden trachten, sondern ganz im Gegenteil diese Herausforderung im Bewusstsein Ihrer Schwächen suchen, dann sind Sie auf dem Weg zum sicheren Auftreten ein großes Stück vorangekommen.

Sprachliche Mittel

Den richtigen Ausdruck zu finden für die zurechtgelegten Gedanken ist ein besonders wichtiger Schritt auf dem Weg zu einer gelungenen Rede. Dazu gehört eine dem Anlass angemessene Stillage, eine passende Wortwahl, ein übersichtlicher Satzbau und der sorgfältig bedachte Einsatz rhetorischer Mittel.

Profitipp

Gesprochene Sprache

- Sprechen Sie nicht, wie man schreibt, sondern so, dass Ihnen die Zuhörer problemlos folgen können.
- Formulieren Sie nicht zu kompliziert. Vermeiden Sie unbedingt lange, verschachtelte Sätze mit Einschüben und Nebensätzen. Pro Satz sollte nur ein Gedanke oder eine wichtige Information transportiert werden.
- Verzichten Sie auf Fachbegriffe und Fremdwörter, wenn Sie wissen, dass die Zuhörer damit nichts anfangen können. Oder erklären Sie sie gleichzeitig.
- Sprechen Sie Ihr Publikum persönlich an. Benutzen Sie Wörter wie „Sie" und „Wir" statt „man" und anderer unverbindlicher Formulierungen.
- Binden Sie Ihr Publikum in den Vortrag ein, z. B. indem Sie Fragen an die Zuhörer richten (Haben Sie/Habt ihr eine Vorstellung, wie viele ...?).
- Verwenden Sie bei Verben Aktivformen statt Passivformen.
- Nutzen Sie Wiederholungen, um Ihre wichtigsten Aspekte nochmals zu betonen.
- Nutzen Sie rhetorische Mittel und Stilfiguren, wenn Sie die besondere Aufmerksamkeit der Zuhörer haben oder Sie Ihren Vortrag auflockern wollen: Variation, Wiederholung, Rückblick, Ausblick, Inversion, Ankündigung, Geheimnis, Gegenwartsbezug, Parabel, Aufzählung, Syllogismus, Ironie, Klimax, Antiklimax, Antithese, Parallele, Umformulierung, Übertreibung, Untertreibung, Rhetorische Frage, Provokation.

Sprechdynamik

Ein Sprecher spricht nicht nur, er wirkt auch auf uns durch seine Stimme, durch sein Sprechtempo, durch Variationen in Tonlage und Lautstärke, durch wirkungsvolle Beschleunigung und Pausen, die seine Aussageabsicht unterstreichen sollen. Diese Sprechdynamik setzt sich aus einer Reihe von Elementen zusammen, die bewusst vom Sprecher kontrolliert und eingesetzt werden können, um damit seine Rede plastischer zu gestalten, um Emotionen zu transportieren oder um seine Haltung und seine Absichten klar zu machen. Zur Sprechdynamik gehören:

Lautstärke

- Lautstärke reicht von kaum wahrnehmbarem Flüstern bis zu lautem Schreien. Mit der Veränderung der Lautstärke kann man die Zuhörer disziplinieren, man kann Spannung und Dramatik erzeugen, man kann Ärger und Wut ausdrücken.

Sprechgeschwindigkeit

- Je schneller ein Sprecher spricht, desto aufgeregter ist er. Langsames Sprechen signalisiert Ruhe, Gelassenheit und Konzentration.

■ Durch die Akzentuierung werden einzelne Silben oder Wörter besonders betont. Es macht zum Beispiel einen Bedeutungsunterschied, ob ich in dem Satz „Der Präsident wird im November gewählt." Das Wort „Präsident", „November" oder „gewählt" akzentuiere.

Akzentuierung

■ Jeder Sprecher verfügt über eine bestimmte Grundtonhöhe, die individuelle Interferenzlage, die weitgehend durch physische Gegebenheiten definiert wird. Die Tonhöhe ist aber veränderbar und kann dann unterschiedliche Signale transportieren. Eine tiefere Stimme strahlt meist eine höhere Souveränität aus, hinter einer hohen Stimme wird eher Naivität und Unsicherheit vermutet.

Tonhöhe

■ Die Intonation, das bewusste Verändern der Tonhöhe in zusammenhängenden Äußerungen, wird angewandt, um Gefühle zu transportieren, um Sprechabsichten zu vermitteln und um wichtige Wörter oder Phrasen hervorzuheben.

Intonation

■ Rhythmus ist ein wiederholtes Auftreten einer Schnell-langsam-Sequenz, einer wiederholt parallel verlaufenden Intonation oder eines wiederkehrenden Lautstärkemusters. Beim Zuhörer wird damit ein Wiedererkennungseffekt und eine Vertrautheit erzeugt. Wiederkehrender Rhythmus birgt keine Überraschungen.

Rhythmus

■ Sprechpausen, an der richtigen Stelle gesetzt, erhöhen die Spannung, können aber ebenso Nachdenklichkeit und Ruhe suggerieren. Fehlende Pausen dort, wo man sie erwartet hätte, stehen für Geschwindigkeit und Dramatik.

Pausen

Körpersprache

Heruntergezogene Mundwinkel, gerümpfte Nasen oder vor der Brust verschränkte Arme sagen oft mehr über unsere Empfindungen und Gedanken aus als unsere Worte. Der Großteil der Mitteilungen an unsere Mitmenschen geht von unserem Körper aus und Elemente der Körpersprache, wie z. B. Haltung, Blickkontakt, Mimik und Gestik, müssen Sie auch bei einem Vortrag beachten und einsetzen können.

Körpersprache und gesprochene Sprache

Stehen Sie vor Ihren Zuhörern oder sitzen Sie? Befindet sich zwischen Ihnen und den Zuhörern ein „Sicherheitselement", also ein Rednerpult, ein Tisch oder gar ein Overheadprojektor? Sprechen Sie frei oder lesen Sie ab? Welche Haltung ist wann angemessen?

sitzen/stehen

■ Bei mehr als 15 Zuhörern ist es besser, zu stehen, um von allen gesehen zu werden. Man kann stehend freier sprechen, weil man unverkrampfter atmen kann. Dadurch wird die Stimme fester und trägt weiter. Wenn man seinen Vortrag nicht frei hält, sondern sich auf Notizen stützt, am besten auf Karteikarten, leistet auch ein Rednerpult gute Dienste, weil man seine Unterlagen darauf ablegen kann und die Hände frei hat, um seine Ausführungen durch Gesten zu unterstützen.

Bewegung

■ Bringen Sie Ruhe in Ihr Auftreten. Sie können durchaus nah an das Publikum herantreten, aber laufen Sie nicht hektisch auf und ab. Bei kurzen Referaten bis zu ca. 15 Minuten sollte man Bewegung aber auf ein Mindestmaß beschränken, z. B. um etwas an einer Projektionsfläche oder Tafel zu zeigen.

Blickkontakt

■ Blickkontakt zwischen Rednern und Zuhörern intensiviert die Kommunikation und zeigt sofortige Reaktionen. Über den Blickkontakt erfahren Sie als Redner ein Feedback und können z. B. einen Gedankengang noch einmal präzisieren oder veranschaulichen. Die Zuhörer lernen aus dem Blickkontakt vieles über die Glaubwürdigkeit und Seriosität sowie Sicherheit oder Unsicherheit des Sprechers.

Was sagen die Augen des Gesprächspartners aus?	
seitlicher Blick von unten nach oben	▶ freundliche Sympathie und Zuneigung
Blick von oben herab	▶ überhebliche Haltung
langer und nachdenklicher Blick	▶ Wunsch nach mehr Information
fehlender Blickkontakt	▶ Unsicherheit
umherirrender Blick	▶ Furcht, Angst
durchdringender und stechender Blick	▶ klarer, gefestigter Standpunkt
Blick nach oben zur Decke	▶ Desinteresse
kurze Blicke, schnelles Ausweichen	▶ Unsicherheit
sich verengender Blick	▶ Detailkonzentration
nachdenklicher Blick nach oben links	▶ Erinnerung
nachdenklicher Blick nach oben rechts	▶ Kreativität
nachdenklicher Blick nach unten	▶ innerer Dialog
frontaler und direkter Blick	▶ Aufforderung zur Stellungnahme
Hochziehen beider Augenbrauen	▶ Aufmerksamkeit und spontanes Interesse
Hochziehen einer Augenbraue	▶ Skepsis

Frei sprechen oder ablesen?

Es ist sicher wesentlich anspruchsvoller, einen gut strukturierten Vortrag frei zu halten als ihn manuskriptgestützt vorzutragen. Das geht aber nur, wenn man seinen Stoff hervorragend beherrscht und einzelne Gliederungspunkte und Aussagen nicht durcheinanderbringt. Komplettes Auswendiglernen ist ebenso abzulehnen wie das wortgetreue Vorlesen eines ausformulierten Manuskripts. Die ideale Vortragsweise liegt in der Mitte: Stichworte und Schlüsselbegriffe werden in der richtigen Reihenfolge schriftlich auf den Vortragsnotizen festgehalten. Auf dieser Grundlage entsteht Satz für Satz die freie

Formulierung. Bei dieser Methode können Sie Blickkontakt mit Ihren Zuhörern halten und Sie können weitersprechen, während Sie etwas an der Tafel oder an der Moderationswand zeigen.

Was sagt das Lächeln des Gesprächspartners aus?	
lockeres, spannungsarmes Lächeln mit Bewegungsrichtung der Mundwinkel nach außen, Lippen geöffnet	▶ Ausdruck echter Freude und vorbehaltloser Anerkennung
gewolltes, gemachtes Lächeln mit meist gradlinig auseinandergezogenen Mundwinkeln, eher starr	▶ relativ geringer Gefühlsgehalt, heuchlerisch, oft auch Verlegenheitslächeln, z. B. auch bei gestellten Fotos, bei der Begrüßung eines unsympathischen Gastes
süßliches Lächeln mit geringfügig stärkerer Lippendehnung	▶ wirkt leicht unecht und übersteigert
Schmunzeln (Lächeln, bei dem die gespannten Lippen geschlossen bleiben)	▶ Verschmitztheit; Aufmerksamkeit; zurückhaltender Ausdruck einer eigenen Meinung oder Erfahrung
schiefes Lächeln mit einseitigem Nachoben oder -unten-Ziehen eines Mundwinkels	▶ innerer Zwiespalt, Verbergen einer wahren Meinung; Lächeln oder Lachen aus Höflichkeit, oft gequält

Was sagt die Mimik des Gesprächspartners aus?	
Stirnfalten senkrecht	▶ hohe Konzentration auf Details
Stirnfalten waagerecht	▶ hohe Aufmerksamkeit; sind dabei die Augen leicht zugekniffen, gibt es evtl. Verständnisschwierigkeiten
große Augen, offener Mund	▶ (freudiges) Erstaunen
kleine Augen, offener Mund	▶ Entsetzen
zusammengekniffene Lippen	▶ Verärgerung, Unwillen, Verweigerung
sich auf die Unterlippe beißen	▶ Bedauern oder Reue über die soeben gemachte Aussage
Zusammenbeißen der Zähne	▶ Beschäftigung mit einem schwirigen Problem, hohe Nachdenklichkeit
Herunterziehen beider Mundwinkel	▶ Skepsis, Geringschätzung, Missgunst
zuckende Mundwinkel	▶ Unsicherheit, Nervosität
Herunterziehen eines Mundwinkels	▶ Verachtung, Spott
sich an die Nase fassen	▶ momentane Verunsicherung
sich ans Ohrläppchen fassen	▶ Unsicherheit, Unschlüssigkeit
leicht nach oben gezogene (gerümpfte) Nase	▶ Abneigung, Unlust, Widerwillen
geweitete Nasenflügel	▶ Erregung, Erwartung, momentane Spannung

Wie bei allen Aspekten der Körpersprache geht es auch bei der Mimik nicht darum, andere zu manipulieren, sondern sich der empfangenen und ausgesandten Signale bewusst zu werden. Auf diese Weise können Sie einige Gefühle und Regungen des Gesprächspartners erkennen und damit

- die Kommunikation verbessern,
- Konflikte vermeiden,
- Harmonie erzeugen.

Da die gesamte Körpersprache eine Einheit bildet, kann das Lächeln nicht für sich allein interpretiert werden, sondern steht im direkten Zusammenhang mit der Mimik und in engem Zusammenhang mit der Kopf- und Körperhaltung und der Gestik.

Profitipp	Setzen Sie sich zu zweit gegenüber. Stecken Sie Ihre Hände in die Taschen oder halten Sie sie hinter dem Rücken verschränkt. Versuchen Sie allein durch Ihre Mimik und Ihren Blick die folgenden Empfindungen auszudrücken, die Ihr Gegenüber dann benennen muss:

Skepsis	Unsicherheit, Verlegenheit
Furcht, Angst	Hohn, Spott
Langeweile	Neugier
Freude	Stolz
Heiterkeit	Geringschätzung
Entsetzen	Besorgnis
Liebe	Hass
Ungeduld	Konzentration

Gestik

Die Gestik ist zur Unterstützung des gesprochenen Wortes durchaus kontrolliert einsetzbar und muss mit der Mimik übereinstimmen, da sonst verwirrende Signale ausgesandt werden. Eine zurückweisende Handbewegung passt nicht zu einem gewinnenden Lächeln. Dies kann die Zuhörer verunsichern. Das gilt auch für Übersprungshandlungen.

Übersprungshandlungen

Dies sind nervöse Ausweichshandlungen, die bei Frustration und innerem Konflikt ausgeführt werden und scheinbar nicht zur Situation passen. Beispielsweise, wenn sich Leute häufig die Haare aus dem Gesicht streichen, selbst wenn es nicht nötig ist, wenn man häufig auf die Uhr schaut, ohne danach eigentlich zu wissen, wie spät es ist, oder wenn man seine wohlgeordneten Vortragsunterlagen immer wieder anfasst, ordnet, etc.

Manierismen

Auch Manierismen, etwas sonderbare, posenhafte Sprech- oder Bewegungsgewohnheiten, können auf Zuhörer gelegentlich störend wirken.

Bei den für eine Präsentation relevanten Gesten unterscheiden wir zwischen

- Zeigegesten,
- Betonungsgesten,
- Demonstrationsgesten.

Diese können unwillkürlich oder willkürlich verwendet werden.

Zeigegesten

- Zeigegesten sind Gesten, die auf besondere Dinge oder Personen aufmerksam machen wollen. Je nachdem, worum es sich handelt, zeigt man mit dem ausgestreckten Zeigefinger, der auch eine Dominanzgeste sein kann, oder mit der ganzen Hand.

Betonungsgesten

- Betonungsgesten verstärken verbale Aussagen. Zeigt dabei die Handfläche nach oben, soll etwas angehoben oder aufgewertet werden. Eine senkrecht stehende Handfläche ist wertneutral, also weder positiv noch negativ. Zeigt die Handfläche nach unten, soll etwas eher abgewertet werden. Gesten mit der geballten Faust sind besonders nachdrücklich, und Fingergesten fordern besondere Aufmerksamkeit.

Demonstrationsgesten

- Mit Demonstrationsgesten werden Sachverhalte wie Formen, Größen, Gewichte oder Greifhaltungen verdeutlicht.

Nicht nur die Art der Geste, auch der Ort, an dem sie ausgeführt wird, beeinflusst ihre Bedeutung.

- Bewegungen der Arme und Gesten oberhalb der Gürtellinie befinden sich im positiven Bereich und transportieren positive Botschaften. Je nach Anzahl der Zuhörer und Größe des Raumes müssen diese Gesten bezüglich ihrer Größe und Weite angemessen sein. Die Gesten oberhalb der Gürtellinie haben eine stärkere Überzeugungskraft, verstärken die Glaubwürdigkeit und beleben eine Präsentation. _positive Botschaften_

- Bewegungen der Arme und Gesten in Höhe der Gürtellinie befinden sich im neutralen Bereich und strahlen Sachlichkeit und Verbindlichkeit aus. Die damit verbundenen Botschaften sind wertfrei. _neutraler Bereich_

- Unterhalb der Gürtellinie sind Bewegungen und Gesten für eine Präsentation nicht hilfreich, da sie eine eher negative Botschaft signalisieren und der Sprecher unbeweglich und unsicher erscheint. _negative Botschaften_

Bitte beachten Sie bei einem Vortrag oder einem Referat, dass die Geste, die das Wort unterstützen soll, nicht gleichzeitig mit dem Wort eingesetzt wird, sondern schon ein wenig vorher. So wird der Zuhörer bereits optisch auf das vorbereitet, was er unmittelbar danach hört. Dadurch wird die Aufmerksamkeit erhalten und verstärkt.

Körpersprache

- Halten Sie Blickkontakt mit Ihren Zuhörern (frei sprechen) und achten Sie auf deren Reaktionen.
- Versuchen Sie, Ihre Aussagen durch möglichst natürliche Mimik und Gestik zu verstärken.
- Intensivieren Sie Ihre Gestik, wenn die Aufmerksamkeit nachlässt.
- Versuchen Sie, Ihre Übersprungshandlungen und Manierismen unter Kontrolle zu bekommen.
- Spielen Sie nicht mit Zeigestöcken, Laserpointern, Schreibgeräten etc. Diese Dinge nehmen Sie nur in die Hand, wenn Sie sie wirklich brauchen.
- Zeigen Sie Dinge an Flipchart und Moderationswand mit der Hand, nicht mit Gegenständen. Dazu stellen Sie sich neben die Wand, Ihre Front zeigt zum Auditorium.
- Einzelheiten auf Folien zeigen Sie mit einem spitzen Gegenstand auf dem Projektor, nicht an der Projektionswand. Wenn Sie doch etwas auf der Projektionsfläche zeigen wollen (OH-Projektor, Beamer), benutzen Sie einen Laserpointer.
- Achten Sie darauf, dass Sie nicht zu hektisch wirken, wenn Sie während Ihres Vortrags mehrfach aufstehen müssen, um an Ihre Projektionsgeräte und visuellen Hilfsmittel zu gelangen.
- Bringen Sie Ruhe in Ihr Auftreten. Sie können durchaus nah an das Publikum herangehen, aber laufen Sie nicht hektisch auf und ab.
- Wenn Sie als Referent an einem Tisch vor Ihren Zuhörern sitzen, überlegen Sie sich genau, welches Bild Sie abgeben. Es kann sein, dass Sie oberhalb der Tischplatte ganz elegant und professionell aussehen, dass aber dieser positive Eindruck unterhalb der Tischplatte wieder aufgehoben wird.

Aufgabe

Die folgende Übung können Sie allein (z. B. zu Hause vor dem Spiegel) oder mit einem Partner/einer Partnerin durchführen.
- Lesen Sie sich die nachfolgenden Sätze, die alle aus dem Zusammenhang gerissen sind, zunächst genau durch. Dann stellen Sie sich bitte vor, Sie sprechen diese Sätze als wichtigen Bestandteil eines Referates vor ca. 20

Zuhörern. Lesen Sie nun jeden Satz einzeln noch einmal so oft durch, bis Sie ihn ohne Blick auf das Blatt frei wiederholen können.

- Tragen Sie einen Satz nach dem anderen frei stehend vor. Achten Sie dabei darauf, dass Ihre Lautstärke, Betonung, Intonation und Sprechgeschwindigkeit angemessen ist, dass Ihre Mimik und Ihre Gestik den Inhalt des gesprochenen Wortes unterstützt und dass nichts übertrieben oder gekünstelt wirkt, sondern ganz natürlich bei Ihrem Gesprächspartner ankommt.

1. Langsam entfaltete die zarte Blüte ihr blasses Rosa.
2. Von Norden nach Süden erstrecken sich gewaltige Wolkenfelder.
3. Einerseits konnte man zustimmen, andererseits gab es Bedenken.
4. Plötzlich erschütterte eine gewaltige Explosion das Gebäude.
5. Man kann es ihm nur immer und immer wieder einhämmern.
6. Ich frage mich, Sie fragen sich, wir fragen uns alle, wie das weitergehen soll.
7. Immer mit der Ruhe. Nur keine Aufregung.
8. Irgendwie dreht sich unsere Argumentation immer im Kreis.
9. Mir wird himmelangst, wenn ich sehe, wie er den Baum hochklettert.
10. Ich möchte es noch einmal ganz klar und deutlich sagen: Dieses Vorgehen ist illegal.
11. Ich weiß es doch nicht. Mich hat niemand informiert.

weitere Beispiele:
:ᐟ: Webcode: MT641048–150

Aufgabe

Auch wenn es etwas Überwindung kostet: Zu einer guten Vorbereitung für einen Vortrag gehört es auf jeden Fall, dass Sie diesen vorab üben.

- Üben Sie den Vortrag zu Hause vor einem Spiegel oder mit einer Videokamera.
- Tragen Sie die Rede einer Person Ihres Vertrauens vor, besprechen Sie mit dieser mögliche Mängel Ihres Vortrages und üben Sie die entsprechenden Stellen noch einmal.
- Halten Sie in Ihrem Kurs Kurzreferate zu aktuellen Themen, die Sie mithilfe eines Auswertungsbogens begutachten.

5.2.3 Einen Vortrag halten

Hier werden Ihnen eine Reihe von Tipps für den eigentlichen Vortrag, das Referat oder die Präsentation vorgestellt. Mithilfe dieser „Dos and Don'ts" werden Sie Ihre Aufgabe optimal meistern.

Profitipp

Vor Beginn des Vortrags

- Sie haben Ihren Vortrag optimal vorbereitet, das Manuskript steht. Vielleicht haben Sie Ihre wichtigsten Stichworte und Ideen auf Karteikarten festgehalten. Damit nichts durcheinanderkommt, falls die Karteikarten einmal herunterfallen sollten, haben Sie sie alle nummeriert, oben links einmal gelocht und mit einem Bändchen oder Schlüsselring verbunden.
- Bevor Sie Ihren Vortrag halten, überprüfen Sie die Räumlichkeiten, die Tafeln und Stifte, die Projektoren und alle anderen Medien. Falls Ihnen ein Assistent behilflich ist, ist er eingewiesen und weiß, was er wann zu tun hat.
- Stimmen Sie sich positiv ein, indem Sie an etwas Angenehmes denken, vielleicht ein früheres Erfolgserlebnis.

Beginn des Vortrags   **Profitipp**

- Beginnen Sie pünktlich. Wenn Ihr Vortrag für 10.00 Uhr angesetzt ist, sollten Sie auch um 10.00 Uhr beginnen und nicht zehn Minuten später. Zuspätkommer wird es immer geben und es lohnt sich nicht, auf diese zu warten, wenn es nicht gerade die Ehrengäste sind.
- Wenn Sie nervös sind oder Lampenfieber haben, atmen Sie mehrfach tief durch. Fangen Sie nicht sofort an. Nehmen Sie Blickkontakt mit den Zuhörern auf, lächeln Sie und warten Sie einige Sekunden.
- Natürlich sollten Sie frei sprechen, aber den ersten Satz können Sie auswendig lernen und gekonnt aufsagen. Damit haben Sie Ihren persönlichen Einstieg in den Vortrag gefunden und werden sehr schnell ruhiger und freier.
- Sagen Sie den Zuhörern, worum es in Ihrem Vortrag geht und wie Sie vorgehen wollen. Nehmen Sie aber keine Ergebnisse vorweg.

Motivation zum Zuhören   **Profitipp**

- Nach der ersten Minute haben Sie die volle Aufmerksamkeit durch einen gelungenen Einstieg.
- Zeigen Sie nach ca. fünf Minuten zum ersten Mal ein Dia oder eine Folie, denn „ein Bild sagt mehr als tausend Worte". Sie können so die leicht sinkende Aufmerksamkeit durch visuelle Hilfsmittel wieder stabilisieren.
- Spätestens nach der 15. Minute sinkt die Aufmerksamkeit der Zuhörer wieder ab. Sie können jetzt nochmals durch den Einsatz visueller Medien stabilisieren oder Ihren Vortrag für ein paar Minuten unterbrechen, um Zwischenfragen zu beantworten. (Kurze Fragen, kurze Antworten)
- Nach der 30. Minute erreicht die Konzentration ihren Tiefpunkt. Sie können jetzt das nahe Ende Ihrer Präsentation oder eine kurz bevorstehende Pause ankündigen.
- Nach der 40. Minute sollten Sie das Ergebnis Ihres Vortrags ganz klar und punktuell zusammenfassen und evtl. auf einer Folie visuell präsentieren.
- Spätestens nach 45 Minuten müssen Sie Ihren Vortrag beendet haben oder eine 15-minütige Pause einlegen.

Probleme und Störungen während des Vortrags   **Profitipp**

- Was tun Sie, wenn Ihr Vortrag durch Zuspätkommer gestört wird? Ignorieren Sie sie. Machen Sie auf keinen Fall anzügliche Bemerkungen. Unterbrechen Sie bei sehr starker Störung lieber, bis diese Leute Platz genommen haben, dann machen Sie weiter.
- Was tun Sie, wenn Sie plötzlich einen Blackout haben und nicht mehr weiterwissen? Bleiben Sie ganz ruhig und schauen Sie in Ihren Unterlagen nach, was Sie als Nächstes sagen wollten. Dann wiederholen Sie den letzten Satz und fahren ab da fort. Sie können den Zuhörern auch ehrlich sagen, dass Sie den Faden verloren haben und sich kurz neu an Ihren Aufschrieben orientieren. Oder Sie können das nächste Bild, die nächste Folie zeigen, das bisher Gesagte zusammenfassen oder mit einem neuen inhaltlichen Aspekt weitermachen.

▶▶▶

- Was tun Sie, wenn Sie sich versprechen? Sie korrigieren sich einfach ohne sich aufwändig zu entschuldigen, und machen weiter.
- Was tun Sie bei technischen Pannen, Stromausfall, unzuverlässiger Funktionsweise von Projektoren etc.? Wenn es irgendwie möglich ist, verzichten Sie auf das entsprechende Medium. Andernfalls unterbrechen Sie Ihren Vortrag und beheben dieses Problem, evtl. mit sachkundiger Hilfe Anwesender.
- Was tun Sie, wenn Zuhörer Zwischenfragen stellen? Solange solche Fragen dem Verständnis dienen, beantworten Sie sie kurz und knapp. Lassen Sie sich aber nicht auf längere Diskussionen ein. Stellen Sie die Fragen, die nicht zum Thema gehören, höflich und freundlich, aber bestimmt zurück. Sie können möglicherweise in einer Diskussion am Ende Ihres Vortrags noch einmal aufgeworfen werden, sollten Sie aber während des Vortrags nicht am Fortfahren hindern.
- Was tun Sie, wenn Sie feststellen, dass Sie Zeitprobleme bekommen? Wenn Sie merken, Sie sind zu schnell, können Sie einzelne Aspekte nochmals vertiefen oder auf eine Folie zurückgreifen oder den Zuhörern Fragen stellen und Diskussionsstoff liefern. Wenn Sie zu lange brauchen, zählen Sie noch offene Aspekte nur auf und sagen mit wenigen Sätzen, worum es geht, ohne in die Tiefe zu gehen.

:⬚: Webcode: MT641048–152

Nach der Präsentation

Benutzen Sie die nachfolgende oder eine ähnliche Checkliste, um sich selbst ein Feedback Ihres Vortrags zu geben.

Checkliste: Präsentation	++	+	O	–	– –
01 Sind die Ziele des Vortrags erreicht worden?					
02 Ist der Einstieg und die Anfangsphase gelungen?					
03 Hatten Sie Lampenfieber?					
04 War die Präsentation gut strukturiert?					
05 Gab es einen sich durchziehenden „roten Faden"?					
06 Haben Sie frei gesprochen oder abgelesen?					
07 War der Blickkontakt zum Publikum gut?					
08 Haben Sie dynamisch gesprochen?					
09 Waren die Formulierungen und die Länge der Sätze angemessen?					
10 Haben Sie angemessene Mimik und Gestik verwendet?					
11 Haben Sie deutlich gesprochen?					
12 Sind Sie mit der Zeit klargekommen?					
13 Wie sind Sie mit aufmerksamkeitserhaltenden Stimuli umgegangen?					
14 War der Medieneinsatz erfolgreich?					

Checkliste: Präsentation	++	+	O	–	––
15 Waren Sie thematisch gut vorbereitet oder haben Sie an einzelnen Stellen Unsicherheiten gezeigt?					
16 Waren die Teilnehmer interessiert?					
17 Waren die Teilnehmer zufrieden?					
18 Gab es Punkte, die Sie anders und besser hätten präsentieren können?					
19 Wie waren Sie mit dem Abschluss zufrieden?					
20 Sind Sie mit dem Gesamtvortrag zufrieden?					
21 Hat Ihnen der Vortrag Spaß gemacht oder war er eher eine lästige Pflicht?					

Diese Checkliste können Sie sich downloaden.

Und hier ist das Dilemma von Büchern, die versuchen, zu beschreiben, wie man einen guten Vortrag hält! Der gute Vortrag in der Praxis hält sich nicht an Regeln, Checklisten und Profitipps. Der gute Vortrag wirkt durch das Charisma und die Persönlichkeit des Vortragenden. Sehen Sie sich als Beispiel die Abschiedsvorlesung des Psychologen und Kommunikationsforschers Professor Friedemann Schulz von Thun am 23. Oktober 2009 an der Universität Hamburg an. Nehmen Sie sich dafür 97 Minuten Zeit. Und dann beschreiben Sie mit ihren eigenen Worten, was ein guter Vortrag ist.

Webcode: MT641048–153

Webcode: MT641048–153

5.3 Schriftliche Präsentation I: Referate, Fach- und Seminararbeiten

5.3.1 Grundformen des Schreibens

Das Erarbeiten von Referaten und Seminararbeiten ist eine Form des wissenschaftlichen Schreibens, selbst wenn das Etikett „wissenschaftlich" in der Sekundarstufe II noch nicht die Bedeutung haben kann wie später an der Universität. Diese Art des Schreibens teilt sich in acht Grundformen auf:

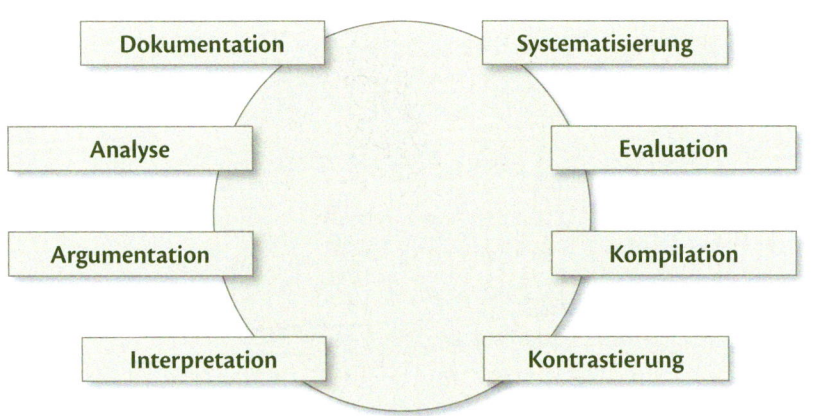

Grundformen des Schreibens

realitätsbezogen	■ Die **Dokumentation** versucht, eine Theorie oder ein wissenschaftliches Phänomen, eine historische Folge von Ereignissen, einen Prozessablauf etc. möglichst umfassend, genau und realitätsbezogen zu beschreiben. Eine eigene Meinung oder Kommentierung durch den Autor gehört nicht hierher. Der Stil ist deskriptiv.
abstrahierend	■ Die **Analyse** versucht, aufgrund einer Reihe von Gesichtspunkten und Kriterien einen Gegenstand abstrahierend zu beschreiben. Ein Beispiel ist die häufig vorkommende Textanalyse in der Literaturkritik.
strukturierend	■ Die **Systematisierung** kann sich mit den gleichen Untersuchungsgegenständen wie die Dokumentation beschäftigen. Hier wird aber jeder Einzelschritt einer Theorie, eines Prozesses, einer Ereignisfolge analysiert. Ziel der Systematisierung ist es, einen größeren Zusammenhang durch Ordnen darzustellen und in seiner Struktur zu erfassen.
bewertend	■ Die **Evaluation** geht genauso vor wie die Systematisierung, hat aber als Ergebnis nicht die systematisierte Ordnung, sondern die Bewertung. Typische Beispiele für evaluierende Texte sind Gutachten oder auch Vergleiche, wie sie in den Sozialwissenschaften häufig vorkommen.
Stellung nehmend	■ Die **Argumentation** setzt sich mit Gründen und Gegengründen einer Sache auseinander. Der argumentative Stil benutzt unterschiedliche Argumentationsketten, um aus der subjektiven Sicht des Autors eine Entscheidung oder Stellungnahme für oder gegen eine Seite einzunehmen.
auslegend	■ Die **Interpretation** ist eine ebenfalls im argumentativen Stil gehaltene Auseinandersetzung mit einer Sache, mit dem Ziel, eine durch die Persönlichkeit des Autors geprägte und gefärbe Sichtweise nachvollziehbar zu formulieren und dem Leser darzulegen.
zusammenfassend	■ Eine **Kompilation** ist eine Zusammenfassung von Daten und Fakten, die durch systematisches Vorgehen bei Recherche und Versuchen erworben wurden und die erfasst und ausgewertet werden. Der Autor hält sich mit seiner persönlichen Perspektive zurück.
gegenüberstellend	■ Eine **Kontrastierung** ist eine Gegenüberstellung, ein Vergleich mehrerer Aussagen, Modelle oder Theorien. Die Voraussetzung dafür ist wie bei der Kompilation ein systematisches Vorgehen. Die eigene Sichtweise des Autors wird zugunsten eines deskriptiven Stils zurückgedrängt.

Aufgabe

Durch die Themenstellung eines Referates, einer Fach- oder Seminararbeit ist die erwartete Arbeitsweise und damit die Grundform des Schreibens bereits vorgegeben. Ordnen Sie die folgenden Themen jeweils einer Grundform des Schreibens – Dokumentation, Analyse, Argumentation, Interpretation, Systematisierung, Evaluation, Kompilation, Systematisierung, Kontrastierung – zu. Als Hilfestellung können Sie die Grafik „Grundformen des Schreibens" und die entsprechenden Definitionen heranziehen (s.o.).

01	Die Ereignisse des November 1989	
02	Führt die Abschaltung der deutschen Kernkraftwerke zu einer Energieversorgungsabhängigkeit vom Ausland?	
03	Hätte Sigmund Freud Hamlet helfen können?	
04	Faschistische Entwicklungen in der deutschen Innenpolitik 1933–1939	

05	Beobachtung von Verhaltensauffälligkeiten bei Zootieren
06	Andy Warhols „Gold Marylin Monroe" (1962) und James Rosenquists „Marylin Monroe, I" (1962)
07	Die Veränderung des deutsch-polnischen Grenzverkehrs seit 1995
08	Die Bodenkollision der beiden Boeing 747 von Teneriffa 1978. Wie konnte es zur bisher größten Flugzeugkatastrophe kommen?
09	Warum jüngere Menschen zur Wahl gehen sollten
10	Landschaftsmalerei im 19. Jahrhundert
11	Kann Osteuropa die Voraussetzung für einen EU-Beitritt erfüllen?
12	Sozialer Wohnungsbau in Deutschland. Unterschiedliche Ansätze in den 1950er-Jahren und heute
13	Franz Kafka: Die Verwandlung. Klarere Wahrnehmung durch andere Perspektive?
14	Fitzgeralds Sicht der 1920er-Jahre in „Der große Gatsby"
15	Die sicherheitspolitischen Vorstellungen von Regierung und Opposition
16	„Wer hat Angst vor Virginia Woolf?" Der geplatzte amerikanische Traum

5.3.2 Textsorten

Von diesen Grundformen lassen sich die Textsorten der schriftlichen Präsentationen ableiten, wobei wir uns auf Anwendungen beschränken, die für den Schulbereich relevant sind: *(für die Schule relevant)*

- die Versuchsbeschreibung,
- die Textzusammenfassung,
- die Mitschrift und das Protokoll,
- das Referat,
- die Seminar- oder Facharbeit.

Die Versuchsbeschreibung kommt vorwiegend in den naturwissenschaftlichen Fächern vor, kann aber auch für Untersuchungsmethoden in den Sozialwissenschaften oder sogar für die Literaturkritik angewandt werden. Alle anderen sind eher fächerübergreifend. Dies gilt besonders für Referate, die auch mündlich präsentiert werden können, und Seminar- und Facharbeiten.

Referate beziehen sich in der Schule meist auf wenige Aspekte eines Themas. Die Aufgabe des Autors besteht dann darin, diese Aspekte so darzustellen, dass möglichst alle Mitschüler die themenrelevanten Informationen, die durch das Referat gesammelt wurden, verständlich präsentiert bekommen. *(Referat)*

Seminararbeit/Facharbeit

Die Seminararbeit ist nicht notwendigerweise direkter Bestandteil des Klassen- oder Kursunterrichts. In einer Seminararbeit beschäftigt sich ein Schüler oder eine Gruppe von Schülern, normalerweise Teilnehmer eines thematisch definierten Seminars, intensiv mit einem Thema und präsentiert in dieser Arbeit die mit den jeweils angemessenen (wissenschaftlichen) Methoden erworbenen und bearbeiteten Erkenntnisse. Während das Referat in der schulischen Tradition mehr der Information anderer dient, weist ein Schüler in der Seminararbeit seine Fähigkeit zur selbstständigen, qualifizierten und fachangemessenen Arbeit nach.

Profitipp	**Arbeitsschritte bei der Facharbeit im Überblick**

1. Frage- und Problemstellung (mit Beratung) ausdifferenzieren (➜ Kapitel 4.1 Vom Chaos zur Übersicht), Arbeitsplan erstellen
2. Recherche (➜ Kapitel 2 Richtig und effizient recherchieren und ➜ Kapitel 3 Wissen und Informationen managen)
3. Informationen auswerten (➜ Kapitel 2.12 Tipps zur Auswertung von Materialien und ➜ Kapitel 4 Informationen strukturieren)
4. Argumentation ausarbeiten, Materialien und eigene Gedanken einordnen, Visualisierungsmöglichkeiten prüfen, ausführliche Gliederung erstellen
5. Texteinleitung schreiben, ggf. am Schluss überarbeiten, Text für den Hauptteil konzipieren, schreiben und überarbeiten, Schlussteil als Ergebniszusammenfassung schreiben
6. Dokumente in den Text eingliedern oder für den Anhang aufbereiten
7. Rohentwurf überarbeiten: bestehende Lücken füllen, Wiederholungen streichen,
8. Fertigstellung (am besten am PC):
   Layout für den Gesamttext entwerfen,
   Deckblatt,
   Inhaltsverzeichnis mit Seitenangaben,
   Bibliografie
   Endkorrektur: Seitenverweise, Belege und Zitatangaben, Grammatik, Orthografie und Interpunktion prüfen

5.3.3 Der Aufbau einer Facharbeit/eines Referats

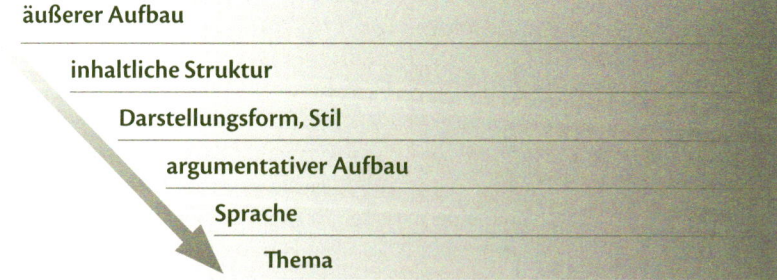

äußerer Aufbau
inhaltliche Struktur
Darstellungsform, Stil
argumentativer Aufbau
Sprache
Thema

Beim Aufbau einer Seminararbeit oder eines Referats muss man zwischen dem äußeren und inneren, d. h. dem formalen und dem inhaltlichen Aufbau unterscheiden. Grafisch dargestellt nähert man sich als Leser eines Referats oder einer Seminararbeit dem thematischen Inhalt von außen nach innen:

äußerer Aufbau

Der äußere Aufbau folgt meist international standardisierten Regeln für wissenschaftliches Schriftgut:

- Titelblatt
- Inhaltsverzeichnis
- Text
- Literaturverzeichnis
- Selbstständigkeitserklärung (bei Prüfungsarbeiten)

Die inhaltliche Struktur liegt bereits an der Grenze zwischen formalem und inhaltlichem Aufbau. Hier wird unterteilt in:

inhaltliche Struktur

- Einleitung
- Hauptteil
- Schluss

Dabei wird vor allem innerhalb des Hauptteils noch stärker untergliedert, meist nach inhaltlich-thematischen Gesichtspunkten.

Darstellungsformen, Stil

Bei der Darstellung, die im Verlauf einer Arbeit auch wechseln kann, geht es um Stilebenen. Handelt es sich um einen narrativen Text, der eher in der Primärliteratur vorkommt, um einen deskriptiven Text (Versuchsbeschreibung, Theorie, Darstellung eines Prozessablaufs etc.) oder um einen argumentativen Text?

Der argumentative Aufbau

Der argumentative Aufbau einer Arbeit – natürlich auch aller Formen des Vortrags oder Referats – bezieht sich auf die Klarheit und Folgerichtigkeit der Argumente. Hier gibt es mehrere Modelle:

Webcode: MT641048-157

1. These ▶ Begründung für These ▶ Antithese ▶ Begründung für Antithese ▶ Vergleich These/Antithese ▶ Ergebnis: Synthese (dialektische Vorgehensweise)
2. These ▶ pro These ▶ contra These ▶ Schlussfolgerung
3. Hypothese A ▶ Begründung für Hypothese A ▶ Hypothese B ▶ Begründung für Hypothese B ▶ Aufdeckung der evtl. Unzulänglichkeiten von Hypothese A und Hypothese B ▶ Folgerung: Aussage C
4. Hypothese ▶ Begründung 1 ▶ Begründung 2 ▶ Begründung 3 ▶ Folgerung

		Definition
These	Eine These ist eine Behauptung, die als Grundannahme am Anfang einer Untersuchung steht und am Ende dieser Untersuchung bewiesen werden muss.	
Antithese	Eine Antithese ist eine ebenfalls zunächst noch unbewiesene Behauptung, die bewusst als Gegenstück zur These formuliert wird, um damit die dialektische Argumentation zu fördern.	
Synthese	In der dialektischen Argumentation ist die Synthese das Ergebnis der Gegenüberstellung von These und Antithese und enthält Elemente aus beiden.	
Hypothese	In der allgemeinen Wissenschaftstheorie ist eine Hypothese eine Aussage, die als zutreffend angenommen wird. Daraus können theoretische Folgerungen abgeleitet werden. Ebenso kann eine Hypothese eine Grundannahme sein, von der logisch richtige und nachvollziehbare Folgerungen abgeleitet werden. In den Naturwissenschaften ist eine Hypothese eine experimentell noch nicht gesicherte Theorie oder auch das Bemühen darum, einen beobachteten, aber noch nicht verstandenen Vorgang mithilfe eines begründeten Denkmodells zu erklären.	

Die Toulminkarte

Der britisch-amerikanische Philosoph Stephen E. Toulmin, Begründer der Argumentationstheorie, entwickelte ein Argumentationsmodell, das aus sechs Bausteinen besteht, mit denen man eine Argumentation analysieren oder entwickeln kann. Diese Bausteine sind leicht visualisierbar und dienen daher auch dem leichteren Verständnis einer Argumentation.

1. Es wird zunächst eine Behauptung oder These aufgestellt.
2. Diese wird durch Fakten begründet.
3. Eine allgemein gehaltene Schlussregel steht am Ende der Begründung bzw. Rechtfertigung.
4. Die Schlussregel wird durch eine Stützprämisse unterstützt bzw. abgesichert.
5. Zur Gewichtung der Schlussfolgerung werden Verknüpfungsoperatoren eingesetzt.
6. Um die Anfechtbarkeit der Schlussfolgerung abzusichern, können Ausnahmen und Gegenbehauptungen formuliert weden.

Das Toulmin-Argumentationsschema:

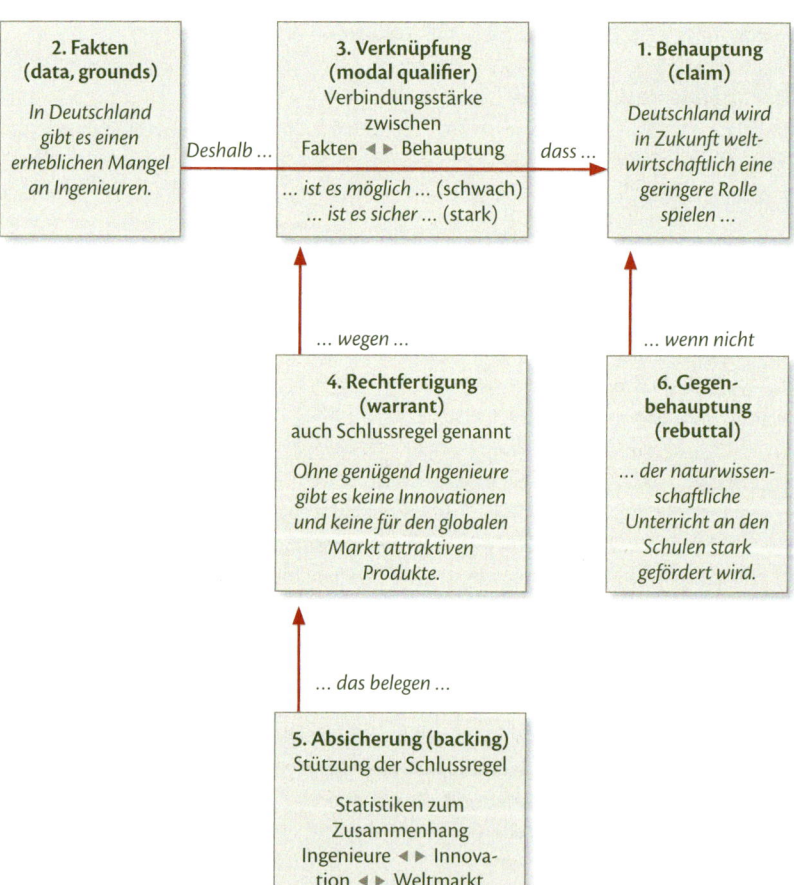

Webcode: MT641048–158 Die Voraussetzung für das Anfertigen einer solchen Toulminkarte ist die gedankliche Klärung der Argumentation. Die visuelle Umsetzung kann dann sehr einfach mit Papier und Stift bzw. mit den verbreiteten Office-Programmen erfolgen. Zur Analyse von Argumentationen gibt es auch eine spezielle, kostenlose Software, die an der schottischen Universität Dundee entwickelt wurde: Araucaria.

Die Minto-Pyramide

Die Unternehmensberaterin Barbara Minto hat in den 1970er-Jahren ein hierarchisches Verfahren zur Gliederung und Strukturierung von Argumenten entwickelt, das sich vor allem im Geschäftsleben weltweit verbreitet hat. Dieses lässt sich in einer Pyramide mit mehreren Ebenen darstellen. An der Spitze der Pyramide steht die Kernaussage, auf der Ebene darunter stehen die verschiedenen Argumente, die die Kernaussage stützen, und auf der darauffolgenden Ebene wiederum die Belege für die jeweiligen Argumente.

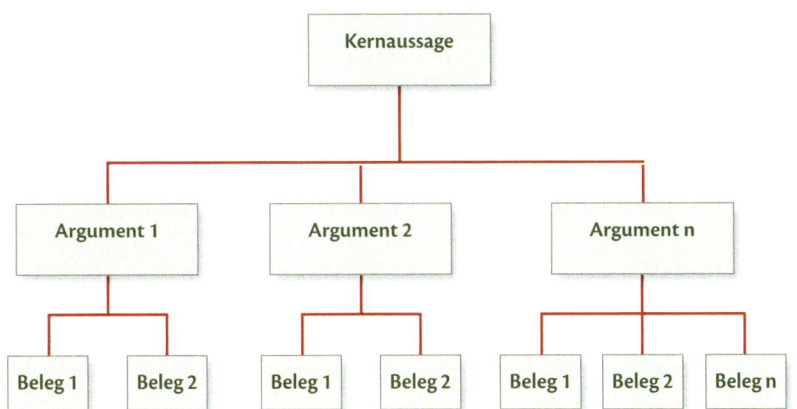

Die Minto-Pyramide

Statt der Kernaussage kann man auch von These, statt Argument von Subthese und statt Belegen von Fakten sprechen. Die Minto-Pyramide ist in zwei Richtungen benutzbar. Bei der induktiven (bottom up) Methode werden ausgehend von den Fakten Thesen oder Hypothesen formuliert. Dieser Weg kann auch ein naturwissenschaftlicher Ansatz sein. Beim deduktiven Verfahren (top down) beginnt man oben mit einer hypothetischen Grundaussage oder These, die auf den weiteren Ebenen dann verifiziert oder als nicht zutreffend belegt wird.

In der Praxis lässt sich die Minto-Pyramide natürlich problemlos mit Papier und Stift darstellen. Aber auch mit der Pinnwand und Karteikarten kann man gut damit arbeiten. Für Visualisierungszwecke oder eine Infografik benutzt man am besten die Organigrammfunktion eines Textverarbeitungsprogramms.

Sprache

Im Bereich der Sprache lässt sich der Aufbau von Formulierungen ebenfalls nachvollziehen und systematisch analysieren. Es können verwendet werden:

Formulierungen, Stilelemente

- unterschiedliche Wortarten und wortartübergreifende Wortbildungen
- Komposita und Umschreibungen
- Individualismen und Verallgemeinerungen
- Oberbegriffe und Unterbegriffe
- allgemeiner Wortschatz und Fachbegriffe
- rhetorische und stilistische Figuren

Aufgabe

Wählen Sie eines der o. g. Aufbau-Schemata und schreiben Sie einen kurzen, argumentativen Text zu einem selbstgewählten Thema (z. B. „Tierschutz und Grundgesetz", „Wahlpflicht bei Bundestagswahlen").

Definition	**Advanced Organizer**
	Einen kurzen Text, der vor dem eigentlichen längeren Text dessen Kernge- danken zusammenfassend voranstellt, nennt man Advanced Organizer. Aufgabe dieses kurzen Vortextes ist es, auf den nachfolgenden Text einzustimmen, bereits vorhandenes Vorwissen zu aktivieren und eventuell schon wesentliche Fragen zu stellen oder den Denkansatz klar zu machen. Advanced Organizers werden häufig in Fachbüchern zum selbstgesteuer- ten Lernen und beim E-Learning verwendet.

Mikroartikel

Ein Mikroartikel ist ein kurzer, maximal eine Seite langer Text, den Sie selbst über ein bestimmtes Thema oder einen bestimmten Sachverhalt im narrativen Stil schreiben. Wenn dieser Text nur für Sie selbst bestimmt ist, dient er der Absicherung dessen, was Sie zu diesem bestimmten Thema gelernt haben oder wissen. Mikroartikel können aber auch für andere Leser geschrieben werden, die damit einen ersten Einstieg in ein Thema, in die Problematik und den gedanklichen Ansatz bekommen.

Wie gliedern Sie einen Mikroartikel?

- Thema
  Formulieren Sie hier eine kurze Charakterisierung des Themas als Überschrift.
- Geschichte
  Geben Sie eine kurze erzählerische Schilderung des Sachverhalts.
- Einsichten
  Beschreiben Sie mit wenigen Sätzen die Erfahrungen, die Sie aus dem Sachverhalt gewonnen haben.
- Folgerungen
  Aus Ihren Erfahrungen ziehen Sie Schlüsse, die an dieser Stelle zusammengefasst werden.
- Anschlussfragen
  Fast immer gibt es auch noch offene Fragen, die Sie als Denkanstöße hier abschlie- ßend stellen können.

Mikroartikel können zwar der Überprüfung des Gelernten dienen, sind aber danach nicht zum Wegwerfen gedacht. Es ist eher das Gegenteil der Fall. Mikroartikel sind eine ideale Form zur Führung eines Lerntagebuches.

Beispiel für einen Mikroartikel:
✴ Webcode: MT641048-160

Ein Beispiel für einen Mikroartikel finden Sie hier.

Gliederung und Inhaltsverzeichnis

Das Inhaltsverzeichnis einer schriftlichen Präsentation sollte in übersichtlicher Form einen Überblick über die einzelnen Aspekte der Arbeit gestatten und das Leseinteresse wecken. Zu diesem Zweck werden die einzelnen Punkte mit den Seitenzahlen des jewei- ligen Kapitel- bzw. Unterkapitelbeginns verbunden.

Die Formulierungen sind kurz und übersichtlich, Stichworte reichen dabei aus. Handlungsorientierte Formulierungen sind eher verbal dominiert („Wie arbeite ich kreativ?"), begriffsorientierte Formulierungen eher nominal („Kreative Arbeitstech- niken"). Mischformen sind möglich.

Im Inhaltsverzeichnis werden auch die Seitenzahlen für das Literaturverzeichnis und, soweit vorhanden, für ein Register bzw. einen Stichwortindex und für diverse Appen- dices (Anhänge) angegeben.

Für Gliederungen und Inhaltsverzeichnisse lassen sich zahlreiche Kriterien verwen- den: Gesetzestexte und Verträge werden formal nach Paragrafen, Absätzen und Sätzen gegliedert. Werke der dramatischen Literatur sind in Akte aufgeteilt, diese wieder in Szenen. Dieses Buch z. B. ist nach Ziffern gegliedert, wobei die erste Ziffer für ein Kapitel und die folgenden für Unterkapitel stehen.

All dies sind noch weitgehend *formale* Aspekte einer Gliederung.

Die *inhaltliche* Gliederung unterteilt eine Arbeit in eine Einleitung, einen Hauptteil, der in sich wieder stark untergliedert sein kann, und einen Schlussteil.

Bei sprachwissenschaftlichen Themen bietet sich oft eine *grammatikalische* Gliederung an.

Die *logische* Gliederung versucht das folgerichtige Vorgehen in einer Argumentationskette, z. B. These ▸ Antithese ▸ Synthese, zum Gliederungsprinzip zu erheben.

In der *lexikalischen* Gliederung wird ausgehend von übergeordneten Begriffen ein hierarchischer Abstieg verfolgt (siehe untenstehendes Beispiel).

lexikalische Gliederung

  – Legislative
    – Parlament
      – Bundestag und Bundesrat
      – House of Commons und House of Lords
      – Kongress
        – Repräsentantenhaus und Senat
  – Judikative
    – …

Definition

Allen Gliederungen gemeinsam sind die je nach Thema anzuwendenden additiven, korrelativen oder konsekutiven Vorgehensweisen.

Beim **additiven Prinzip** werden ausgehend von einer grundlegenden Information oder These immer weitere Punkte und Argumente hinzugefügt. Das additive Prinzip ist am ehesten mit der Baumstruktur vergleichbar.

Das **korrelative Prinzip** entspricht eher der Netzstruktur. Alle Aussagen und Informationen stehen miteinander in Verbindung bzw. sind sogar voneinander abhängig.

Bei einer **konsekutiven Struktur** steht am Anfang die These, die nach und nach durch Argumente gestützt und verifiziert wird. Das Ergebnis der Arbeit ist daher nicht die in der These enthaltene Aussage, sondern die

Erkenntnis, dass die These richtig ist. Eine Falsifizierung der These scheidet hier insofern aus, als man die Absicht, eine These zu widerlegen, in der konsekutiven Struktur an den Anfang stellen würde. Die Widerlegung wäre dann im Sinne der Arbeit ein positives Ergebnis.

Die klassische Gliederung: Einleitung, Mittelteil, Schlussteil

Die klassische Gliederung einer Arbeit ist die Dreigliederung nach Einleitung, Mittelteil und Schlussteil.

Einleitung

Die Einleitung ist vergleichbar mit dem Einstieg in die mündliche Präsentation. Sie soll das Interesse des Lesers wecken und sie soll zum Thema hinführen, d. h., hier erläutern Sie Ihre Zielsetzungen und Arbeitshypothesen, nach welchen Kriterien Sie Ihr Material ausgewählt und welche Methoden Sie angewandt haben.

Hauptteil

Der Hauptteil behandelt Punkt für Punkt die inhaltliche Darlegung und Argumentation, die Auseinandersetzung mit Materialien oder Texten, wobei bestimmte Argumentationsstrategien verfolgt werden können.

Argumentationsstrategien für den Hauptteil

Argumentation	Gegenargumentation
Berufung auf Autoritäten, Zitieren von Autoritäten, Hinweise auf Kernaussagen aus den Werken von Autoritäten	Mangelnde Anerkennung von Autoritäten für das zu behandelnde Thema, Hinweis auf andere Autoritäten als Gegenargumentlieferanten
Bezug auf Tatsachen, Daten, Fakten, Statistiken	Widerlegung von Tatsachen und Fakten, Kontern mit anderen Daten, andere Interpretation von Statistiken
Hinweis auf Ziele (Handlungsziele oder Erkenntnisziele)	Hinterfragen von Zielen, nur teilweise Zustimmung, Favorisieren anderer Ziele
Berufung auf Erfahrungen	Anführen gegenteiliger Erfahrungen als Vergleich
Berufung auf allgemeine Werte, anerkannte Normen und Regeln, feststehende Gesetze, Naturgesetze, Sprichwörter, Redensarten, Volksweisheiten	In Frage stellen von Werten, Normen, Regeln etc., Hinweis auf Irrelevanz für den aktuellen Fall

Schlussteil

Im Schlussteil einer Arbeit runden Sie das Gesamtbild ab, indem Sie

- bei längeren Arbeiten eine Zusammenfassung der wesentlichen Positionen liefern;
- einen Ausblick auf künftige Entwicklungen geben;
- die Leser zu eigener Weiterarbeit, zum Handeln auffordern;
- einen Appell formulieren;
- eine Schlussfolgerung ziehen;
- eine Bewertung formulieren.

Profitipp

Hinweise zur Formulierung:

- Vermeiden Sie anonyme Aussagen („Es wird behauptet ...", „Gelegentlich hört man ..."). Formulieren Sie stattdessen verbindlich. Stellen Sie Ihren eigenen Standpunkt klar.
- Erhöhen Sie die Plausibilität Ihrer Argumentation, indem Sie Ihre Aussage klar treffen und nicht abschwächen.
- Formulieren Sie alles Wesentliche konzentriert und kompakt. Vermeiden Sie unerheblichen Wortmüll und Füllwörter, für deren Verwendung es keinen logischen Grund gibt (irgendwie, gewissermaßen, natürlich, echt).

Profitipp

- Bevorzugen Sie positive Formulierungen. Seien Sie konstruktiv.
- Verwenden Sie aktive Sätze. Sie wirken überzeugender als passive.
- Bleiben Sie konsequent auf der Sachebene. Falls Sie Dinge ansprechen müssen, die nur indirekt zum Thema gehören, können Sie dafür einen Exkurs wählen.
- Vermeiden Sie die Aneinanderreihung von Nomen (Nominalstil), indem Sie häufiger Verben verwenden. So vermeiden Sie Stilungeheuer, wie wir sie aus der Verwaltungssprache kennen.

Fußnoten

Fußnoten und Endnoten sind Anmerkungen, die dazu dienen,

- zusätzliche, über den Haupttext hinausgehende Beispiele und Erklärungen zu geben,
- auf andere Teile der Arbeit zu verweisen,
- Quellen oder andere benutzte Literatur anzugeben oder zu zitieren.

Von Fußnoten spricht man, wenn sie sich am unteren Ende der Seite, auf die sie sich beziehen, befinden. Stehen sie am Ende eines Kapitels, spricht man von Endnoten. Sowohl am Seitenende wie auch am Kapitelende werden derartige Anmerkungen oft durch eine kurze oder über die ganze Seite gezogene, horizontale Linie vom Haupttext abgesetzt und oft auch mit kleinerer Schrifttype geschrieben.

Moderne Textverarbeitungssysteme verfügen über eine leistungsfähige Fußnotenverwaltung, die sicherstellt, dass die Durchnummerierung und Zählung korrekt erfolgt und dass alle zu einer Seite gehörenden Fußnoten auch komplett auf der jeweiligen Seite erscheinen.

Nummerierung

Fußnoten können bei kürzeren Arbeiten (bis ca. 20 Seiten) durchlaufend nummeriert werden. Bei umfangreicheren Arbeiten kann die Nummerierung bei jedem Kapitel neu beginnen.

Zitate und Quellenangaben

Der Autor einer Arbeit dokumentiert durch das Einfügen von Zitaten seine fachliche Belesenheit und Kompetenz. Er zeigt, dass er seine eigenen Gedanken mit denen anderer Autoren verbinden kann, um so eine fachliche Auseinandersetzung weiterzuführen. Zitate können daher als Ausgangspunkt einer Behauptung oder These, als Beleg, als Stütze, aber auch als Grundlage für Kritik und die Absicht zur Widerlegung dienen.

Funktionen von Zitaten

Die Hauptaufgabe eines Zitats in einem Referat oder einer Hausarbeit ist es aber, die eigene Aussage durch den Vergleich mit anderen Autoren abzusichern.

Ein kurzes, wörtliches Zitat wird in den Text integriert, dennoch aber durch Anführungszeichen als Zitat gekennzeichnet und mit einer laufenden Anmerkungsnummer, z. B. mit Klammer (2) oder nur als hochgestellte Ziffer [2], versehen. Diese Nummer bezieht sich auf die Fußnote, in der das Zitat im Sinne einer Quellenangabe belegt wird (Zu Quellenangaben → Kapitel 2.7 Quellen).

kurze Zitate

Ein direkter Einbau in die eigene Satzstruktur ist bei kürzeren Zitaten möglich. Bei fremdsprachigen Zitaten sollten jedoch eigene deutsche Formulierungen und fremdsprachige Textstellen nicht in einem Satz gemischt werden.

Fremdsprachige Zitate in einer Sprache, die dem potenziellen Leser voraussichtlich nicht verständlich ist, sollten trotzdem immer in der Originalsprache eingefügt werden. Die Übersetzung kann aber als Anmerkung in einer Fußnote erfolgen. Sollte die Übersetzung nicht selbst verfasst, sondern ebenfalls zitiert worden sein, gehört in die Fußnote nicht nur die Quellenangabe für das fremdsprachige Zitat, sondern auch die für die Übersetzung.

fremdsprachige Zitate

längere Zitate

Längere Zitate (ab ca. 3 Zeilen) werden nicht direkt in den Text eingefügt, sondern etwas abgesetzt und eingerückt gedruckt. Sie werden oft, ebenso wie die indirekte Rede, durch Verben des Sagens und Meinens eingeleitet:

längere Zitate werden durch Verben des Sagens und Meinens eingeleitet

Verben des Sagens und Meinens

androhen, anfragen, anheben, anklagen, ankündigen, antworten, ansagen, anweisen, auffordern, aussagen, bedauern, befehlen, behaupten, bekräftigen, belegen, berichten, bestreiten, bitten, brüllen, dazwischenrufen, donnern, drohen, eingestehen, einfügen, einräumen, einwerfen, entgegnen, erwidern, erzählen, flüstern, fortfahren, fragen, grölen, hauchen, hinzufügen, informieren, klagen, kommentieren, lügen, meinen, meckern, mitteilen, nachweisen, nörgeln, nuscheln, paraphieren, predigen, quengeln, rufen, sagen, schreiben, schreien, schwören, sich beschweren, sich versprechen, sprechen, stammeln, stottern, streiten, unterbrechen, unterstreichen, unterschreiben, verbieten, verlauten lassen, versichern, versprechen, von sich geben, vortragen, warnen, weinen, wissen wollen, zugeben, zürnen, zurückweisen, zurufen, zusagen, ...

Konjunktiv und Indikativ

Neben den wörtlichen Zitaten gibt es bei Referaten und Seminararbeiten auch die Technik des Zusammenfassens dessen, was andere veröffentlicht haben. Für die Zusammenfassung eines solchen Textes muss in der deutschen Sprache die indirekte Rede und damit der Konjunktiv benutzt werden. Handelt es sich um die Darstellung eher allgemeiner Positionen, die sich nicht auf einen bestimmten Text beziehen, kann der Indikativ verwendet werden.

Das Literaturverzeichnis

Alle Werke der Primär- und Sekundärliteratur, die Sie zur Anfertigung einer Seminararbeit oder eines Referates benutzen, werden am Schluss der Arbeit nochmals auf einer oder zwei Seiten in einem Literaturverzeichnis geordnet aufgeführt, selbst wenn die Autoren und Titel zum Belegen von Zitaten bereits mehrfach in den Fußnoten genannt wurden.

Primärliteratur

Zunächst werden Werke der Primärliteratur genannt. Dies ist besonders bei literaturkritisch orientierten Arbeiten relevant. Selbst wenn es im Schulbereich noch nicht so streng wissenschaftlich zugeht, sei darauf hingewiesen, dass es von den Werken der meisten Autoren sorgfältig herausgegebene und bearbeitete Standardausgaben gibt, die zitierfähig sind.

Sekundärwerke

Dann folgen bei literaturkritischen Arbeiten, ebenfalls in alphabetischer Reihenfolge der Autoren oder Herausgeber, alle verwendeten Werke der Sekundärliteratur bzw. bei nicht-literaturkritischen Arbeiten alle Bücher, die als Hilfsmittel für die Arbeit verwendet wurden.

bibliografische Angaben

Die Bücher werden mit Autor(en) bzw. Herausgeber, Titel, Erscheinungsort und Erscheinungsjahr genannt. Die Nennung des Verlages und der ISBN kann hilfreich sein, ist aber nicht notwendig. Auch die Seitenzahlen der Zitate, die in den Fußnoten unbedingt dazugehören, erscheinen im Literaturverzeichnis nicht.

Artikel, Homepages

Es folgen, wieder in alphabetischer Reihenfolge der Autoren, alle Zeitschriftenaufsätze, Artikel aus Sammelbänden, enzyklopädischen Einträge und Internetadressen. Die genaue Zitierweise ist im → Kapitel 3.2.5 Zitieren beschrieben.

Leseempfehlung

Alle Werke und Artikel, die zwar im Zusammenhang mit der Arbeit vom Autor gelesen oder eingesehen wurden, die aber keinerlei Niederschlag in der Arbeit gefunden haben, bleiben unerwähnt. Wenn Sie sie absolut nennen möchten, können Sie noch eine Seite mit Leseempfehlungen anfügen. Diese Seite muss vom Verzeichnis der verwendeten Literatur klar getrennt sein.

Der Materialanhang gehört nicht zum eigenen Textteil der Arbeit und beinhaltet ggf. Umfrageergebnisse, Protokolle oder Versuchsergebnisse, mit denen Sie den Verlauf und die Ergebnisse Ihrer Arbeit dokumentieren und für andere nachvollziehbar protokollieren. Deshalb müssen Sie sich zunächst fragen: Gibt es Dokumente und wenn ja, welche, die notwendig sind, damit die Ergebnisse meiner Arbeit nachvollzogen und beurteilt werden können? Dazu kann es auch gehören, dass die im Verlauf der Arbeit verfolgten Ansätze, die sich als unergiebig oder als ergiebig herausgestellt haben, aufgeführt werden. Aber Achtung: Wählen Sie sorgfältig aus und beschränken Sie sich auf wirklich relevante Dokumente.

Wenn Sie Material in Ihrem Anhang dokumentieren, so müssen Sie sicherstellen, dass der Leser/die Leserin der Facharbeit im fortlaufenden Text einen eindeutigen Hinweis darauf erhält. Hierzu bietet es sich an, mit Verweiszeichen oder Kürzeln zu arbeiten.

Bei Hausarbeiten und Examensarbeiten, die Prüfungscharakter haben und die zur Benotung eingereicht werden, wird üblicherweise als erste Seite, noch vor dem Inhaltsverzeichnis, eine persönlich unterschriebene und datierte Selbstständigkeitserklärung des Autors/der Autorin eingefügt, in der er oder sie versichert, dass die Arbeit mit keinen anderen Hilfsmitteln als den im Literaturverzeichnis aufgeführten angefertigt wurde.

Selbstständigkeitserklärung

	Profitipp

Tipps zur Ausarbeitung

- Lassen Sie sich helfen, z. B. von Mitschülern/Mitschülerinnen, Eltern, Lehrerinnen und Lehrern. Nur so können Sie Betriebsblindheit vermeiden.
- Sie stehen vor einem Berg von Material und haben den Überblick verloren? Lesen Sie → Kapitel 4.1 Vom Chaos zur Übersicht.
- Sie müssen beim Schreiben Ihrer Facharbeit nicht mit der ersten Seite beginnen und mit der letzten Seite aufhören.
- Sie haben eine erste Kapitelfassung erstellt? Checken Sie gleich folgende Punkte:
  - Ist alles dargestellt, was zum Thema gehört?
  - Stimmt der Zusammenhang zwischen der Kapitelüberschrift und dem Text?
  - Gehören alle Kapitelteile in diesen Abschnitt?
  - Wo fehlt etwas?
  - Wo können Sie Überflüssiges streichen?
  - Sind die Kapitelteile logisch angeordnet?
  - Geben Sie gleichgewichtig die einzelnen Teilaspekte des Kapitelthemas wieder?
  - Gibt es Lücken in der Argumentation?
  - Gibt es vermeidbare Wiederholungen?
  - Stimmen die Übergänge zwischen den einzelnen Kapitelteilen?
  - Haben Sie die nötigen Fachbegriffe richtig verwendet oder überhaupt verwendet?
  - Ist der Text leserfreundlich geschrieben?
  - Sind Wortschatz und Satzbau abwechslungsreich?
- Wiederholen Sie diesen Kurzcheck, wenn Sie die Rohfassung des gesamten Textes erstellt haben.
- Planen Sie so, dass Sie am Schluss noch genügend Zeit haben, um den gesamten Text gründlich Korrektur zu lesen.

5.4 Schriftliche Präsentation II: Handouts, Thesenpapiere, Klausuren

Neben den bisher angesprochenen Formen der schriftlichen Präsentation gibt es weitere Formen, die zum Beispiel als Diskussionsgrundlage, als Unterstützung einer mündlichen Präsentation oder als Darstellung eines Arbeits- oder Beobachtungsprozesses Verwendung finden.

5.4.1 Handouts

Entlastung für den Zuhörer

Handouts sind eine Serviceleistung für die Zuhörer bei einer mündlichen Präsentation. Da sie oft keinerlei Notizen machen, sondern versuchen, sich auf das gesprochene Wort zu konzentrieren und die Fakten in sich aufzunehmen, hilft es weiter, wenn man wesentliche Punkte noch einmal nachlesen kann oder wenn der Vortragende die Zuhörer dadurch entlastet, dass sie bestimmte Dinge in schriftlicher Form bekommen.

Was spricht für die Verteilung von Handouts bei einer mündlichen Präsentation?

- Der Vortrag wird lockerer, wenn man z. B. Zahlen und Fakten nicht anschreiben oder projizieren muss, sondern wenn man nur auf ein Handout mit allen relevanten Zusatzinformationen verweisen kann.
- Die Konzentrationsfähigkeit der Zuhörer wird entlastet, wenn Informationen auch visuell dargereicht werden, wenn z. B. die Gliederung eines Vortrags auf einem Handout übermittelt wird.

Akzente setzen

- Handouts setzen Akzente insofern, als z. B. Kernaussagen einer Präsentation schriftlich festgehalten und an die Zuhörer weitergegeben werden.
- Handouts sind eine dauerhafte Erinnerung an die Inhalte der Präsentation.
- Die Geschwindigkeit der Informationsaufnahme kann vom Zuhörer selbst bestimmt werden, wenn er wichtige Punkte nochmals in einem Handout nachliest. Gleichzeitig ist die Behaltensquote höher, wenn man etwas gehört und gelesen hat.

Worin liegen die Probleme von Handouts?

- Handouts können während des Vortrags stören. Papierrascheln, Unruhe beim Austeilen und Lesen während des Vortrags können Unaufmerksamkeit hervorrufen.
- Handouts sind mit zusätzlichem Aufwand und Kosten verbunden.

Wann ist der geeignete Zeitpunkt zum Austeilen von Handouts?

- Verteilt man das Handout erst unmittelbar vor dem Vortrag, sollte den Mitschülern ausreichend Zeit zum Lesen und zum Klären von Verständnisfragen gegeben werden.
- Wenn während eines Vortrags die ungeteilte Aufmerksamkeit der Zuhörer gefordert wird, vor allem auch bei Präsentationen mit starker audiovisueller Medienunterstützung, ist es sinnvoll, Handouts erst am Ende auszugeben, sodass die Zuhörer später nochmals nachlesen können, worum es in der Präsentation ging.

Hilfe während des Vortrags

- Wenn während eines Vortrags konkrete Zahlen, Schaubilder oder Texte angesprochen werden, kann ein Handout auch während des Vortrags verteilt werden. Da dies immer mit Unruhe verbunden ist, wird ein guter Präsentator während der Zeit des Austeilens nicht weitersprechen. Auch wird er, wenn es nötig ist, eine kurze Sprechpause einlegen, um den Zuhörern Gelegenheit zum Lesen der gerade relevanten Stellen zu geben.

Wie kann ein Handout aussehen?

- Wenn Ihr Handout nur aus einem Blatt besteht, gibt es kaum ein Problem der Übersichtlichkeit. Denken Sie daran, bei mehreren Blättern die Seiten durchzunummerieren und zusammenzuheften.
- Die einfachste Form ist der Abdruck der während der Präsentation von Ihnen verwendeten Overheadfolien. Nehmen Sie ein Deckblatt mit Titel, Datum der Präsentation und Ihrem Namen dazu, und fertig ist Ihr Handout.
- Weniger gut ist der komplette wortwörtliche Abdruck Ihres Vortrags mit allen Folien und Materialien. Dann hätte man sich ja die ganze Präsentation sparen und einfach das Handout verschicken können.
- Geben Sie Ihrem Handout eine übersichtliche Gliederung, wählen Sie eine einheitliche Schrifttype, die Sie für Überschriften und Hervorhebungen in Größe und Textattribut (Fettdruck, Kursivdruck, Unterstreichung, Farbe) variieren können, und halten Sie es sprachlich einfach, sodass es auch während des Vortrags schnell gelesen und verstanden werden kann. — *möglichst klar und einfach*
- Prüfen Sie Ihr Handout durch zwei Fragen:
  1. Ist das Papier verständlich und logisch gegliedert?
  2. Stellt das Papier eine informative Hilfestellung dar?

5.4.2 Thesenpapiere

Thesenpapiere sind vergleichsweise kurze, referatbegleitende Handouts, auf denen die wichtigsten Aussagen des Referenten in Form übersichtlicher Thesen (auch Gegenthesen) dargestellt werden. Im Gegensatz zum oben beschriebenen Handout dient das Thesenpapier primär als Grundlage einer sich an das Referat anschließenden Diskussion. In ein Thesenpapier gehören: — *wichtigste Aussagen*

- eine Einleitung, in der das zur Diskussion stehende Problem und seine Relevanz kurz umrissen wird. Auch eine eigene Bewertung ist möglich.
- ein Hauptteil, in dem die Kernthesen, die man selbst unterstützt, genannt werden. Diese Thesen sollten durch einige Argumente gestützt werden. Gleichzeitig können mögliche Gegenargumente bereits vorbeugend entkräftet werden. Provozierende oder polarisierende Formulierungen sind in einem Thesenpapier durchaus gestattet.
- ein Schluss, der z. B. auf die Auswirkungen der eigenen Thesen hinweist.

5.4.3 Klausuren: Bearbeitungsstrategien und praktische Hinweise

Auch Klausuren sind eine Form der schriftlichen Präsentation. Sie dienen der Leistungskontrolle und sollen den Lehrenden und den Schülern schriftlich Aufschluss darüber geben, inwieweit Lernergebnisse in einem Kursabschnitt erreicht wurden. Hierbei sollen die Kompetenzen in der selbstständigen, problemgerechten Materialauswertung, der stringenten Gedankenführung, der fach- und sachgerechten schriftlichen Darstellung und der Bewältigung einer Aufgabenstellung in einer vorgegebenen Zeiteinheit überprüft werden. — *Was sind Klausuren?*

Grundsätzlich wird ein klarer und verständlicher Aufbau, eine inhaltlich richtige und in sich logische Darstellung („roter Faden") mit einem stetigen Materialbezug sowie einer sprachlich einwandfreien Formulierung im Sinne der vorgegebenen Aufgabenstellung erwartet. — *Was wird verlangt?*

Da Klausuren aus dem Unterricht hervorgehen sollen, sind Ihre persönlichen Unterrichtsmitschriften und Ihr Lerntagebuch, die in komprimierter Form wiedergeben, was in der Klausur vorausgesetzt wird (neben Schulbuch und Arbeitsblättern), zur Vorberei-

in der Klausur vorausgesetzt wird (neben Schulbuch und Arbeitsblättern), zur Vorbereitung besonders wichtig. Aufgrund der vielfältigen Anlage von Klausuren, wird im Folgenden schwerpunktmäßig eine mögliche Bearbeitungsstrategie für eine „dreischrittige" Klausur (Feststellen, Begründen und Beurteilen/Bewerten) aufgezeigt.

(Randnotiz: Bearbeitungsstrategie)

Vorarbeit

(Randnotiz: Aufgaben verstehen)

Themen- und Aufgabenstellung sollten genau gelesen werden (ggf. Verständnisfragen stellen), da diese die „Bearbeitungsrichtung" für die Materialien angeben (➜ Kapitel 4.2 Vom Thema zur Gliederung). Das Thema der Klausur bzw. die Aufgabenstellungen sollten konsequent im Auge behalten werden. Mehrgliedrige Aufgabenstellungen geben zugleich eine erste Strukturierungshilfe bzw. erleichtern den logischen Aufbau der Arbeit.

(Randnotiz: Denkzettel)

Eine erste Erarbeitung der Materialien dient dem Überblick. Dabei sollte auf einem „Denkzettel" eine Gliederung entwickelt und den einzelnen Aufgaben Inhalte, Materialien sowie Schlüsselbegriffe und Fachausdrücke stichwortartig zugeordnet werden. Durch die Gliederung können leichter ein „roter Faden" entwickelt sowie Auslassungen und Wiederholungen vermieden werden.

Nachdem Sie einen groben Überblick erhalten haben, erfolgt nun die detaillierte Auswertung der Arbeitsmaterialien zur ersten Aufgabenstellung. Es bietet sich an, Kernaussagen am Material zu notieren bzw. Tendenzen im Material farbig zu markieren. Zugleich ist es wichtig, Aussagen aus unterschiedlichen Materialien miteinander zu verknüpfen.

Ausarbeitung

(Randnotiz: Gliederung)

Die schriftliche Ausarbeitung muss klar inhaltlich und formal gegliedert sein. Formale Gliederungshilfe sind u. a. Absätze, Unterstreichungen und Zwischenüberschriften. Häufig ist es sinnvoll, jede Aufgabe mit einer neuen Spalte zu beginnen (ggf. auch für spätere Ergänzungen).

(Randnotiz: Einleitung)

Bei der schriftlichen Ausformulierung sollte zunächst eine kurze Einleitung erfolgen, bei der ins Thema eingeführt wird. Bei Beschreibungen erscheint in der Regel zuerst eine überblicksartige Grobgliederung zum besseren Verständnis sinnvoll. Dem folgt eine

(Randnotiz: themenrelevante Aspekte)

exakte Beschreibung der themenrelevanten Aspekte. Um inhaltliche Ungenauigkeiten zu vermeiden, bietet sich häufig die Integration von Zahlenmaterial an. Stellen Sie die zentralen Kernaussagen in einem abschließenden Fazit akzentuiert heraus.

(Randnotiz: Formulierungen)

Es ist nicht nur auf sachlich und fachlich exakte Formulierungen (Fachausdrücke sind wie Vokabeln zu lernen) zu achten, sondern auch auf Rechtschreibung, Zeichensetzung und Grammatik. Ungebräuchliche Abkürzungen sind zu vermeiden. Zahlen von null bis zehn werden ausgeschrieben. Wörtliche Übernahmen von Textpassagen sind auf die zentrale Aussage zu reduzieren und als Zitat zu kennzeichnen (z. B.: „…", M1, Z. 10 bis 13).

(Randnotiz: Materialangaben)

Aussagen bzw. Darlegungen sind stets eindeutig durch Materialangaben zu belegen bzw. abzusichern (Materialanbindung). Vermutungen sind sprachlich als solche kenntlich zu machen (z. B. aufgrund von M1 ist zu vermuten, dass …).

(Randnotiz: absolute Aussagen)

Absolute Aussagen führen in der Regel zu fachlich falschen Aussagen, da zahlreiche andere Faktoren nicht berücksichtigt wurden. Vermeiden Sie pauschale Aussagen und inhaltlose Ausschmückungen.

(Randnotiz: Kontrolle)

Steht Ihnen nach der schriftlichen Ausarbeitung noch Zeit zur Verfügung, sollte diese zur ersten Kontrolle genutzt werden. Zu frühes Abgeben ist verschenkte Zeit, denn noch können Sie Fehler ausmerzen und Ergänzungen einfügen.

Grundsätzlich ist zu kontrollieren, ob die jeweilige Aufgabenstellung genau erfüllt, alle Materialien genutzt, Aussagen vernetzt und aufeinander bezogen wurden. Neben den obigen Aspekten sollte insbesondere die stetige Materialanbindung überprüft werden.

Halten Sie unbedingt die Arbeitszeit ein. Wenn Sie z. B. 90 Minuten zur Verfügung haben, dienen die ersten 10 Minuten der Orientierung und der Fragenauswahl. Die letzten 10 Minuten sind für das nochmalige Durchlesen reserviert. Die 70 Minuten des Mittelteils teilen Sie sich bitte für die einzelnen Aufgaben ein.

Zeitmanagement

Aus Klausuren lernen

Nach der Rückgabe der Klausur sollten Sie die Randbemerkungen und den Schlusskommentar aufmerksam durchlesen (ggf. durch Rückfragen klären), ihre wichtigsten Fehler in einer differenzierenden Checkliste notieren und die Fehler durch zusätzliche Übungen beseitigen.

5.5 Interaktive Präsentationen: Ausstellungen, Podiumsgespräch, Internet

5.5.1 Podiumsgespräch

In einem Saal, in dem Zuhörerreihen für das Publikum aufgebaut sind, gibt es eine Bühne oder einen erhöhten Teil, das Podium. Hier stehen noch einmal Tische, an denen, mit Blickrichtung zum Publikum, eine Reihe von Experten sitzt – Leute, die aufgrund ihrer Kenntnisse, ihrer Stellung oder ihrer Einflussmöglichkeiten etwas zu sagen haben. In der Mitte sitzt der Moderator, dessen Aufgabe sich darauf beschränkt, das Gespräch an- und abzumoderieren, die Gesprächsbeiträge zu koordinieren, die Gesprächsdisziplin zu wahren, die vorgegebene Zeit einzuhalten und evtl. die Diskussion mit dem Publikum zu leiten.

Experten und Moderator

Die auf dem Podium versammelten Gesprächsteilnehmer sprechen aufgrund ihrer Erfahrung und ihrer Sachkenntnis zu einem Thema.

Ziel des Podiumsgespräches ist es nicht, andere Teilnehmer von der eigenen Meinung zu überzeugen, sondern dem anwesenden Publikum eine Hilfe zur eigenen Meinungsbildung zu geben, indem eine Meinungsvielfalt präsentiert wird.

Hilfe zur Meinungsbildung

Gesprächspartner sind hauptsächlich die Teilnehmer auf dem Podium. Zwischenfragen aus dem Publikum, die der Klärung eines Sachverhaltes dienen, sind möglich. Nachdem auf dem Podium ein bestimmter Punkt erreicht ist, kann das Gespräch auch zwischen Podium und Publikum geführt werden.

Beantwortung von Zwischenfragen, Gespräch mit dem Publikum

In der Regel verzichten die auf dem Podium sitzenden Teilnehmer auf audiovisuelle Unterstützung ihrer Ausführungen.

Mit dem Podiumsgespräch eng verwandt ist die Podiumsdiskussion, aber auch eine seriöse und gut geleitete Talkshow mit einem oder zwei Moderatoren und mehreren Teilnehmern, die nicht über sich selbst, sondern über ein Thema sprechen, kann mit einem Podiumsgespräch verglichen werden.

Podiumsdiskussion, Talkshow

5.5.2 Ausstellung

Eine Präsentation eines Themas kann schriftlich oder mündlich erfolgen. Auch die interaktive Präsentation, zu der die Ausstellung gehört, ist möglich. Die Besucher einer Ausstellung haben die Möglichkeit, Exponate unmittelbar zu erfahren, mit den evtl.

anwesenden Ausstellungsmachern zu kommunizieren und untereinander ihre Ansichten auszutauschen.

interaktiver Ansatz

Moderne Ausstellungen, vor allem auch in führenden Museen, folgen heute mehr und mehr dem interaktiven Ansatz. Man zeigt nicht nur, dass man mit Erfolg gesammelt hat, sondern man lässt die Besucher an einem Thema teilhaben. Dies erreicht man durch

- die Anordnung der Exponate und den Weg, den die Besucher gehen müssen, um alles zu sehen,
- Fragestellungen statt vorgegebenen Antworten,
- rezeptive und besucheraktive Ausstellungsgestaltung,
- Objekte, die nicht nur visuell wirken, sondern mehrere Rezeptoren stimulieren.

Eine Ausstellung, die als Ergebnis einer Projektarbeit oder eines abgeschlossenen Kurses, einer Studienreise oder einer Arbeitsgemeinschaft in der Schule organisiert wird, wird nicht nur mit Objekten allein arbeiten. Auch eine Vielzahl von Fotos, Texten und Grafiken können dem Besucher einen Sachverhalt vermitteln und ihn zur aktiven Aufnahme bewegen.

Profitipp

Die folgenden Punkte sollten dabei besondere Beachtung finden:

- Beschriften Sie alle ausgestellten Gegenstände, Bilder, Fotos etc. klar und deutlich, sodass sie gut in den Gesamtzusammenhang des Themas eingeordnet werden können.
- Ordnen Sie die Ausstellungsstücke und die damit vermittelten Informationen so an, dass sie einem Höhepunkt zusteuern. Der Stein von Rosette oder der Parthenon-Fries im Britischen Museum und die Mona Lisa im Louvre stehen auch nicht gleich in der Eingangshalle.
- Wenn Fotos und erläuternde Texte zu klein sind, werden die Besucher schnell ermüden und die Ausstellung vorzeitig verlassen.
- Dort, wo besonders provozierende Exponate stehen, sollte auch für die Besucher so viel Raum sein, dass sie Diskussionsgruppen bilden können, ohne anderen Besuchern den Blick auf diese Gegenstände/Bilder/Texte/Modelle zu verstellen.
- Wenn Sie mit audiovisuellen Geräten arbeiten, die evtl. elektronisch gesteuert sind, achten Sie besonders darauf, dass eine zu hohe Lautstärke nicht störend wirkt.
- Mischen Sie unter Ihre Exponate vielleicht auch ein paar weniger wertvolle Dinge, die die Besucher anfassen dürfen. Wenn überall „Bitte nicht berühren"-Schilder stehen, fühlen sich viele, vor allem auch junge Besucher in ihrem Entdeckungsdrang gehindert.
- Mischen Sie sich als Macher der Ausstellung unter das Publikum und erläutern Sie Ihr Konzept oder Ihre Exponate immer wieder. Sie werden feststellen, dass sich Ihnen mehr und mehr Besucher anschließen. Dadurch haben Sie die Möglichkeit, Ihr Anliegen auch verbal vorzutragen und die Aussage der Ausstellung zu unterstützen.

Aufgabe

Erarbeiten Sie ein Konzept für eine Ausstellung zum Thema eines Ihrer letzten Referate.

- An wen wendet sich die Ausstellung?
- Was werden Sie ausstellen?

- Woher bekommen Sie die Exponate?
- Wie wird die Ausstellung gegliedert?
- Welche Räumlichkeiten stehen Ihnen zur Verfügung?
- Auf welche Hilfsmittel können Sie zurückgreifen (Pinnwände, Rahmen, Projektoren, AV-Geräte etc.)
- Wie können Sie die Besucher aktivieren?
- Was sollen die Besucher in Ihrer Ausstellung erfahren?
- Erstellen Sie einen Organisationsplan, der minutiös alle Einzelheiten und Zuständigkeiten für die Planung, Finanzierung und technische Durchführung Ihrer Ausstellung auflistet.

Wenn Sie so weit gekommen sind, ist es nur noch ein kleiner Schritt, die Ausstellung selbst zu machen. Was hindert Sie daran?

5.5.3 Infomarkt

Je größer eine Gruppe ist, desto schwieriger ist es auch, mit dieser Gruppe zu kommunizieren, vor allem, wenn man das System der Einbahnstraßenkommunikation überwinden möchte.

Kommunikation mit großen Gruppen

Das Konzept, mit dem man auch Gruppen über 100 Teilnehmer aktiv an der Arbeit an einem Thema beteiligen kann, heißt Infomarkt und besteht wie auf einem Wochenmarkt aus mehreren Marktständen, an denen unterschiedliche Produkte zur Prüfung und zum „Verkauf" angeboten werden.

Verdeutlichen wir das System an einem Beispiel: Sie organisieren an Ihrer Schule einen Anti-Gewalt-Tag für die Oberstufe. Etwa 120 Schüler nehmen daran teil. Es werden sechs Marktstände z. B. zu diesen Themen vorbereitet (es gibt auch weitere Stände mit Snacks und Getränken):

Anti-Gewalt-Tag

- Mobbing
- verbale Gewalt
- Gewalt gegenüber Frauen
- Jugendgewalt
- Möglichkeiten der Gewaltvermeidung
- juristische und strafrechtliche Aspekte

Alle Marktstände befinden sich in einem großen Raum, z. B. der Turnhalle oder dem Eingangsbereich. Oder im Freien. Weniger günstig ist es, wenn die Marktstände auf verschiedene Klassenräume verteilt werden, weil sich dann das richtige Marktfeeling nicht einstellt.

Weitere Anwendungsmöglichkeiten für den Infomarkt:

Anwendungsmöglichkeiten

- Tag der offenen Tür an der Schule zur Information von neuen Fünftklässlern und deren Eltern
- Informationsabend für Elftklässler und Eltern über die Wahlmöglichkeiten der Oberstufe
- Projektpräsentationen
- Pädagogische Tage
- Berufsberatung und Information
- Präsentation selbstständiger Themenerarbeitungen
- Werkstattunterricht
- Stationsunterricht

Wie sehen die einzelnen Marktstände aus?

Jeder Stand benötigt etwa 50 m² Fläche. Das Thema des Standes wird durch ein großes Plakat deutlich gemacht. An dem Stand befinden sich Tafeln, Pinnwände, Moderations-

Ausrüstung

wände, Büchertische, audiovisuelle Medien, ca. 20 Stühle etc. Jeder Stand wird von einer Vorbereitungsgruppe so gestaltet, dass Besucher sich zunächst über das Thema des Standes informieren können. Dabei muss berücksichtigt werden, dass sie sich schnell informieren wollen und noch nicht sehr in die Tiefe gehen.

kurz und griffig

Lieber Schlagzeilen als ganze Artikel. Lieber provozierende oder informative Fotos als lange Texte. Lieber Gegenstände, die für sich selbst sprechen, als wortreiche Erklärungen. Zu jedem Thema wird an einer Pinnwand eine Reihe von Fragen visualisiert. An jedem Stand befinden sich ein oder zwei Mitglieder der Vorbereitungsgruppe, um den Besuchern behilflich zu sein.

Wie gestaltet sich das Marktgeschehen?

Wenn der Markt z. B. um 10.00 Uhr eröffnet wird, haben alle Besucher zunächst zwei Stunden Zeit, um sich an allen Marktständen einen allgemeinen Überblick über alle Teilthemen zu verschaffen und sich zu überlegen, an welchem Teilthema sie ihre Kenntnisse vertiefen bzw. ihre Erfahrungen einbringen möchten.

Nach einer einstündigen Mittagspause finden sich die Besucher an dem Marktstand ihrer Wahl ein. Hier kann das Standthema vertiefend bearbeitet werden, z. B. durch

- einen Vortrag (eines eingeladenen Experten) mit anschließender Diskussion,
- eine Multimediapräsentation mit Diskussion,
- einen Film oder ein Video zum Thema, die dann kritisch besprochen werden,
- ein Pro-und-Kontra-Streitgespräch,
- eine Gesprächsrunde (Podiumsgespräch oder Talkshow mit Einbeziehung der Besucher),
- eine Moderation.

Der besondere interaktive Ansatz der Marktstände liegt darin, dass die Besucher zu aktiven Teilnehmern werden und sich mehrfach entweder durch Wortbeiträge oder Visualisierungselemente (Kartenabfragen, Meinungsbilder und Abstimmungen) zum Thema äußern.

Aufgabe	Planen Sie einen Infomarkt zu einem der nachfolgenden Themen: – Frauen und Führungspositionen – Lifestyle 2050 – Werte im Wandel - Planen Sie für 100 bis 120 Besucher, also ca. sechs Marktstände. - Fertigen Sie eine genaue Zeichnung von einem der Marktstände Ihres gewählten Themas an. - Planen Sie ein Tagesprogramm für diesen Marktstand. - Beziehen Sie in alle Ihre Aktivitäten die Methoden des Projektmanagements (→ Kapitel 6 Planung und Durchführung eines Seminarprojekts) mit ein.

Die dafür anzusetzende Zeit liegt, je nach Thema, bei zwei bis drei Stunden. Das Ende des Marktes erfolgt durch einen unterhaltsamen Schlusspunkt, etwa ein kurzes Straßentheaterstück, eine pantomimische Szene, Live-Musik, eine Verlosung oder eine „Denkmalenthüllung" mit Themenbezug auf dem Forum, einer freigehaltenen Zone zwischen den Marktständen.

5.5.4 Internetpräsentation

Wenn Sie das Internet als Präsentationsmedium wählen, können Sie Ihre Inhalte entweder auf einer Homepage oder einem Blog vorstellen. Dies ist inzwischen ziemlich einfach geworden, solange Sie nicht eine komplizierte Homepage wollen, für die Sie Kenntnisse mit Content-Management-Systemen benötigen. Normalerweise wählen Sie einen Provider aus, z. B. denjenigen, bei dem Sie auch Ihre E-Mail Adresse haben. Auf der Startseite gibt es einen Link zum Erstellen der eigenen Homepage und dann geht es üblicherweise in fünf Schritten weiter:

1. Im ersten Schritt wählen Sie, ob Sie eine Homepage, einen Blog oder eine Fotogalerie erstellen wollen. *Homepage, Blog, Fotogalerie*

2. Im zweiten Schritt können Sie aus einer Vielzahl von vorgegebenen Designs auswählen, wobei Sie oft noch die Möglichkeit haben, die Farbgebung und die Schrift nach Ihren Wünschen zu beeinflussen. *Designs*

3. Ihren Pagetree, die Baumstruktur der einzelnen Seiten, mit Hauptpunkten und Unterpunkten, je nach Anbieter in mehreren Ebenen, legen Sie dann im dritten Schritt fest. Hier können Sie auch die Sprache und verschiedene Formate, z. B. für Daten und Zahlen, einstellen. *Struktur*

4. Im vierten Schritt geben Sie die Inhalte ein: Texte, Grafik und Fotos, evtl. auch Audio-Dateien, die Sie dann im *Inhalte*

5. fünften Schritt hochladen, sodass jeder Internetnutzer nun Ihre Seite aufrufen kann. Voraussetzung ist noch eine Domain, d. h. eine Adresse bzw. ein Name für Ihre Website. *hochladen*

Damit haben Sie in relativ kurzer Zeit Ihre eigene Website erstellt, die es jetzt natürlich zu pflegen und zu aktualisieren gilt.

Natürlich können Sie mit einer eigenen Homepage die Welt über Ihre Vorlieben und Hobbys informieren. Die Gefahr, dass Sie dabei zu viel Persönliches von sich preisgeben oder für einen mehr oder weniger liebenswerten Spinner gehalten werden, ist immer vorhanden. Sie können Ihre Homepage, Ihren Blog aber auch als seriöses Präsentationsmedium verwenden. Dann beachten Sie bitte einige wenige Punkte:

■ Geben Sie klar den Namen oder Titel Ihrer Homepage an.

■ Machen Sie an einer Übersicht deutlich, welche Informationen Sie zur Verfügung stellen.

■ Bauen Sie ein Kontaktformular ein, sodass Nutzer Sie persönlich erreichen können.

■ Machen Sie klar, wann Ihre Homepage zum letzten Mal aktualisiert wurde.

Profitipp

■ Obwohl viele Firmen, Verlage und Provider immer wieder die ihrer Meinung nach besten Homepages prämieren, sollte die Gestaltung in erster Linie dem Leser verpflichtet sein. Sie sind daran interessiert, dass möglichst viele Internet-Nutzer immer wieder Ihre Homepage anwählen und Ihre Informationen abrufen. Stellen Sie sich darauf ein und kommen Sie Ihren Nutzern entgegen.

■ Kriterien für eine gute Homepage sind:
   – Anwenderfreundlichkeit,
   – Übersichtlichkeit,
   – Schnelligkeit,
   – Nutzen für den Besucher.

▶▶▶

- Achten Sie besonders bei längeren Texten wie z. B. bei Referaten auf leserfreundliche Farben, die ein ermüdungsfreies Dauerlesen begünstigen. Ein mehrseitiges Referat in kleiner, dunkelblauer Schrift vor schwarzem Hintergrund wird wohl niemand lesen.

Links und Kontaktmöglichkeiten

Referate, die auf eine Vielzahl von Internetquellen zurückgreifen bzw. sich darauf beziehen, kann man sehr bequem durch Links mit diesen Websites verbinden. Die relevanten Begriffe oder Textstellen werden als Links definiert und mit der automatischen Anwahl einer Adresse verbunden. Sobald der Leser die im Text unterstrichen dargestellten Begriffe anklickt, wird er mit der jeweiligen Adresse verbunden und kann den Bezug selbst überprüfen.

Profitipp

Wenn Sie am Schluss Ihres Internetreferats nochmals alle Links mit den dazugehörigen Adressen anführen, ist dies ein besonderer Service für die Leser, die sich Ihren Text herunterladen und ausdrucken. Wer nur Ihren Text ausdruckt, sieht zwar die Links, aber es fehlen die dazugehörigen Adressen. Damit sind auch die Links wertlos.

übers Internet diskutieren

Auch das Literaturverzeichnis am Ende des Referats kann mit Links versehen werden. Damit Ihre Leser mit Ihnen Kontakt aufnehmen können und evtl. sogar über Ihr Thema diskutieren, können Sie entweder über eine Schaltfläche im Navigationsbereich oder über ein eigenes Kontaktfenster einen E-Mail-Zugang anbieten, wo jeder Ihnen problemlos seine Meinung zu Ihrem Text oder Fragen dazu mailen kann.

Wer stellt Referate oder andere Texte ins Internet?

- Mitglieder von Arbeitsgruppen, die sich nicht ständig treffen können
- Lehrer/Lehrerinnen für ihre Schüler und Studenten
- Schulen und Institute, die einen Einblick in die Qualität ihrer Arbeit geben möchten
- Autoren von literarischen Texten oder Sachtexten, die nicht mit einem Verlag zusammenarbeiten
- grundsätzlich jeder, der bestimmte Informationen weitergeben möchte

5.6 Visualisieren mit Präsentationsmedien

Wir müssen uns bei Präsentationen, ganz gleich vor welchem Publikum, darauf einstellen, dass das Wort allein nicht mehr ausreicht, sondern visuell unterstützt werden muss. Je nach Ausstattung und Fertigkeiten im Umgang mit den Präsentationsmedien kann man von dem biederen Tafelbild bis hin zum verblüffenden Multimedia-Feuerwerk eine große Bandbreite zum Teil recht spektakulärer Effekte einsetzen, die meist bestimmte Hardwarevoraussetzungen und bestimmte Softwarekomponenten, immer aber ein ausreichendes Maß an Kreativität, Fantasie und Kompetenz seitens des Präsentators erfordern.

Welches sind nun die Präsentationsmedien und wie geht man damit um? Wir beschränken uns hier auf die technischen Medien. Auf andere Hilfsmittel für Präsentationen, also Tafel, Whiteboard, Magnettafel, Pinnwand, Hafttafel, Moderationswand, Flipchart und Klemmleisten wird in → Kapitel 7.3.5 Visualisierungstechniken eingegangen.

5.6.1 Overheadprojektor (Polylux)

Der Overheadprojektor, auch Tageslichtprojektor, ist ein Standardinstrument vieler Präsentationen geworden.

Alle Overheadprojektoren können bei Tageslicht ohne Raumverdunklung benutzt werden. Dennoch wird die Projektionsqualität spürbar besser, je dunkler der Raum ist. Eine reflektierende Projektionsfläche, sei es ein entsprechender Wandanstrich oder eine Leinwand, erhöhen die Qualität ebenfalls erheblich. Für stationäre Projektoren gibt es Endlosfolien, die auf der einen Geräteseite aufgerollt und auf der anderen abgerollt werden. Sie eignen sich für Aufschriebe und Skizzen, die während der Präsentation per Hand angefertigt werden. Dafür gibt es entsprechende Stifte in allen Farben und Strichbreiten, die entweder permanent oder wasserlöslich sind. Wasserlösliche Stifte sind insofern flexibler, als man die Folienaufschriebe während der Präsentation wieder wegwischen oder verändern kann.

Wenn Sie DIN-A4-Folien verwenden und diese selbst beschriften, achten Sie darauf, dass Sie die geeigneten Folien kaufen. Bei ungeeigneten Folien riskieren Sie evtl. sogar hohe Gerätereparaturkosten. Es gibt im Fachhandel Folien für die Bearbeitung mit

- farbigen Overheadstiften,
- Tintenstrahldruckern,
- Laserdruckern und Kopiergeräten.

Wenn Sie wertvolle Schaubilder auf Folien erstellt haben, können Sie diese mit Präsentationshüllen schützen. Präsentationshüllen nehmen die Folien auf, die während der Projektion nicht entnommen werden müssen. Die Hüllen haben auf jeder Seite einen ausklappbaren weißen Rand für Notizen. Nach der Projektion können die Folien mitsamt den Hüllen bis zum nächsten Einsatz in einem Ringordner abgelegt werden.

Margin notes: Raumbeschaffenheit · Endlosfolien · Stifte · DIN-A4-Folien · Präsentationshüllen

Profitipp

- Schalten Sie das Gerät erst ein, wenn Sie es brauchen, und sofort aus, wenn Sie es nicht mehr benötigen.
- Stehen Sie nicht zwischen Projektor und Leinwand. Sie werfen sonst einen störenden Schatten.
- Zeigen Sie (immer) auf der Folie, nicht auf der Projektionswand.
- Zeigen Sie mit einem spitzen Gegenstand oder einem speziellen Overhead-Zeiger, nicht mit dem Finger.
- Lassen Sie den Stift oder Zeiger liegen, während Sie über den entsprechenden Punkt sprechen.
- Sie können auch mit einem Laserpointer zeigen, einem kugelschreibergroßen Gerät, das einen leuchtenden farbigen Punkt auf die Projektionsfläche wirft.
- Stellen Sie sicher, dass das Kabel keine Stolpergefahr darstellt.
- Überprüfen Sie vor der Präsentation Projektionsabstand, Winkel und Scharfeinstellung.
- Nehmen Sie für diese Einstellungen, besonders dann, wenn schon Zuhörer im Raum sind, nicht die Folie, die den Höhepunkt Ihrer Präsentation darstellt, sondern eine völlig andere Folie. Es gibt gerade für solche Einstellungen auch spezielle Rasterfolien.

5.6.2 Foliengestaltung

Vielseitigkeit von Overheadfolien

Wer einen Computer, ein Office-Programm und einen Farbdrucker hat, kann mit geringem zeitlichen und finanziellen Aufwand sehr wirkungsvolle Folien selbst erstellen. Folien sind aufgrund ihrer Wiederverwendbarkeit recht wirtschaftlich. Außerdem sind sie in Handhabung und Aufbewahrung sehr einfach. Man kann sie auf unterschiedliche Weise einsetzen. Beispielsweise kann man die ganze Folie auf den Projektor legen, man kann einzelne Informationen abdecken und Stück für Stück, so wie sie gerade gebraucht werden, aufdecken. Auch die Technik des präzisen Überlagerns ist sehr einfach, bei der ein Ganzes dadurch entsteht, dass nach und nach Folien mit den Einzelelementen darauf aufeinandergelegt werden. Wenn man über eine gewisse Anzahl Folien zum Thema verfügt, kann man diese immer wieder neu ordnen, die Reihenfolge ändern oder einzelne sogar ganz auslassen. Overheadfolien dienen der Anschaulichkeit und machen Informationen durch die großformatige Darstellung einprägsam. Außerdem sind sie fotokopierbar und können schnell auf Papier oder andere Folien vervielfältigt werden.

Profitipp

Was muss man beim Erstellen von Overheadfolien beachten?

- Denken Sie daran, dass weniger mehr ist. Folien sollten nicht überladen werden. Wenn Sie viele Informationen unterbringen wollen, überlegen Sie sich, wo Sie trennen und statt einer Folie mit einem langen Text lieber mehrere mit weniger Text bedrucken. Wenn Sie eine Folie übersichtlich gestalten wollen, verwenden Sie maximal ein grafisches Element und zusätzlich maximal 20 Wörter als Stichwörter. Sie haben es nicht nötig, zu zeigen, wie gut Sie mit Ihrem Computer umgehen können, aber jeder Präsentator hat es nötig, die Aufmerksamkeit der Zuhörer an sich zu binden.
- Besonders die Darstellung von Zahlen kann Zuhörer ermüden. Verwenden Sie für umfangreiche Zahlendarstellungen stets grafische Hilfsmittel (z. B. Diagramme), die Ihnen jedes Tabellenkalkulationsprogramm zur Verfügung stellt. Der Betrachter kann dann mit einem Blick Trends, Entwicklungen, Vergleiche und Größenordnungen erfassen und verstehen.
- Wenn Sie mit „Word" arbeiten, ist meist das DIN-A4-Hochformat voreingestellt, bei „PowerPoint" das Querformat. Beide lassen sich sehr schnell auf das jeweils andere Format umstellen. Das Querformat hat bei Folien aber den großen Vorteil, dass auch längere Wörter oder Texte einzeilig dargestellt werden können. Bei Projektionen in niedrigeren Zimmern passt im Querformat meist die ganze Folie an die Wand, ohne dass der Titel irgendwo an der Decke abknickt und nicht mehr entzifferbar ist. Wechseln Sie bei einer Foliensequenz das Format möglichst nicht.
- Schreiben Sie die Titelzeile zentriert oder linksbündig in einer Schriftgröße zwischen 50 und 60 Punkt. Stichwörter bzw. Texte sollten mit 30 bis 40 Punkt geschrieben werden, wobei der Zeilenabstand etwa 20 Punkt betragen sollte. Je klarer Sie schreiben, desto einfacher haben es die Betrachter. Verwenden Sie möglichst einheitliche Schrifttypen ohne zu starken Designcharakter. Vermeiden Sie eine Schriftführung, die zu stark von der Waagerechten abweicht. Beschreiben Sie die Folie nicht komplett, sondern lassen Sie auf jeder Seite einen Rand von mindestens 1,5 cm. Vermeiden Sie bei mehrzeiligen Texten den Blocksatz.

- Beginnen Sie jede Folie mit einer knappen Titelzeile, die aber so aussagekräftig ist, dass der Betrachter sofort weiß, worum es in der Folie geht.
- Verwenden Sie bei aufeinanderfolgenden Folien möglichst nicht zu starke Farbkontraste. Ein einfarbiger Hintergrund, evtl. mit einem Farbverlauf, kann Ihre Texte optisch aufwerten. Achten Sie darauf, dass der Hintergrund eher ruhig ist. Dunkle Schrift auf hellem Hintergrund ist lesefreundlicher als umgekehrt.
- Wenn Sie sich während Ihres Vortrages einmal versprechen, so ist das kein Beinbruch. Sie können sich korrigieren und fortfahren. Wenn Ihnen auf einer Folie ein Schreibfehler unterläuft, so ist dies eine Peinlichkeit. Selbst wohlwollende Zuhörer konzentrieren sich mehr auf diese Auffälligkeit als auf die eigentliche Aussage Ihrer Folie.
- Beschränken Sie die Anzahl Ihrer Folien pro Vortrag. Lieber wenige, dafür aber aussagekräftige Folien, die die Höhepunkte Ihres Vortrags markieren, als ein nicht enden wollendes Folienfeuerwerk.
- Erstellen Sie auch zwischendurch einmal eine handschriftliche Folie, evtl. im interaktiven Dialog mit den Zuhörern. Solche Folien können bereits grafisch vorbereitet sein. Nur die Beschriftung erfolgt während des Vortrages. Um die vorbereiteten Folien wiederverwenden zu können, benutzen Sie wasserlösliche Stifte oder legen eine andere Folie über die vorbereitete.

5.6.3 Video, DVD

Für den Videoeinsatz benötigen Sie einen komplizierteren Aufbau, eine Kombination mehrerer Geräte:

Gerätekombination

Der Aufbau wird dadurch kompliziert, dass alle Geräte meist ihre eigene Stromversorgung haben, sodass man Mehrfachsteckdosen benötigt. Zudem sind die Geräte mit Spezialkabeln untereinander verbunden und funktionieren nur, wenn beim Monitor oder Videoprojektor der Eingangskanal mit dem Ausgang von Recorder oder Videokamera (auch eine digitale Fotokamera ist direkt anschließbar) übereinstimmen. Meist arbeiten alle auch noch mit voneinander unabhängigen Fernbedienungen, sodass jeder Vortragende gut beraten ist, wenn er vorher die Betriebsanleitungen aller Geräte liest (und versteht), das Videoband an die richtige Stelle spult, den gesamten Aufbau genau überprüft und einen Probedurchlauf macht.

Es kommt häufig vor, dass bestimmte Film- oder Dokumentarszenen auf Video festgehalten werden, um dann im Rahmen einer Präsentation vom Abspielgerät auf den

Testen der Gerätekombination

Beamer

Monitor übertragen zu werden. Wohl alle Schulen verfügen über die notwendige Ausstattung. Statt des Monitors kann man aber auch einen Beamer nehmen und dann in einem leicht abgedunkelten Raum das Video auf eine größere Leinwand projizieren.

Profitipp

Ein Videoband lässt sich ziemlich genau mithilfe des Zählwerks zu einer bestimmten Stelle spulen, sodass Sie für einen Videoausschnitt einen ganz präzisen Anfang und ein präzises Ende setzen können. Wenn Sie eine DVD verwenden, haben Sie keine richtige Feinjustierung, sondern müssen mit dem Szenenauswahlmenü arbeiten. Das kann lästig sein.
Sie können das Problem umgehen, indem Sie mit der entsprechenden Videobearbeitungssoftware den gewünschten Ausschnitt aus der DVD herauskopieren, vorausgesetzt, diese ist nicht kopiergeschützt, und auf Ihrem Computer speichern. Wenn Sie nun den Computer mit dem Beamer verbinden, können Sie den zuvor präzise ausgewählten Ausschnitt problemlos vom Computer aus zuspielen und so in Ihren Vortrag einbauen.

Kamera

Eine Live-Kamera, die direkt an einen Monitor oder Videoprojektor angeschlossen wird, wird wohl eher bei naturwissenschaftlichen Präsentationen eingesetzt. Kameras sind inzwischen sehr klein und leistungsfähig. Eine solche Kamera, an einem flexiblen Stativ befestigt, kann problemlos medizinische, technische, biologische, chemische und physikalische Experimente, auch aus einem anderen Raum, über einen Monitor oder Projektor einem größeren Auditorium sichtbar machen, während gleichzeitig erläuternde Ausführungen vorgetragen werden. Die Versuchsanordnungen sind meist so vorbereitet, dass hier der Hinweis auf sorgfältige Planung überflüssig ist.

Aufgabe

Überlegen Sie sich konkrete Einsatzmöglichkeiten für eine Präsentation mit einer Live-Kamera. Welche Einsatzmöglichkeiten fallen Ihnen außerhalb der Naturwissenschaften ein?

5.6.4 Beamer/Miniprojektor in Verbindung mit Laptop, Netbook, DVD

Es ist eine Binsenweisheit, dass die Entwicklung der Technik rasch voranschreitet. Kaum jemand setzt heute noch einen Diaprojektor ein, ein Gerät also, das noch vor wenigen Jahren den medialen Höhepunkt einer Präsentation darstellte. Stattdessen werden digitale Fotos direkt aus der Kamera an den Beamer überspielt und an die Wand projiziert. Während man vor einigen Jahren als reisender Seminarleiter noch zumindest einen Kofferraum voller Technik, wenn nicht gar einen Kleinbus dabei haben musste, passt heute alles, was man benötigt, in einen Seminarkoffer. Ohne einen Laptop funktioniert kaum noch eine Veranstaltung. Hier sind sämtliche Dokumente, die man im Lauf des Seminars benötigt, hinterlegt. Der Präsentationsteil wird mit MS PowerPoint erledigt, Fotos, Filmdateien und Audiofiles sind integriert, Textdokumente sind über Word erreichbar und das Internet ist nur wenige Klicks entfernt. Die Mehrheit der Zuhörer oder Seminarteilnehmer sind ohnehin visuelle Typen, also wird der visuelle Eingangskanal des Konsumenten bedient. Wer es noch kleiner möchte, benutzt ein Netbook, was gerade noch die Ausmaße eines normalen Buches hat. Es ist absehbar, dass in der nächsten Entwicklungsphase alle Materialien auf einem Mobiltelefon gespeichert werden und per Funk, Bluetooth oder wie auch immer an einen Beamer gelangen, der dann alles in brillianter Qualität an der Wand entstehen lässt und gleichzeitig mit mehrkanaligem Stereoton untermalt.

Auch die Zuverlässigkeit der Technik hat sich in den vergangenen Jahren stetig verbessert. Konnte man früher sicher sein, dass am Seminarort die Verbindung des eigenen Laptops zu einem fremden Beamer nicht funktioniert oder der Rechner an der spannendsten Stelle abstürzt, so kann man heute schon ein ruhigeres Gefühl haben. Trotzdem, gehen Sie immer davon aus, dass Murphy im Hintergrund lauert. Sie können auch Ihren eigenen Beamer mitnehmen. Die zurzeit kleinsten Geräte sind 10 x 5 x 1,5 cm groß, wiegen etwas über 100 g und bieten eine gute Bildqualität, allerdings nur bei abgedunkelten Räumen. Und wenn Sie über Ihren Laptop und den Beamer DVDs abspielen, dann haben Sie sogar ein ganzes Kino im Koffer.

Die so beschriebene Ausrüstung ist in der Tat für die Wanderprediger unter den Seminarleitern interessant. Für Referate und Vorträge in Schulen wird wohl in der Regel das Equipment der Schulen genutzt, sodass man nur eine Verbindung vom eigenen Laptop oder Netbook zum fest installierten Beamer herstellen muss, um dann einen beamergestützten Vortrag zu halten.

Murphys Gesetz lautet: *„Alles, was schiefgehen kann, wird auch schiefgehen." („Whatever can go wrong, will go wrong.")*

:'* **Webcode:** MT641048-179

Profitipp

Vermeiden Sie diese Fehler bei Ihrem nächsten Auftritt:

1. Beim Einsatz elektronischer Medien ist die Projektion zu undeutlich. Ihr Publikum muss sämtliche Energien aufwenden, um überhaupt etwas erkennen zu können. Sorgen Sie dafür, dass die Lichtstärke ausreicht, dass die Schrift groß genug ist und gestochen scharf auch in der hintersten Reihe erscheint und dass die Farben gut wiedergegeben werden.
2. Es ist zu dunkel für die Teilnehmer, um sich während des Medieneinsatzes Notizen zu machen. Lässt sich keine Platzbeleuchtung installieren, müssen Sie häufig kurze Pausen einschieben.
3. Während Sie mit dem Publikum reden, wenden Sie sich der Projektionsfläche zu, drehen sich gegen die Wand oder schauen permanent den Bildschirm Ihres Computers an. Sie können nur dann mit jemand kommunizieren, wenn Sie Augenkontakt herstellen.
4. Beim Medieneinsatz platzieren Sie sich genau in den Strahlengang der Projektion. Ihre Silhouette erheitert zwar das Publikum, trägt aber nichts zur Erhellung der Präsentation bei.
5. Sie missbrauchen Ihre Maus als Zeigegerät und irritieren damit sämtliche Betrachter. Verwenden Sie lieber einen neonfarbenen Zeigestab oder einen Laserzeiger.
6. Sie kündigen die Abläufe nicht vorweg an. Die Absicht Ihrer Präsentation bleibt unklar; alles erscheint willkürlich zusammengeschustert und mangelhaft vorbereitet. Zur exakten Planung und Durchführung einer Präsentation gehört, dass Sie Ihrem Publikum jeden Abschnitt und jeden Medieneinsatz vorher erklären.

Aufgabe

Unseriös, aber es macht unheimlich Spaß, schult die Vortragskompetenz, die Kreativität und die Schlagfertigkeit. Informieren Sie sich über „PowerPoint Karaoke" und üben Sie es ein paar Mal.

5.6.5 Whiteboard/Smartboard

In Großbritannien an nahezu allen Schulen schon wie selbstverständlich im Einsatz, erobert das Smartboard oder Whiteboard bei uns nur langsam die Klassenzimmer. Es handelt sich um eine berührungssensitive weiße Tafel, an die ein genau justierter Beamer alles projiziert, was auf dem angeschlossenen Computer gerade aktiv ist. Die Tafel hat dabei die Funktion eines großen Touchscreen-Bildschirms. Mit einem elektronischen Stift oder per Fingerberührung können Schüler und Lehrer interaktiv mit dem Medium arbeiten. Neben der handelsüblichen Software gibt es eine spezielle Software, die es ermöglicht, mit dem Stift bestehende Bildschirmzustände zu überschreiben, Felder zu setzen, Dinge zu löschen oder anders zu gestalten. Jeder Zustand kann gespeichert, ausgedruckt oder per E-Mail versandt werden. Die Möglichkeiten, die dieses Medium bietet, sind vielfältig und können durch Peripheriegeräte wie Eingabetablets genutzt werden.

interaktives Medium

Es ist daher nötig, den Einsatz genau zu planen, denn ein Whiteboard genau wie eine traditionelle Wandtafel zu gebrauchen, wäre eine große Fehlinvestition. Das Medium erfordert eine angemessenen Didaktik und Methodik, die Präsentation der Inhalte muss den Möglichkeiten des Mediums angepasst werden und der Umgang mit der Technik muss natürlich geübt werden. Bildungsinstitutionen, Schulbuchverlage und Ausbildungsseminare für Lehrer beschäftigen sich bereits intensiv damit.

angemessene Methodik

Aufgrund der Multimedialität dieser Technologie ist das interaktive Whiteboard, das es seit 1991 gibt, ideal für den Einsatz in Unterricht und Lehre.

Webcode: MT641048–180

Im Rahmen einer Präsentation, eines mediengestützten Vortrags wird es dann besonders nützlich, wenn der Vortrag so offen ist, dass eine Einbeziehung von Publikumsbeiträgen vorgesehen ist und diese nicht nur visualisiert, sondern in das Gesamtkonzept des Vortrags integriert werden sollen.

Profitipp	Ein Whiteboard ist wesentlich größer als ein Bildschirm oder eine Folie. Daher besteht die Gefahr, zu viele Text-, Bild-, Grafik-, Film- und Toninformationen gleichzeitig darauf unterzubringen, ohne dass ein klarer Fokus erkennbar wäre. Achten Sie bitte darauf, dass die Menge an Informationen nicht durch die Größe des Mediums, sondern durch die Aufnahmekapazität des Betrachters definiert wird. So wie es völlig verwirrende und unleserliche Tafelanschriebe gibt, kann man auch bei einem Whiteboard zu viel des gut Gemeinten tun.

5.6.6 Software

Wenn Sie mit einem Computer arbeiten, um Bildschirminhalte zu projizieren, um Folien herzustellen oder Fotos zu bearbeiten, benötigen Sie Software. Um mit der Software umgehen zu können, benötigen Sie wieder gewisse Kenntnisse und Fertigkeiten, die bei nahezu jedem Programm anders, wenn auch ähnlich, sind. Es ist davon auszugehen, dass wegen der besonders auch an Schulen weit verbreiteten Microsoft-Office-Programme die Kenntnisse im Umgang damit auch eher vorhanden sind als bei anderen.

Office-Programme

Zum Microsoft-Office-Programmumfang gehören das Textverarbeitungsprogramm „Word", die Tabellenkalkulation „Excel" und das Präsentationsprogramm „PowerPoint". Es gehören noch weitere Komponenten dazu, die aber hier nicht relevant sind.
Darüber hinaus gibt es von anderen Abietern eine ganze Reihe guter und nützlicher Programme, die teilweise sogar kostenlos sind.

Welche Software ist hilfreich?

Ein Textverarbeitungsprogramm verfügt über zahlreiche Schriftarten, die in Größe, Farbe und Textattributen (fett, kursiv, unterstrichen etc.) variiert werden können. Textstellen können farbig unterlegt werden, es können Rahmen erzeugt werden, die Einbindung von Grafik, Fotos und Tabellen ist möglich, und das Programm verfügt über einige Grafikfunktionen (Linien, Standardformen, Pfeile, Flussdiagramme, Sterne und Banner sowie Legenden). Damit ist eine Vielzahl von Möglichkeiten zur Erstellung wirkungsvoller Folien gegeben, die am Bildschirm bearbeitet und über einen Farbdrucker auf eine geeignete Leerfolie übertragen werden.

Textverarbeitungsprogramme sind beispielsweise Microsoft „Word", OpenOffice/ StarOffice oder Corel WordPerfect.

Zusätzlich zur Textverarbeitung können Sie mit einer Tabellenkalkulation arbeiten, um z. B. wenig spektakuläre Zahlenreihen aus einer Werteliste in aussagekräftige Diagramme umzuwandeln. Diese Diagramme können entweder eigenständig über Excel ausgedruckt werden oder von „Word" oder „PowerPoint" importiert werden, um dort in einen Text oder eine Präsentation integriert zu werden.

Diagramme sind standardisierte Darstellungsformen für bestimmte Sachverhalte. Beispiele hierfür sind:

- Listen und Tabellen
- Kurvendiagramme
- Säulendiagramme
- Kreis- oder Tortendiagramme
- Aufbaudiagramme / Organigramme
- Ablaufdiagramme / Netzpläne

Diagramme dienen, je nach Darstellungsform, der Gegenüberstellung von z. B. absoluten Zahlen, Entwicklungsabläufen oder Größenverhältnissen, sowie der Veranschaulichung von Bestandsgrößen, Abläufen und Strukturen (→ Kapitel 3.8 Statistiken und Diagramme).

Textverarbeitung

Tabellenkalkulation

Diagramme und ihr Einsatz

Art der darzustellenden Informationen	Art des Diagramms								
	Liste	Tabelle	Kurven	Säulen	Balken	Kreise	Organigramme	Aufbau	Ablauf
Aufzählung	■								
Datenzuordnung		■							
Absolute Werte				■	■				
Anteile eines Ganzen						■			
Organisationsstrukturen							■	■	
Aufbau, Zusammensetzung							■	■	
Entwicklungsverläufe			■						
Gegenüberstellung				■	■				
Abläufe			■						■

Die bekannteste Tabellenkalkulationssoftware ist sicherlich Microsoft Excel. Es gibt aber auch entsprechende Programme von anderen Anbietern, z. B. OpenOffice Calc, Lotus 1-2-3, StarCalc oder PlanMaker.

Es ist erstaunlich, wie viele Präsentatoren inzwischen PowerPoint-süchtig geworden sind, denn immer wenn es um die Erstellung und Vorführung einer Präsentation geht, geben sie sich völlig dem Programm MS PowerPoint hin. Dabei gibt es eine Reihe anderer Programme, die auf andere Weise, aber doch höchst eindrucksvoll für Präsentationen geeignet sind.

Präsentationssoftware

Mit den weit verbreiteten Präsentationsprogrammen Microsoft PowerPoint oder der ähnlich aufgebauten Präsentationssoftware von OpenOffice kann man Folien, Notizblätter (die obere Hälfte zeigt eine Folie oder einen Bildschirm, die untere Hälfte ist frei für Vortragsnotizen) und Dias erstellen. All diese lassen sich über entsprechende Materialien ausdrucken und mit den geeigneten Geräten projizieren.

Darüber hinaus kann man damit eine Bildschirmpräsentation herstellen, bei der die Reihenfolge der einzelnen Bildschirminhalte, die Animationsart des Bildübergangs, das Einblenden neuer Bildelemente und unterstützende Geräusche sowie eingegebene mündliche Erläuterungen halbautomatisch (jeweils neues Bild beim Drücken der Enter-Taste) oder vollautomatisch nach einem vorgegebenen oder aufgezeichneten Zeitplan ablaufen. Auch gibt es eine große Anzahl bereits fertig designter Folienhintergründe, bei denen nur noch Texte einzufügen sind.

Kombination verschiedener Elemente

Der große Vorteil dieser Programme ist, dass man Video-, Ton-, Grafik- und Textelemente je nach Bedarf per Klick erscheinen oder auch wieder verschwinden lassen kann. Besonders eindrucksvoll wird es, wenn man z. B. eine Gesamtpräsentation aus 15–20 Bildern erarbeitet hat und diese über einen angeschlossenen Beamer auf eine große Leinwand projiziert. Auch hier gibt es die Möglichkeit der Endlosprojektion. Der Nachteil ist, dass man, wenn eine Präsentation erst einmal fertig vorbereitet ist, nicht mehr besonders flexibel reagieren kann

Neben Microsoft PowerPoint und OpenOffice Impress gibt es Corel Presentations, Apple Keynote und viele andere Programme, die für Präsentationen geeignet sind. Ebenfalls empfehlenswert für Präsentationen sind Personal Brain 5 und let's focus.

Wie setze ich die Software ein?

In allen Phasen einer Präsentation, sei es die Vorbereitung, die Recherche, die Gliederung oder schließlich die tatsächliche Präsentation, kann die richtige Software hilfreich sein. **Software als Werkzeug** Beachten Sie aber bitte auch, dass die Software ein Werkzeug ist, das Ihnen die Arbeit erleichtert, aber sie nimmt sie Ihnen nicht ab. Was leider immer wieder zu beobachten ist, ist, dass der Vortragende das Werkzeug zu sein scheint und das tut, was die Software von ihm erwartet und nicht umgekehrt.

Damit die Zuhörer etwas von Ihrem Vortrag haben, müssen verschiedene Faktoren optimal zusammentreffen.

- Das Thema muss die Zuhörer interessieren und ihnen neue und interessante Informationen bieten.
- Der Sprecher muss das zentrale Element des Vortrags darstellen und Ausstrahlung vermitteln durch
  - Sachkompetenz,
  - körpersprachliche Präsenz,
  - Sprachkompetenz,
  - Methoden- und Medienkompetenz.
- Die mediale Unterstützung muss angemessen, kurzweilig, klar und informativ sein. Zur medialen Unterstützung muss man aber nicht zwangsläufig Software einsetzen, obwohl es heute oftmals so ist, dass Redner, die nicht sofort mit PowerPoint daherkommen, als methoden- und medientechnisch hoffnungslos rückständig angesehen werden. Richtig ist vielmehr, dass diejenigen rückständig sind, die ein Medium methodisch falsch, zum falschen Zeitpunkt oder mit falscher Information einsetzen.

Webcode: MT641048-182

- Setzen Sie Ihre Software so ein, dass Ihnen als Vortragendem ein Höchstmaß an Flexibilität erhalten bleibt. Stellen Sie sich vor, es gibt eine Zwischenfrage und der Frager bezieht sich auf eine Grafik, die Sie drei oder vier Folien zuvor gezeigt haben. Es ist lästig, wenn man, um diese Folie wiederzufinden, den Präsentationsmodus verlassen muss, um zunächst einen Überblick zu gewinnen. | **Flexibilität**

- Nutzen Sie die Software so, dass Sie die Stärken des Programms für sich verwenden. Wozu brauchen Sie einen großartigen Medienaufbau mit Beamer, Computer und Präsentationssoftware, wenn Sie die 10 Stichwörter, die Sie nun feierlich über die Tafel projizieren, auch mit Kreide hätten an die Tafel schreiben können. | **Stärken nutzen**

- Verwenden Sie Ihre Software nicht nur zur schriftlichen Visualisierung dessen, was Sie vortragen, sondern auch zur grafischen. Ein Foto, eine Karikatur, ein Diagramm, eine Fokusmetapher, ein Bild eben, sagt mehr als viele Worte. Aber halten Sie alles einfach und übersichtlich. | **grafische Visualisierungen**

Wie verhalte ich mich bei der softwaregestützten Präsentation?

Was Sie nicht tun sollten	Was Sie stattdessen lieber tun sollten
Unterschätzen Sie nicht die Intelligenz Ihrer Zuhörer. Wenn Sie genau das vorlesen, was auf der Folie bzw. dem Präsentationsbild steht, könnte man glauben, Sie stellen deren eigene Lesefähigkeit in Frage.	Geben Sie den Zuhörern 10 bis 15 Sekunden Zeit, um die Folie oder das Präsentationsbild zu betrachten. Dann formulieren Sie Ihre Inhalte aus, die das erläutern oder ergänzen, was das Publikum sieht.
Überfordern Sie Ihre Zuhörer nicht, indem Sie ein Medienfeuerwerk abfahren, auch dann nicht, wenn diese mit MTV, Viva und Techno aufgewachsen sind.	Eine Präsentation muss optisch wie akustisch Ruhe und Kompaktheit vermitteln. Sie darf aber nicht langweilig werden oder in immer gleichen Ritualen erstarren.
Reizen Sie die Möglichkeiten der Präsentationssoftware nicht bis zum Äußersten aus.	Denken Sie daran, dass Sie Inhalte vermitteln wollen. Die Präsentationssoftware ist ein Hilfsmittel, nicht aber ein Selbstzweck. Der Inhalt, nicht die Technik steht im Mittelpunkt Ihrer Präsentation.
Wechseln Sie nicht mit jeder Folie das Design.	Bleiben Sie bei einem einheitlichen Design, das aus einigen Grundfarben komponiert ist. Benutzen Sie eine gut lesbare Schrift, die Sie je nach Inhalt in Farbe und Größe variieren können (z. B. rot für Fragen, grün für Aussagen, blau für Diskussionsansätze).
Verzichten Sie auf quälend langsam animierte Folienübergänge.	Gehen Sie sparsam um mit Animationen jeder Art. Die Folienübergänge sollten keine Unterbrechung Ihres Vortrages erfordern.
Versuchen Sie nicht, so viele Informationen wie möglich auf der Folie unterzubringen.	Verzichten Sie auf lange Texte, auf unübersichtliche Statistiken und auf wortreiche Beschreibungen. Verwenden Sie lieber Stichworte oder Kurzsätze (die Sie dann erläutern), übersichtliche Diagramme und grafische Elemente.
Tragen Sie Ihre Präsentation nicht im Stil eines coolen Discjockeys vor, der sich toll findet, wenn er seine Geräte im Griff hat, und dies durch einen betont gelangweilten Gesichtsausdruck deutlich macht.	Zeigen Sie, dass Sie engagiert und kompetent hinter Ihrem Thema stehen und dass Sie sowohl das Thema wie auch Ihre eigene Begeisterung darüber vermitteln können.

Was Sie nicht tun sollten	Was Sie stattdessen lieber tun sollten
Es könnte durchaus sein, dass Sie Ihre Präsentation ganz außergewöhnlich gut finden (sicherlich zu Recht) und vor lauter Verzückung nur noch Augen für Ihre Folien haben.	Sprechen Sie zum Publikum und nicht zur Projektion an der Wand. Aus der Sicht des Publikums sollten Sie links von der Projektionsfläche stehen. Das Publikum schaut Sie zunächst an, liest dann von links nach rechts und blickt dann wieder auf Sie.

Wie gestalte ich meine Visualisierungen?

äußere Gestaltung, Hintergrund

Eine Präsentation braucht nicht unbedingt einen farbigen Hintergrund. Wenn Sie dies aber gern haben möchten, wählen Sie einen einfachen Farbverlauf zwischen maximal zwei Farben. Das bringt eine gewisse Tiefenwirkung. Der Hintergrund sollte aber nicht zu dunkel sein, damit Sie eine lesefreundliche dunkle Schrift verwenden können. Nehmen Sie ruhige, augenfreundliche Farben, die auch dem Thema angemessen sind. Wenn Sie einen Vortrag über Sozialpolitik vor älteren Leuten halten, dürfte ein Farbverlauf von hellblau nach pink wohl kaum angemessen sein und die Seriosität Ihres Vortrages sofort in Frage stellen.

themenangemessene Hintergründe

Vorsicht bei Animationen

Vermeiden Sie jegliche Animation im Hintergrund. Bewegung und Form- oder Farbveränderung zieht sofort die Aufmerksamkeit des Betrachters auf sich. Und wenn man einige Minuten lang sehen muss, wie ständig etwas blinkt und wirbelt, ist man schnell genervt und aggressiv.

ruhige Folienübergänge

Bringen Sie auch von der äußeren Gestaltung her Ruhe in Ihre Präsentation. Das gilt ebenso für die Folienübergänge. Je weniger man von einer äußerlichen Veränderung bemerkt, desto besser kann man sich auf den Inhalt konzentrieren. Allerdings ist es durchaus möglich, bestimmten Inhalten Farbcodes zuzuordnen, die dann auch verändert werden können. Wenn Sie beispielsweise einen Sachverhalt aus unterschiedlichen Perspektiven darstellen, kann jede Perspektive eine leicht veränderte Hintergrundfarbe bekommen. So könnten Sie das Thema Mauerfall 1989 aus Sicht der DDR-Mächtigen vor einem roten Hintergrund darstellen, aus Sicht der Bürgerrechtsbewegung violett und aus Sicht der westdeutschen Medien in einer dritten Farbe. Hier bieten sich dann Übergänge durch gleichzeitiges Aus- und Einblenden an.

Farbcodes

Vorsicht bei Animationen

Vermeiden Sie bitte auch Töne und Geräusche, außer wenn Sie einen Comic präsentieren wollen. Es ist unangemessen, wenn das Stichwort „Grenzöffnung an der Bornholmer Straße" mit hohem Tempo von links auf die Folie geschossen kommt und mit quietschenden Reifen und einem Aufschlaggeräusch am rechten Bildrand zum Stehen kommt. Natürlich können Sie aber informative Sound- und Videodateien einbauen oder eine passende Hintergrundmusik, wenn die Zuhörer sich eine Reihe von Dias ohne Kommentar des Vortragenden ansehen sollen.

kurze Sätze statt einer Stichwortliste

Mit einem gewissen Recht wird beklagt, dass die Arbeit mit PowerPoint zu einer Verarmung der Sprache führt, weil jeder Sachverhalt auf eine überschaubare Anzahl von Stichworten und Stichpunkten reduziert wird, die dann noch dazu sehr substantivlastig sind. Wirken Sie dem entgegen, indem Sie komplette Sätze verwenden, die aber nicht allzu lang sein sollten. Je länger ein Satz ist, desto mehr Zeit müssen Sie dem Zuhörer zum stillen Lesen geben, bevor Sie mit Ihrem Vortrag fortfahren.

Fokusmetaphern

Um Sachverhalte klarer zu machen, ist es oft gut, ein Bild oder ein Foto zu verwenden. Viele Bilder sind besonders geeignet, wenn sie eine selbstverständliche metaphorische Bedeutung tragen, wie zum Beispiel Treppen, Brücken, Bäume oder Tore.

Wenn wir in einem solchen Bild noch Platz finden, an entsprechenden Stellen themen-bezogene Informationen hineinzuschreiben, sprechen wir von einer auf das Thema fokussierten Metapher, einer Fokusmetapher.

Dafür eignen sich Bilder oder Grafiken, die allgemein bekannt, aber noch nicht klischeehaft sind und die auch im Hinblick auf das Thema nicht fehlinterpretiert werden können. Weiterhin muss das Bild klar strukturiert sein, darf nicht zu viele ablenkende Details aufweisen und sollte an den richtigen Stellen über genügend große Flächen verfügen, in die man noch etwas hineinschreiben kann. Der Einsatz einer Fokusmetapher muss also sorgfältig geplant sein. Sie können Fokusmetaphern verwenden, indem Sie

geeignete Bilder und Grafiken

- ■ sie selbst erstellen, also zeichnen und dann einscannen,
- ■ eigene Fotos verwenden oder sich geeignete Fotos herunterladen,
- ■ auf geeignete Software zurückgreifen, z. B. „let's focus".

In Anlehnung an das Buch *Wissenswege, Methoden für das persönliche Wissensmanagement* (Bern 2008) der Autoren Reinmann und Eppler hier eine Reihe von Vorschlägen für Fokusmetaphern:

Metapher	Umschreibung
Baum	fest verwurzelt, wächst, trägt Früchte
Berg	ein Problem, das aber gelöst werden kann oder muss
Blume	positives Image, zentraler Stil, wächst, blüht, hat viele Facetten
Boot	verbindet, transportiert, trotzt rauer See und anderen Widrigkeiten
Brücke	verbindet, überwindet, führt Menschen und Ideen zusammen
Eisberg	nur zum Teil sichtbar, der gefährlichere Teil ist unter Wasser
Fahrstuhl	unterschiedliche Ebenen verbindendes Element
Festung	sicher, schwer einnehmbar, Schutz oder Hindernis
Graben	trennt, muss überwunden werden
Haus	Innenbereich, Außenbereich, klare Gliederung in oben, unten und Bereiche (Zimmer)
Ikarus mit Wachsflügeln	kurzfristig funktionierende Lösung
Insel	unbekannt, isoliert, muss erkundet werden
Kette	mehrere Glieder, funktioniert als Ganzes
Labyrinth	verschlungen, kompliziert, Irrwege, Überblick und Hilfe nötig
Orchester	Team, alle spielen zusammen unter Leitung eines Dirigenten
Rad (Steuer, Zahnrad)	Dynamik, Bewegung, Ineinandergreifen
Regenschirm	Schutz
Schloss / Schlüssel	Problem mit passender Lösung
Sisyphus mit Stein	mühevolle Aufgabe mit geringen Erfolgsaussichten
Tempel	Fundament, tragende Säulen, gemeinsames Dach
Treppe / Leiter / Stufenpyramide	stufenweiser Anstieg zu einem Ziel
Trichter	Filtern, Hilfsmittel auf dem Weg zu einem Ergebnis
Trojanisches Pferd	List
Turm	Überblick
Vulkan	etwas brodelt im Untergrund und kann ausbrechen

In let's focus gibt es eine ganze Reihe solcher Fokusmetaphern, die Sie als Hintergrundbild verwenden können. Hier ein Beispiel:

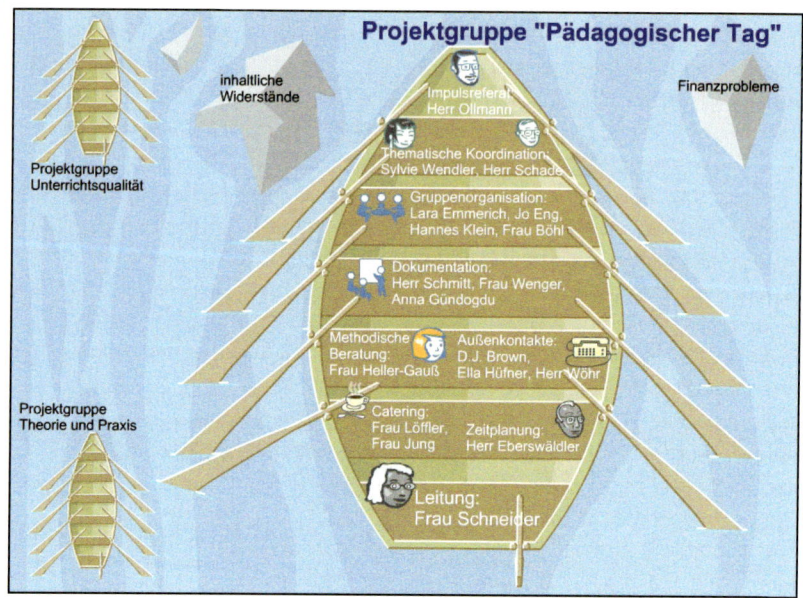

Grafikvorlage: let's focus

Ein weiteres Beispiel für eine Fokusmetapher ist uns allen aus dem Grammatikunterricht wohlbekannt:

Wenn Sie in Ihrer Visualisierung Fokusmetaphern verwenden, können Sie auch Ihren mündlichen Vortrag durch Bilder, also durch Vergleiche, Metaphern oder Allegorien interessanter gestalten.

Storytemplate

Nicht nur Jugendliche, auch Erwachsene hören gern Geschichten, solange das nicht zu einer Märchenstunde absinkt. Denken Sie sich eine gute Geschichte aus. Es dürfen Helden darin vorkommen, die Abenteuer erleben, über Höhen und Tiefen gehen und Prüfungen bestehen müssen. Sie können Überraschungsmomente einbauen, Siege, Niederlagen, Kämpfe, was immer Ihnen einfällt. Und wenn Ihnen nichts einfällt, nehmen Sie einfach eine bekannte Geschichte. Eine solche Geschichte ist dann die Vorlage, mit der Sie Ihr Thema transportieren, sodass sie den Zuhörern im Gedächtnis bleibt, oder die Sie für einen spannenden Einstieg erzählen. So wie es bei der Programmierung einer Homepage Designvorlagen, so genannte Templates gibt, nutzen Sie eine Geschichtenvorlage, ein Storytemplate.

Ein Beispiel: Als Professor Erik Schlie von der renommierten ie-business school in Madrid kürzlich sein ehemaliges Stuttgarter Gymnasium besuchte, um mit Schülerinnen und Schülern der Klasse 13 eine Unterrichtseinheit zum Thema Strategic Thinking in Business durchzuführen, begann er mit der folgenden Geschichte:

Nachdem Robin Hood mit seiner Bande einige Jahre lang im Sherwood Forest die reichen Reisenden ausgeraubt und das Geld an die Armen verteilt hatte, kamen mehr und mehr Männer, die dies als eine lukrative Tätigkeit ansahen und auch in Robins Bande mitarbeiten wollten. Robin war recht populär und nach wie vor recht erfolgreich. Allerdings waren seine Männer jetzt schon so zahlreich, dass er sie nicht mehr alle persönlich kannte. Alle wollten sie auch regelmäßig und gut essen, sodass es bald kein Wild mehr im Wald gab, das man schießen und braten konnte. Allmählich kamen auch immer weniger reiche Reisende durch den Wald, denn sie wussten, dass sie dort beraubt werden konnten, und sie zogen es vor, einen langen, beschwerlichen Umweg um den Wald herum zu reiten. Robins Männer wurden unzufrieden, denn es gab nicht mehr so viel zu tun und nicht mehr so viel zu essen. Hinzu kam, dass der Sheriff immer stärker wurde und über genügend Männer und Mittel verfügte, um Robin und seine Bande eines Tages gefangen zu nehmen. In dieser Situation machte Robin einen Spaziergang durch den Wald und überlegte sich, was man tun könnte, um wieder erfolgreich zu werden. Er dachte daran, den Sheriff zu töten oder statt die Reisenden zu berauben, sie zu einer regelmäßigen Schutzgeldzahlung zu verpflichten. Er dachte auch daran, sein ursprüngliches Geschäft beizubehalten, aber nun nicht mehr im Sherwood Forest tätig zu sein, sondern in einem anderen Wald, durch den auch viele reiche Reisende ritten, die sich dort aber recht sicher fühlten. Es gab viele Optionen, jede barg Chancen und Risiken. Nur was sollte Robin tun? Er musste eine Entscheidung treffen.

Aus dieser Geschichte entwickelte sich bald eine lebhafte Diskussion über die richtige Strategie für Robin Hood, und Prof. Schlie stellte im Zusammenhang damit die Instrumentarien zur Strategieplanung und zur Risikoanalyse vor.

6

Planung und Durchführung eines Seminarprojekts

„Mr. Tompkins, ein von einem Telekommunikationsriesen soeben entlassener Manager, hat die Aufgabe, sechs Software-pakete zu entwickeln. Dazu teilt Tompkins die ihm zur Verfügung stehende gigantische Entwicklungsmannschaft in achtzehn Teams auf – drei für jedes Produkt. Die Teams sind unterschiedlich groß und setzen verschiedene Methoden ein. Sie befinden sich im Wettlauf miteinander und haben einen gnadenlos engen Terminplan." So weit der Klappentext des Buches „Der Termin – Ein Roman über das Projektmanagement" von Tom DeMarco. Wie Mr. Tompkins seine Projektteams wahrscheinlich organisiert hat, erfahren Sie in diesem Kapitel.

6.1 Definition Projekt und Projektmanagement

Die Begriffe „Projekt" und „Projektmanagement" sind offenbar allgegenwärtig und haben daher nur eine geringe Aussagekraft. In der Schule gibt es „Projekttage", die manchmal sehr zielgerichtet sind, manchmal aber auch nur an eine Beschäftigungstherapie erinnern. In der Wirtschaft wird mindestens ebenso häufig von „Projekten" wie von „Management" gesprochen. Beide Wörter klingen gut, aber was ist damit gemeint?

Dort bezeichnet das Projekt eine Bündelung von Prozessen, wie z. B. Zieldefinition, Zeitmanagement, Ressourcenüberwachung oder Produktentwicklung, bei dem in der Regel mehrere Arbeitsgruppen bzw. mehrere spezialisierte Mitarbeiterinnen und Mitarbeiter unter der Koordination und Führung eines verantwortlichen Projektmanagers eine befristete Zeit lang zusammenarbeiten.

> **Definition**
>
> **Projekte im Bildungsbereich** dienen dem Erwerb von Wissen und Fertigkeiten der Teilnehmer und sind ähnlich strukturiert, wenn auch hier finanzielle Ressourcen keine so große Rolle spielen. Auch ein Scheitern des Projekts bedeutet nicht gleichzeitig ein Scheitern der zugrunde liegenden pädagogischen Idee, ist aber dennoch für die Beteiligten mit Frustration verbunden.
> Ein Projekt besteht aus der
> - Auswahl der Teilnehmer
> - Definition des Projektziels
> - Vereinbarung von Zuständigkeiten
> - Festlegung von Lösungswegen und Methoden
> - Projektkoordination
> - Überwachung aller Projektphasen
> - Dokumentation
> - Präsentation

> **Definition**
>
> **Projektmanagement** ist die Tätigkeit des für die Durchführung Verantwortlichen, der ebenso wie alle anderen Projektteilnehmer, aber in besonders hohem Maße, über Führungskompetenz, Kommunikationsfähigkeit, organisatorisches Geschick, Teamfähigkeit und Strukturierungsfähigkeit verfügen muss.
> Der Projektmanager muss in jeder Projektphase den Überblick behalten und die notwendigen Projektbesprechungen ansetzen und leiten. Bei Projekten, an denen eine größere Anzahl von Teilnehmern in verschiedenen Gruppen arbeitet, stehen ihm bei der Koordination eine Steuerungsgruppe oder ein Steuerungsteam zur Seite. Dieses Team sorgt zusammen mit dem Projektleiter dafür, dass jede Gruppe rechtzeitig über alle für ihre Arbeit notwendigen Informationen verfügt.

> **Definition**
>
> Die Projektmethode ist eine offene Lernform, die sich u. a. durch folgende Merkmale auszeichnet:
> - Orientierung an den Interessen der Beteiligten, z. B. bei der Themenfindung
>
> ▶▶▶

- Eigenverantwortlichkeit und Selbstorganisation der Beteiligten, so nehmen z. B. Lehrkräfte in Projekten nur eine Beratungsfunktion wahr
- fächerübergreifendes Arbeiten, d. h., die Themen berühren in der Regel mehrere Bereiche und betreffen mehrere Fächer
- Produktorientierung, d. h., am Ende des Projekts steht als Ertrag ein Referat, ein Theaterstück, eine Ausstellung, ein Radio-Feature, eine Dokumentation o. Ä., die die Projektgruppe in eigener Verantwortung erstellt hat und der Öffentlichkeit präsentiert (Kurs, Schule, außerschulische Öffentlichkeit)
- soziales Lernen, d. h., das Geheimnis der Projektarbeit liegt in der Arbeitsweise der Gruppen, die Teamfähigkeit, Durchhaltevermögen und Phantasie entwickeln müssen. Der Arbeits- und Lernprozess, der durch Projekte ausgelöst und organisiert wird, ist dabei ebenso wichtig wie das Produkt, das am Ende des Projekts stehen soll.

6.2 Die Projektebenen

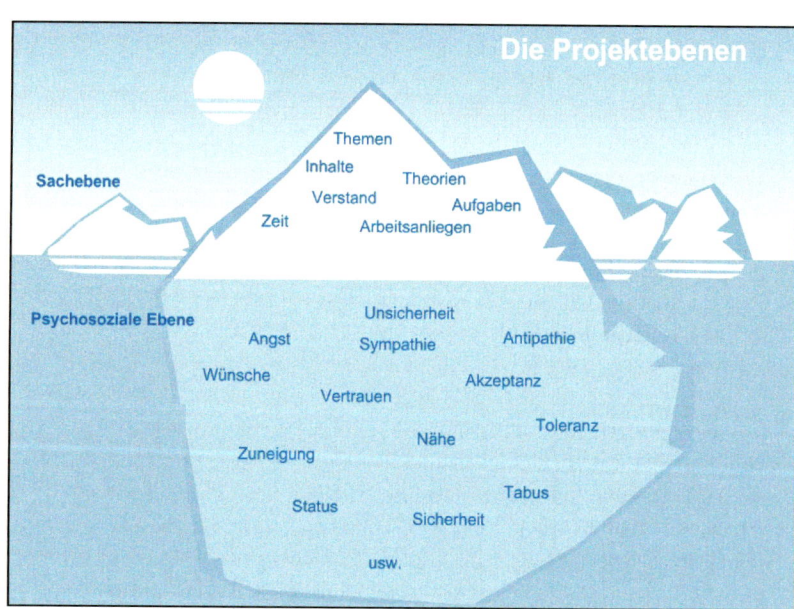

nach B. Langmack/M. Braune-Krickau:
Wie die Gruppe laufen lernt,
München 1989, S. 67
Grafikvorlage: let's focus

Ein Projekt besteht aus zwei eng miteinander in Verbindung stehenden Ebenen: Die sachliche Ebene umfasst die zu leistende Aufgabe, die Strukturierung des Projekts, die Systematisierung des Vorgehens und die sachangemessen anzuwendenden Methoden. Da ein Projekt keine Einzelarbeit ist, sondern in einem Team bearbeitet wird, müssen Sie neben der Sach- oder Inhaltsebene auch die Beziehungsebene berücksichtigen, d. h. psychologisch-soziale Aspekte wie beispielsweise die Kooperation, Kommunikation und Konfliktbewältigung innerhalb Ihres Projektteams, aber auch Schnittstellen zu teamexternen Mitarbeitern, Informanten und entscheidungsbefugten Hierarchien. Erst wenn Sie beide Ebenen beachten, können Sie erfolgreich und im Sinne eines ganzheitlichen Projektmanagements arbeiten.

Sachebene			
Projektaufgabe	Strukturierung	Systematisierung	methodisches Vorgehen

psychologisch-soziale Ebene			
Kooperation	Kommunikation	Konfliktbewältigung	Schnittstellen

ganzheitliches
Projektmanagement

Aufgabe

1. Worin besteht die Sachebene bei den folgenden Projekten?
   - Planung einer Studienfahrt für 20 Schüler nach Brüssel und Straßburg zu den Institutionen der EU.
   - Erarbeitung einer interaktiven Präsentation zum Thema „Die gegenseitigen Abhängigkeiten führender Weltwährungen"
   - Erarbeitung eines Leitfadens für die örtlichen Möglichkeiten kulturverbindender Freizeitgestaltung für Jugendliche
   - Planung einer Informationsveranstaltung für Schüler über die im heutigen Berufsleben geforderten Schlüsselqualifikationen

2. Vergegenwärtigen Sie sich die folgenden Projektsituationen. Notieren Sie in Stichworten,
   a) wie es zu der jeweiligen Situation gekommen ist,
   b) welche Maßnahmen Sie für geeignet halten um hier Abhilfe zu schaffen. Unterscheiden Sie bei Ihren Überlegungen jeweils zwischen der Sach- und der psychologisch-sozialen Ebene.
   Vergleichen Sie anschließend Ihre Lösungsvorschläge mit denen des Autors (siehe Anhang).

Projektsituationen:
1: Die Arbeitssitzungen einer Gruppe werden dadurch lästig, dass sich zwei Mitglieder regelmäßig wegen inhaltlicher Kleinigkeiten in die Haare geraten. Die anderen wissen meist nicht, worum es bei diesen Auseinandersetzungen eigentlich geht.
2: Obwohl die Arbeit im Team allen Beteiligten Spaß macht und gut vorankommt, fühlen sich einige Teammitglieder daurch gestört, dass eine Schülerin und ein Schüler ständig Händchen halten, miteinander flirten und sehr viel Arbeitszeit in inniger Umarmung verbringen.
3: Einige Teammitglieder stellen sich großzügig für die Erledigung besonders schwieriger und zeitaufwändiger Arbeiten zur Verfügung. Die anderen wissen, dass diese „Freiwilligen" nicht dafür geeignet sind, trauen sich aber nicht, etwas zu sagen.
4: Sie haben den Eindruck, dass Sie zu wenig Zeit für die Durchführung Ihres Projekts haben.
5: Ein Teil des Teams scheint kein Interesse am Thema und an der Arbeitsweise zu haben.
6: Ihre Gruppe ist zu groß.
7: Einige Teammitglieder sind frustriert, weil sie einen Großteil der Arbeit erledigen, andere aber durch ihre geschickte Selbstdarstellung bei der Präsentation von Zwischenergebnissen für ihre Erfolge gefeiert werden. Die Weiterarbeit ist gefährdet.

▶▶▶

8: Die Mitglieder einer Projektgruppe sind ständig damit beschäftigt, den aktuellen Bearbeitungsstatus bei allen anderen Mitgliedern telefonisch abzuklären. Dadurch entstehen Zeitverluste und Missverständnisse.

9: Keiner organisiert die Arbeit und es gibt keine klaren Absprachen innerhalb der Gruppe.

10: Sie erkennen im Verlauf der Arbeit, dass Ihr Thema zu umfangreich ist.

11: Sie haben den Eindruck, dass einzelne Gruppenmitglieder die Arbeit ständig vor sich herschieben.

12: Ihr erster Versuch, Experten für eine Podiumsdiskussion zu gewinnen, schlägt fehl.

13: Einzelne Gruppenmitglieder erweisen sich als unzuverlässig.

14: Ein teamexterner Informant mit hohem Informationswert nimmt häufig an Teamsitzungen teil und dominiert die Arbeit aufgrund seines Fachwissens. Die Teammitglider haben das Gefühl, nur noch als Werkzeuge gebraucht zu werden.

15: Ein Teilnehmer eines Projektteams bringt ständig Vorschläge, die der Sache nicht dienlich sind, und ist beleidigt, wenn die Vorschläge ohne lange Diskussion abgelehnt werden.

16: Gegen Ende des Termins ist das Projekt noch hinter der Planung zurück.

6.3 Der Projektzyklus

Jede Projektarbeit unterliegt einem aus vier Phasen bestehenden Zyklus: Definition, Planung, Realisierung und Projektabschluss.

Projektzyklus

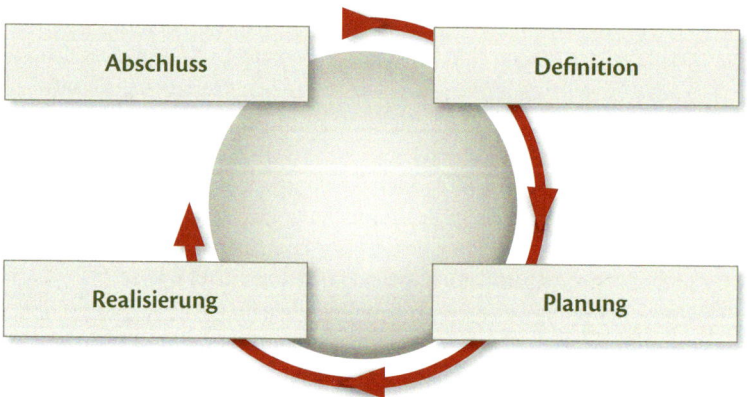

1. Definition
   Situationsanalyse: Problematisierung der Aufgabenstellung und Analyse des zu bearbeitenden Problems; Klärung des zur Verfügung stehenden Zeitrahmens und der zur Verfügung stehenden Ressourcen (Projektmitarbeiter, sachliche Ressourcen)
   Zielfindung: Ziel der Arbeit festlegen, genaue Aufgabenstellungen und angestrebtes Produkt bestimmen

2. Planung
   Entscheidung über methodische Verfahren und Arbeitsteilung, Planungskonzept (Termine, Produktabstimmungen)

3. Durchführung
   Erledigung der jeweiligen Arbeitsaufträge, Verfolgung und Steuerung des Projektverlaufs, Aktualisierung der Planung, regelmäßige Kommunikation der Projektbeteiligten beim Erreichen der Zwischenziele
4. Abschluss
   Darstellung und Präsentation von Lösungsergebnissen, Reflexion des Projektverlaufs

6.3.1 Projektdefinition

Am Beginn Ihrer Projektarbeit sollten Sie für sich und in Ihrer Projektgruppe eine Situationsanalyse durchführen. Die für die Analyse relevanten Fragen lauten:

Fragen zur Situationsanalyse

- Wie lautet der (selbstgestellte) Projektauftrag?
- Wie soll die Projektarbeit strukturiert werden?
- Wie kann eine systematische Projektarbeit erreicht werden?
- Welche Methoden sind grundsätzlich für die zur Diskussion stehende Projektarbeit geeignet?
- Wer sind mögliche Projektmitarbeiter und wie kann die Zusammenarbeit organisiert werden?
- Welche Ressourcen wären wünschenswert und wie können Sie genutzt werden?
- Wie kann der Kontakt zwischen den Projektmitarbeitern und die gegenseitige Information sichergestellt werden?
- Lassen sich bereits im Vorfeld mögliche Probleme persönlicher oder sachlicher Natur zwischen den Projektmitarbeitern abwenden?
- Welche teamexternen Kontakte müssen hergestellt werden und wie werden sie in die Projektarbeit einbezogen?

Die meisten Projekte entstehen aus einer vagen Idee heraus, aus einer Anregung oder aus dem Wunsch oder der äußeren Notwendigkeit, eine Sache etwas genauer zu bearbeiten. Sehr oft hat man dabei schon eine grobe Vorstellung vom Endprodukt, manchmal weiß man, in welche Richtung man gehen muss, um das Ziel zu erreichen, selbst wenn man noch nicht weiß, wie das Ziel aussehen soll.

Zielsetzung

In einem unterrichtsrelevanten Projekt kann es nur darum gehen, eine besondere Arbeit oder Aktivität im Rahmen des Unterrichts-, Kurs- oderSeminarthemas zu leisten. Insofern ist das Projektziel in der Regel die Erstellung einer schriftlichen, mündlichen oder interaktiven Präsentation, der sehr viel Arbeits- und Rechercheaufwand vorausgeht.

Präsentation oder Aktivität

Die Zielfindung kann mithilfe angemessener Methoden und Arbeitstechniken (Brainstorming, Brainwriting, Moderation, Recherche, Mindmapping, Visualisierung etc.) erleichtert werden. Wenn das Projektziel allmählich klare Vorstellungen annimmt, werden diese schriftlich festgehalten. Wichtig ist, dass die übergeordneten Ziele wie auch die zu erreichenden Zwischenziele so konkret und widerspruchsfrei wie möglich formuliert werden. Leitfragen, die dazu verhelfen können, lauten:

Zielformulierung

- Was soll erreicht werden?
- Wie genau soll es erreicht werden?
- Wann soll ein Ergebnis vorliegen?
- Wie kann das Ergebnis überprüft werden?

Um die Zielsetzung realistisch zu gestalten, müssen aber auch diese Fragen berücksichtigt werden:

- Welche Ressourcen stehen problemlos zur Verfügung, auf welche könnte ein Zugriff schwierig werden?
- Wer oder was könnte beim Erreichen des Ziels noch behilflich sein?

- Wie könnte das Erreichen des Ziels behindert oder gar verhindert werden?
- Was kann passieren, wenn das Ziel nicht in der vorgesehenen oder vorgegebenen Zeit erreicht wird?

Profitipp	In jeder Gruppe gibt es zu Beginn einer Projektarbeit unterschiedliche Vorstellungen oder Erwartungen hinsichtlich der Themenstellung und der Zielsetzung. Es kann auch sein, dass Sie gerade zu Beginn der Arbeit den Überblick verlieren angesichts einer Vielfalt von Ideen und Aspekten, die Sie mit dem Projektthema verbinden. In beiden Fällen helfen die folgenden Verfahren weiter:

Brainwriting

Jeder schreibt auf eine Karteikarte

- seine Meinung zum Thema,
- was er/sie wissen möchte,
- was er/sie weiß.

Heften Sie die Karten an die Wand und ordnen Sie diese nach Themenkomplexen.

Blitzlicht

In einer Reihumfrage äußert jeder aus der Gruppe spontan seine persönliche Meinung zum Thema und/oder seine Erwartung. Niemand nimmt dabei Bezug auf den/die Vorrednerin.

Themenstern

Schreiben Sie die in Frage kommenden Teilthemen auf Karten und ordnen Sie diese als Ideenstern an der Wand. Jede/-r wählt nun in Ruhe aus, was ihn/sie interessiert, und sucht dabei ggf. Arbeitspartner.

Weitere Arbeitstechniken, die bei der Zielfindung helfen sind z. B. Brainstorming, Moderation, Visualisierung oder Mindmapping (siehe die entsprechenden Kapitel in diesem Buch).

✳ Webcode: MT641048-194

Hier ein Vorschlag für ein Formblatt zur Zielformulierung:

Bezeichnung des Projekts:	
Zielsetzung:	
Projektbeginn:	Projektende:
Was soll im Einzelnen getan werden?	
Welche Ergebnisse sollen am Ende des Projekts vorliegen?	
Welche Ressourcen stehen zur Verfügung?	
Welche besonderen Bedingungen müssen beachtet werden?	
Zwischentermine und Zwischenziele?	
Koordination:	Datum:
Verteiler:	

Füllen Sie das Formblatt zur Zielformulierung aus. Verwenden Sie als Grundlage hierfür (alternativ)

- ein Projekt, an dem Sie zur Zeit arbeiten
- eines der in der letzten Aufgabe genannten Projekte
- eines der folgenden Projekte:

1. Literarische Spuren vor Ort: Clemens Brentano und Dülmen.
2. Immer mehr Reiche, immer mehr Arme? Einkommens- und Vermögensverteilung in unserer Stadt.
3. Die Cholera-Epidemie 1892 in Hamburg.
4. Hunger und Kälte. Wie meine Großmutter die Nachkriegsjahre überlebte.
5. „Geliebtes Auto"? Die ökologischen Auswirkungen von Hybrid- und Elektroantrieben.
6. Wie kann die Verbraucherposition verbessert werden? Ziele, Schwerpunkte und Arbeitsbedingungen der Verbraucherzentrale in unserer Stadt.
7. Leben und Schreiben in der Fremde, dargestellt am Beispiel türkischsprachiger Autoren im Ruhrgebiet.

6.3.2 Projektplanung

Zur Planung gehören:
- Definition von Arbeitsabläufen
- Feinplanung der Koordination
- Klärung von Zuständigkeiten und Verantwortlichkeiten
- Analyse eventueller Risiken
- Definition der Schnittstellen

Planen bedeutet in diesem Zusammenhang, das projektbezogene Handeln genau zu durchdenken, den Weg zum Ziel in möglichst vielen Einzelheiten klar zu beschreiben und schließlich zu klären, wie das Ziel mit den zur Verfügung stehenden Mitteln zu erreichen ist.

systematisch, zielorientiert, flexibel

Die Planung muss systematisch und zielorientiert sein und bereits die Realisierungsphase berücksichtigen. Dabei muss sie lange genug flexibel bleiben, um alle neu auftretenden Erkenntnisse angemessen mit einbeziehen zu können.

Bringen Sie bitte die folgende Zusammenstellung von Einzelschritten in eine logische Ablaufreihenfolge. Es geht um die Erarbeitung eines umfangreichen Gruppenreferats zu einem beliebigen Thema, das mündlich und als Seminararbeit präsentiert werden soll. Sie können weitere Schritte ergänzen, einzelne Schritte wiederholt ausführen oder von den hier vorformulierten Schritten ganz abweichen:

- Festlegen des Referat-, Präsentations- oder Einreichungstermins
- Zusammenstellen eines Arbeitsteams
- Anlegen einer Materialsammlung
- Allgemeines Einarbeiten in das Gebiet
- Formulieren eines Arbeitsthemas

- teaminterne Absprache und Verteilung individueller Zuständigkeiten
- Ordnen des Materials (Karteikarten, Datenbank, Ordner, Zettelkasten, Magnettafel etc.)
- Themabewertung im Hinblick auf das Gesamtgebiet
- Themabewertung im Hinblick auf unveränderliche äußere Rahmenbedingungen
- endgültige Themenformulierung
- Erstellen eines Zeitplans
- Erstellen einer Gliederung
- spezielle Recherchearbeit in Bibliotheken, Internet etc.
- Erstellen von Grafiken
- Überlegungen zur äußeren Gestaltung der Arbeit
- Überlegungen zur Präsentationsgestaltung
- Überlegungen zur Erwartungshaltung der Adressaten
- Erarbeitung von Präsentationsmaterialien
- Überlegungen zum Medieneinsatz bei der Präsentation
- allgemeine Recherchearbeit in Bibliotheken, Internet etc.
- Sammeln von themenrelevantem Bildmaterial
- Arbeitszeitplanung
- Erstellung eines Stichwortregisters
- Formulierung einer Einleitung und/oder eines Vorworts
- Erstellung von Handouts für die Zuhörer
- Diskussion und Reflexion mit Dritten
- Anschaffung von Papier, Karteikarten, Speichermedien
- Anlegen eines persönlichen Apparates in der Bibliothek
- Kostenberechnung für Materialien, Kopien, Drucke, Videos, Fotoarbeiten etc.
- Ausformulierung
- Korrekturlesen
- Trainieren des Vortrages
- Tipparbeiten am Computer
- Informationen über Öffnungszeiten der Bibliotheken einholen
- Buchung von Internet-Nutzungszeiten bei öffentlich genutzten Geräten
- Erstellen eines Literaturverzeichnisses
- Arbeitsprotokoll (Dokumentation)
- zielgerichtetes Einarbeiten in das Spezialgebiet
- Tonbandprotokolle von Informationen, Fakten, Ideen, Tätigkeiten
- Anlegen von Checklisten
- Status- und Teambesprechung
- Koordinieren von Einzelinformationen
- Strukturierung in Teilaufgaben
- Überprüfung der Projektfortschritte
- Bestimmung/Wahl eines Projektleiters
- systematische Ergebnisdokumentation
- Festlegung von Zwischenzielen (Meilensteine)
- Einigung über Teamarbeitsmodalitäten (persönlicher Einsatz, Verhalten bei Konflikten, unvorhergesehene Probleme, Flexibilität, Kreativität, Arbeitsmethoden etc.)
- Planungen zur Projektabschlussfeier

- Überlegungen zur Nachprojektphase
- Maßnahmen zur Qualitätssicherung
- Überprüfung und evtl. Korrektur der Arbeitsweise

Die einzelnen Planungsschritte

1. Erstellen eines Projektplans
   - Welches sind die wesentlichen Aspekte des Projekts?
   - Wie sind sie miteinander verbunden? Baumstruktur, Netzplan etc.?
   - Welche Abhängigkeiten gibt es?
   - Welche Hauptaufgaben müssen erledigt werden?
   - Welche Teilaufgaben müssen erledigt werden?
2. Erarbeiten eines Ablaufplans
   - In welcher Reihenfolge sind die einzelnen Tätigkeiten durchzuführen?
   - Wie lange dauern die einzelnen Tätigkeiten?
   - Können bestimmte Arbeiten parallel durchgeführt werden?
   - Wie aufwändig sind die Tätigkeiten?
   - Wer ist an welcher Tätigkeit beteiligt oder auf andere angewiesen?
3. Aufstellen einer Terminplanung
   - Wer macht was und ist dafür verantwortlich?
   - Wer macht dabei mit?
   - Wann wird der jeweilige Beginn angesetzt und wann das Ende?
   - Welche Kontrollkriterien zum Nachweis der Aufgabenerfüllung werden definiert? Ein Balkendiagramm zeigt Anfang, Dauer und Ende einer Tätigkeit durch unterschiedlich lange Balken in einem Zeitsystem an:

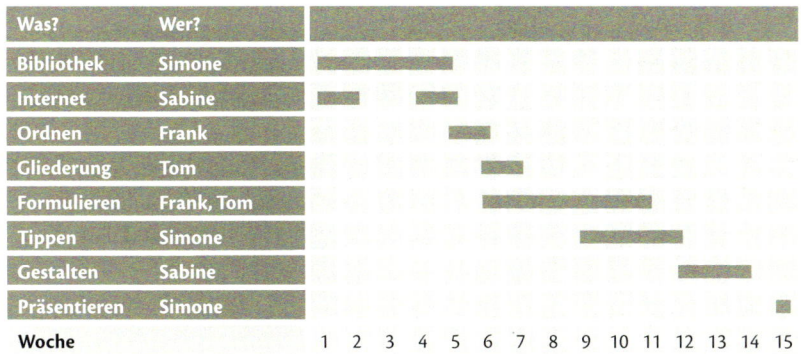

Zeitsystem

4. Aufstellung einer Kostenplanung (bei Großprojekten)
   - Wie hoch ist voraussichtlich der finanzielle Gesamtbedarf des Projekts?
   - Wann sind Einkäufe, Materiallieferungen und Zahlungen fällig?
   - Wann sind evtl. Einkünfte oder finanzielle Zuwendungen und Unterstützungen fällig?
   - Muss etwas zwischenfinanziert werden?
   - Ist eine Optimierung der Kosten möglich?
   - Wo müssen Ausgaben gekürzt werden?
5. Formulierung von Qualitätskriterien und Planung der Qualitätssicherung
   - Welchen Qualitätsanforderungen muss das Projekt genügen?
   - Wie und wann sind die festgelegten Qualitätsstandards zu überprüfen? ▶▶▶ S. 200

Software zum Projektmanagement

Zur Vereinfachung der Projektplanung gibt es inzwischen eine Fülle von Software, mit der Sie die inhaltliche, terminliche, finanziellen und personellen Aspekte des jeweiligen Projektes übersichtlich planen kann. Neben den kostenintensiven Programmen für die Wirtschaft (z. B. Microsoft Project) gibt es auch sehr gute Programme, die man kostenlos downloaden kann, z. B. Open Workbench. Diese Programme erstellen unter anderem die für das Projektmanagement typischen Gantt-Diagramme.

Das Gantt-Diagramm

Der amerikanische Ingenieur Henry Lawrence Gantt entwickelte 1910 den nach ihm benannten Diagrammtyp, mit dem Arbeitsabläufe und die dafür benötigte Zeit in der Form eines Balkendiagramms dargestellt werden. Dieses Diagramm wird häufig im Projektmanagement verwendet, um zum einen ein Projekt übersichtlich zu planen, zum anderen aber auch den Projektfortschritt darzustellen.

Balkendiagramm

Was früher umständlich auf großen Papierbögen mit dem Lineal und in Handarbeit hergestellt wurde, wird heute natürlich meistens mit der Projektmanagement-Software erarbeitet. Das nachfolgende Beispiel, das der Homepage des Open-Source-Programms OpenProj entnommen wurde, zeigt ein Gantt-Diagramm im rechten Teil. Was links

Arbeitsphasen

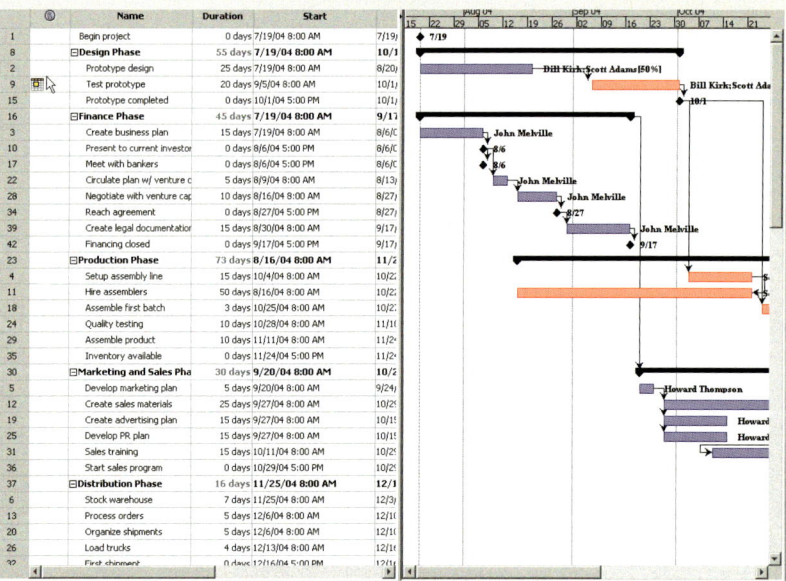

tabellarisch eingegeben wird, erscheint rechts als Balken an der richtigen Stelle, wobei die Gesamtdauer einzelner Phasen als schwarzer Klammerbalken dargestellt wird. Neben den mit Pfeilen sichtbar gemachten Verbindungen zu den einzelnen Arbeitsschritten und den Namen der Verantwortlichen zeigen die Farben der Balken den jeweiligen Bearbeitungsstatus der einzelnen Tätigkeiten an. Manche Tätigkeiten lassen sich ohne größere Probleme erledigen. Diese werden als blaue Balken dargestellt. Bei den roten Balken gibt es Schwierigkeiten, sei es, dass die Zeit knapp wird oder es an Ressourcen fehlt. Hier fließen Informationen aus anderen Bereichen des Programms ein, die bei jeder Änderung

Bearbeitungsstufen

sofort berechnet und an den relevanten Stellen angezeigt werden. Aufgrund dieser Informationen kann man einen Überblick über den „kritischen Pfad" gewinnen.

Im Projektmanagement ist der **kritische Pfad** die Verkettung aller Ereignisse, die eine derartige Auswirkung auf einzelne Arbeitsschritte haben, dass der wichtige Zeitpunkt des Projektabschlusses oder der Projektpräsentation nach hinten verschoben werden muss.

Statt des Gantt-Diagrammes können Projektmanagement-Programme meistens auch PERT-Diagramme darstellen.

Das PERT-Diagramm

Der Begriff PERT steht für Program Evaluation and Review Technique und gehört zur ereignisorientierten Netzplan-Technik, die in den späten 1950er-Jahren zur Projektplanung der amerikanischen Polaris-Raketen verwendet wurde. Da man keinerlei Erfahrungen über Planungs- und Herstellungszeiten hatte, hat man Wahrscheinlichkeiten als Planungsgrundlage genommen und nach und nach modifiziert und präzisiert.

Netzplan-Technik

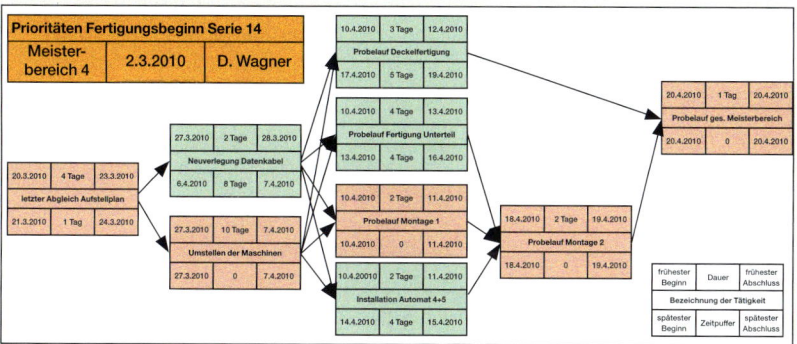

In diesem PERT-Diagramm von der Internetseite methode.de (Methode.de GmbH, Bruno Klumpp, Springstr. 2, D-77704 Oberkirch, Germany) wird auch der kritische Pfad in rot dargestellt. Die einzelnen durch Pfeile verbundenen Blöcke stehen für aufeinanderfolgende Tätigkeiten.

Durch die besondere Betonung auf Beginn und Abschlusszeiten sowie die Angabe auf Zeittoleranzen hat man die Möglichkeit, sich einen guten Überblick über den Verlauf des Gesamtprojektes zu verschaffen, und kann so, wie im Beispielfall der Polaris-Raketen geschehen, das Gesamtprojekt wesentlich früher abschließen, als es noch zu Beginn absehbar war.

Verlauf des Gesamtprojektes

6. Erstellen einer Risikoanalyse
- ■ Welche Probleme können im Verlauf eines Projekts auftreten?
- ■ Welche Alternativplanungen treten bei Problemfällen in Kraft?
- ■ Wie können Termin-, Kosten- und Qualitätsvorgaben trotzdem erfüllt werden?

Wenn die Planung eines Projekts abgeschlossen ist, so ist es vielleicht nicht gerade bei Gruppenreferaten und Seminararbeiten, aber doch bei Projekten, die über diese Möglichkeiten hinausgehen, üblich, dass alle an der Planung und an Entscheidungen Beteiligten nochmals zusammenkommen und die bisherigen Teilergebnisse bewerten, um dann zu einer endgültigen Entscheidung über den möglichen Übergang zur Realisierungsphase zu gelangen.

Wo liegen die Vorteile der Projektplanung nach diesem Muster?

- ■ Man kann ziemlich genaue Aussagen über den Projektverlauf und den damit verbundenen Aufwand treffen. Man weiß, wer von den Beteiligten was tut, wann er es tut und mit welchen Kosten dies evtl. verbunden ist.
- ■ Der Einsatz aller Ressourcen kann optimiert werden.
- ■ Je genauer ein Projekt geplant ist, desto besser weiß jeder Beteiligte, was genau zu tun ist. Genaue Planung ist daher nicht nur ein Instrument der Projektsteuerung, sondern auch der Ablaufüberwachung, der Kostenkontrolle und der Qualitätssicherung.

| **Aufgabe** | Erstellen Sie zu einem Projekt, an dem zehn Schüler mitarbeiten, eine genaue Planung. Ziel ist es, eine Informationsveranstaltung von Schülern für Schüler zu organisieren zum Thema „Begegnungen zwischen Schule und Wirtschaft". Erarbeiten Sie:
a. eine Zielformulierung,
b. eine grafische Darstellung einer Projektstruktur als Baum oder Netzdiagramm,
c. eine Terminplanung als Gantt- oder PERT-Diagramm,
d. eine möglichst genaue Kostenplanung,
e. eine Liste von Qualitätskriterien und einen Qualitätssicherungsplan,
f. eine Risikoanalyse mit Alternativplänen. |

6.3.3 Projektrealisierung

Zur Realisierungsphase gehört:
- ■ Durchführung der jeweiligen Arbeitsaufträge
- ■ Verfolgung und Steuerung des Projektverlaufs
- ■ Aktualisierung der Planung aufgrund projektpraktischer Erkenntnisse
- ■ regelmäßige Kommunikation der Projektbeteiligten beim Erreichen der Zwischenziele

Während der Realisierungsphase steigt die Bedeutung der psychosozialen Ebene.

Konflikte auf der Sachebene:
- ■ Zielkonflikte

    Mehrere Teammitglieder haben gegensätzliche Interessen und Vorstellungen hinsichtlich der Projektziele, insbesondere der Qualitäts-, Kosten- und Terminziele. Zielkonflikte können bereits in der Planungsphase aufbrechen.

- Beurteilungskonflikte
  Diese werden hervorgerufen durch unterschiedliche Informations- und Kenntnisstände, Unklarheit über weiteres Vorgehen und unterschiedliche Ansichten über die Methoden und Verfahren, die zur Zielerreichung angewandt werden sollen.
- Verteilungskonflikte
  gibt es dann, wenn bei Ressourcenknappheit nicht alle Ansprüche befriedigt werden können.

Konflikte auf der psychosozialen Ebene:

- Wertekonflikte
  Verschiedene Teammitglieder haben im Bereich persönlicher Werte unterschiedliche Vorstellungen, die auch bei viel Einfühlungsvermögen und Toleranz nicht immer miteinander vereinbar sind.
- Beziehungskonflikte
  aufgrund von Vorurteilen, Antipathien, geringerem Selbstwertgefühl, Misstrauen und Unsicherheit

Sollten sich derartige Konflikte nicht nach kurzer Zeit „von selbst" bereinigen, sondern sich negativ auf die Projektarbeit auswirken, sind seitens der anderen Teammitglieder Lösungsversuche notwendig:

- Gespräche
- Klärung und evtl. Neudefinition von Verantwortlichkeiten
- Hinzuziehen eines neutralen Mediators
- Erarbeiten neuer Kommunikationsstrategien
- Austausch von Teammitgliedern
- Projektabbruch

Erfahrene Projektmitarbeiter planen ihre Projektarbeit nicht nur unter sachlichen Gesichtspunkten, sondern legen gerade auch in der Realisierungsphase großen Wert auf die psychosoziale Komponente. Entspannungsphasen, Pausen, Abmildern äußerer Zwänge, Stressabbau, Beachtung des individuellen Biorhythmus und Respektierung persönlicher Gewohnheiten gehören unbedingt dazu. Gerade in einer heißen Phase einer Projektrealisierung sind von allen Beteiligten Teamfähigkeit, emotionale Intelligenz und Selbstdisziplin als unverzichtbare Qualitäten gefordert.

psychosoziale Komponente

6.3.4 Projektabschluss

In die Projektabschlussphase gehören nur wenige Punkte, bei Seminarprojekten nur zwei:

- Abschlussbericht
- Projektabschluss

Ein Projekt wird dadurch abgeschlossen, dass die Ergebnisse präsentiert werden (➜ Kapitel 5 Die Präsentation: Informationen weitergeben und vermitteln).
Zuvor trifft sich aber das Projektteam und klärt unter sich, ob das Projekt tatsächlich im Sinne der ursprünglichen Definition und Planung abgeschlossen ist:

Überprüfung der Vorgaben

- Sind die Termine eingehalten worden?
- Sind die Zielvorgaben erreicht worden?
- Entsprechen die erreichten Qualitätsstandards denen, die angestrebt worden waren?
- Sind die Ressourcen eingehalten worden?

Erst wenn diese Fragen positiv beantwortet werden können, ist das Projekt abschlussreif und ein Abschlussbericht, evtl. auf einem Formular, kann erstellt werden.

Auswertungsfragen zum Feedback:

✳ **Webcode:** MT641048-201

6.3.5 Das Projektportfolio

Die Frage nach einem Projektportfolio stellt sich in der Schule eigentlich nur, wenn im Laufe eines Schuljahres in mehreren Kursen ähnliche oder unterschiedliche Projekte geplant sind oder bearbeitet werden.

Definition	Das **Projektportfolio** ist die Übersicht über alle geplanten oder bestehenden Projekte einer Organisation, die unter bestimmten Kriterien miteinander koordiniert werden. Durch die Führung eines Projektportfolios können die Mitglieder einzelner Projekte aus den Erfahrungen anderer Projekte Nutzen ziehen, es können Zeit- und Materialressourcen gespart werden und es können vielfältige Synergieeffekte genutzt werden.

Was gehört in ein Projektportfolio?
- die Bezeichnungen aller Projekte
- die Ziele aller Projekte
- die verwendeten Arbeitsmethoden
- die zeitlichen und organisatorischen Abläufe
- die verwendeten Ressourcen
- alle relevanten Informationen über die einzelnen Projektphasen
- die Namen und Kontaktdaten der verantwortlichen Ansprechpartner

Wer ist für die Führung eines Projektportfolios zuständig?
Wenn es sich um eine überschaubare Anzahl von Projekten handelt, ist es sicher ausreichend, wenn sich die jeweiligen Projektverantwortlichen in regelmäßigen Abständen treffen und den Fortgang ihrer Projekte besprechen oder abstimmen. Bei einer größeren Anzahl von Projekten ist die Ernennung eines Projektkoordinators empfehlenswert, der dann neben Koordinationsaufgaben auch Aspekte des Qualitätsmanagements, des Informations- und Wissensmanagements in seine Arbeit einbringen sollte.

Profitipp	Auch wenn es sich bei vielen Aufgaben und Tätigkeiten nicht um Projekte mit mehreren Beteiligten, sondern um Einzelreferate und Präsentationen handelt, so ist z. B. in einem Kurs die Führung eines Jahresreferat-/-präsentationsportfolios zu überlegen, in das jeder Einblick nehmen kann, um sich z. B. über verwendete Fachliteratur, Methoden oder Rahmenbedingungen zu informieren.

In der Vergleichsaufstellung von drei Projekten (auf der rechten Seite) an einem Gymnasium stehen die roten Pfeile für Synergiemöglichkeiten bzw. für eine zentrale Koordination der jeweiligen Sachbereiche. Die rot unterlegten Felder stehen für mögliche gemeinsame Aktionen bzw. für notwendige Aktivitäten, die synchronisierbar sind. Auf diese Weise kann ein Projektportfoliomanager, der den Überblick über mehrere Projekte hat, jedem einzelnen Projekt behilflich sein.

Aufgabe	Nehmen Sie sich drei Projekte vor, die an Ihrer Schule stattfinden bzw. stattgefunden haben, und untersuchen Sie sie auf den Nutzen eines Schulprojektportfolios. Fertigen Sie eine schriftliche Übersicht an.

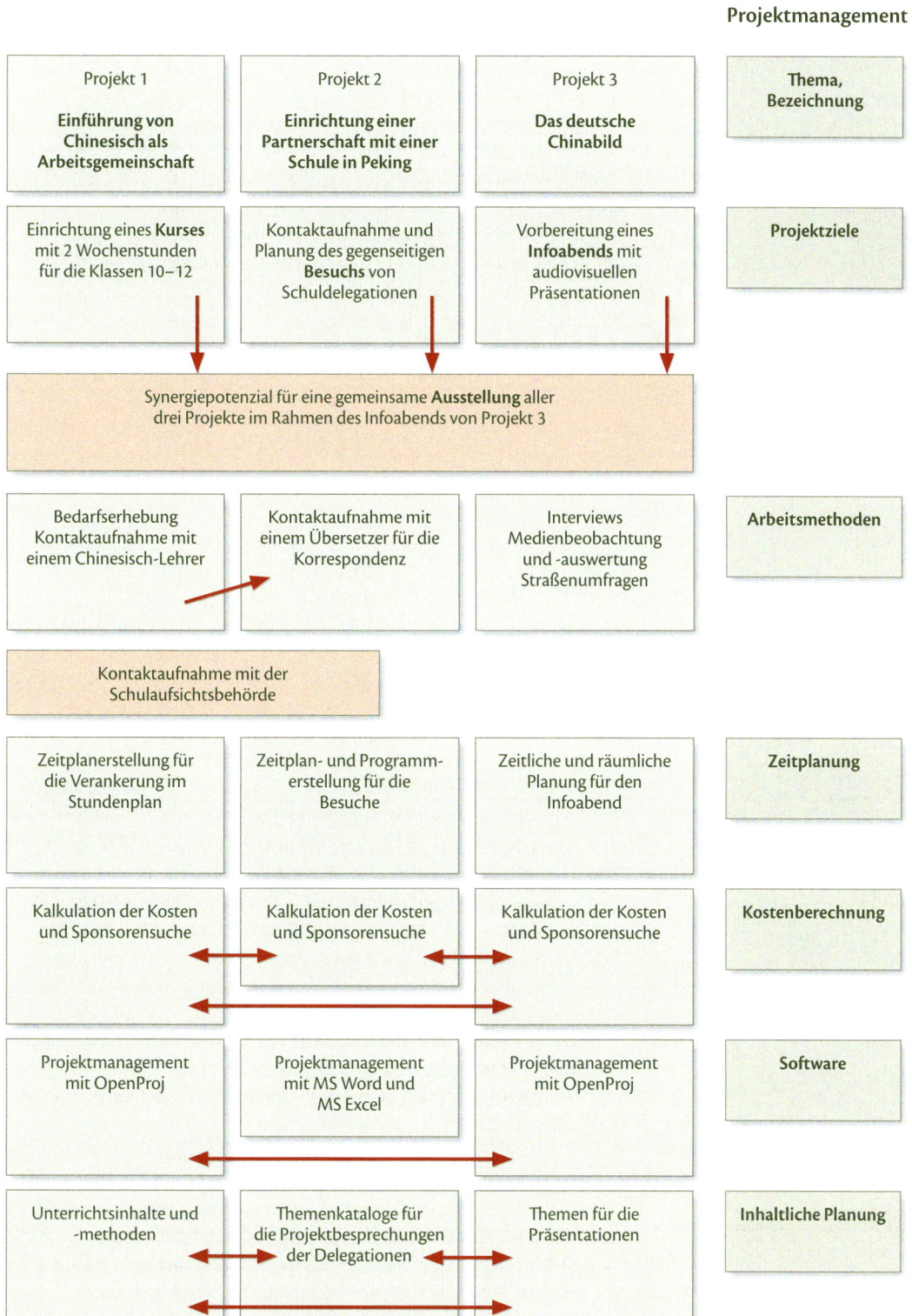

Synergieeffekte im Projektmanagement

Projekt 1 **Einführung von Chinesisch als Arbeitsgemeinschaft**	**Projekt 2** **Einrichtung einer Partnerschaft mit einer Schule in Peking**	**Projekt 3** **Das deutsche Chinabild**	**Thema, Bezeichnung**
Einrichtung eines **Kurses** mit 2 Wochenstunden für die Klassen 10–12	Kontaktaufnahme und Planung des gegenseitigen **Besuchs** von Schuldelegationen	Vorbereitung eines **Infoabends** mit audiovisuellen Präsentationen	**Projektziele**

Synergiepotenzial für eine gemeinsame **Ausstellung** aller drei Projekte im Rahmen des Infoabends von Projekt 3

Bedarfserhebung Kontaktaufnahme mit einem Chinesisch-Lehrer	Kontaktaufnahme mit einem Übersetzer für die Korrespondenz	Interviews Medienbeobachtung und -auswertung Straßenumfragen	**Arbeitsmethoden**

Kontaktaufnahme mit der Schulaufsichtsbehörde

Zeitplanerstellung für die Verankerung im Stundenplan	Zeitplan- und Programm-erstellung für die Besuche	Zeitliche und räumliche Planung für den Infoabend	**Zeitplanung**
Kalkulation der Kosten und Sponsorensuche	Kalkulation der Kosten und Sponsorensuche	Kalkulation der Kosten und Sponsorensuche	**Kostenberechnung**
Projektmanagement mit OpenProj	Projektmanagement mit MS Word und MS Excel	Projektmanagement mit OpenProj	**Software**
Unterrichtsinhalte und -methoden	Themenkataloge für die Projektbesprechungen der Delegationen	Themen für die Präsentationen	**Inhaltliche Planung**

7 Im Team arbeiten

*Wenn wir nach dem Gehalt des Begriffes „Team" fragen,
so erhalten wir oft idealisierende Antworten.
Eine Gruppe wanderfreudiger Bergsteiger stellt sich als Team
dar, weil ihr Hobby, ihre Aktivität sie zusammenschweißt.
Die Techniker, Ingenieure und der Rennfahrer in der Formel 1
pflegen den Teamgedanken in der Öffentlichkeit. Nach jedem
Sieg ist vom Fahrer ein großes Lob und ein Dank an das Team
zu hören.
Eine Gruppe von fünf jungen Musikern entwickelt zusammen
mit einem Tontechniker und einer Marketingfachfrau mehrere
Monate lang einen eher ungewöhnlichen neuen Sound. Sind
sie ein Team?
Der Teambegriff hat unterschiedliche Dimensionen. Mal steht
die gemeinsame Aufgabe, mal das gemeinsame Erlebnis , mal
der Prozess im Zentrum der Definition. In diesem Kapitel geht es
darum, den Unterschied zwischen Team und Gruppe, die gleiche
Berechtigung von Einzelarbeit und Teamarbeit, die Organisation
eines Teams und die Kommunikation mithilfe geeigneter
Methoden darzustellen.*

7.1 Lieber allein oder im Team?

Nicht nur in der Wirtschaft, sondern vor allem auch an der Universität ist Teamwork heute nicht nur gefragt, sondern unverzichtbar. Dabei kann die Frage, ob eine Gruppe leistungsfähiger ist als der Einzelne, nicht eindeutig beantwortet werden, weil verschiedene Faktoren eine Rolle spielen wie z. B. die Art der Aufgabe und die Bedingungen ihrer Lösung. Die Gruppensoziologie hat zu diesem Thema zahlreiche Experimente und Untersuchungen durchgeführt. Viele Autoren haben sich mit der Frage beschäftigt und dabei begriffliche Unterscheidungen zwischen Gruppe und Team getroffen.

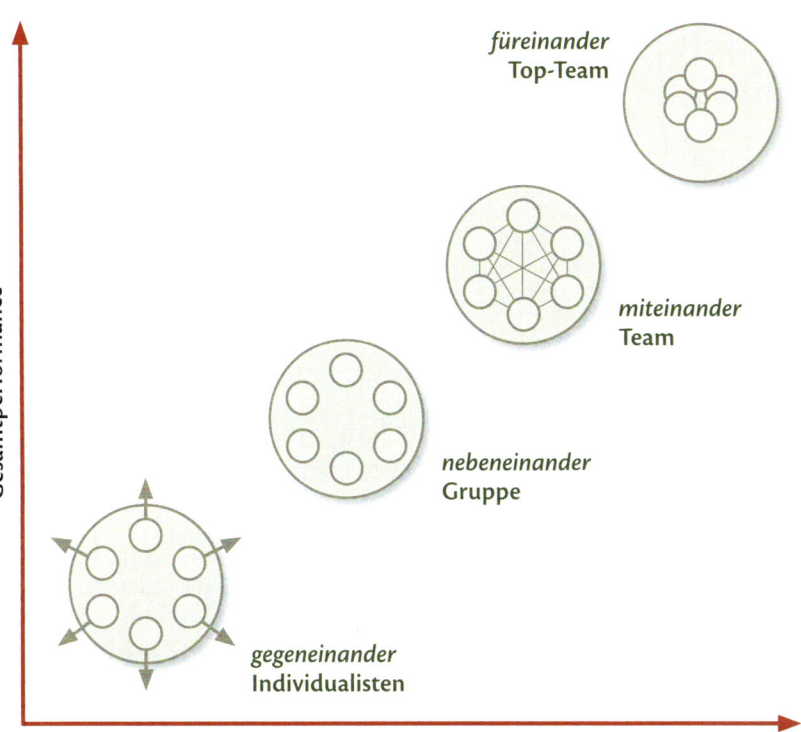

Unterschiede im Leistungsniveau zwischen Gruppe und Team, nach Christoph v. Haug, Erfolgreich im Team, München 2009

Aufgabe

1. Formulieren Sie, ausgehend vom ersten Text, fünf Thesen, die verdeutlichen, bei welchen Aufgabentypen sich Vorteile der Einzelarbeit ergeben.
2. Formulieren Sie, ausgehend vom zweiten Text, fünf Thesen, die verdeutlichen, bei welchen Aufgabentypen sich Vorteile der Gruppenarbeit ergeben.
3. Diskutieren Sie im Kurs, ob sich die Ergebnisse der Untersuchungen auf die Schule übertragen lassen und unter welchen Bedingungen und bei welchen Aufgabenstellungen Gruppenarbeit im Unterricht sinnvoll oder weniger sinnvoll erscheint.
4. Was genau ist ein Team? Versuchen Sie eine Definition zu geben, die den Begriff von verwandten Wörtern wie „Kollektiv", „Gruppe", „Klasse" oder „Clique" abgrenzt. Nennen Sie auch Beispiele aus ihrem Alltag, aus den Bereichen Sport, Arbeitswelt etc.

Material

Drei Missionare und drei Kannibalen

Shaw verwandte in seinen Untersuchungen so genannte disjunktive Aufgaben, bei denen die Gruppe gezwungen ist, aus den von den Gruppenmitgliedern vorgetragenen individuellen Lösungsvorschlägen eine auszuwählen. Ein typisches Beispiel für diesen Aufgabentyp ist das so genannte Missionar-Kannibalen-Problem: Drei Missionare und drei Kannibalen befinden sich auf der A-Seite des Flusses. Sie sollen auf die B-Seite mithilfe eines Bootes, das nur zwei Personen fasst, gerudert werden. Alle Missionare und ein Kannibale können rudern. Zu keiner Zeit und an keinem Ort dürfen die Kannibalen in der Überzahl sein, da die Kannibalen die Missionare auffressen würden. Gesucht wird die Anzahl der Fahrten, die notwendig sind, damit alle sechs Personen ans andere Ufer kommen. Die richtige Antwort lautet: 13 Fahrten. Nach den Untersuchungen von Shaw schneiden Gruppen bei diesem Problem insgesamt besser ab als Einzelpersonen, da innerhalb der Gruppe mehr Möglichkeiten bestehen, die individuellen Lösungsvorschläge kritisch zu analysieren, Fehler zu entdecken und falsche Vorschläge abzulehnen. In einer zweiten Untersuchung erhielten Gruppen und Einzelpersonen ein Gedicht, dessen letzte zwei Zeilen fehlten. Weiterhin erhielten sie auf Kärtchen die einzelnen Worte, aus denen sich die letzten zwei Zeilen des Gedichtes zusammensetzten. Die Aufgabe bestand darin, die Worte so zusammenzustellen, dass sie den letzten zwei Zeilen des Gedichtes genau entsprachen. Diese Aufgabe wurde ebenfalls einmal Einzelpersonen gestellt, die für sich allein arbeiten mussten, ein andermal wurden die Aufgaben kooperierenden Gruppen von vier Personen gegeben. Es fanden sich folgende Ergebnisse:
(a) Es wurden signifikant mehr richtige Lösungen gefunden, wenn Gruppen anstatt Einzelpersonen die Aufgabe bearbeiteten.
(b) War die Lösung falsch, dann tauchte der Fehler im Denkprozess bei den Gruppen später auf, wohingegen bei Einzelpersonen die Fehler gewöhnlich schon in einem früheren Stadium des Aufgabenverlaufs auftauchten.

Weitere Hinweise für den Leistungsvorteil der Gruppe kommen aus einer Untersuchung von Maier & Solem (1952). Der Zweck des Experiments war, den Beitrag eines Diskussionsleiters auf das Gesprächsniveau zu untersuchen. Dieser Diskussionsleiter war nicht klüger, erfahrener oder informierter als die übrigen Versuchspersonen. Es war ihm sogar verboten, sachliche Anregungen zu geben. Seine einzige Aufgabe bestand darin, die Diskussion der Gruppe zu leiten. In diesem Experiment wurden die folgenden zwei Bedingungen der Gruppenarbeit miteinander verglichen: die Qualität der Leistung von 34 Gruppen, die nur von einem Außenstehenden beobachtet wurden. Die Gruppen mit und ohne Diskussionsleiter bekamen die gleiche Aufgabe des disjunktiven Aufgabentyps gestellt: Ein Mann kaufte eine Stute für 60 Dollar und verkaufte sie für 70 Dollar. Dann kaufte er dasselbe Pferd für 80 Dollar zurück und verkaufte es erneut für 90 Dollar. Wie viel Geld hat er verdient? Die richtige Antwort lautet: 20 Dollar, und die häufigste falsche Antwort ist 10 Dollar. Zunächst schrieb jedes Gruppenmitglied die Lösung auf einen Antwortbogen, nachdem es vor der eigentlichen Gruppendiskussion für sich allein darüber nachgedacht hatte. Nach einer Gruppendiskussion von acht Minuten schrieb jedes Gruppenmitglied auf, was es jetzt für die richtige Lösung hielt. Ergebnisse: Vor Einsetzen der Diskussion fand sich in beiden Gruppen der gleiche Prozentsatz richtiger Lösungen (45 %). Nach der Diskussion stieg der Prozentsatz der richtigen Antworten in den „Leiter-Gruppen" auf 84 %, wohingegen der Prozentsatz der richtigen Antworten in den „Beobachter-Gruppen" nur auf 72 % stieg. Dies ist zwar keine statistisch signifikante, aber doch bemerkenswerte Differenz zwischen den beiden Gruppentypen.

Insgesamt kann der Leistungsvorteil der Gruppe auf die Wirksamkeit folgender Einflussfaktoren zurückgeführt werden:
(1) Fehlerausgleich: Wenn eine Person ein Problem zu lösen versucht, wird sie sich dabei meistens von einer bestimmten Einstellung zu diesem Problem leiten lassen. Die Gedanken und der Lösungsversuch werden in eine bestimmte Richtung gedrängt. Bei sehr vielen Problemen des Lebens hängt die Lösung nun aber gerade davon ab, dass man fähig ist, seine Einstellung und Lösungsmethode zu ändern. Wenn das nicht gelingt, gerät man schnell in eine Sackgasse und bleibt in den alten Bahnen stecken. Eine Gruppe besteht aus

mehr als einer Person, und es besteht die Möglichkeit, ja eine hohe Wahrscheinlichkeit, dass diese Personen von verschiedenen Einstellungen geleitet werden und dass der richtige Lösungsansatz bei irgendeinem Gruppenmitglied vertreten ist. In der Gruppe können dann diejenigen, die den richtigen Lösungsansatz haben, andere berichtigen, die mit falschen Voraussetzungen an die Lösung des Problems herangegangen sind. Falls die Gruppenmitglieder mit dem richtigen Lösungsansatz in der Gruppe zu Wort kommen und die anderen Gruppenmitglieder bereit sind, sich überzeugen zu lassen, dann kann die Gruppe die ihr gegebene Möglichkeit des Fehlerausgleichs und der Fehlerkontrolle effektiv zur Problemlösung einsetzen.

(2) Ideenhäufung: Aus der Tatsache, dass sich in einer Gruppe Personen zusammenfinden können, die verschiedene Einstellungen zu einem Problem haben, ergibt sich ferner, dass die Gruppe eine größere Zahl von Ideen und Meinungen produzieren kann als der Einzelne. Ein bedeutender Teil der Gruppenüberlegenheit besteht gerade in der Vielfalt der Meinungen und Einstellungen.

(3) Koordination: Die zweite Untersuchung von Shaw zeigte, dass der Einzelne mit seiner Einzelmeinung dann eine größere Chance hat, seiner Ansicht Gehör zu verschaffen, wenn ein Diskussionsleiter die Gruppe lenkt. Unter dieser Bedingung besteht eine höhere Wahrscheinlichkeit dafür, dass selbst ein statusniedrigeres Gruppenmitglied oder ein Teilnehmer mit geringem Selbstvertrauen der von ihm gefundenen richtigen Aufgabenlösung in der Gruppe Gehör verschaffen kann, wenn der Gruppenführer ihn zur Teilnahme an der Diskussion ermuntert und unterstützt. In der führerlosen Gruppe wird demgegenüber die Mehrheit dominieren, und ein womöglich für die Lösung förderlicher Beitrag kann dabei unbeachtet bleiben und verloren gehen.

Bis jetzt sind Einflüsse besprochen worden, die zur Überlegenheit der Gruppe gegenüber dem Einzelnen führen. Damit ist das Problem aber keineswegs erledigt, denn es lassen sich auch Umstände und Bedingungen finden, die den positiven Einfluss der Gruppe abschwächen und sogar aufheben können.

Alexander Thomas: Grundriss der Sozialpsychologie. Band 2/Individuum, Gruppe und Gesellschaft. Göttingen 1992, S. 148 f.

Vom Kreuzworträtsel zur Relativitätstheorie

In einer Untersuchung von Thorndike (1938) ging es um die Analyse des Einflusses verschiedener Aufgabenarten auf die Gruppenleistung. Dabei erhielten studentische Versuchspersonen die Aufgaben, Kreuzworträtsel zu entwerfen und Kreuzworträtsel zu lösen, und zwar sowohl alleine als auch unter Gruppenbedingungen. Es zeigte sich, dass Gruppen bessere Leistungen erbrachten, wenn Kreuzworträtsel zu lösen waren, wohingegen Einzelpersonen bessere Leistungen beim Entwerfen von Kreuzworträtseln zeigten, d. h., sie hatten in kürzerer Zeit ein komplizierteres und schwierigeres Kreuzworträtsel erstellt als die Gruppen.

Thorndike selbst interpretiert seine Untersuchung folgendermaßen: Beim Lösen eines Kreuzworträtsels ist eine Anhäufung von Einzelbeiträgen gefordert. Je mehr Einfälle produziert werden, umso besser. Die Ideenhäufung in der Gruppe wirkt sich hier positiv aus. Das Entwerfen eines Kreuzworträtsels dagegen ist etwas anderes. Hier gibt es keine richtigen oder falschen Lösungen. Einer, der allein arbeitet, wird auf eine Methode stoßen und sie weiterverfolgen, obwohl eine andere Methode genauso angemessen wäre. Andere Personen haben eine andere Methode. Sollen diese Personen nun zu einer einheitlichen Lösung kommen, werden sie sich gegenseitig stören. Verallgemeinernd können wir sagen: Dort, wo es um die Anhäufung von Einzelinformationen geht, oder dort, wo es nur eine einzige richtige Lösung gibt, wird die Quantität und die Qualität der Gruppenleistung vermutlich größer sein können. Wenn es andererseits mehrere richtige Wege gibt bzw. wenn konzentriertes, folgerichtiges und schöpferisches Denken erforderlich ist, werden häufig Einzelpersonen besser sein als Gruppen. Bei einer noch weiteren Verallgemeinerung gilt, dass die Theorie für die Lösung eines Problems wohl am besten der Einzelne ausarbeiten kann, wohingegen die

Material

Lösung von technischen Fragen oder Teilproblemen den Einsatz eines Teams ratsam erscheinen lässt. Ein einzelner Wissenschaftler entwickelte die Relativitätstheorie, aber die Technik zur Nutzung der Atomkraft, die ohne Einsteins Werk nicht hätte geschaffen werden können, wurde von vielen Wissenschaftlern im Team entwickelt.

Alexander Thomas: Grundriss der Sozialpsychologie. Band 2/Individuum, Gruppe und Gesellschaft. Göttingen 1992, S. 152 f.

7.2 Sind wir ein Team?

Gruppen sind unter bestimmten Bedingungen leistungsfähiger als Einzelpersonen, d. h. aber nicht, dass es in diesen Fällen allein darauf ankommt, in einer Gruppe zu arbeiten. So sind die Befindlichkeit und das Leistungsvermögen eines Teams oder einzelner Teammitglieder abhängig von der Art der Zusammenarbeit sowie von atmosphärischen und sozialen Faktoren. Unter welchen Bedingungen ein gutes bzw. schlechtes Gruppenklima entstehen kann, können Sie mithilfe des folgenden Selbstversuchs erforschen.

Aufgabe

1. Kopieren Sie den Fragebogen oder downloaden Sie sich die Seite und kreuzen Sie an, inwieweit die Aussagen zutreffen (1 = stimmt genau, 2 = stimmt weitgehend, 3 = stimmt ein wenig, 4 = stimmt eher nicht, 5 = stimmt weitgehend nicht, 6 = stimmt überhaupt nicht). Falls einzelne Fragen nicht auf Ihre Situation zutreffen, können Sie diese auslassen.
2. Werten Sie die Fragebögen aus und fassen Sie das Ergebnis in einem kurzen Text (Untersuchungsbericht) zusammen (sinnvoll ist es, zunächst Oberbegriffe zu finden, denen Sie mehrere Fragen zuordnen können). Wenn sich deutliche Hinweise auf ein schlechtes Gruppenklima ergeben haben, sollten Sie dies innerhalb Ihrer Gruppe/Ihres Kurses diskutieren und über Gegenmaßnahmen beraten.
3. Formulieren Sie (ausgehend vom Fragebogen) 15 goldene Regeln für eine erfolgreiche Teamarbeit.

Sind wir ein Team?

✳ Webcode: MT641048–208

Sind wir ein Team?	1	2	3	4	5	6
Ich bin freiwillig in dieser Arbeits-/Kursgruppe.						
In unserem Team werden Ansichten und Meinungen anderer angehört.						
Alle Mitglieder haben genügend Zeit und Möglichkeiten, ihre Gedanken und Haltungen einzubringen.						
Andere Standpunkte lassen wir gelten.						
Der Teamleiter/Gruppenleiter/Kursleiter bestimmt die gesamte Arbeit.						
Gemeinsame Diskussionen stehen im Vordergrund der Arbeit.						
Wir haben eine lohnende Aufgabe.						
Mehrheitsentscheidungen werden in unserem Kurs/ unserer Arbeitsgruppe angenommen und mitgetragen.						

Sind wir ein Team?	1	2	3	4	5	6
Es ist möglich, dass sich jemand zeitweise zurückzieht, weil er/sie nicht hinter einer Sache stehen kann.						
Wir haben die Möglichkeit, im Rahmen der gegebenen Möglichkeiten freie Entscheidungen zu treffen.						
Wir reden nicht abwertend über Abwesende.						
Konflikte werden im Kurs/im Team nicht verdrängt.						
Konflikte werde mit psychischem und/oder physischem Druck ausgetragen.						
Unsere Gruppe hat ein gemeinsames Ziel.						
Wir reflektieren, wenn etwas gut oder nicht gut läuft.						
Jeder/Jede von uns kann mit jedem/jeder gut in Kontakt treten.						
In unserem Kurs/Team werden nur Sachprobleme besprochen.						
In unserem Kurs /Team wechseln die Zielsetzungen häufig.						
In unserem Kurs /Team wird gemeinsam entschieden.						
Außenseiter gibt es in unserem Kurs / Team nicht.						
Wir werden nicht dauernd kontrolliert (z. B. von Lehrern/Lehrerinnen).						
Ich kann mich in unserem Kurs/Team frei entfalten und mich meinen Bedürfnissen entsprechend verhalten.						
Wenn es jemandem in unserem Kurs/Team schlecht geht, bekommt er/sie Hilfe von den anderen.						

7.3 Kommunikation im Team

Die meisten Teams, vor allem Projektteams, die in der Schule oder an der Uni zusammenarbeiten, treffen sich regelmäßig, um den Verlauf der Arbeit miteinander abzustimmen. Diese Zusammenkünfte sind für die Teamarbeit wichtig, denn es handelt sich um Gruppengespräche oder Feedback- und Kritikgespräche, die möglichst zielgerichtet und effizient sein sollen.

Das Gruppengespräch

Für erfolgreiche und effiziente Besprechungen in der Gruppe müssen Sie bestimmte Regeln und Strukturen beachten und Strukturen installieren.

Regeln und Strukturen

- Notieren Sie das Thema/den Zweck einer Gruppendiskussion vorab als Frage (z. B. an der Tafel).
- Wenn Sie ein umfangreicheres Thema besprechen, legen Sie eine Tagesordnung fest und ordnen Sie den Punkten entsprechende Zeiten zu.
- Bestimmen Sie einen Gesprächsleiter/eine Gesprächsleiterin und legen Sie dessen Aufgaben und Rechte fest (Wie soll die Diskussion geführt werden? Welche Rechte hat der Moderator/die Moderatorin?).

- Bestimmen Sie einen Schriftführer/eine Schriftführerin (Welche Aussagen sollen protokolliert werden? Wie sollen die Beiträge festgehalten werden?).
- Ernennen Sie einen Regelspezialisten/eine Regelspezialistin (Wer überwacht die vereinbarten Gesprächs- und Arbeitsregeln, schaut z. B. auf die Uhr, um Zeitabsprachen nicht aus den Augen zu verlieren?).

Diese organisatorischen Dinge können bereits zu Beginn der Teamarbeit festgelegt und beibehalten werden.

Die Aufgaben des Gesprächsleiters, der Gesprächsleiterin	
Beiträge koordinieren: – Reihenfolge festlegen – Einhaltung der Reihenfolge überwachen – auf das Thema verweisen – Argumente einfordern	Gesprächsverlauf lenken: – die eigene Meinung zurückhalten – ggf. die Diskussion durch weiterführende Fragen in Gang halten – Zusammenhänge herstellen – Zwischenergebnisse festhalten – gedanklich ordnend eingreifen
– Diskussion beenden – Bilanz ziehen – offene Fragen in Erinnerung rufen	

Das Gruppengespräch selbst sollte sich zwischen den Polen „Ich" (Einzelner), „Wir" (Gruppe) und „Es" (Sache) ausbalancieren.

Das Gruppengespräch

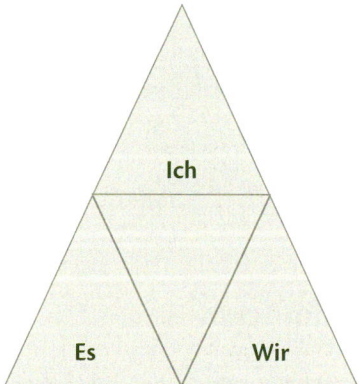

Ausgehend von diesem Dreieck lässt sich ein Trainingsprogramm für Gruppengespräche formulieren:

1. Sei dein eigener Chairman (= Diskussionsleiter).
2. Störungen haben Vorrang.
3. Wenn du willst, bitte um ein Blitzlicht (= die Diskussionsteilnehmer äußern sich der Reihe nach zu ihrem Gefühlszustand).
4. Es kann immer nur einer sprechen.
5. Beachte deine Körpersignale.
6. Sage „ich" statt „man" oder „wir".
7. Formuliere eigene Meinungen statt Fragen.
8. Sprich direkt.
9. Gib Feedback, wenn du das Bedürfnis hast.
10. Wenn du Feedback erhältst, hör ruhig zu.

Aufgabe

1. Erläutern Sie die einzelnen Regeln vor dem Hintergrund Ihrer Erfahrungen mit Gruppengesprächen.
2. Entwickeln Sie einen Beobachtungsbogen für die Gruppengespräche, der sich an den drei Komponenten „Ich", „Wir" und „Sache/Aufgabe" orientiert.

Feedback und Kritikgespräch

Für eine gute Teamarbeit ist es von entscheidender Bedeutung, regelmäßig über die Arbeit in der Gruppe und über die Gruppenbeziehungen miteinander zu sprechen. Das gilt besonders, wenn Konflikte innerhalb des Teams auftreten. Wenn Sie Kritik am Verhalten anderer formulieren, muss diese gekennzeichnet sein von Offenheit und von der grundlegenden Absicht, die Beziehungen zu verbessern. Gemeinsam können Sie sich auch darüber verständigen, welche sprachlichen Formen für Kritikgespräche wünschenswert sind. Grundsätzlich gilt: Kritik am anderen ist dann angemessen formuliert, wenn jedes Gruppenmitglied sie auch für sich selbst ertragen könnte.

Profitipp

Regeln für Konfliktgespräche

Um einen konstruktiven Gesprächsverlauf zu gewährleisten, sollten Sie besonders auch in Konflikt- und Kritikgesprächen folgende Regeln für das Sprechen und für das Zuhören beachten:

Regeln für das Zuhören

1. Zeigen Sie, dass Sie zuhören. Wenden Sie sich dem Partner/der Partnerin zu und halten Sie Blickkontakt.
2. Fassen Sie zusammen. Wiederholen Sie mit eigenen Worten, was die Partnerin/der Partner gesagt hat, sodass sich diese/-r verstanden fühlt.
3. Fragen Sie offen. Vermeiden Sie Unterstellungen. Geben Sie positive Rückmeldungen.
4. Melden Sie bei Bedarf zurück, was das Gesagte in Ihnen auslöst.

Regeln für das Sprechen

1. Bleiben Sie beim Thema.
2. Sprechen Sie von sich und verwenden Sie Ich-Aussagen. Du-Sätze beinhalten oft Vorwürfe, die Gegenangriffe auslösen.
3. Beziehen Sie sich auf konkrete Situationen. Vermeiden Sie Verallgemeinerungen wie „immer" oder „nie".
4. Sprechen Sie konkretes Verhalten an. Schreiben Sie dem anderen als Person keine negativen Eigenschaften zu wie z. B. „Du bist faul"/„Du bist unordentlich".

Definition

Feedback: Rückmeldung auf eine sprachliche Äußerung oder das Verhalten eines Kommunikationspartners. Es gibt drei Arten von Feedback: positives, negatives und kein Feedback. Kein Feedback (so die Gruppenpsychologie) ist schlimmer als negatives Feedback, weil es fast dem Ignorieren der anderen Personen gleichkommt. Unterschieden wird zwischen allgemeinem und spezifischem Feedback.

Allgemeines Feedback: Allgemeines positives Feedback kann, wenn es wohldosiert ist, für gute Stimmung sorgen und Beziehungen festigen. Allgemeines negatives Feedback erfüllt keinerlei Zweck, außer dass es das Selbstwertgefühl anderer herabsetzt und Beziehungen zerstört.

Spezifisches Feedback: Spezifisches positives Feedback kann angewandt werden, um ein bestimmtes Verhalten zu verstärken, und dient damit der Motivation. Spezifisches negatives Feedback, das seinen Zweck erfüllen soll, muss direkt nach einem bestimmten Verhalten eingesetzt werden. Ziel ist es, das unerwünschte Verhalten zu ändern.

Profitipp

Fünf wichtige Punkte zum Feedback geben:

1. *Seien Sie spezifisch.* Wenn der andere erfahren soll, was er tun oder lassen soll, muss er klar und deutlich verstehen, was Ihnen an ihm gefällt oder nicht gefällt.
2. Sprechen Sie ein *Verhalten* an, *nicht die Deutung*. Zum Beispiel: „Ich habe noch nie beobachten können, dass du anderen bei ihrer Arbeit hilfst, wenn du selbst schon fertig bist. Ich sehe dich aber dann häufig mit einer Tasse Kaffee im Pausenbereich." Ein derartiges Feedback wird eher akzeptiert, als wenn Sie sagen: „Du bist faul und überhaupt nicht hilfsbereit."
3. *Seien Sie konstruktiv.* Die Absicht von Feedback ist es, jemanden zu stärken und zu motivieren. Geben Sie daher ein ausgewogenes Maß von positivem und negativem Feedback und lassen Sie dem Empfänger die freie Wahl, Ihr Feedback zu akzeptieren oder abzulehnen.
4. *Seien Sie realistisch.* Es ist wichtig, Feedback möglichst bald nach dem Verhalten zu geben, auf das es sich beziehen soll. Dieses Verhalten muss aber für den Feedbackempfänger auch tatsächlich veränderbar sein. Unrealistische Vorstellungen führen hier nicht weiter.
5. Fassen Sie sich *kurz und kongruent* beim Feedback. Vermeiden Sie Doppeldeutigkeiten und ambivalentes Verhalten.

Ein einfaches Diagramm zur gedanklichen Vorbereitung eines Kritik- bzw. Feedback-Gespräches ist das Kritiksandwich, bei dem Sie mit positiver Kritik beginnen, dann die Punkte ansprechen, die negativ sind, und schließlich mit einem positiven Ausblick enden.

Kritiksandwich

Aufwändiger ist das Schema, das die Autoren Gabi Reinmann und Martin J. Eppler in „Wissenswege, Methoden für das persönliche Wissensmanagement", Bern 2008, vorschlagen. Auch hier geht es darum, ein Kritikgespräch gedanklich vorzubereiten.

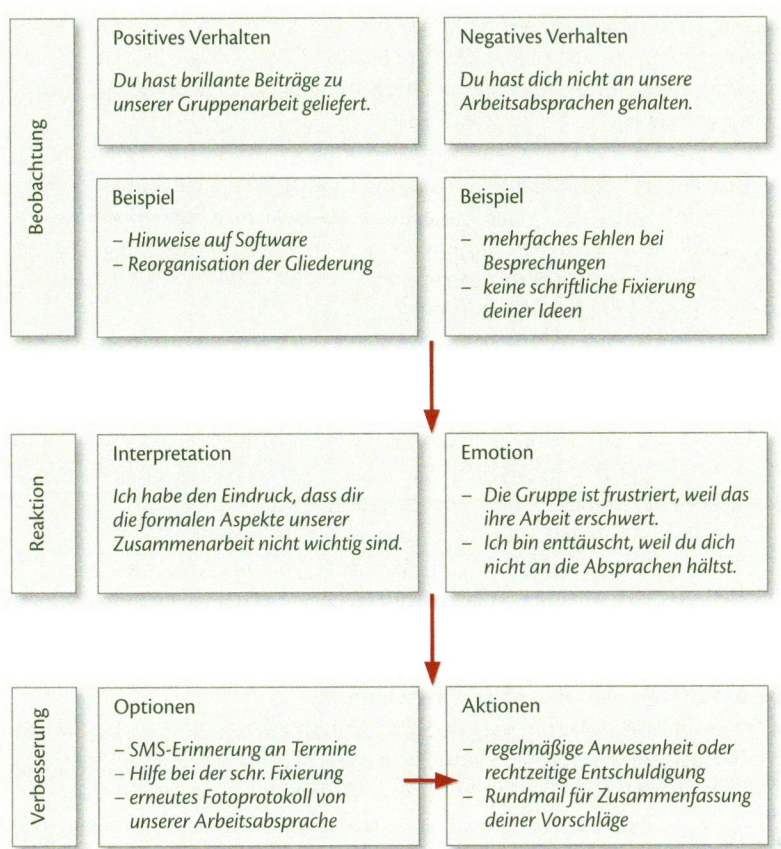

7.3.1 Bei Problemen: Die Transaktionsanalyse

Die Transaktionsanalyse ist eine Theorie der Persönlichkeit, die menschliches Verhalten leicht verständlich erklärt. Sie wurde in den 1950er-Jahren von dem kanadischen Psychiater Eric Berne in San Francisco entwickelt. Modelle wie die Ich-Zustände, Transaktionen usw. laden dazu ein, eigenes und fremdes Verhalten wahrzunehmen und zu analysieren. Diese Analyse beschränkt sich aber nicht nur auf das äußerlich erfahrbare Verhalten, sondern befasst sich vor allem auch mit den Hintergründen des Verhaltens. In diesem Zusammenhang ergeben sich Fragen wie:

- Welche sich ständig wiederholenden Verhaltensmuster sind erkennbar?
- Was möchte der Betreffende damit tatsächlich erreichen?
- Welche Normen, Prinzipien, Annahmen, Vorstellungen, Phantasien und fixen Ideen bestimmen sein Verhalten?

Trotz des Begriffs „Analyse" im Namen ist die TA eine Methode, bewusste Veränderungen im Erleben und Verhalten herbeizuführen. Dahinter steht folgende Änderungsstrategie:

- Bewusstes Erleben eigener Einstellungen und Gefühle und der sich daraus ergebenden Verhaltensmuster
- Erkennen, welche Verhaltensmuster zu unproduktiven Ergebnissen führen
- Entwicklung von Alternativen
- Wachsende Autonomie im Umgang mit sich selbst und anderen

eigenes und fremdes Verhalten wahrnehmen

Verhaltensänderung erwirken

Was ist Transaktionsanalyse nicht?

- TA ist kein Instrument zum Manipulieren anderer.
- TA macht bewusst, wie leicht man durch sich selbst und von anderen manipuliert werden kann.
- TA ist keine Technik, die rezepthaft, ohne Auseinandersetzung mit sich selbst, angewendet werden kann.
- TA ist nicht so leicht umzusetzen, wie sie zu verstehen ist, denn „TA is simple but not easy".

Welche Ziele verfolgt die Transaktionsanalyse?

Autonomie erreichen

Ziel der TA ist es, dass der Mensch in all seinen Aktionsfeldern, sei es zu Hause oder im Beruf, ein größtmögliches Maß an Autonomie erreicht. Er lernt, selbstständig zu denken, zu fühlen und zu handeln, dass er Vertrauen in sich selbst und andere hat, dass er solide und vernünftige Entscheidungen treffen kann, seine Gefühle, die er gegenüber sich und anderen hegt, äußert und sein Potenzial an inneren und äußeren Möglichkeiten so weit wie möglich ausschöpft.

Einfacher ausgedrückt hat die TA zum Ziel, zu erkennen, wann wir uns selbst im Wege stehen, um daraus sinnvolle Konsequenzen zu ziehen. Nach Berne führt die Freisetzung von Bewusstheit, Spontaneität und offenem Menschsein zu echter Selbstständigkeit und Autonomie.

Wo ist die Transaktionsanalyse einsetzbar?

Wie aus den Zielen bereits hervorgeht, sind Grenzen in der Umsetzung der TA im beruflichen und organisatorischen Umfeld kaum zu erkennen. TA ist primär auf das Individuum bezogen. TA ist bei allen Themen, die im weitesten Sinne etwas mit Selbstverwirklichung, Kommunikation, betrieblicher Kooperation und Führung, aber auch mit Organisationsentwicklung zu tun haben, gut einsetzbar, also überall dort, wo es um die bewusste Wahrnehmung und Veränderung von Sachverhalten geht, wo sich Menschen über Ziele klar werden müssen und vernünftige, plausible Entscheidungen zu treffen haben.

persönliche Entwicklung und Organisationsentwicklung

Definition	Jeglicher kommunikativer Kontakt, verbal oder nonverbal, zwischen zwei oder mehreren Personen ist eine Transaktion. **Transaktionen** können bewusst oder unbewusst erfolgen. Im Sinne der Transaktionsanalyse ist eine Transaktion eine solche Kontaktaufnahme, Stimulus, und die Reaktion darauf, Response.

Das Ich-Zustandsmodell

Berne geht davon aus, dass jeder Mensch über drei Ich-Zustände verfügt, die sich situations- und kommunikationsbedingt in unterschiedlichen Ausprägungen zeigen. Es sind dies das Eltern-Ich, das Erwachsenen-Ich und das Kindheits-Ich.

Regeln, Ge- und Verbote

- **Das Eltern-Ich:** Hiermit bezeichnet man alles, was ein Mensch in seiner frühen Kindheit wahrgenommen hat. Jeder hat ein Eltern-Ich. Hier sind alle Ermahnungen und Regeln, alle Gebote und Verbote aufgezeichnet, die ein Kind von seinen Eltern zu hören bekommen hat oder von deren früherer Lebensführung ablesen konnte. Es werden sprachliche Äußerungen, der Klang der Stimme, der Gesichtsausdruck sowie Liebkosungen bzw. deren Fehlen aufgezeichnet. Wichtig ist, dass diese Regeln, egal ob sie gut oder schlecht, richtig oder falsch sind, ungeprüft als Wahrheit aufgezeichnet werden. Man kann zwischen dem kritischen und dem fürsorglichen Eltern-Ich unterscheiden.

- **Das Erwachsenen-Ich:** Dieses Ich bringt die Daten des Erwachsenen und des Kindheits-Ichs auf den neuesten Stand, um zu klären, was gilt und was nicht. Die Arbeit des Erwachsenen-Ichs besteht darin, alte Daten zu überprüfen, die entweder bestätigt oder widerlegt werden, ehe sie dann für eine spätere Verwendung wieder richtig eingeordnet werden.

Überprüfen aller Daten

- **Das Kindheits-Ich:** Die Datenkombination aus Gesehenem, Gehörtem, Gefühltem und Verstandenen definieren wir als Kindheits-Ich. Da der kleine Mensch während seiner folgenreichsten Früherlebnisse noch über keinerlei sprachliche Mittel verfügt, bestehen die meisten seiner Reaktionen aus Gefühlen. Er ist klein, ungeschickt und hat noch keine Worte, mit denen er Zusammenhänge erfassen kann. Auch Kinder „guter" Eltern erleben dieses Gefühl von Ohnmacht, Frustration und Beklommenheit. Auch heute können uns Dinge widerfahren, die diese Gefühlskategorie heraufbeschwören; das Kindheits-Ich übernimmt dann die Führung. Es gibt drei Ausprägungen: das trotzige, das verspielte und das angepasste Kindheits-Ich.

Erlebnisse und Gefühle

Wie man Transaktionen analysiert

Ich-Zustand	Körperliche Indizien	Sprachliche Indizien
Das Eltern-Ich El	▪ Gerunzelte Brauen ▪ Stirnfalten ▪ gespitzte Lippen ▪ ausgestreckter Zeigefinger ▪ entsetzter Augenaufschlag ▪ mit dem Fuß auf den Boden klopfen ▪ Zungenschnalzen ▪ die Arme in die Seiten stemmen ▪ die Arme vor der Brust verschränken ▪ einem anderen den Kopf tätscheln	▪ Ich werde dafür sorgen, dass … ▪ Du musst immer daran denken, dass … ▪ Du darfst nie vergessen, dass … ▪ Wie oft habe ich dir schon gesagt, dass … ▪ Wenn ich du wäre … ▪ Wie konntest du nur … ▪ Das ist ja empörend …
Das Erwachsenen-Ich Er	▪ adäquaten Blickkontakt herstellen ▪ aufrecht und bequem sitzen ▪ frei gestikulieren zur Unterstützung des Gesagten ▪ offene, ruhige, entspannte Mimik ▪ deutlicher, gleichmäßiger, entschlossener Tonfall ▪ Emotionen durch Mimik verdeutlichen (eindeutige Signale senden)	▪ alle Fragewörter (wieso, weshalb, warum, wo, wann, was …) ▪ Ich finde … ▪ Meiner Meinung nach … ▪ Ich denke … ▪ Ich glaube … ▪ Verhältnismäßig … ▪ Wahrscheinlich … ▪ Möglich …
Das Kindheits-Ich K	▪ Tränen ▪ zitternde Lippen ▪ Schmollen ▪ Wutanfälle ▪ hohe, weinerliche Stimme ▪ Nägelkauen ▪ Kichern und Glucksen ▪ betteln ▪ Grimassen schneiden	▪ Ist mir doch egal! ▪ Ich will … ▪ Weiß ich doch nicht … ▪ Ich bin aber trotzdem besser ▪ Ich tu jetzt erst mal … ▪ Ich bin jetzt dran ▪ Immer ich

Jede Person verfügt über alle drei Ich-Zustände. Stellen wir uns nun ein Gespräch zwischen zwei Personen vor, dem Schüler (S) und dem Lehrer (L). Der Schüler hat eine Klausur mit wenig zufriedenstellender Beurteilung zurückbekommen und sendet dem Lehrer einen verbalen und körpersprachlichen Stimulus mit den verzweifelten Worten: „Was soll ich nur tun, ich hab doch zwei Tage lang gelernt." Der Lehrer antwortet: „Ja, aber vielleicht hast du dich nicht richtig konzentriert!. Du musst deine Lerntechnik überprüfen!"

Gesprächsbeispiel I

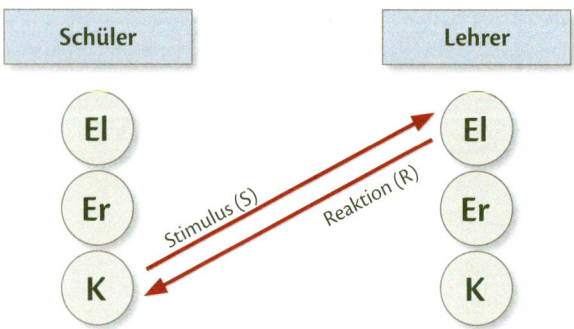

Der Schüler agiert aus dem Kindheits-Ich heraus und spricht das Eltern-Ich des Lehrers an. Dieser reagiert aus dem Eltern-Ich heraus und spricht das Kindheits-Ich des Schülers an. Stimulus und Reaktion verlaufen also parallel. Es handelt sich um eine Paralleltransaktion, die zwischen den beiden Individuen konfliktfrei verläuft.

Ein weiteres Beispiel: Der Lehrer gibt dem Schüler die Klausur mit den Worten: „Das ist völlig danebengegangen. Wahrscheinlich haben Sie mal wieder zu viel Party gefeiert, statt auf die Klausur zu lernen!" Der Schüler nimmt seine Klausur entgegen und sagt ruhig: „Ja, aber dass ich die Aufgabenstellung missverstanden habe, hat nichts mit meiner Arbeitshaltung zu tun."

Gesprächsbeispiel II

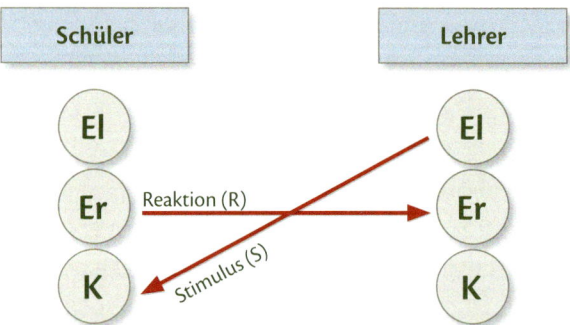

Der Lehrer spricht aus dem Eltern-Ich zum Kindheits-Ich, der Schüler reagiert von Erwachsenen-Ich zu Erwachsenen-Ich. Die beiden Transaktionen überkreuzen sich und signalisieren somit ein Konfliktpotenzial.

Es ist nun eine ungeheure Vereinfachung der Transaktionsanalyse, zu behaupten, dass man nur beobachten müsse, aus welchem Ich-Zustand heraus jemand agiert, um dann im Sinne einer Paralleltransaktion zu antworten. Um Konflikte zu vermeiden bzw. zu entschärfen, mag dies aber ein hilfreicher Hinweis sein. Ebenso, dass man versuchen sollte, Probleme auf der sachlichen Ebene zu lösen, indem beide möglichst aus dem Erwachsenen-Ich heraus agieren bzw. reagieren.

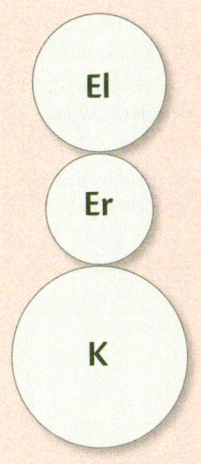

Zeichnen Sie einen El-Er-K-Schneemann von sich selbst und von einem Partner oder einer Partnerin. Die Stärke der „Schnee"-Kugeln möge dabei ein Indikator für den generellen Aktivitätsgrad des jeweiligen Ich-Zustandes sein. Im nebenstehenden Beispiel ist das Kindheits-Ich einer Person sehr stark ausgeprägt, das Erwachsenen-Ich sehr schwach und das Eltern-Ich wieder stärker.

Bitten Sie den Partner/die Partnerin, auch von Ihnen und sich selbst einen El-Er-K-Schneemann zu zeichnen. Dann vergleichen Sie jeweils die Schnee- männer, die Sie darstellen sollen, und diskutieren Sie mit dem Partner – rein sachlich –, warum sich die Zeichnungen evtl. unterscheiden.

Beschreiben Sie die Transaktionen in den folgenden Kurzdialogen:

Lehrer: „Schon wieder zu spät! So geht das aber nicht weiter!"
Schüler: „Entschuldigung! Soll nicht wieder vorkommen!"

Johannes: „Wie spät ist es?"
Marcus: „Wie spät? Wie spät! Da fragst du noch? Kannst du dir nicht endlich einmal selber eine Uhr zulegen?"

Zahnarzt: „Na, wie haben wir uns denn nach der letzten Behandlung gefühlt?"
Patient: „Wie Sie sich gefühlt haben, weiß ich nicht, aber mir gings einen halben Tag lang schlecht!"

Briefträger Frank: „Na, was Neues vom Liebsten?"
Yvonne: „Meinst du von meinem oder deinem?"

Sekretärin: „So, die Post ist fertig!"
Chef: „Ja, dass ich das aber noch erleben darf!"

Studentin: „Hatten Sie schon Gelegenheit, mein Exposé anzuschauen?"
Professor: „Helfen Sie mir bitte kurz weiter, worum ging es noch einmal?"
Studentin: „Na, dann kann es Sie ja nicht besonders beeindruckt haben!"
Professor: „Entschuldigen Sie, aber ich kann mich nun wirklich nicht an alles erinnern, was ich lesen muss!"

Roger: „Also, du machst die Präsentation, Henrik, und Janine und ich recherchieren und versorgen dich mit Informationen."
Henrik: „Kann ich machen, ist ok."
Janine: „Ich möchte aber lieber mit Henrik recherchieren. Mach du doch die Präsentation, Roger."
Roger: „Ich blicke aber PowerPoint nicht so gut wie Henrik!"
Janine: „Ihr immer mit euren blöden Computern!"

▶▶▶

Sie: „Oh, das ist ein wunderschöner Regenbogen!"

Er: „Wo ist denn die Kamera?"

Sie: „Keine Ahnung. Aber schau mal, diese tollen Farben."

Er: „Was nützen mir die Farben, wenn ich die verdammte Kamera nicht finde!"

Sie: „Ist doch egal. Genieß einfach den Regenbogen."

Er: „Immer schmeißt du die Kamera irgendwo hin, wo sie keiner mehr findet."

Sie: „Sei doch nicht gleich sauer! Boah, ist der schön!"

Er (sehr sauer): „Ich bin gar nicht sauer! Ich suche nur die Kamera, die du irgendwo hingeschmissen hast."

Sie: „Du hast sie doch vorher in deine Fahrradtasche getan!"

Er: „Stimmt, da ist sie ja!"

Sie: „Also!"

Er: „Also was? Jetzt ist der Regenbogen fast weg!"

Machen Sie ein Rollenspiel mit mehreren Personen. Je ein Sprecher übernimmt die Rolle des
- fürsorglichen Eltern-Ichs,
- kritischen Eltern-Ichs,
- Erwachsenen-Ichs,
- angepassten Kindheits-Ichs,
- träumerisch-verspielten Kindheits-Ichs,
- trotzigen Kindheits-Ichs.

Sprechen Sie sich untereinander ab, aber sagen Sie den Zuhörern nicht, wer welche Rolle hat.

Führen Sie ein Gespräch über eins der folgenden Themen:
a) Unterrichtsveranstaltungen abends und an Wochenenden
b) Aufgabenverteilung in der Arbeitsgruppe „Jugend und Alkohol"
c) Die Notwendigkeit, den naturwissenschaftlichen Unterricht zu stärken

Achten Sie darauf, dass in einem fünfminütigen Gespräch alle etwa gleiche Sprechanteile hatten. Danach sollen die Zuhörer herausfinden, wer welchen Ich-Zustand vertreten hat.

Strokes

Unter Stroke versteht man eine Einheit der Anerkennung, die man jemand anderem gibt. Dabei kann es sein, dass man die Existenz des Mitmenschen zur Kenntnis nimmt oder aber seine Beschaffenheit und Eigenart oder auch sein Verhalten und seine Leistung. Jeder Mensch hat das Bedürfnis nach Stimuli und Anerkennung durch andere und ist somit auf diese Stimuli angewiesen. Diese können auch durch Berührung, Gesten, Mimik oder andere Formen der Anerkennung gewährleistet werden. Sie alle zeigen, dass unsere Existenz zur Kenntnis genommen wird.

Man unterscheidet
- verbale und nonverbale Strokes,
- positive und negative Strokes,
- bedingte und unbedingte Strokes.

Wichtig ist jedoch vor allem, sich der Verstärkerwirkung des positiven Strokes bewusst zu sein. Jedoch gilt immer: Auch ein negativer Stroke ist besser als kein Stroke. Ein unehrlich gemeinter positiver Stroke wird auch als Kunststoff-Stroke bezeichnet.

Aufgabe

Nehmen Sie sich vor, heute ganz gezielt fünf Leuten etwas Positives zu sagen, sie zu loben oder eine Anerkennung auszusprechen. Sie sollten es aber ernst meinen! Dann beobachten Sie die Reaktion. Werden Sie sich bitte auch über Ihre eigene Befindlichkeit klar: Wie fühlt man sich, wenn man andere lobt?

Fragen:
- Wie können echte Strokes Teamarbeit voranbringen?
- Wie kann man mithilfe der Transaktionsanalyse Konflikte im Team entschärfen?
- Welche eigene Haltung ist nötig, um Konflikte zu vermeiden?
- Wie können Sie andere Teammitglieder zu mehr Aktivität motivieren? Und wie sich selbst?
- Kann man durch die Erkenntnisse der Transaktionsanalyse aus einem Team ein Top-Team machen?

7.3.2 Moderation (Metaplan)

„Klassische" Formen von Besprechungen und „traditionelle" Arbeitsgruppen sind weder effektiv noch zielorientiert. Abhilfe schafft hier die Methode der Moderation.
Die Moderation von Sitzungen, Workshops oder Projektgruppen ist im Wesentlichen eine teilnehmerorientierte Methode. Die drei wichtigsten Elemente sind
- die Fragetechnik,
- die Visualisierung und
- die Gruppendynamik.

Vorteile der Moderationsmethode

Durch zielorientierte Fragen des Moderators werden alle Teilnehmer aktiviert. Die systematische Visualisierung der Fragen, aller Beiträge und Entscheidungen führt zu einer besseren Zielerreichung und einer wesentlich höheren Qualität der Ergebnisse. Durch die Moderationsmethode werden Diskussionen versachlicht.

zielorientierte Fragen

Da die Ergebnisse in wesentlich kürzerer Zeit erzielt werden, führt diese Methode auch zu einer erheblichen Steigerung der Effektivität. Dies gelingt vor allem durch eine genaue Beobachtung der gruppendynamischen Prozesse und durch die Einbeziehung aller Teilnehmer.

Steigerung der Effektivität

Durch die Moderationsmethode werden die Erfahrungen und Kenntnisse der Teilnehmer systematisch genutzt. Alle werden durch den Moderator an der Diskussion und der Problemlösung beteiligt. Diese Vorgehensweise hat drei entscheidende Vorteile:
1. Die Kreativität und die Ideen aller Teilnehmer werden genutzt.
2. Die Gruppenmitglieder identifizieren sich mit dem Arbeitsprozess und den erzielten Ergebnissen.
3. Die Umsetzung der erzielten Ergebnisse und getroffenen Vereinbarungen in die Praxis wird erheblich einfacher.

Was bedeutet „Moderation"?

Der Begriff „Moderator" ist aus Rundfunk und Fernsehen bekannt. In diesen Bereichen bezeichnet er eine Person, die durch eine Sendung führt.

Im betrieblichen Bereich führt ein „Moderator" eine Gruppe durch eine Arbeitssitzung. Diese kann ganz unterschiedliche Anlässe und Ziele haben:

- Besprechungen
- Zielvereinbarungen
- Projektsitzungen
- Konfliktgespräche
- Brainstormings
- Workshops

Beispielmoderation
Phase 1: Einstieg und Anmoderation, Unterstützung durch Visualisierung, Hinführung zum Thema

Bei diesem Thema werden zwei kontrastierende Zustände visualisiert. Der eine Zustand zeigt die Schule als akademische Institution und die Welt liegt irgendwo weit davon entfernt im Wolkennebel. Den Zuhörer können hier Assoziationen wie „Weltfremdheit" oder „Isolation" kommen. Der Doppelpfeil suggeriert die Frage, ob es Beziehungen und Verbindungen zwischen beiden gibt und falls ja, welche.

Der zweite Zustand zeigt wiederum die akademische Schule, die sich jetzt aber die Welt ins oder vor das Haus geholt hat. Sie ist dem Schulabgänger nicht mehr fremd und sie ist nicht weit weg.

Diese beiden Zustände können beim Zuhörer insofern Nachdenklichkeit auslösen, als er versucht, aufgrund seiner Erfahrungen an der eigenen Schule spontan zu entscheiden, welches Modell auf seine persönliche Situation als Schüler wohl eher zutrifft. Die Frage wird aber zunächst nicht diskutiert, sondern das Thema der Moderationssequenz „Erziehung zu globalem Denken" auf einer Moderationswolke an der Tafel visualisiert.

Visualisierung des Themas

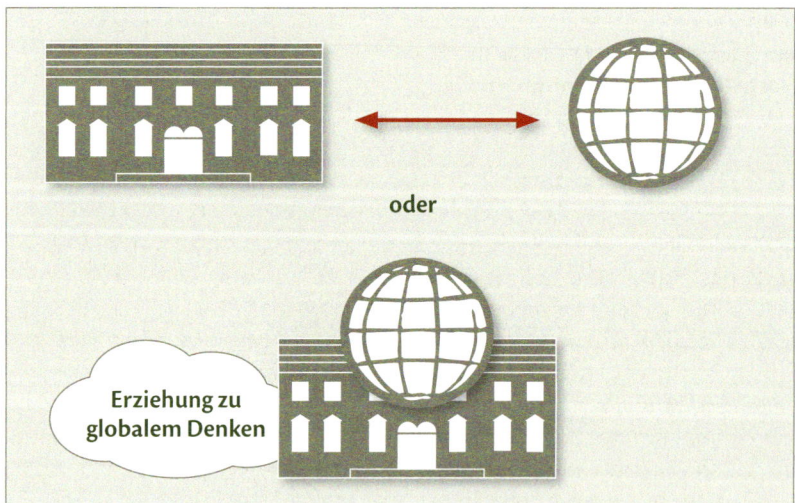

Die Einpunktfrage:

Die Teilnehmer erhalten je zwei rote Klebepunkte und werden gebeten, nach kurzem Überlegen, je einen Punkt auf die Skala des Jahres 2005 und einen auf die Skala des Jahres 2010 zu kleben und ihre beiden Klebepunkte anschließend mit einem schwarzen Strich zu verbinden. Wichtig ist dabei, dass möglichst alle gleichzeitig zum Kleben nach vorn gehen, um sich nicht allzusehr von den anderen beeinflussen zu lassen.

Eine Hälfte der Moderationswand bleibt frei, um hier die anschließende Diskussion in Stichworten mitvisualisieren zu können.

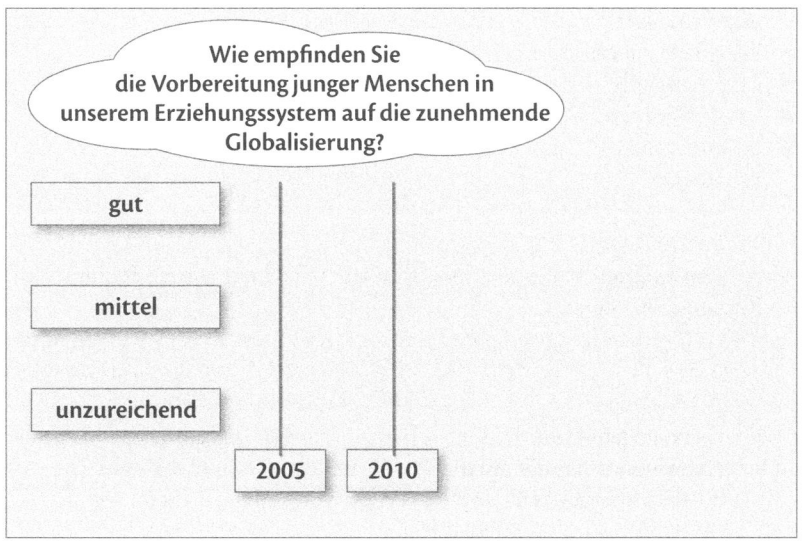

Moderationswand für die
Einpunktfrage

Die Einpunktfrage, für deren Bearbeitung etwa 10 bis 15 Minuten anzusetzen sind, vertieft den Einstieg in das Thema und stellt gleichzeitig eine Problemanalyse zum Ist-Zustand dar. Als Schätzfrage ist sie ein Diskussionsauslöser. Tendenzen und Konflikte werden sehr schnell sichtbar. Die anschließende Interpretation des Punktebildes in der Diskussion ist bereits ein erstes Ergebnis der Moderation.

Außer den beiden gleitenden Skalen für die Jahre 2005 und 2010 aus dem obigen Beispiel wären auch genauere Skalen, z. B. mit größerer Differenzierung, oder strukturierende Skalen oder Wertefelder möglich.

1. Die Frage im Wortlaut vorlesen, inhaltlich gründlich erläutern und begründen.
2. Das Antwortschema erläutern, ein Beispiel für die Beantwortung geben.
3. Nachfragen, ob das Antwortschema verstanden wurde. („Wissen Sie schon, wo Sie Ihre Punkte hinkleben werden?" „Es geht um eine grobe Einschätzung!")
4. Zum gemeinsamen Punkten auffordern.
5. Bei strukturierender Skala Punktezahl mit dickem Stift auf die für die Punkte vorgesehenen Felder schreiben. Nicht bei gleitenden Skalen.
6. Auf Häufungen und Streuungen hinweisen.
7. Das Plenum um Interpretation des Ergebnisses bitten und alle Zurufe und Kommentare auf das Packpapier schreiben. Bei Bedarf und Gegenmeinungen notieren. Wichtig: Der Moderator selbst interpretiert nicht!

Moderationshinweise

Phase 2: Themen, Probleme, Ideen sammeln

Abhängig von Inhalt und Ziel der Sitzung verschafft sich der Moderator in dieser zweiten Phase einen Überblick über die Themen, Probleme oder Ideen, die bearbeitet werden sollen. Dabei ist eine möglichst umfassende Sammlung sinnvoll. Die Methode der Kartenabfrage hat sich in der Praxis der Moderation sehr bewährt.

Zunächst wird eine konkrete Fragestellung formuliert. Alle Teilnehmer erhalten Meta-plan-Karten, um ihre Beiträge aufzuschreiben. Dabei ist zu beachten:

- pro Karte nur ein Thema
- dicken schwarzen Stift verwenden
- in Druckschrift mit Groß- und Kleinbuchstaben schreiben

Regeln für die Ideensammlung

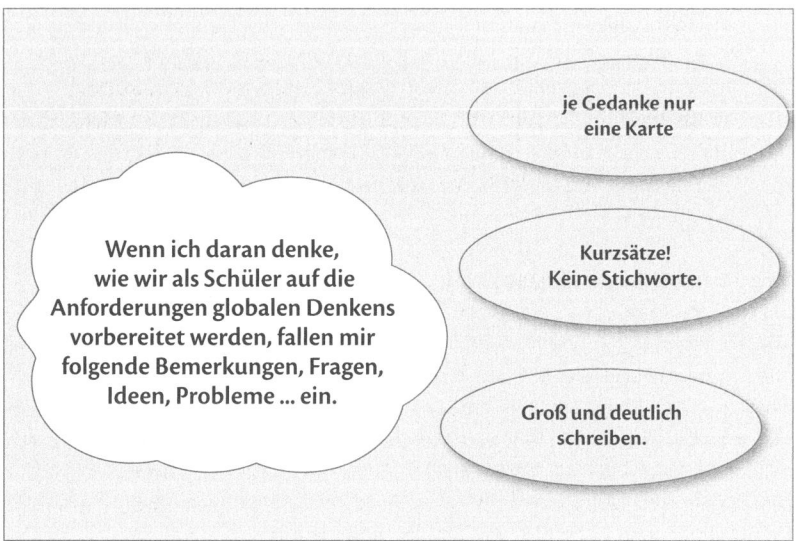

je Gedanke nur eine Karte

Wenn ich daran denke, wie wir als Schüler auf die Anforderungen globalen Denkens vorbereitet werden, fallen mir folgende Bemerkungen, Fragen, Ideen, Probleme ... ein.

Kurzsätze! Keine Stichworte.

Groß und deutlich schreiben.

Cluster

Die Teilnehmer erhalten genügend Zeit, um – je nach Gruppengröße – ca. 6–8 Karten je Teilnehmer auszufüllen. Die Karten werden eingesammelt und an der Pinnwand für alle sichtbar angebracht. Karten, die thematisch zusammengehören oder doppelt sind, werden zu einem Block sortiert. Dieses so genannte „Clustern" der Karten schafft eine bessere Übersichtlichkeit und Lesbarkeit. Durch das Lesen bestimmter Karten erhalten die Teilnehmer neue oder zusätzliche Ideen, die nachgeliefert werden können.

Für das Anpinnen sollten auf jeden Fall alle Karten verwendet werden. Damit schafft man eine höhere Identifikation der Teilnehmer mit den Inhalten. Außerdem zeigen Mehrfachnennungen, dass dieses Thema oder ein bestimmtes Problem besonders wichtig ist. Sind einzelne Karten nicht aus sich selbst heraus verständlich, sollten die Teilnehmer die Möglichkeit zur Erläuterung der Inhalte bekommen.

Für die Phase 2 sollte unbedingt genügend Zeit eingeplant werden. Die Qualität der Ergebnisse, die in dieser Phase gesammelt werden, wirkt sich auf den gesamten weiteren Verlauf der Sitzung aus.

Durch die Kartenabfrage werden die Gedanken, Ideen und Wünsche der Teilnehmer breit „ausgehoben". Es werden persönliche Erfahrungen sichtbar gemacht und da jedem mehrere Antworten einfallen können, kommen nicht nur die „Redelöwen" zu Wort, sondern auch die Gedanken derjenigen, die sich in einer traditionellen Arbeitsgruppe eher gar nicht oder nur unterrepräsentiert artikulieren würden, werden vor allen Gruppenmitgliedern sichtbar gemacht. In der Regel werden die Karten anonym einge-

Querdenker

bracht. Dadurch werden „Querdenker" und „Abweichler" aufgewertet. Ein Aufgeben der Anonymität ist eigentlich nur sinnvoll, wenn zu einzelnen Karten Erläuterungen nötig werden, und dann auch nur, wenn der jeweilige Schreiber sich selbst outet.

Die Kartenabfrage dient der Vertiefung und Differenzierung dessen, was in der Einpunktfrage bereits angesprochen wurde.

1. Die aufgeschriebene Frage im Wortlaut vorlesen und erläutern.
2. Hinweis auf leserliche Schrift, eine Idee pro Karte und Kurzsätze statt Schlagworte.
3. Die gewünschte Kartenzahl pro Person nennen.
4. Die Gruppe in Ruhe schreiben lassen (ca. 30 Minuten).
5. Wenn die Mehrheit der Teilnehmer aufgehört hat zu schreiben, Karten einsammeln und mischen.
6. Zügig clustern. Dabei erläutern, was mit den Karten geschieht und die Gruppe mit einbeziehen. Zwischen den Clustern ca. 40 cm Abstand. Differenzieren geht vor kumulieren. Keine Wertung durch den Moderator.
7. Löcheranalyse: Fehlt ein wichtiger Gedanke? Stimmt die Zuordnung der Karten? Anschließend Cluster umranden und nummerieren.

Phase 3: Prioritätenfestlegung

In dieser Phase geht es um die Festlegung, in welcher Reihenfolge die gesammelten Themen bearbeitet werden. In der Praxis hat sich die übersichtliche und schnelle Prioritätenfestlegung durch die Mehrpunktabfrage bewährt. Je nach Anzahl der durch Clustern in Phase 2 herausgearbeiteten Themen erhält jeder Teilnehmer eine bestimmte Anzahl Klebepunkte. Diese kann er jetzt auf die Themen verteilen. Dabei können alle Punkte einzeln oder gehäuft vergeben werden. Bei fünf Klebepunkten dürften maximal zwei Punkte auf ein Thema konzentriert werden. Zuvor wird aber die Frage für die Mehrpunktabfrage formuliert und visualisiert (andere Farbe als Frage bei Kartenabfrage), z. B.

Die Teilnehmer sollten ihre Entscheidung bereits am Platz treffen und dann auf ein Zeichen des Moderators ihre Punkte auf die zuvor angebrachten Rundkarten kleben. Die Gefahr, dass man sich beim Kleben von anderen leiten lässt, wird damit geringer.

Es ist zu überlegen, ob die Ausgangsfrage weiterhin generalisiert oder schon sehr konkret wird. Dies ist auch von den Ergebnissen der Kartenabfrage abhängig. Möglichkeiten der Frageformulierung werden durch die nachfolgende Abstraktionskletterstange verdeutlicht.

Abstraktionskletterstange

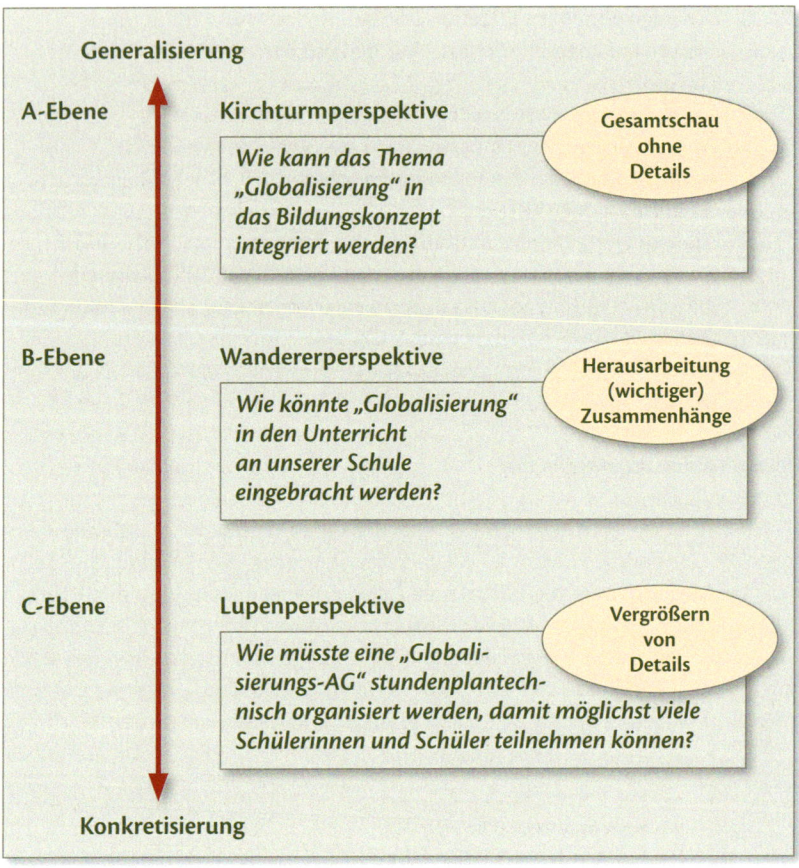

Durch die Mehrpunktfrage werden Schwerpunkte gekennzeichnet, Prioritäten gesetzt und grobe Rangklassen sichtbar gemacht. Die Frage enthält ein eindeutiges Gewichtskriterium. Die Mehrpunktfrage ist nur im Zusammenhang mit anderen Instrumenten der Moderationsmethode, insbesondere mit der Kartenabfrage, einsetzbar.
Für die Mehrpunktfrage ist ein Zeitaufwand von ca. zehn Minuten anzusetzen.

Moderationshinweise

Hinweise zur Mehrpunktfrage
1. Die aufgeschriebene Frage im Wortlaut vorlesen und erläutern. Die Frage muss ein eindeutiges Bewertungskriterium haben und wird andersfarbig visualisiert als die Kartenabfrage.
2. Erläuterung der Punktevergabe.
3. Zum Festlegen auffordern (evtl. Beispiel geben).
4. Punktefeld (Rundkarte) ausweisen, Punkte an Teilnehmer verteilen und zum gemeinsamen Punkten auffordern.
5. Punkte auszählen, Zahl mit dickem Stift auf die Punkte schreiben. „Hits" noch einmal vorstellen.
6. Punkte nicht als Entscheidung werten (Mehrpunktfrage macht nur Prioritäten sichtbar). Akzeptanzumfrage stellen, Beiträge mitvisualisieren.
7. Nach inhaltlicher Verbindung fragen und evtl. „Autobahnen" kennzeichnen.

Phase 4: Themen/Probleme/Ideen bearbeiten

In dieser Phase werden die Themen systematisch bearbeitet. Dabei ist vor allem die Auswahl einer geeigneten Arbeitsform wichtig. Es hat sich der Wechsel zwischen Kleingruppenarbeit und der Arbeit im Plenum bewährt. In der Kleingruppe werden konkrete Aufträge bearbeitet. Die Ergebnisse werden dann im Plenum präsentiert und diskutiert.

Die Vertiefung und Konkretisierung innerhalb der Kleingruppe kann auch durch eine gruppeninterne Kartenabfrage mit Clustern und unterschiedlichen Detailthemen erfolgen. Am Ende einer ca. 20-minütigen Arbeitszeit sollte jede Kleingruppe eine Themenliste mit 4–5 Themen erstellt haben. Diese Themen sind vertiefende Fragen, die alle mit „Wie ..." beginnen und die die Arbeitsschwerpunkte der Kleingruppe deutlich machen sollen.

Die Themen, die alle auf lange, weiße Kartenstreifen geschrieben werden, bilden einen Zwischenspeicher für noch unfertige Gedanken, für die es sich lohnt, Problemlösungskapazität aufzuwenden. Die Themen werden von den jeweiligen Gruppenmitgliedern im Plenum vorgestellt und diskutiert. Die Diskussion wird in Stichworten mitvisualisiert.

Kleingruppenarbeit und Arbeit im Plenum

Visualisierung der Fragestellungen

	Zeilen mit dickem roten Stift nummerieren	weiße Kartenstreifen mit den „Wie"-Fragen bzw. Themen aus den einzelnen Kleingruppen	rechte Seite der Pinnwand freihalten für Erläuterungen und Kommentare, die sich aus der Diskussion ergeben
	Themenliste als solche kennzeichnen	Dubletten mit einordnen	Papier so falten, dass Zeilen entstehen

Themenliste

1	Wie kann die Schule besser Bezug nehmen auf wirtschaftliche und gesellschaftliche Veränderungen?
2	Wie können den Lehrern Schlüsselqualifikationen vermittelt werden, die sie an Schüler weitergeben können?
3	Wie können Schüler und Lehrer von den Aus- und Fortbildungsangeboten der Wirtschaft lernen?
4	Wie kann „Globalisierung" im Lehr- und Bildungsplan verankert werden?
5	Wie können Schüler praktisch auf ihre Rolle in einem veränderten wirtschaftlichen und gesellschaftlichen Umfeld vorbereitet werden?
6	Wie können die Erfahrungen der Eltern besser in die schulische Praxisvermittlung eingebunden werden?

Bei der anschließenden Diskussion im Plenum sollte den „Querdenkern", „Revolutionä-ren" und „Minderheiten" genügend Raum gegeben werden, um ihre Ansichten vorzu-bringen. Gerade bei kreativen Sitzungen kommt es dank dieser Vorschläge häufig zu einem besseren Ergebnis.

Um weiterarbeiten zu können, müssen jetzt evtl. die Gruppen mittels einer Punktklebaktion und der Frage *„Zu welchem Thema würde ich gern in einer Kleingruppe konkrete Maßnahmen planen?"* neu zusammengesetzt werden.

Phase 5: Empfehlungen formulieren

Um eine zuverlässige Planung und Umsetzung von Maßnahmen vorzubereiten, wird zunächst wieder in den Kleingruppen eine Empfehlungsliste erarbeitet. Die Empfehlun-gen, wieder auf lange Kartenstreifen geschrieben, werden im Konjunktiv formuliert und richten sich z. B. an die Hierarchie, an Kollegen oder an alle, die im Rahmen ihrer Verant-

Empfehlungen für Maßnahmen

wortung Veränderungen bewirken können. Es sind Empfehlungen für Maßnahmen, die die hierarchische Kompetenz der Gruppe sprengen oder die als spätere Schritte geplant sind und dann zu Tätigkeitsaufträgen umformuliert werden. Die Empfehlungen sollen konkrete, möglichst detaillierte Vorschläge in vollständigen Sätzen sein.

Die äußere Form der Empfehlungsliste folgt der der Themenliste, d. h., das Papier wird so gefaltet, dass sich Zeilen ergeben, diese werden mit dicker Schrift durchnummeriert. Jeweils ein oder zwei Mitglieder der Arbeitsgruppe, die die Empfehlungen erarbeitet hat, stellen diese im Plenum vor. Verständnisfragen der Plenumsmitglieder sind zugelassen, evtl. Ergänzungen werden mit Ovalen in der gleichen Zeile visualisiert.

Statt der Empfehlungen können auch, je nach der hierarchischen Stellung, mit der die Arbeitsgruppe ausgestattet ist, Richtlinien (richten sich von oben nach unten), Leit-linien (Ziele, die bis auf Widerruf permanent gelten), Maximen (generelle Regelungen für gelegentlichen Handlungsbedarf) oder Spielregeln (Richtlinien für den Umgang mitei-

Handlungshinweise

nander) erarbeitet werde. Auch unverbindliche Handlungshinweise sind hier zu nennen. All diese Listen bilden Ergebnisspeicher der Moderation.

Beispiele für derartige Empfehlungen könnten sein:

Die modernen Fremdsprachen sollten einen noch größeren Stellenwert bekommen.	In die Bildungsplankommissionen sollten Fachleute mit internationaler Erfahrung aufgenommen werden.
Schulen und Großunternehmen sollten enger zusammenarbeiten.	Ganze Klassen sollten einen halbjährigen Austausch in einem anderen Land machen.
Die Schulen sollten weniger akademisch, dafür mehr praktisch orientiert sein.	Der Bildungsbereich sollte innerhalb der Europäischen Union harmonisiert werden.
Die Motivation der Schüler sollte durch attraktiven Projektunterricht gestärkt werden.	Innovations- und Fortbildungsbereitschaft müssten ein Kriterium für die Beförderung von Lehrern werden.
Der Unterricht sollte durch Gastlehrer aus ausländischen Schulsystemen aufgelockert werden.	Zwischen Schülern unterschiedlicher Länder sollte eine intensivere Kommunikation stattfinden.
Das Unterrichtsfächerangebot sollte dem modernen Umfeld angepasst werden.	Die Kultusminister sollten ihre Neigung zum Provinzialismus überwinden.
Globales Denken sollte durch außerschulische Trainingsmaßnahmen erweitert werden.	Finanzielle Mittel sollten von der hierarchischen Schulaufsicht abgezogen und zur Förderung innovativer Bildungskonzepte verwendet werden.

Phase 6: Maßnahmen planen

Wenn Entscheidungen getroffen und von allen Teilnehmern getragen werden, geht es um die Umsetzung. Dazu werden Aktivitäten und Maßnahmen gesammelt und kategorisiert.

Um eine zuverlässige Umsetzung der Maßnahmen zu gewährleisten, werden zu jeder einzelnen Maßnahme nach dem Schema wer, macht was, wie, bis wann ein Verantwortlicher, die genaue Maßnahme, die Art der Umsetzung und ein Termin für die Fertigstellung vereinbart.

Auch diese Entscheidungen werden auf einer Liste nach dem Muster der Themenliste und der Empfehlungsliste visualisiert, um dann in geeigneter Form protokolliert und dokumentiert werden zu können. Dieser Tätigkeitskatalog enthält die konkreten nächsten Schritte. Bei längerfristigen Projekten werden hier nur die ersten Starttätigkeiten erfasst, die mit realistischem Aufwand zu erledigen sein müssen. In die Tätigkeitsspalte werden vollständige, verständliche Sätze auf Kartenstreifen geschrieben.

In der Wer-Spalte wird namentlich ein Verantwortlicher benannt, der für die Erledigung zuständig ist. Dieser Verantwortliche muss bei der Moderationssitzung anwesend sein, kann aber seine Aufgabe, nicht jedoch die Verantwortung für die Erledigung, delegieren. Findet sich niemand für die Wer-Spalte einer bestimmten Tätigkeit, so landet die Karte in einer Empfehlungsliste.

In der Spalte „mit wem" werden Personen oder Gremien benannt, die mitarbeiten sollen.

In der Spalte „bis wann" wird ein konkretes Datum vermerkt. Die Tätigkeit muss bis dann erledigt sein. Hier ist besonders auf realistische und in der zeitlichen Abfolge logische Termine zu achten. Die Gruppe darf sich nicht zu viel vornehmen.

In die Spalte „Ergebnisart" bzw. „Kontrollkriterium" wird schließlich stichwortartig eingetragen, woran zu erkennen ist, dass die Tätigkeit erledigt ist.

In diesem Sinne wird der Tätigkeitskatalog vom Moderator im Plenum erläutert. Die Teilnehmer werden dann aufgefordert, allein oder zu zweit Tätigkeiten aufzuschreiben, wobei dies nicht bedeutet, dass man sofort auch für diese Tätigkeit verantwortlich ist.

Eine Alternative besteht darin, die Tätigkeiten als Gesamtgruppe in der Diskussion zu erarbeiten, wobei ein Teilnehmer die Karten beschreibt. Hierfür sind etwa 20 bis 25 Minuten anzusetzen.

Verantwortlicher

Erläuterung im Plenum

Tätigkeitskatalog (Beispiel)	Wer	Mit wem	Bis wann	Kontrollkriterium
1	Gespräch mit Kultusministerin über Ansichten und Pläne des Ministeriums	Joe	Evi	2.4. 2010	Protokoll
2	Vortrag der Schülervorstellungen auf der nächsten Gesamtlehrerkonferenz	Elke	Bibi	Anf. Mai 2010	Protokoll der GLK
3	Gespräch mit dem Elternbeirat und Bitte um Unterstützung der Schülerwünsche in den Gremien	Bine	Ralf	4. Mai 2010	Bericht vom Gespräch
4	Bericht über Erziehung zu globalem Denken in überregionaler Zeitung veranlassen	K.-H.	Dr. Binz	heute	Artikel in der Zeitung
5	Podiumsdiskussion organisieren	David	SMV	9.5. 2010	Landesschaubericht (TV)
6	Fundraising innerhalb und außerhalb der Schule organisieren	Fuzzy	Alf	März 2010	Kassenbericht

Phase 7: Abschluss und Ausblick

Mit der Planung der Maßnahmen ist der inhaltliche Teil der Moderation abgeschlossen. Es hat sich aber bewährt, die Sitzung mit einer Reflexion der Arbeit, der Zufriedenheit und des Gruppenprozesses zu beenden. Zu dieser Art von Feedback werden dabei die folgenden Fragen erörtert:

- Wurden meine Erwartungen erfüllt?
- Bin ich mit den Ergebnissen zufrieden?
- Wie habe ich die Art und Weise der Zusammenarbeit erlebt?
- Wie zufrieden bin ich mit dem Moderator?
- Was fehlt mir noch?

„Periodensystem der Moderation"
Webcode: MT641048–228

Für diesen Abschluss sollte genügend Zeit investiert werden, denn für die Einschätzung des Erfolgs und die weitere Zusammenarbeit im Team hat diese Abschlussrunde einen hohen Stellenwert.

7.3.3 Die Organisation eines Teams

Bei der Zusammenstellung von Teams wird in der Schule meist nach Sympathie vorgegangen. Schülerinnen und Schüler, die gut miteinander auskommen, bilden dann auch sofort eine Arbeitsgruppe. Man muss sich aber die Frage stellen, ob ein Team nicht leistungsfähiger wäre, wenn man bei der Auswahl der Teammitglieder andere Kriterien anlegen würde.

Denken Sie an das Märchen „Sechse kommen durch die ganze Welt". Wenn alle Mitglieder gute Schützen gewesen wären, wenn alle über außergewöhnliches Hörvermögen verfügt hätten, wenn alle die Fähigkeit besessen hätten, Frost zu erzeugen, dann wären sie am Ende nicht erfolgreich gewesen. Übertragen wir diese Erkenntnis auf ein Team: Was nützt es, wenn alle kreativ und ideensprühend sind, aber keiner kann die Umsetzung organisieren? Was nützt es, wenn alle wunderbare Präsentationen erstellen, aber keiner die Inhalte liefert? Oder denken wir an die alte Weisheit aus dem Wilden Westen, was bringt es, wenn alle Häuptlinge sein wollen und niemand Indianer?

unterschiedliche Fähigkeiten im Team integrieren

Bei der Zusammenstellung eines Teams muss also darauf geachtet werden, dass möglichst viele unterschiedliche Fähigkeiten im Sinne der Teamaufgabe integriert werden.

Teamrollen

In den 1970er-Jahren arbeitete der britische Managementberater R. M. Belbin, selbst als Humanist und Psychologe ausgebildet, zusammen mit einem Mathematiker, einer Anthropologin und einem Arbeitspsychologen am damaligen Henley Administrative Staff College an einer Untersuchung über Teams. Die Ergebnisse wurden 1981 in einem Buch publiziert, in dem zunächst acht typische Teamrollen vorgestellt wurden. Später kam eine neunte Rolle hinzu. Belbin sagt, dass nicht alle Rollen besetzt sein müssen, um ein gut funktionierendes Team zu haben, ebenso können zwei Rollen von einer Person besetzt sein. Wichtig ist aber, dass die mit den Rollen verbundenen Tätigkeiten zur Geltung kommen.

Teamrollen

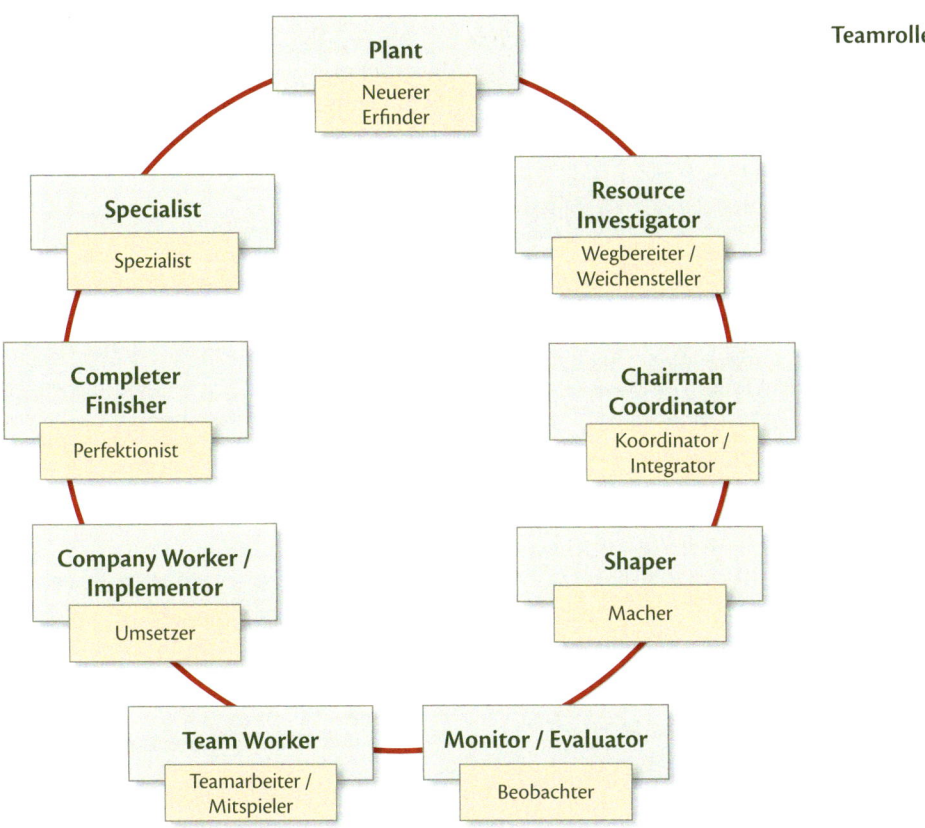

w = wissensorientierte
    Teamrollen

k = kommunikationsorientierte
    Teamrollem

h = handlungsorientierte
    Teamrollen

Teamrolle	Eigenschaft	Aufgabe im Team
Neuerer/ Erfinder (w)	ist kreativ, verfügt über Phantasie, denkt unorthodox oder quer, darf auch abgehoben und individualistisch sein	Einbringen brillanter Ideen zur Lösung schwieriger Probleme
Wegbereiter/ Weichensteller (k)	ist ein kontaktfreudiger Netzwerker mit vielfältigen „Außenbeziehungen" und Organisationstalent, kennt immer die richtigen Leute	Organisation von Sach-, Finanz- und infrastrukturellen Ressourcen
Koordinator/ Integrator (k)	verfügt über Führungskompetenz, Überblick, Kommunikationsfähigkeit, Organisationstalent, rhetorische Fähigkeiten und Präsentationskompetenz	Zusammenhalt, Aufgabenverteilung, Organisation, Leitungsaufgaben
Macher (h)	denkt und handelt dynamisch, liebt Herausforderungen, kann gut mit Druck und Stress umgehen	Umsetzung von Ideen unter schwierigen Umständen
Beobachter (w)	denkt analytisch und strategisch, ist kritisch, sachlich, kühl, distanziert und nüchtern, darf auch emotionslos sein	Machbarkeitsanalysen, Untersuchung von Ideen auf Umsetzungsfähigkeit, Bewertungen
Teamarbeiter/ Mitspieler (k)	ist empfindsam, diplomatisch und empathisch, verfügt über hohe Integrationsfähigkeit	Teamzusammenhalt, kümmert sich um den „Faktor Mensch"

w = wissensorientierte Teamrollen
k = kommunikationsorientierte Teamrollem
h = handlungsorientierte Teamrollen

Teamrolle	Eigenschaft	Aufgabe im Team
Umsetzer (h)	ist praxisorientiert, hat klare Vorstellung vom Arbeitsziel, orientiert sich an der Realität, neigt nicht zu extrovertierter Begeisterung	Umsetzung von Theorien und Ideen in praktische Ergebnisse
Perfektionist (h)	denkt analytisch, beachtet Details, ist planorientiert	Qualitätssicherung, Einhaltung von Vorgaben
Spezialist (w)	verfügt über sachliche und methodische Spezialkenntnisse	Einbringen von Expertenwissen

Es gibt auch andere Untersuchungen, die zu anderen, wenn auch ähnlich aussehenden Ergebnissen kommen. So kennt beispielsweise TMS, das Team Management System, das 1989 von Charles Margerison und Dick MacCann entwickelt wurde, ebenfalls acht Hauptfunktionen, die nach der Beantwortung eines Fragebogens und dessen Auswertung zugeteilt werden:

Teamrollen

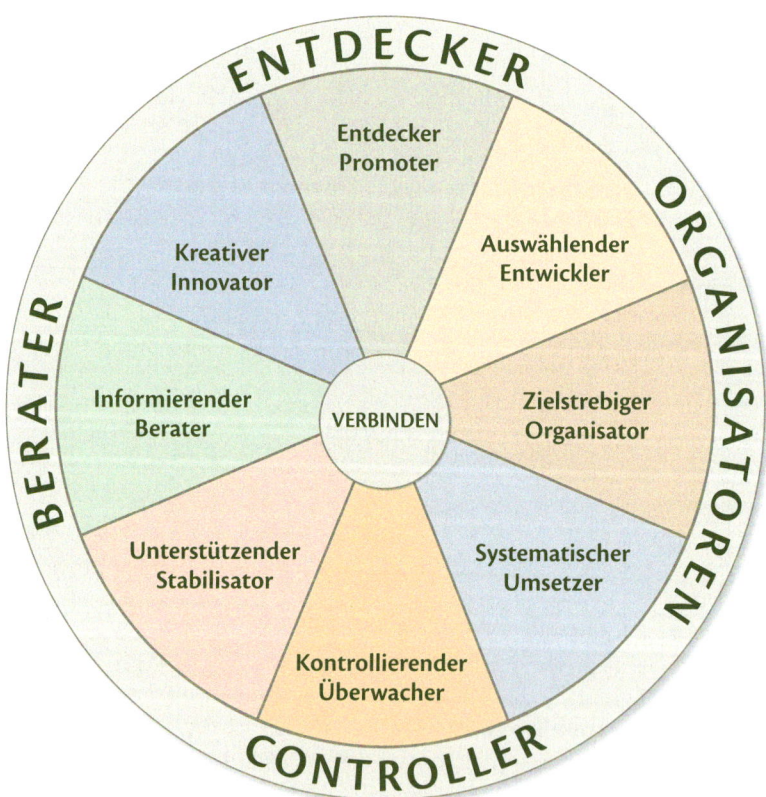

Aufgabe

Stellen Sie aus Ihrem Kurs ein Team aus acht oder neun Mitgliedern zusammen, die möglichst über die Eigenschaften der Teamrollen verfügen. Teamaufgaben wären z. B.:

1. Die Organisation eines schulinternen Berufsberatungssystems.
2. Die Einführung einer Jahres-AG zum Thema „Straßenverkehr und Verantwortung" für die Oberstufe, in welcher die Teilnehmer zu günstigen Konditionen an der Schule den Führerschein erwerben können.
3. Die Einrichtung von Qualitätszirkeln an Ihrer Schule, die mit Schülern, Lehrern und Eltern besetzt sein sollen.

Wenn Sie das Team zusammen haben, erstellen Sie gemeinsam eine Liste, aus der hervorgeht, warum jeder Teilnehmer/jede Teilnehmerin für das Team geeignet ist.

Synergy-Map

Die von Martin Eppler 1998 entwickelte Synergy-Map ist eine Methode, persönliche wie auch Gruppenziele sichtbar zu machen und damit verbunde Zielkonflikte wie auch Zielsynergien aufzuzeigen.

Ein Kreis wird in vier Quadranten aufgeteilt. Auf der Peripherie werden nach Priorität nummerierte Ziele aufgetragen. Je nachdem in welchem Quadranten sie sich befinden, handelt es sich um kurzfristige, mittelfristige, langfristige oder permanente Ziele. Die Größe des Zielkreises auf dem Kreissektor ist ein grober Indikator für den Aufwand, der zum Erreichen des Ziels betrieben werden muss. Je größer der Kreis, desto größer der Aufwand. Wenn Sie diesen Zielkreis als 100 % Aufwand betrachten, können Sie gleichzeitig eintragen, zu wie viel Prozent etwa die Arbeit bereits erledigt ist.

Tragen Sie nun durch einen Doppelpfeil, möglichst in rot, ein, in welcher Weise die Arbeit an einem Ziel das Erreichen eines anderen Zieles beeinträchtigt, also welche Zielkonflikte es gibt. Tragen Sie ebenfalls durch einen einfachen grünen Pfeil ein, wie die Arbeit an einem Ziel auch dem Erreichen eines anderen Zieles förderlich sein kann.

Mit roten und grünen Pfeilen, die nun von außen auf einzelne Ziele zeigen, können Sie die äußeren Einflüsse sichtbar machen, die den jeweiligen Zielen dienlich sind oder sie behindern.

Und schließlich können Sie ein Oberziel oder eine Vision in das Zentrum des Kreises eintragen und überprüfen, ob die Ziele auf der Peripherie das Erreichen des Oberziels eher fördern oder eher behindern. Überlegen Sie sich, ob so erkannte behindernde Ziele nicht vielleicht aufgegeben, abgegeben oder verschoben werden sollten.

Die Methode hilft, Synergien zu erkennen und zu stärken, aber auch Zielkonflikte zu identifizieren und zu vermeiden, z. B. durch eine andere Priorisierung der Ziele oder eine andere zeitliche Einteilung oder geänderte Inhalte. Zur Verdeutlichung kann man zu jedem Ziel eine kleinschrittige Liste mit den zielführenden Tätigkeiten und Aufgaben erstellen und auf diesen Listen durch Querverweise markieren, wo genau Synergien und Zielkonflikte auftreten.

Das Beispiel zeigt die Synergy-Map einer Referatsgruppe in Klasse 11 zum Thema „Die amerikanische Bürgerrechtsbewegung", die für die Präsentation einer Schuljahresprojektarbeit ca. acht Monate Zeit bekommen hat.

Aufgabe

Zeichnen Sie Ihre persönliche Synergy-Map für die wesentlichen Ziele, die Sie sich für die kommenden zwei Jahre gesetzt haben. Nehmen Sie sich dafür mehrere Tage lang Zeit zum Überlegen und Planen. Vor allem, schätzen Sie den Arbeitsaufwand für die einzelnen Ziele realistisch ein.

Synergy-Map

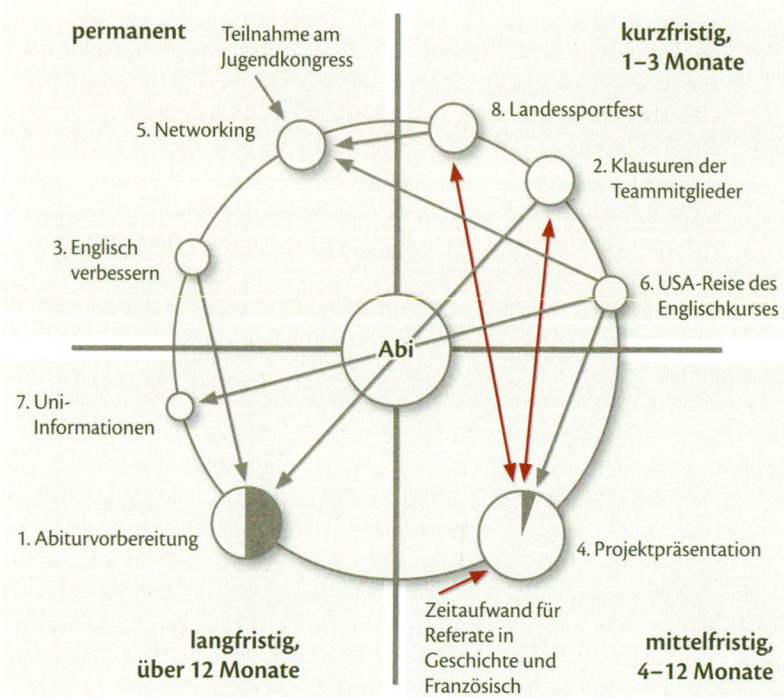

Kommunikationsverläufe im Team

Kommunikation hält ein Team zusammen, bringt es weiter und verbindet es mit der Außenwelt. Dabei gibt es in unterschiedlichen Teamphasen auch unterschiedliche Phasen der Kommunikation. 1965 und in einer Überarbeitung 1970 hat der Erziehungswissenschaftler Bruce W. Tuckman die Teamphasen sehr griffig mit den folgenden Begriffen dargestellt:

■ Forming ■ Storming ■ Norming ■ Performing ■ Adjourning

Forming ist dabei die erste Teambildungsphase, in der es darum geht, einander, aber auch sich selbst, und die jeweilige Denk- und Arbeitsweise besser kennen zu lernen. Hier gibt es zunächst noch keine nennenswerten Konflikte, aber dies ist eine wichtige Phase für die Teamleitung, einen Arbeitsrahmen zu setzen. Die Inhalte dieses Arbeitsrahmens werden vom Team festgelegt, die Methode geht vom Teamleiter aus. Hier wäre zum Beispiel die Moderation geeignet.

Sobald das Team erstmals ernsthaft zusammentrifft, um den Arbeitsrahmen und den Arbeitsauftrag zu fixieren, kann das berühmte Kickoff-Meeting stattfinden, das Treffen, in dem der Enthusiasmus generiert wird, der dann hoffentlich lange anhält.

Definition	Das **Kickoff-Meeting** ist ein Treffen aller am Projekt beteiligten Teammitglieder, auch der Auftraggeber (im Bildungsbereich also auch der Lehrer oder Dozenten), in dem die Arbeitsweise des Teams vorläufig festgelegt wird. Sachzwangbedingte Änderungen sind bei angemessener Flexibilität immer möglich. Was sind die Inhalte des Kickoff-Meetings?

■ die Ziele der aktuellen Teambesprechung
■ die Ziele der Teamarbeit
■ die methodische und inhaltliche Vorgehensweise bei der Projektarbeit

Definition

- das angestrebte Projektergebnis
- eine Übersicht über die Teammitglieder und ihre jeweiligen Verantwortungsbereiche im Projekt
- die Vorgehensweise beim Auftreten von Problemen (inhaltlich oder in der Teamarbeit)
- ein genauer Kommunikationsplan (Wer informiert wen, wie, über welche Kommunikationskanäle, wer koordiniert, wo findet man aktuelle Informationen über Entwicklungen und Termine, wie wird dokumentiert)
- eine grobe Risikoanalyse
- ein Arbeitsplan mit Prioritäten und Zeitvorgaben
- eine vorläufige Zeiteinteilung, bei der Anfang und Ende festliegen, im Detail aber Spielräume eingebaut sind

Storming ist die Phase, in der es bereits zu Konflikten kommen kann, weil hier die höfliche Zurückhaltung der Forming-Phase aufgegeben wird und die Teammitglieder nun ihren jeweiligen Individualismus zeigen. Hier sind klare Zielvorgaben der Teamleitung nötig, die vorläufigen Festlegungen können angepasst und präzisiert werden und die Kommunikation muss so klar sein, dass jeder weiß, was gerade aktuell ist.

Da kann eine Pinnwand, auch eine elektronische Pinnwand als Teamwebsite, hilfreich sein. Auf diese Pinnwand gehören: der bisherige Projektverlauf, die Teamvereinbarungen, Aktuelles und Kontakadressen der Teammitglieder für spezielle Fragen.

Norming ist die Regelphase, in der die anfänglichen Schwierigkeiten überwunden sind, in der möglicherweise neue Teamstandards formuliert und fixiert werden. Für die Kommunikation ist es wichtig, dass zwischen den einzelnen Teammitgliedern auch direkter Austausch und Feedback stattfinden.

In der Arbeitsphase, **Performing**, kann sich die Teamleitung weitgehend zurücknehmen und nur noch Visionen bzw. Globalziele vorgeben. Die Teammitglieder arbeiten an ihren Spezialaufträgen, sind offen und flexibel. Regelmäßige Teambesprechungen sind dennoch nötig, um den Zusammenhalt und den Informationsfluss zu gewährleisten, um Synergien zu nutzen und um Behinderungen durch Doppelarbeiten zu vermeiden.

Was wird in den Teamsitzungen besprochen? Friedemann Schulz von Thun schlägt diese Themenbereiche vor, ausgehend vom Kommunikationsquadrat:

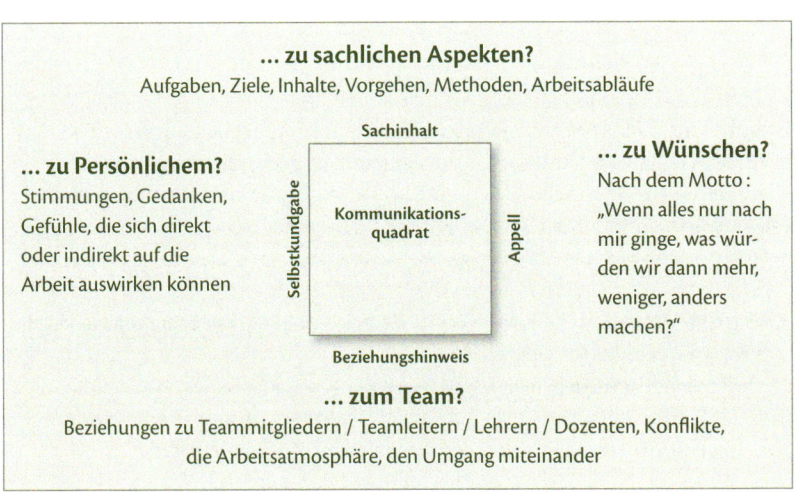

Was gibt es zu sagen, zu fragen, loszuwerden ...

nach: Friedemann Schulz von Thun, Johannes Ruppel, Roswitha Stratmann, Miteinander reden: Kommunikationspsychologie für Führungskräfte, Reinbek 2000, S. 131

In der **Adjourning**-Phase löst sich das Team wieder auf, nachdem die Aufgabe erfüllt ist. Zur Würdigung der guten Teamarbeit kann dies durchaus in Form einer Party stattfinden.

7.3.4 Schreibtechniken zur Unterstützung der Gruppenarbeit

Teambesprechungen, aber auch die eigentliche Bearbeitung der Gruppenaufgabe ist durch verschiedene Formen des Schreibens geprägt. Im Folgenden sind die wichtigsten zusammengestellt:

1. Eine schriftliche Paraphrasierung von Themenstellungen erleichtert das Klärungsgespräch.
2. Das schriftliche Festhalten aller Aspekte aus der Zieldiskussion dient der Rückversicherung im Arbeitsprozess.
3. Zu Beginn durchgeführte Kartenabfragen beschäftigen jedes Gruppenmitglied mit den eigenen Vorstellungen bzw. Erwartungen, bevor diese z. B. im Cluster- oder Mindmap-Verfahren oder in anderer Form von allen systematisiert werden.
4. In einem detaillierten Ablauf- und Zeitplan werden alle Aufgaben und ihre Bearbeiter vermerkt und auch die Termine für den Zwischenaustausch.
5. Beim arbeitsteiligen Recherchieren bzw. Aufarbeiten von Informationen erstellt man Ergebnispapiere und schriftliche Zusammenfassungen, auch in systematisierender oder grafischer Form.
6. Komplexe oder schwierige Texte werden für den Gruppenaustausch umgeschrieben, zusammengefasst oder durch eine Gliederung oder ein Konspekt (Inhaltszusammenfassung, die die gedankliche Struktur abbildet) aufbereitet.
7. Zwischenergebnisse aus dem Gruppenaustausch hält man protokollarisch fest. Diese Protokolle enthalten besonders die bereits vorgenommenen Systematisierungen und alle offenen Fragen.
8. Alle Präsentationsformen und Visualisierungen werden ausprobiert und bis zum Ende der Gruppenarbeit optimiert

Es gibt verschiedene Formen, Arbeitsprozesse schriftlich zu begleiten, festzuhalten und auch zu bewerten. Die jeweils günstigste können Sie mit Ihrer Gruppe ausprobieren. Hier drei Anregungen:

Webcode: MT641048–234

Das *Gruppenjournal* ist eine Art Tagebuch zur Gruppenarbeit; es sollte reihum geführt werden.

Im *Simultanprotokoll* hält man, z. B. auf einer Wandzeitung im Klassenraum, Wichtiges zum Arbeitsstand, zu den Erfahrungen in der Gruppe fest, die man auch knapp kommentiert. Jedes Gruppenmitglied kann auch ein individuelles *Lernjournal* führen.

Aufgabe	Erproben Sie die Arbeit mit einem persönlichen Lernjournal (Formular über Webcode), wenn Sie das nächste Mal längere Zeit in der gleichen Gruppe mitarbeiten. Im persönlichen Lernjournal sollten Sie für sich die Antworten auf folgende Fragen schriftlich festhalten:

- Warum habe ich den Teilauftrag übernommen?
- Was habe ich gelernt?
- Welche Schwierigkeiten hatte ich auf der Sach- und auf der Beziehungsebene?
- Was möchte ich noch lernen?
- Wie schätze ich meinen Anteil am Gruppenprodukt ein?

Falls Sie das Formular benutzen, schreiben Sie die Antworten auf diese oder von Ihnen selbst zusätzlich gestellte Fragen in das Kommentarfeld.

7.3.5 Visualisierungstechniken

Tafel, Whiteboard, Flipchart

Es gibt zahlreiche Möglichkeiten, Arbeitsprozesse in der Gruppe durch Visualisierungstechniken zu unterstützen. Das gebräuchlichste Mittel dürfte die Tafel sein. Hier unterscheiden wir zwischen den in Schulen meist vorhandenen Tafeln, die mit Kreide beschrieben werden, und den in Tagungsinstituten und Firmen meist verwendeten Whiteboards, für die es spezielle trocken abwischbare Stifte gibt. Viele Whiteboards sind aus Metall, so dass sie gleichzeitig als Magnettafel benutzt werden können. Beide haben in der Regel Querformat. Auf beiden kann das, was man geschrieben hat, augenblicklich wieder weggewischt, überschrieben oder ersetzt werden.

Tafel, Whiteboard

Flipcharts haben den Vorteil, dass sie recht gut transportabel sind. Dafür sind sie wieder vergleichsweise klein. Flipcharts gehören aber zur Standardausrüstung jedes Seminarraums und sind sowohl für Gruppenarbeiten wie auch für Präsentationen zu nutzen. Sie sind mit einem Papierblock versehen, sodass sie mit ganz normalen Filzstiften mit der Strichbreite 2–5 mm zu beschreiben sind. Wenn Sie umweltfreundlich arbeiten wollen, können Sie Blocks aus Recyclingpapier mit Wachsmalstiften benutzen.

Flipcharts

Was ist beim Tafelanschrieb zu beachten?

- Schreiben Sie groß genug und leserlich. Ihre Schrift muss auch für Teilnehmer im hinteren Teil des Raumes noch gut lesbar sein. Benutzen Sie am besten die Druckschrift.
- Schreiben Sie möglichst nicht über die gesamte Breite der Tafel. Es fällt den meisten Leuten, auch den geübten, schwer, ihre Schrift über längere Strecken sauber an einer imaginären Grundlinie zu orientieren. Bei linierten Tafeln ist dies dann kein Problem.
- Schreiben Sie auch am Ende der Zeile oder am unteren Tafelrand noch mit gleichmäßigen Buchstabenbreiten, Wortabständen und Schriftneigung.
- Schreiben Sie Tafeln nie so voll, dass man die Übersicht verlieren kann.
- Tafeln sind meistens so groß, dass man den Tafelanschrieb gut strukturieren kann, z. B. auf der linken Seite, durch eine senkrechte Linie abgetrennt, eine reine Notizspalte für Stichworte, Ideen, Teilnehmerbeiträge. In der Mitte entstehen dann ein Schaubild, Diagramm, Thesensammlung, Berechnungen etc. Auf der rechten Seite, ebenfalls von allem anderen durch eine senkrechte Linie getrennt, z. B. eine Sammlung mit Fachbegriffen.
- Zur Einteilung der Tafel kann man sich auch an der Fenstertechnik vieler Internet-Homepages orientieren und eine ähnliche Struktur anwenden.
- Für Tabellen, Schaubilder etc. kann man auch an Tafeln Lineale, Tafelzirkel etc. verwenden. Das Tafelbild sieht gleich wesentlich ordentlicher aus.
- Geben Sie all Ihren Anschrieben eine knappe, aussagekräftige Überschrift.
- Schreiben Sie nie, während Sie noch sprechen. Sprechen Sie zu Ihren Zuhörern. Beenden Sie den Satz, dann erst wenden Sie sich der Tafel zu und schreiben.

Profitipp

- Wenn man eine Tafel vollgeschrieben hat, mit seinem Thema aber noch nicht fertig ist und noch weitere Dinge anschreiben möchte, muss man das bisher Geschriebene wegwischen. Geben Sie Ihren Zuhörern Zeit, ihre Mitschriebe zu aktualisieren. Fragen Sie nach, ob Sie die Tafel schon wischen können oder ob noch jemand abschreibt.
- Stellen Sie sich, wenn Sie nicht gerade schreiben, nie zwischen die Tafel und Ihre Zuhörer. Sie nehmen ihnen damit die Sicht auf die Tafel.
- Stellen Sie sicher, dass die Tafel immer sauber ist, wenn Sie einen Vortrag beginnen. Wenn Dinge an der Tafel stehen, die nichts mit Ihrem Vortrag zu tun haben und die Sie nicht selbst angeschrieben haben, wird die Aufmerksamkeit der Zuhörer abgelenkt.
- Wenn Sie etwas an der Tafel zeigen wollen, benutzen Sie dazu einen Zeigestock oder die flache Hand. Stellen Sie sich dabei an die Seite der Tafel mit Blickrichtung zu den Zuhörern.

Profitipp

Mit Flipcharts arbeiten

- Stellen Sie sicher, dass Sie immer genügend Papier auf dem Flipchartblock zur Verfügung haben.
- Entfernen Sie evtl. beschriftete Blätter, die nicht von Ihnen sind.
- Achten Sie darauf, dass die Flipchart sicher steht und nicht plötzlich während des Beschriftens zusammenklappen oder umfallen kann. Denken Sie auch daran, sie so zu stellen, dass sie gut beleuchtet ist und von allen Anwesenden gut gesehen werden kann.
- Schreiben Sie deutlich und gut lesbar mit möglichst breiten Strichen. Benutzen Sie die Druckschrift.
- Setzen Sie Farben ein, wo immer dies möglich ist. In gewisser Weise können Sie mit Farben auch die Stimmung des Publikums beeinflussen. Schwarz wirkt hart und kontrastreich. Rot ist an- und aufregend. Gelb kann trotz der schwierigen Lesbarkeit anregend und motivierend wirken. Blau wirkt kühl und sachlich. Grün wirkt entspannend.
- Flipcharts sind vor allem in Kombination mit anderen Medien sehr geeignet und können für spontane Anschriebe und Bilder genutzt werden.
- Überladen Sie das Blatt nicht mit schriftlichen Informationen, sondern lassen Sie auf jeder Seite ca. 10 cm frei.
- Flipcharts können Sie schon vor Beginn Ihres Vortrags vorbereiten und entweder auf dem Block belassen oder im Raum aushängen. Wenn Sie sie aushängen, nummerieren Sie sie deutlich, sodass die Zuhörer sofort erkennen, wovon Sie gerade sprechen. Wenn Sie sie auf dem Block lassen und zwischendurch umblättern, lassen Sie zwischen jeder vorbereiteten Chart eine oder zwei Seiten für spontane Aufschriebe während des Vortrags frei.
- Schlagen Sie vorbereitete und abgearbeitete Charts nach hinten um, wenn Sie nicht gerade darüber sprechen. So wird die Aufmerksamkeit der Zuhörer nicht abgelenkt.
- Stellen Sie sich zum Zeigen aus Sicht der Betrachter links neben die Flipchart und zeigen Sie mit der ausgestreckten Hand.

Die Moderationswand

Die Moderationswand ist das inzwischen klassische Medium für Visualisierungen. Bespannt mit einem Bogen Moderationspapier kann man die Wand mit Markern jeder Farbe und Strichstärke beschreiben, gleichzeitig kann man mit Nadeln Bilder, Fotos, Visualisierungselemente und sogar dreidimensionale Gegenstände daran befestigen.

Im Wesentlichen gelten die gleichen Hinweise wie für Tafel und Flipchart. Etwas differenzierter ist die Arbeit mit Visualisierungselementen zu sehen:

Visualisierungselemente sind Moderationswolken (weiß mit roter Umrandung), Überschriftstreifen, Rechtecke, Kreise und Ovale. Diese Karten sind normalerweise in den Farben weiß, blau, grün, gelb und orange erhältlich. Verschiedene Anbieter haben darüber hinaus noch weitere Elemente im Programm, wie etwa Rauten und Karten in der Form kleiner Menschen. Weitere Elemente, z. B. Dreiecke, erhält man durch Zerschneiden der lieferbaren Formen.

Visualisierungselemente

Mit einer Kombination dieser Elemente und Linien auf dem Papier lassen sich Listen, Tabellen, Cluster, Baumstrukturen, Netzwerke, Skalen und Koordinaten visualisieren. Aber auch künstlerische Aspekte können mithilfe von Formen und Farben in die Visualisierung eingebracht werden. Hier einige Beispiele:

Visualisierungen

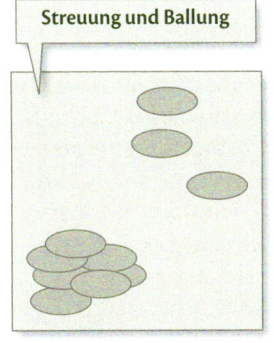

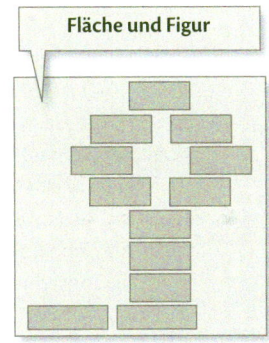
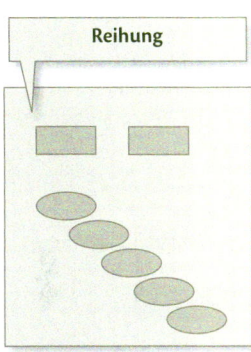

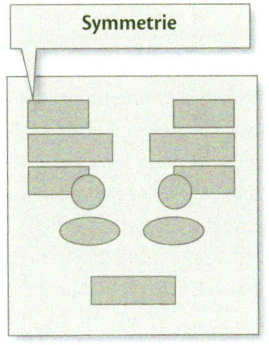

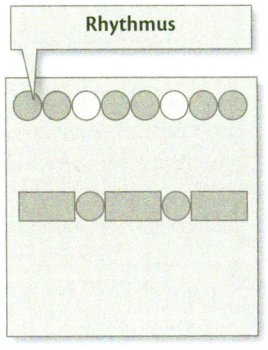
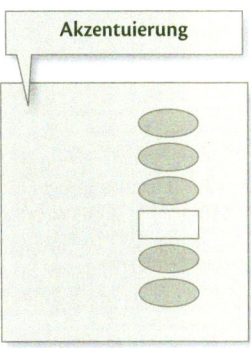

Aufgabe	Versuchen Sie, mit Moderationskarten zu einem der folgenden Themen eine Visualisierung nach dem in Klammern angegebenen Kriterium zu erarbeiten:

- Die Entwicklung der deutschen Einheit (dynamisch)
- Bismarcksche Außenpolitik (Netzwerk)
- Bundestags- und Landtagswahlen in Deutschland (Rhythmus)
- Romeo und Julia: Die Familienstrukturen der Montagues und der Capulets (Symmetrie)
- Vererbungslehre nach Mendel (Gesetzmäßigkeit)

Das Fotoprotokoll

Im Zeitalter kostengünstiger Digitalkameras und Handys ist es überhaupt kein Problem mehr, Inhalte von Wandtafeln, Flipcharts, Moderationswänden oder Versuchsanordnungen fotografisch zu protokollieren. Dies ist in gleichem Maße wichtiger geworden, wie Teamarbeit und Seminare prozessorientierter geworden sind. Mit guten Fotos kann man daher verschiedene Entwicklungsstadien eines längeren Prozesses geschickt dokumentieren.

Achten Sie darauf, dass Sie …

- möglichst gerade vor der Flipchart oder der Moderationswand stehen, damit auf dem Foto keine allzu lästigen perspektivischen Verziehungen erscheinen.
- beim Blitzen keine störenden Reflexe hervorrufen. Vergrößern Sie lieber den Abstand zum Objekt auf ca. 1,5 m und zoomen Sie sich heran. Das Blitzlicht wird dann weiter gestreut und wird milder. (Sie können auch vorher schon daran denken, indem Sie möglichst mattes Flipchartpapier benutzen oder das Moderationspapier mit der matten Seite nach vorn anpinnen.)
- alle Moderationswände, Tafeln, Charts einer Serie aus dem gleichen Abstand aufnehmen, damit der Betrachter hinterher ein einheitliches Bild bekommt.
- bei Versuchsanordnungen aus verschiedenen Blickwinkeln fotografieren
- von jedem Objekt immer mehrere Fotos mit unterschiedlichen Einstellungen machen.

Um Ihre Fotos so zu bearbeiten, dass sie für ein Fotoprotokoll geeignet sind, benötigen

Fotobearbeitungssoftware

Sie eine Fotobearbeitungssoftware. Da Sie im Wesentlichen aufhellen und Ausschnitte herstellen müssen, genügt ein einfaches Programm, z. B. Irfan View, das Sie sich kostenlos aus dem Internet downloaden können..

Die fertigen Fotos können Sie dann den Teilnehmern Ihrer Arbeitsgruppe direkt mailen, oder Sie können Sie in Word- oder PowerPoint-Dateien einbinden. Achten Sie schon vor dem Fotografieren darauf, dass alle Texte, Karten usw. gut und klar lesbar sind. Auf diese Weise kann Ihr Fotoprotokoll nicht nur Diskussionsergebnisse dokumentieren, es dient auch der Erinnerung als Erlebnisanker und Nachschlagewerk.

Wenn Sie im Rahmen Ihrer Teamarbeit z. B. Ausstellungen oder Museen besuchen, finden sich dort oft Erläuterungstafeln zu den Exponaten. Wenn Sie dort fotografieren – wir setzen voraus, dass Sie das dürfen –, fotografieren Sie bitte auch diese Tafeln, auf denen sich hauptsächlich Text befindet. Später in der Bearbeitung können Sie die Bild-

Texterkennungssoftware

dateien mit den Tafeltexten über ein Texterkennungsprogramm laufen lassen, z. B. ABBYY FineReader oder OmniPage, und laden dann die fotografierten Texte als Textdokument in jedes beliebige Textverarbeitungsprogramm. Das geht übrigens auch mit Zeitungsartikeln und Buchseiten, falls gerade mal kein Kopierer erreichbar ist.

7.4 Kreatives Arbeiten

Kreativität ist die Fähigkeit, die herkömmliche Denkweise zu verlassen und zu neuen Lösungen zu kommen, indem man bekannte Dinge aus einer anderen Perspektive betrachtet und indem man nicht nur mit der analytischen, logischen und rationalen Betrachtungsweise der linken Gehirnhälfte an Probleme herangeht, sondern auch das intuitive und bildhafte Denken der rechten Hälfte aktiviert.

Auf der Homepage des Bundesministeriums für Bildung und Forschung kann man nachlesen, dass 2009 das Jahr der Kreativität und Innovation war: „Ziel des Europäischen Jahrs 2009 ist es, Kreativität als Motor für Innovation und als entscheidenden Faktor für die Entwicklung von persönlichen, beruflichen, sozialen und unternehmerischen Kompetenzen herauszustellen." Das lässt sich sicher auch schon in der Schule, im Studium und bei der Ausbildung üben.

Es gibt bewährte Arbeitstechniken, die Ihnen in bestimmten Gruppen- und Arbeitssituationen weiterhelfen. Wenn Sie z. B. den Eindruck haben, dass Sie in der Gruppe, was Themenstellung und Zielsetzung angeht, ganz unterschiedliche Vorstellungen haben, können Sie ein Blitzlicht, eine Kartenabfrage oder eine Ideenbörse durchführen. Kreativitätstechniken können Sie anwenden, wenn es wirklich darauf ankommt, möglichst viele Ideen zu sammeln, oder wenn völlig neue Ansätze gebraucht werden. Sie zeichnen sich dadurch aus, dass sie herkömmliche lineare Denkstrukturen verlassen und neue Wege suchen, die quer zu den herkömmlichen liegen. Hierzu zwei Beispiele:

Das Neun-Punkte Problem

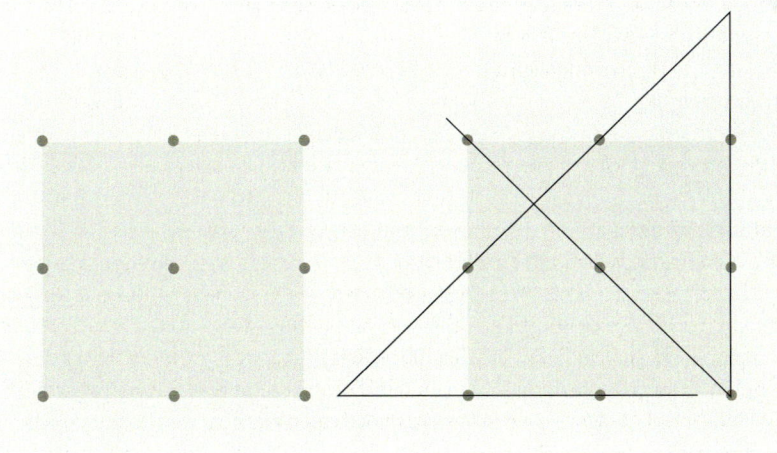

aus: Günther Gugel; Methoden-Manual I: „Neues Lernen". Tausend Praxisvorschläge für Schule und Lehrerbildung. Beltz Verlag, Weinheim und Basel 1997, S. 201

Diese neun Punkte sollen durch vier gerade Linien so verbunden werden, dass alle Punkte berührt werden. Der Zeichenstrich darf aber nicht abgesetzt werden. Kein Punkt darf doppelt berührt werden. Überkreuzungen sind erlaubt.

Das Problem kann nur gelöst werden, wenn die imaginäre Begrenzung durch die Punkte überschritten wird.

Das Reiterproblem

Die unten abgebildete Vorlage wird kopiert und so ausgeschnitten, dass Sie drei Streifen Papier erhalten. Die Aufgabe besteht darin, die Reiter und die Pferde so zu legen, dass jeder Reiter auf einem Pferd reitet. Die Papierstreifen dürfen weder geknickt noch gefaltet werden. Probieren Sie es aus! Die Lösung finden Sie im Anhang.

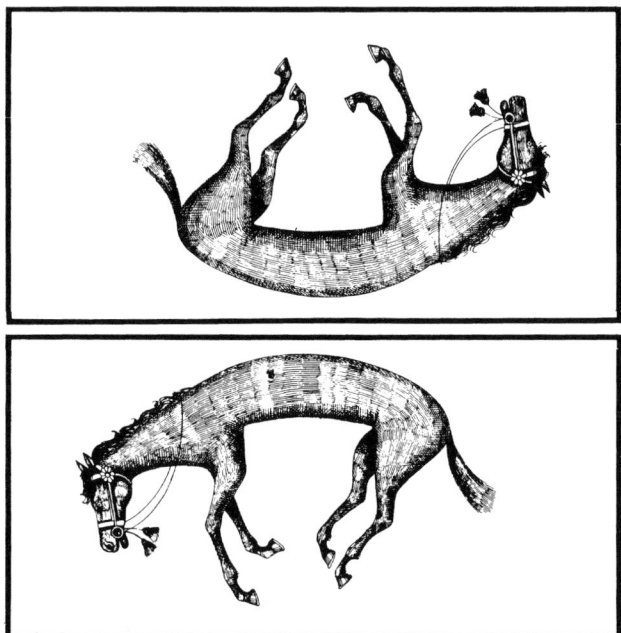

aus: Günther Gugel: Methoden-Manual I: „Neues Lernen". Tausend Praxisvorschläge für Schule und Lehrerbildung. Beltz Verlag, Weinheim und Basel 1997, S. 201

Brainstorming

Brainstorming ist ein schneller Weg, Gedanken oder Ideen zu einer Frage oder zu einem Problem zu sammeln.

Voraussetzungen

keine verfrühte Kritik

- Verfrühte Kritik behindert kreatives Denken. Wer bereits im ersten Arbeitsgang Perfektion erwartet, wird sich beim Brainstorming unwohl fühlen. Seien Sie bereit, jede Idee zunächst einmal kritiklos zu akzeptieren, und sei sie auf den ersten Blick noch so abwegig. Je weniger kritisch Sie an die Methode herangehen, desto weniger brauchen Sie auch zu befürchten, dass andere Ihre Idee sofort bewerten oder gar ablehnen. Und je weniger Sie sich selbst durch derartige Befürchtungen behindern, desto produktiver wird Ihr eigener Ideenausstoß.

klare Aufgaben

- Zu den Voraussetzungen gehört ebenso eine klar formulierte Aufgabe oder ein Ziel.
- Sie benötigen einen genügend großen Raum für ca. 6 bis 8 Teilnehmer. Zum sichtbaren Mitschreiben für alle genügt oft eine Wandtafel. Flipchart oder Moderationswände sind besser geeignet. Setzen Sie bitte einen Zeitbedarf von 30 Minuten an.

Moderator

- Es wird ein Moderator benötigt, der zu Beginn des Brainstormings die Aufgabenstellung vorträgt, die Teilnehmer auffordert, alle Ideen zum Thema laut zu äußern, der diese Ideen sichtbar mitprotokolliert, und der dann, wenn Stockungen eintreten, die Teilnehmer zum Weitermachen motiviert.

Regeln

- Ideen, die laut vorgetragen werden, werden grundsätzlich weder kritisiert noch kommentiert, weder negativ noch positiv. Akzeptieren Sie auch die verrücktesten Spinnereien.
- Quantität geht vor Qualität, „Masse statt Klasse". Befreien Sie sich in Ihrem Denken von jeglichem Ordnungszwang. Es macht nichts, wenn die Formulierung nicht ausgefeilt ist. Beginnen Sie einfach irgendwo. Springen Sie von einer Idee zur anderen.
- Alle Ideen müssen sofort aufgeschrieben werden, sodass sie von allen Teilnehmern gut gesehen werden können. Vorschläge von anderen lösen bei Ihnen wieder weitergehende Ideen oder Folgeideen aus.

So könnte dann ein Auszug aus den Aufschrieben zur Frage „Wo liegt die soziale Verantwortung des Einzelnen in der Industriegesellschaft?" aussehen:

– *Prinzip der Solidarität*	– *Gleichberechtigung als Voraussetzung*
– *Solidarität auch mit Menschen aus Entwicklungsländern*	– *Hinterfragen und Reformieren der bisherigen sozialen Errungenschaften*
– *Arbeit und Leistung an individuelle Möglichkeiten und Fähigkeiten anpassen*	– *Aktives Tolerieren anderer Lebensweisen*
– *Soziale Abstände verringern, dadurch dass sich alle beim Vornamen nennen und duzen*	– *Verantwortung für bessere Bildungschancen*
– *Verantwortung für die Sicherheit am Arbeitsplatz*	– *Alterssicherung durch Geburtenzunahme*
– *Job-Pooling für Teilzeitbeschäftigte*	– *Nur wer selbst abgesichert ist, kann soziale Verantwortung übernehmen*
– *Visionen schrittweise realisieren*	– *Investition in die Zukunft*

Kritik

Kritiker des Brainstorming halten diese Technik deswegen für fragwürdig, weil ihrer Meinung nach der Aspekt der Qualität zu kurz kommt. Es werde mit relativ viel Zeitaufwand sehr viel „Ideenschrott" gesammelt. Man solle sich lieber auf intensives Nachdenken konzentrieren und dann brauchbare Ideen liefern.

Aufgabe

1. Führen Sie mit einer Gruppe von 6–8 Personen ein ca. 30-minütiges Brainstorming zum Thema „Wie könnte das Verhältnis zwischen Europa und den USA verbessert werden?" durch.
2. Versuchen Sie in einer zweiten Runde bitte einen anderen Denkansatz: „Wie könnte man das Verhältnis zwischen Europa und den USA verschlechtern?" (ca. 15 Minuten)
3. Diskutieren Sie innerhalb Ihrer Gruppe, ob die Antworten auf die zweite Frage nicht eigentlich neue Aspekte zur Beantwortung der ersten Frage darstellen.

Brainwriting

Brainwriting ist eine schriftliche Variante des Brainstorming. Es gibt hier zwei unterschiedliche Ansätze. Der erste ist weitgehend identisch mit der Kartenabfrage in der Moderation nach Metaplan.

1. Jeder Teilnehmer, wenn möglich nicht mehr als 15 pro Gruppe, erhält einen dicken Filzstift mit 5-mm-Spitze und mehrere Moderationskarten. Der Moderator gibt den Frageimpuls. Die Frage sollte als offene Frage gestellt sein.

    Alle Teilnehmer schreiben jetzt ihre Ideen auf die Karten, pro Idee oder Gedanke eine Karte. Nach etwa 20 Minuten gehen alle vor an die Moderationswände und heften ihre Karten an. Es folgt eine 10-minütige Phase, in der sich alle die angehefteten Karten ansehen und dadurch vielleicht zu weiteren Ideen inspiriert werden, die sie aufschreiben und dazuheften. Danach folgt die Auswertung, wie sie in → Kapitel 7.3.2 Moderation (Metaplan) beschrieben wird.

2. 6–8 Teilnehmer erhalten je ein leeres Blatt Papier. Auf eine Impulsfrage hin beginnen alle, ihre Ideen in Stichworten auf dieses Blatt zu notieren. Nach einigen Minuten legen alle ihre Blätter in die Mitte und nehmen sich jeweils das Blatt eines anderen Teilnehmers, von dessen Ideen sie sich inspirieren lassen, und schreiben nun auf dieses Blatt weitere Ideen und Anregungen. Dies wird so oft wiederholt, bis alle die Blätter aller anderen einmal gehabt haben. Anschließend werden die Ergebnisse dieses Brainstorming ausgewertet.

Aufgabe

1. Führen Sie ein Gruppenbrainwriting durch zu einem der nachfolgenden Themen:
   a) Europäisch-amerikanische Beziehungen
   b) Veränderungen der sozialen Verhältnisse in den nächsten 20 Jahren
   c) Was hat die deutsche Wiedervereinigung für die Rolle Deutschlands in der Welt bewirkt?
   d) Wie wird durch kontinuierliches Lernen und Bildung ein Wettbewerbsvorteil gesichert?
   e) Wie wird sich die absehbare Erschöpfung der Erdölvorräte auf die Mobilität der industrialisierten Staaten auswirken?
2. Übertragen Sie die Ergebnisse des Brainwriting auf Karten.
3. Ordnen Sie die Karten an der Pinwand so, dass bereits die Grobstruktur eines Referates zum Thema erkennbar ist.
   a) Verfeinern Sie die Struktur durch Umorganisation, Hinzufügen und Ergänzen von Karten.
   a) Erläutern Sie in einem kurzen Vortrag Ihre Fragestellung, Arbeitsweise und bisheriges Ergebnis.

Funneling

„Funneling" bedeutet „durch einen Trichter leiten, kanalisieren". Bei größeren Gruppen ist es schwierig, den Überblick zu behalten. Hier eignet sich diese Variante sehr gut:

- Es geht darum, dass die Teilnehmer Meinungen, Beobachtungen, Forderungen oder Ideen zu einem bestimmten Thema auflisten und diese nach Prioritäten ordnen.
- Man benötigt Papier und Schreibgeräte für die Teilnehmer sowie Flipchart, Overhead-Folie oder Tafel etc. mit den entsprechenden Schreibgeräten. Die benötigte Zeit liegt zwischen 15 und 30 Minuten.
- Die Teilnehmer werden in Arbeitsteams von je 3–5 Personen, darunter ein Schriftführer, eingeteilt.
- Sobald der Themenimpuls gegeben ist, führen die Teams ein ca. 10-minütiges teaminternes Brainstorming durch. Der Schriftführer protokolliert alle Gedanken des Teams. Es erfolgt keinerlei Bewertung.
- Als Nächstes suchen die Teams drei oder vier Gedanken, die sie für die besten oder wichtigsten halten, aus ihrer Liste aus.
- Nun arbeitet die ganze Gruppe wieder zusammen. Jedes Team nennt einen Gedanken oder eine Idee von der Teamliste. Dieser Gedanke wird auf der Tafel notiert.
- Das Ergebnis des Funneling ist eine Liste mit den Gedanken, die die einzelnen Teams als ihre wichtigsten ansehen.

Gegenstandsassoziation

Im Gegensatz zur freien Assoziation des Brainstorming gibt es auch die Möglichkeit der Gegenstandsassoziation:

Vor der Gruppe werden fünf Gegenstände aufgestellt, beispielsweise eine Flasche, ein Buch, ein Schuh, ein CD-Spieler und eine Plastiktüte.

Wenn nun die Frage wieder lautet „Wie könnte das Verhältnis zwischen Europa und den USA verbessert werden?", sind die Teilnehmer aufgefordert, die Assoziationen auf Kärtchen aufzuschreiben, die ihnen bei der willkürlichen Beziehung zwischen dem ersten Gegenstand und dem Problem der Fragestellung in den Sinn kommen. Wenn einem nichts mehr einfällt, geht man zum nächsten Gegenstand über. Zum Beispiel:

Gegenstand	Assoziation	Karte
„Flasche"	amerikanische Getränkeindustrie	Dominanz des *American way of life* auch in Europa
	Amerikaner halten Europäer, insbesondere Deutsche für „Flaschen"	Europäer/Deutsche zeigen zu wenig militärisches Engagement in Krisengebieten der Welt
	Cola in Amerika, Wein in Europa	Notwendigkeit des kulturellen Austausches
„Schuh"	Cowboystiefel als Symbol für amerikanischen Pioniergeist	Pioniergeist und Entrepreneurship im Gegensatz zu konservativem Denken in Europa
	Amerikaner leben auf großem Fuß	unterschiedliche Auffassungen in der Umwelt- und Klimapolitik
	Chruschtschows Auftritt vor der UNO (in einer sehr emotionalen Rede 1962 schlug er mit einem Schuh auf das Rednerpult)	Wichtigkeit der russisch-amerikanischen Beziehungen
	Schuhwurf auf George W. Bush (in einer Pressekonferenz warf ein arabischer Journalist mit seinen Schuhen nach dem Präsidenten)	Konsequenzen aus dem amerikanisch-islamischen Verhältnis für Europa

Anschließend werden die Karten für alle sichtbar an die Moderationswand geheftet und ausgewertet.

Aufgabe

Wählen Sie sich fünf beliebige Gegenstände und versuchen Sie eine Gegenstandsassoziation zum Thema: „Wie kann der Einzelne in der Industriegesellschaft Verantwortung übernehmen?"

Kreativer Spaziergang

Schließlich gibt es noch die Möglichkeit des „kreativen Spaziergangs". Man geht allein oder in der Gruppe eine Viertelstunde lang an der frischen Luft spazieren und schreibt sich dabei alles auf, was einem zum Thema einfällt. Aber Achtung: Das Aufschreiben erfolgt mit derjenigen Hand, mit der man normalerweise nicht schreibt. Wer normalerweise mit der rechten Hand schreibt, benutzt also beim kreativen Spaziergang zum Schreiben die linke Hand.

Neben dem eigentlichen Auftrag der Ideensammlung gibt es bei dieser Methode Zusatzaufträge: Gehen und Schreiben mit der schreibungewohnten Hand. Damit wird zum einen die rechte Gehirnhälfte aktiviert (zuständig für die motorische Steuerung der linken Hand), zum anderen wird die Ideenproduktion durch Gehen (erhöhte Sauerstoffaufnahme) und durch die Stimulation durch die andere Umgebung angeregt.

Lösung bei festgefahrenen Verhandlungen

Es gibt zahlreiche Beispiele aus der Geschichte und der Politik dafür, dass tage- und wochenlange festgefahrene Verhandlungen dadurch zu einer Lösung gelangten, dass zwei Spitzenpolitiker oder Delegationsführer einen Spaziergang machten oder auf einen See hinausruderten und dort die Lösung ihres Problems fanden.

7.5 Teamübungen

7.5.1 Verhalten in Arbeitsgruppen

Wenn Sie Ihr eigenes Verhalten oder das Verhalten von Teammitgliedern beobachten und beschreiben möchten, ist es sinnvoll, sich vorab über bestimmte Verhaltensformen und dazugehörige Begriffe/Kategorien zu verständigen, wie z. B.

a. **Dominanz** (Wer versucht die Arbeit im Team am stärksten/am wenigsten zu beeinflussen?)

b. **Hilfe** (Wer hat der Gruppe bisher am meisten/am wenigsten geholfen, ihre Aufgaben zu erfüllen?)

c. **Flexibilität** (Wer ist das beweglichste/vielseitigste Gruppenmitglied, wer das unbeweglichste?).

d. **Vertrauen**, Verlässlichkeit (Traut jeder dem anderen im Team oder gibt es Vorbehalte?)

Neben bestimmten psychologisch beschreibbaren Rollenmustern, die Teammitglieder einnehmen (der Gruppenführer, der Beliebte, der Mitläufer, der Tüchtige, der Opponent, der Außenseiter, der Sündenbock ...) gibt es bestimmte Verhaltensformen:

Verhaltensformen

Ich-orientiertes Verhalten: Gruppenmitglieder, die die eigenen Bedürfnisse in den Vordergrund stellen und weniger daran interessiert sind, der Gruppe bei ihrer Aufgabe zu helfen.

Sachorientiertes Verhalten: Gruppenmitglieder, die sich darauf konzentrieren, die Teamaufgabe zu bewältigen.

Interaktionsorientiertes Verhalten: Gruppenmitglieder, die sehr stark an anderen Gruppenmitgliedern und an der Zusammenarbeit im Team interessiert sind.

Diesen Verhaltensformen lassen sich bestimmten Verhaltensweisen zuordnen, die Sie beobachten können (z. B. Bereitschaft, Informationen mit anderen zu teilen, zu organisieren, Probleme zu klären, Unfähigkeit, zuhören zu können, über andere hinweggehen, andere in die Diskussion hineinziehen, bei Konflikten oder unterschiedlichen Meinungen vermitteln).

Bei den folgenden Übungen geht es darum, dass Sie Ihren Blick – sowohl als einzelner, als auch als Gruppe – für bestimmte Verhaltensformen schärfen und zugleich Ihre Fähigkeit, im Team zu arbeiten, trainieren.

7.5.2 Der Sin-Obelisk

Ziele:
1. Umgang mit verstreuter Information im Problemlösungsprozess
2. Analyse von Führungsverhalten, Kooperationsbereitschaft und Konfliktmuster bei der Problemlösung in der Gruppe

Gruppengröße:

Arbeitsgruppen mit 5 Teilnehmern, je Arbeitsgruppe eine Beobachtergruppe (2–3 Teilnehmer)

Dauer:

ca. 1–1,5 Stunden, davon 25 Minuten zur Lösung der Aufgabe und zwischen 40 und 60 Minuten zur Prozessanalyse

Materialien:
- ein Instruktionsblatt „der Sin-Obelisk" für jeden Teilnehmer
- ein Satz Informationskärtchen für die Gruppe (33 Kärtchen pro Satz)
- Flipchart und Filzschreiber, Tafel und Kreide oder Moderationsausrüstung
- Papier und Bleistift für die Teilnehmer
- eine Kopie „Fragen zur Prozessanalyse" für den Moderator

Räumliches Arrangement:

ein ruhiger Raum; die Teilnehmer sitzen im Kreis

Ablauf:
1. Jeder Teilnehmer erhält ein Instruktionsblatt, Papier und Bleistift.
2. Wenn die Mitglieder der Arbeitsgruppen die Instruktionen gelesen haben, erhalten sie einen Satz Informationskärtchen (s. u.) und die Mitglieder beginnen mit der Aufgabe.
3. Das Team löst die Aufgabe und wird nach 25 Minuten von den Beobachtern unterbrochen.
4. Die Beobachtergruppe diskutiert mit der Arbeitsgruppe den Lösungsprozess; dazu schreiben sie die „Fragen zur Prozessanalyse" und ggf. die Lösung und Erklärung der Aufgabe an die Tafel.

Varianten:
- Eine beliebige Anzahl von Kleingruppen kann simultan die Aufgabe lösen. Für jede Gruppe muss ein Satz Informationskärtchen vorhanden sein.
- Die Teilnehmer können die „Fragen zur Prozessanalyse" erst individuell und anschließend in der Gruppe beantworten.
- Weitere, unerhebliche Informationen können hinzugefügt werden, um die Lösung zu erschweren.

Fragen zur Prozessanalyse:
1. Welche Verhaltensweisen haben der Gruppe bei der Lösung der Aufgabe geholfen?
2. Welche Verhaltensweisen haben die Gruppe bei der Lösung der Aufgabe behindert?
3. Auf welche Weise sind Führungsfunktionen entstanden?
4. Wer hat sich am meisten beteiligt?
5. Wer hat sich am meisten zurückgehalten?
6. Wie haben Sie den ganzen Lösungsprozess erlebt?
7. Was würden Sie vorschlagen, um die Leistung der Gruppe zu verbessern?

Diese Übung ist dem Buch *Mehr Erfolg im Team* von Dave Francis und Don Young, Windmühle GmbH, Hamburg 1996, Seite 168–171 entnommen.

Teilnehmerunterlage, Texte für die Infokarten und Instruktionen für die Beobachter finden Sie in
⚡ **Webcode:** MT641048-245

7.5.3 Der Turmbau

Die folgende Übung wurde dem Buch von Klaus Antons, Praxis der Gruppendynamik, Hogrefe, Göttingen 1998, S. 133 f. entnommen.

Ziele:

Kooperation im Wettbewerb, Analyse von Führungsverhalten, Kooperationsbereitschaft und Konfliktmustern in Wettbewerbssituationen.

Gruppengröße:

5–8 Teilnehmer

Dauer:

30 Minuten

Materialien:

4 Bögen Kartonpapier

1 große Flasche Klebstoff

1 Schere

1 Lineal

4 Bögen Papier (nur zum Entwerfen)

Instruktionen für die Arbeitsgruppen:

- Bauen Sie in dem Ihnen zugewiesenen Raum einen Turm, der ausschließlich konstruiert werden soll aus dem Material, das Ihnen zur Verfügung gestellt worden ist (4 Bögen Kartonpapier, 1 große Flasche Klebstoff, 1 Schere, 1 Lineal, 4 Bögen Papier/nur zum Entwerfen).
- Der Turm muss auf seinem eigenen Fundament stehen können, d. h., er darf weder gegen die Wand oder irgendeinen Gegenstand im Raum gelehnt sein, noch darf er aufgehängt oder an der Decke angebracht werden. Er muss standfest genug sein, um ein Lineal tragen zu können, ohne umzufallen.
- Eine Gruppe steht im Wettbewerb mit den anderen Gruppen; eine davon gewinnt, die anderen verlieren. Die Türme werden von einer Jury nach drei Kriterien beurteilt: 1. Höhe, 2. Standfestigkeit, 3. Originalität.
- Sie können Ihr Material in jeder beliebigen Art und Weise, wie es Ihre Gruppe möchte, zuschneiden, biegen, kleben, zusammenfügen usw. Jedoch ist zu beachten, dass kein einzelner Streifen länger oder breiter als die Maße des Lineals sein darf.

Instruktionen für die Beobachter:

Hier einige Fragen, die Ihnen bei Ihrer Aufgabe als Beobachter behilflich sein können:

- Wie hat sich die Gruppe für die Arbeit organisiert: War eine Struktur vorhanden? Wie haben die Gruppenmitglieder darauf reagiert? Konnten Sie Änderungen in dieser Hinsicht beobachten? Welche?
- War keine Struktur vorhanden? Wie ist die Gruppe vorgegangen bei der Strukturierung? Erfolgte eine Rollenverteilung? Wie? Wurde jemand zum Leiter ernannt? Wie? Konnte man überhaupt ein Vorgehen in dieser Hinsicht feststellen?
- Wie war das Arbeitsklima? Allgemein freundlich, entspannt, gelassen, ...? Konnten einzelne Vorschläge berücksichtigt werden? Wurden einige Gruppenmitglieder übergangen? Haben sich alle Gruppenmitglieder an der Arbeit aktiv beteiligt? Konnten Sie während der Arbeit Spannungen feststellen?
- Wer half der Gruppe am besten bei der Arbeit? Wer hatte die meisten, wer die besten Einfälle? Wurde viel herumdiskutiert?
- War die Gruppe für die Durchführung der Aufgabe genug motiviert? War das Ziel der Übung klar? Wurde das ausdrücklich festgestellt? Wer hat die wichtigsten Entscheidungen getroffen?

7.5.4 Feedback-Übungen

Feed my back:

Alle Teilnehmer kleben sich mithilfe von Klebeband ein leeres Blatt auf den Rücken und laufen damit zunächst ziellos im Seminarraum herum. Jeder Teilnehmer, der will, kann nun jedem anderen etwas auf den Rücken schreiben und damit etwas Positives oder etwas Negatives zum Ausdruck bringen.

Mit dieser Übung können mehrere oder alle Seminarteilnehmer jedem anderen ein Feedback geben.

Nach ca. zehn Minuten kann jeder seinen eigenen Zettel abnehmen, lesen, was darauf steht, und evtl. Rückfragen zum Verständnis stellen.

Geben und Annehmen von Feedback

Feedback-Kreis:

Alle Teilnehmer bilden zwei Kreise, einen inneren und einen äußeren. In beiden Kreisen ist die gleiche Anzahl von Teilnehmern. Die Teilnehmer im äußeren Kreis stehen so, dass sie zum Kreismittelpunkt hinschauen, die Teilnehmer im inneren Kreis stehen mit dem Gesicht nach außen, sodass sie mit denen im äußeren Kreis direkten Blickkontakt haben. Jeder Teilnehmer hat einen Partner im anderen Kreis.

Nun beginnen die im inneren Kreis denen im äußeren ein negatives Feedback zu geben, das diese unkommentiert entgegennehmen. Der äußere Kreis bewegt sich dann im Uhrzeigersinn um jeweils eine Person weiter, so lange, bis jeder im äußeren Kreis ein Feedback bekommen hat. Dann ist Wechsel. Die äußeren gehen nach innen und umgekehrt. Jetzt bekommt der andere Kreis sein negatives Feedback.

Anschließend gibt es nochmals zwei Wechsel, bei denen dann aber positives Feedback gegeben wird.

7.5.5 Kommunikationsübungen

Roboterspiel:

Dies ist ein Spiel zur nonverbalen Kommunikation. Die Teilnehmer spielen jeweils zu zweit. Einer ist Roboter und hat die Augen verbunden, der andere ist Mechaniker und sieht. Der Roboter bewegt sich nur mit kurzen mechanischen Schritten. Der Mechaniker steuert ihn, indem er hinter ihm läuft und ihn jeweils kurz berührt: Leichter Schlag auf den Kopf – der Roboter ist eingeschaltet und läuft vorwärts. Berührung auf der rechten Schulter – der Roboter dreht nach rechts. Berührung auf der linken Schulter – der Roboter dreht nach links. Leichter Schlag zwischen die Schulterblätter – der Roboter geht rückwärts. Zwei leichte Schläge auf den Kopf – der Roboter ist ausgeschaltet und bleibt stehen.

Es kommt jetzt darauf an, dass der Mechaniker seinen Roboter durch einen Hindernisparcours aus Tischen und Stühlen steuert, ohne dass der Roboter irgendwo anstößt.

Man kann auch die schwierigere Halma-Variante spielen. Jeweils ein Roboter-Mechaniker-Paar startet gleichzeitig in jeder Ecke des Raumes. Alle Mechaniker haben die Aufgabe, ihre Roboter in die gegenüberliegende Ecke zu steuern, ohne dass es Berührungen mit Möbeln oder anderen Robotern und Mechanikern gibt.

Magic Rope:

Für dieses Spiel, das sich auch besonders gut für draußen eignet, wird ein ca. 8 m langes Seil benötigt. Alle Teilnehmer haben die Augen verbunden. Der Spielleiter stellt sie so hin, dass sie alle in die gleiche Richtung schauen. Dann gibt der Spielleiter ein Zeichen und alle gehen langsam los. Irgendwo, ca. 10 – 15 m vor der Gruppe hat der Spielleiter das Seil hingelegt. Sobald einer der Teilnehmer das Seil findet, versammelt er durch Zuruf alle anderen. Alle müssen nun das Seil anfassen und – weiterhin mit verbundenen Augen – es so vor sich hinlegen, dass es ein Quadrat bildet.

Es geht hier darum, gemeinsam eine Aufgabe zu lösen, die nur bei ganz klarer Kommunikation lösbar ist. Auch die Herausbildung von Führungsfunktionen kann beobachtet werden.

Das geschnürte Bündel:

Dieses Spiel ist eine klassische Outdoor-Übung, die Führung durch Kommunikation erlebbar macht. Es wird wieder ein ca. 8 m langes Seil benötigt.

Alle Teilnehmer stellen sich irgendwo, z. B. auf einer Wiese oder in einem Waldstück, ganz eng zusammen, etwa so, wie man es sich in einer U-Bahn in Tokio zur Rushhour vorstellt. Dann nimmt der Spielleiter das Seil und verschnürt alle Teilnehmer zu einem festen Bündel.

Einer der Teilnehmer kann nun seine Augenbinde abnehmen. Dieser Sehende, der Teil des Bündels ist, muss nun das gesamte Bündel zu einer Stelle führen, die ihm vom Spielleiter gezeigt wird. Das kann durchaus über Stock und Stein gehen, über Treppen oder zwischen eng stehenden Bäumen hindurch. Es geht nicht darum, möglichst schnell zum Ziel zu gelangen, sondern sicher und ohne Berührung von Hindernissen und ohne hinzufallen. Da außer dem Spielleiter keiner etwas sehen kann, muss der einzige Sehende ganz präzise Führungsanweisungen geben.

Es liegt hier in der Verantwortung des Spielleiters, der seine Teilnehmergruppe gut kennen muss, welchen Weg er die Gruppe nehmen lässt. Besondere Vorsicht ist bei abwärts führenden Treppen geboten. Evtl. sollten auch mehrere Assistenten bereitstehen, die an kritischen Wegstellen Hilfestellung geben können.

7.5.6 Vertrauen

Bei diesen beiden Übungen muss man den Mitspielern ein gewisses Vertrauen entgegenbringen.

Sitzkreis:
Jede beliebige Anzahl Mitspieler ab sechs aufwärts kann an diesem Spiel teilnehmen. Es geht darum, dass alle, die zum Team gehören, sich hinsetzen können, ohne auf dem Boden zu sitzen und ohne einen Stuhl zu benutzen.

Die Spieler laufen in einem Kreis, den sie immer enger werden lassen, bis jeder nur noch ca. 25 cm Abstand zum Vordermann hat. Dann bleiben alle stehen und setzen sich auf die Knie des Hintermanns. Bei diesem Spiel gibt es nahezu jährlich neue Massenweltrekorde, vor allem an amerikanischen Universitäten.

Auf Händen tragen:
Ein leichtes Teammitglied legt sich flach auf den Boden, die Arme sind eng an den Körper gelegt.

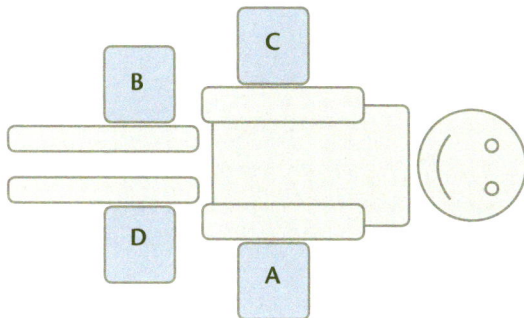

Es werden vier ca. 45 cm hohe Hocker, Kisten etc. benötigt, die eng an den Körper des Liegenden gestellt werden, alle im Abstand von je 45 cm zueinander. Nun setzen sich vier sportliche Leute auf die Hocker, A und B jeweils mit dem Rücken zur liegenden Person, C mit dem Rücken zu B und D mit dem Rücken zu A.

Die vier stellen die Füße mit leichtem Abstand fest auf den Boden und legen sich jetzt nach hinten, wobei jeder mit dem Rücken auf die Knie des anderen zu liegen kommt. Die vier bleiben so – Rücken auf Knie – liegen, erheben sich aber leicht vom Sitz, sodass zwei andere nun schnell die Hocker entfernen können. Die vier hängen jetzt in der Luft, jeder stützt den anderen. Jetzt heben sie Arme und Hände nach oben, zwei weitere Helfer ziehen den auf dem Boden liegenden ersten Mitspieler unter den anderen hervor, heben ihn/sie an und legen ihn vorsichtig auf die ausgestreckten Hände von A, B, C und D. Dort bleibt er ein paar Sekunden liegen, und nach einem kurzen Dokumentationsfoto können die Helfer nun allen wieder auf die Beine helfen.

8

Self-Improvement

Self-Improvement ist eine Vokabel, die uns aus dem calvinistisch geprägten Selbstverständnis der Amerikaner wohlbekannt ist. Aber auch bei uns hat sich die Erkenntnis verbreitet, dass man, um voranzukommen, an sich arbeiten muss, sich verbessern muss. Dies kann man zunächst allein tun, man kann aber auch um die Hilfe anderer bitten. Wie man bei Self-Improvement vorgehen kann, welche Methoden dabei hilfreich sind, erfahren Sie in diesem Kapitel.

8.1 Selbstanalyse

Am Anfang jeder Form von Self-Improvement muss eine Bestandsanalyse des Ist-Zustandes stehen, eine generelle Selbstanalyse. Stellen Sie sich dafür eine symbolische Couch vor, auf der Sie als Analysepatient liegen. Gleichzeitig sitzen Sie aber auch mit Ihrem Fragebogen neben der Couch und stellen die Fragen. Das Verhältnis zwischen diesen beiden Gesprächspositionen Ihres Ichs sollte so vertrauensvoll sein, dass Sie als derjenige, der die Fragen stellt, nichts Unmögliches von dem Interviewten verlangen, und dieser sollte dem Fragesteller völlig offen und ehrlich antworten. Die Bewertung können dann beide zusammen vornehmen.

Jeder kennt den Begriff „Know-how". In unserer Selbstbefragung gehen wir noch einen Schritt weiter und interessieren uns ebenso für das „Know-who", das „Know-where", das „Know-what", und vor allem das „Know-why".

Zu jedem dieser Teilbereiche finden Sie auf dem folgenden Fragebogen einige Fragen, die Sie gern um andere erweitern oder präzisieren können. Bitte schreiben Sie die Antworten in Stichworten in die Antwortspalte. Um die beiden letzten Spalten kümmern Sie sich zunächst überhaupt nicht.

Analyse des Ist-Zustandes

Webcode: MT641048-251

Frage	Antwort	o. k.	nicht o. k.
1. „Know-who"			
Wer bin ich bzw. welche soziale und berufliche Stellung habe ich zurzeit?			
Mit wem arbeite ich zusammen?			
Bin ich in ein funktionierendes Netzwerk eingebunden?			
Werde ich anerkannt oder muss ich mich um Anerkennung bemühen?			
Bin ich fit und leistungsfähig?			
2. „Know-where"			
In welcher Lebensphase, in welcher beruflichen Phase befinde ich mich zurzeit?			
Was habe ich bisher erreicht? Was sind meine generellen Ziele?			
Welche Möglichkeiten bietet mir mein derzeitiger Standort (Familie, Freunde, Schule, Uni, Organisation, Firma)?			
Welche Ressourcen benötige ich und wo finde ich diese?			
3. „Know-when"			
In welchem Zeitraum plane oder unternehme ich die nächsten Schritte? Welche Hindernisse und Störungen muss ich dabei berücksichtigen?			

Frage	Antwort	o. k.	nicht o. k.
Wann will ich mein Ziel erreicht haben? Ist das angemessen?			
Verfüge ich über genügend Informationen, um den richtigen Zeitpunkt für den nächsten Schritt festzulegen?			
4. „Know-what"			
Verfüge ich über die richtigen Informationen und Kenntnisse, um meine Nahziele, Zwischenziele, Fernziele präzise zu definieren?			
Wie weit sind die Voraussetzungen für die nächsten Schritte erfüllt?			
Kenne ich meine Prioritäten?			
5. „Know-how"			
Sind meine Kenntnisse bezüglich der weiteren Vorgehensweise zum gegenwärtigen Zeitpunkt angemessen?			
In welchen Bereichen verfüge ich über Grundkenntnisse, in welchen bin ich spezialisiert?			
Sind meine Spezialkenntnisse zielrelevant?			
Mit welchen Kontrollkriterien überprüfe ich den Erfolg meines Vorgehens?			
6. „Know-why"			
Warum und wofür arbeite ich auf ein Ziel hin?			
Was ist mir dabei wichtig und warum?			
Warum wähle ich gerade diesen Weg? Gibt es Alternativen?			

Natürlich ist jeder Fragebogen hinterfragbar und angreifbar. Betrachten Sie diese Fragen daher nur als einen Vorschlag für eigene, die Ihre persönliche Situation vielleicht besser treffen.

Aufgabe

Wenn Sie sich die Antworten überlegen, halten Sie sie bitte schriftlich fest. Wenn die Antwortspalte nicht ausreicht, schreiben Sie auf Zusatzblättern weiter. Es genügt nicht, die Fragen nur in Gedanken zu beantworten. Nehmen Sie sich als Nächstes die beiden Auswertungsspalten vor. „O. K." bedeutet „Ich bin mit meiner Antwort zufrieden. Im Augenblick besteht hier kein Handlungsbedarf.". „Nicht O. K." bedeutet „Die Antwort ist nicht zufriedenstellend. Hier muss etwas getan werden.". Kreuzen Sie bitte bei jeder Antwort das zutreffende Feld an.

Schauen Sie sich nun bitte Ihr Gesamtergebnis an. Wenn Sie viele O. k. angekreuzt haben, kann das bedeuten, dass Sie mit sich und Ihrem derzeitigen Zustand weitgehend zufrieden sind und sich vielleicht nur auf wenige Dinge konzentrieren müssen. Es kann aber auch bedeuten, dass Sie in den lähmenden Zustand der naiven Selbstzufriedenheit verfallen sind und jeglichen weiteren Aufwand scheuen.

Haben Sie hingegen viele Nicht O. k. angekreuzt, wäre der nächste Schritt, sich zu überlegen, mit welchen Methoden Sie Abhilfe schaffen könnten:

nicht o. k. bei	Mögliche Abhilfe z. B. durch
Know-who	Networking (→ Kapitel 1.6 Networking) Stärkere Integrationsbemühungen Kontaktnetz (→ Kapitel 1.6 Networking) Sportlich-physiologisches Fitnessprogramm
Know-where	Lifeline (→ Kapitel 8.5 Selbstdokumentation) Perspektivendiagramm (→ Kapitel 8.1 Selbstanalyse)
Know-when	Zeitmanagement (→ Kapitel 1.1.1 Zeitinventur) Life-Leadership (→ Kapitel 1.2 Zieldefinition) Projektmanagement (→ Kapitel 6.1 Definition Projekt und Projektmanagement) Lifeline (→ Kapitel 8.5 Selbstdokumentation) Zielvereinbarungen (→ Kapitel 8.1 Selbstanalyse)
Know-what	Eisenhower-Matrix (→ Kapitel 1.1.3.1 Die Eisenhower-Methode) Wissensbaum, Wissensbilanz (→ Kapitel 8.5 Selbstdokumentation) Portfolio (→ Kapitel 6.3.5 Das Projektportfolio)
Know-how	Kontaktnetz (→ Kapitel 1.6 Networking) Kompetenzportfolio (→ Kapitel 8.1 Selbstanalyse) Kompetenzagenda (→ Kapitel 8.3 Wege zum Ziel: Die Kompetenzagenda)
Know-why	Toulmin-Karte (→ Kapitel 5.3.3 Der Aufbau einer Facharbeit/eines Referats) Concept-Map (→ Kapitel 4.6 Netzstruktur) Argumentationskette Begründung

Mithilfe dieser Form der Selbstanalyse kann man sich über eigene Positionen und Kompetenzen eine subjektive Klarheit verschaffen. Gerade im Hinblick auf praktische Fähigkeiten ist es aber sinnvoll, neben der Selbstanalyse auch eine externe Meinung einzuholen und beide Seiten dann zu vergleichen. Das folgende Werkzeug ist dazu in besonderer Weise geeignet.

Selbst- und Fremdanalyse: Der Analysestern

Zeichnen Sie sich nach dem nachfolgenden Muster ein sternförmiges Analysediagramm mit maximal acht Spitzen auf ein DIN-A4-Blatt. Nun schreiben Sie bitte die zu untersuchenden Kriterien jeweils an die Spitze eines Strahls.

Auf den Strahlen des Sterns, deren Unterteilung durch Kreise eine zunächst nicht näher definierte Werteskala darstellt, wird die Erfüllung, der Erreichungsgrad bestimmter Ziele oder eine Verhalten, je nach Grad der Erfüllung, durch einen Punkt dargestellt. Je weiter der Punkt vom Zentrum weg nach außen gesetzt wird, desto höher ist der Grad, zu dem die Aufgabe oder Tätigkeit erfüllt wurde. Alle Punkte werden durch eine Linie

⚟ Webcode: MT641048–253

Analysestern

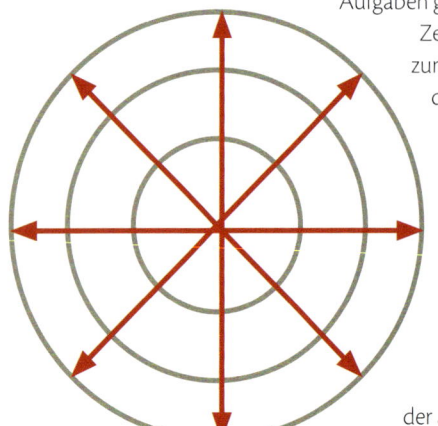

vgl. Marion Jung, *Analysestern*, Landesinstitut für Erziehung und Unterricht, Stuttgart 2000

miteinander verbunden, sodass sich ein Profil ergibt, an dem die Erfüllung einzelner Aufgaben grafisch sichtbar gemacht wird.

Zeichnen Sie nun Ihre Analysekurve auf der Grundlage Ihrer Selbsteinschätzung auf den auf weißes Papier kopierten Analysestern. Eine weitere Person, die Sie gebeten haben, Sie zu beobachten, benutzt einen auf Folie kopierten Stern mit den identischen Kriterien und zeichnet darauf mit OH-Stift die Kurve, die nun ihre Wahrnehmung und Beurteilung der gleichen Tätigkeiten und der gleichen beobachteten Person darstellt.

Legt man nun beide Analysesterne übereinander, so ergeben die aus der Selbsteinschätzung und der Fremdeinschätzung resultierenden Unterschiede, die an den beiden nicht gleichmäßig verlaufenden Kurven sichtbar werden, eine gute Grundlage für ein Analysegespräch, in welchem Strahl für Strahl abgearbeitet werden kann.

Es ist notwendig, dass Sie sich vor dem Ausfüllen des Diagramms mit der anderen Person über die Bedeutung der Ringe einigen:

äußerer Ring – gut bis sehr gut

mittlerer Ring – (stark) verbesserungsfähig

innerer Bereich – hier muss noch erhebliche Arbeit geleistet werden

Der Stern hat acht Strahlen, sodass pro Beobachtungszeitraum oder -anlass maximal acht Bereiche beobachtet werden können. Es müssen aber nicht allen Strahlen bestimmte Bereiche zugewiesen werden. Das Analysesystem funktioniert auch, wenn man sich auf wenige Strahlen konzentriert.

Die anzusprechenden Beobachtungsbereiche müssen vorher abgestimmt werden. Es könnten dies beispielsweise sein:

- Selbstorganisation
- Arbeitseinstellung
- rhetorische Fähigkeiten
- Bereitschaft freiwillige Aufgaben zu übernehmen
- Zuverlässigkeit
- Umgang mit Mitschülern
- Belastbarkeit
- koordinatorische Fähigkeiten
- Organisationsfähigkeit
- Umgang mit unvorhergesehenen Problemen

Die Liste kann beliebig fortgesetzt werden und sollte die Bereiche enthalten, an denen Ihnen für Ihre persönliche Weiterentwicklung, Ihr Self-Improvement gelegen ist.

Die Anwendung des Analysesterns

- ist einfach und praktisch zu handhaben
- ermöglicht schnelle, erste Informationsübertragung
- verlangt inhaltliche Differenzierung
- kann bei Bedarf auf mehrere Beobachter ausgedehnt werden
- begünstigt eine Verbesserung der Selbstwahrnehmung
- schult im Umgang mit Fremdwahrnehmung
- reduziert persönliche Betroffenheit insofern, als eine Erstinformation nicht über die Verbalisierung durch eine andere Person erfolgt, sondern durch eigene optische Wahrnehmung über den Weg der Visualisierung
- erleichtert Einstieg und Strukturierung des nachfolgenden Analysegespräches

Im nachfolgenden Beispiel geht es um die Beobachtung einer beliebigen Präsentation. Das blaue Profil ist die Selbstwahrnehmung, das gelbe die Fremdwahrnehmung.

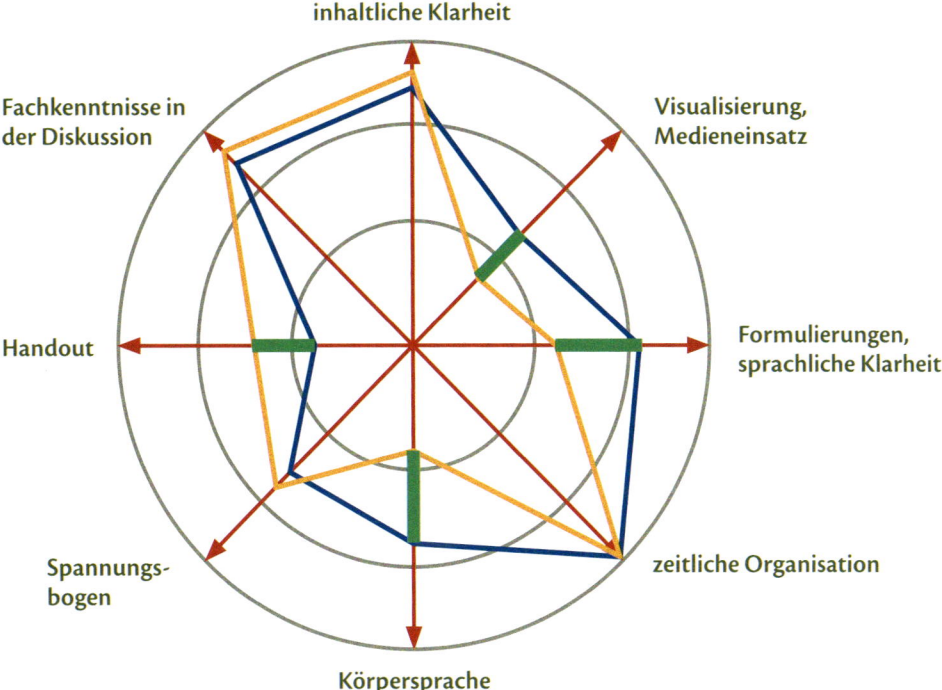

ausgefüllter Analysestern

An den grün markierten Stellen gibt es Differenzen zwischen der eigenen Wahrnehmung und der Fremdbeobachtung. Hier kann jetzt das Analysegespräch ansetzen.

- Zunächst erfolgt eine (visualisierte) **deskriptive** Phase.
  Wie wirkt meine Arbeit? / Wie wirke ich?
- Daran schließt sich eine **analytische** Phase an.
  Wodurch habe ich diese Wirkung (positiv wie negativ) hervorgerufen?
- Die dritte Phase beschäftigt sich damit, **Lösungen** für Änderungen zu finden.
- Die vierte Phase betrifft die Absprache über weitere **Beobachtungskriterien** oder **Zielvereinbarungen** für die nächste Beratung bzw. für den Zeitraum bis zu dieser.

Überlegen Sie sich jeweils acht Beobachtungskriterien für

- die Organisation einer Gruppenarbeit,
- den Vortrag eines Einzelreferats,
- die Leitung einer Diskussion,
- die Durchführung einer Unterrichtsstunde,
- die persönliche Leistung in einer Fahrstunde,
- eine mündlich vorgetragene Buchvorstellung.

Aufgabe

Das Perspektivendiagramm

Es ist einfacher, Neues zu lernen, wenn man es mit Bekanntem in Verbindung bringt, wenn man also auf Vorwissen aufbauen kann oder wenn man Assoziationen herstellen kann. Zur Verdeutlichung und zur Visualisierung wenden wir uns wieder der Zahl 4 zu (vier Seiten einer Nachricht, vier Perspektiven der Balanced Scorecard, Eisenhower-Matrix) und nähern uns einem Thema mit den vier Fragen:

- Was weiß ich bereits über das Thema?
- Was will ich weiter über das Thema wissen?
- Welche positiven Erwartungen habe ich an das Thema?
- Welche negativen Erwartungen habe ich an das Thema?

Perspektivendiagramm

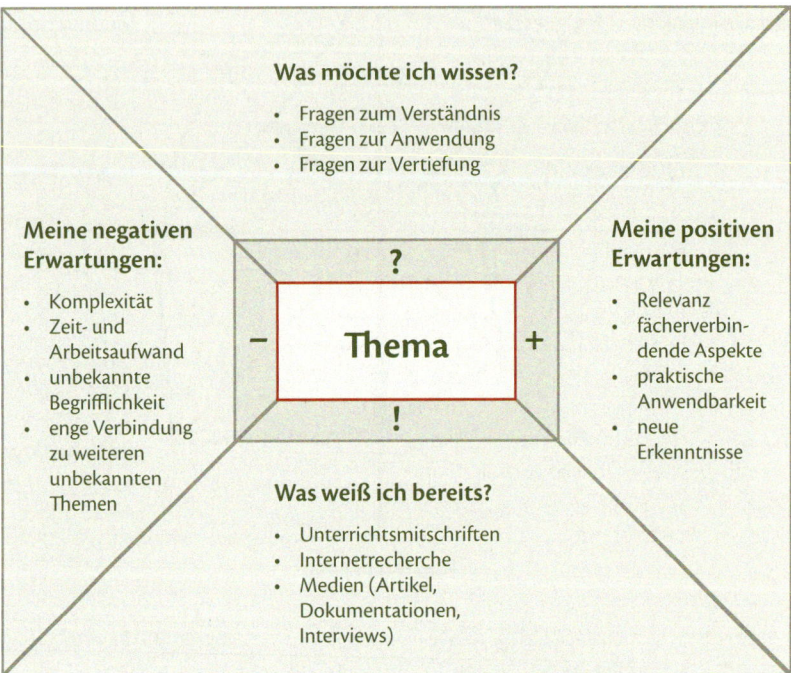

Dieses Perspektivendiagramm kann am Anfang einer Unterrichts-/Forschungs-/Rechercheinheit den Einstieg in ein neues Thema stark vereinfachen. Die Ausformulierung der Fragen zum Teilaspekt „Was möchte ich wissen?" führt zu größerem Interesse und aktiverer Teilnahme am Unterricht. Allerdings kann der Aspekt „negative Erwartungen" auch demotivieren, ebenso aber, und das ist eher intendiert, zu weiteren Fragen an das Thema führen.

| **Aufgabe** | Gehen Sie zu drei Fachlehrern (gern auch vier), die Sie in verschiedenen Fächern unterrichten, und fragen Sie sie bitte, welches die als Nächstes anstehenden Themen in ihrem jeweiligen Fach sind. Zeichnen Sie dann zu jedem der genannten Themen ein solches Perspektivendiagramm und füllen Sie alle Felder aus. Nehmen Sie die Blätter mit in den Unterricht, wenn die Fachlehrer mit dem Thema beginnen. |

| **Profitipp** | Füllen Sie dieses Perspektivendiagramm nicht nur vor Beginn einer Unterrichtseinheit aus, sondern nochmals während der Einheit, wenn Sie auf der Grundlage Ihres nun viel breiteren Vorwissens präzise Vertiefungsfragen stellen können. |

Das Kompetenzportfolio

Sie wollen mittels einer grafischen Darstellung, eines Diagrammes, feststellen, in welchen Bereichen Ihre Kompetenzen hoch sind und in welchen Bereichen noch Verbesserungsbedarf besteht. Hier eignet sich eine Darstellung, die an die Eisenhower-Matrix erinnert: Wenn Sie nun die x-Achse für die Umsetzung Ihrer Kenntnisse und die y-Achse für die Intensität Ihres Wissens ansetzen, dann finden Sie unter

Kompetenzportfolio I

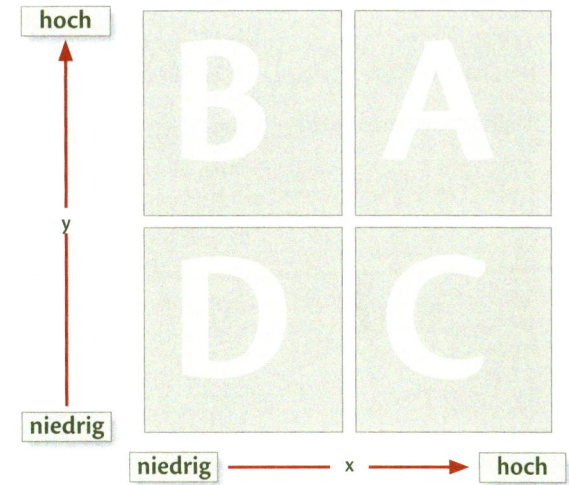

- **A:** den Zielbereich. Hier sollten Sie Ihren hohen Kenntnisstand nicht nur erhalten, sondern ausbauen.
- **B:** den Bereich der vorhandenen, aber nicht genutzten Kenntnisse, den Sie verstärkt umsetzen sollten.
- **C:** den Bereich, in dem Kenntnisse aufgelistet werden, die zu verbessern sind.
- **D:** den Bereich der eher irrelevanten Kenntnisse.

Stellen Sie sich vor, Sie stehen am Anfang eines Austauschjahres an einer High School in Kalifornien. Wie gut sind Sie darauf vorbereitet?

Zur besseren Übersichtlichkeit haben Sie für Sprachkenntnisse rot verwendet, für Landeskunde grün und für Kultur blau.

Kompetenzportfolio II

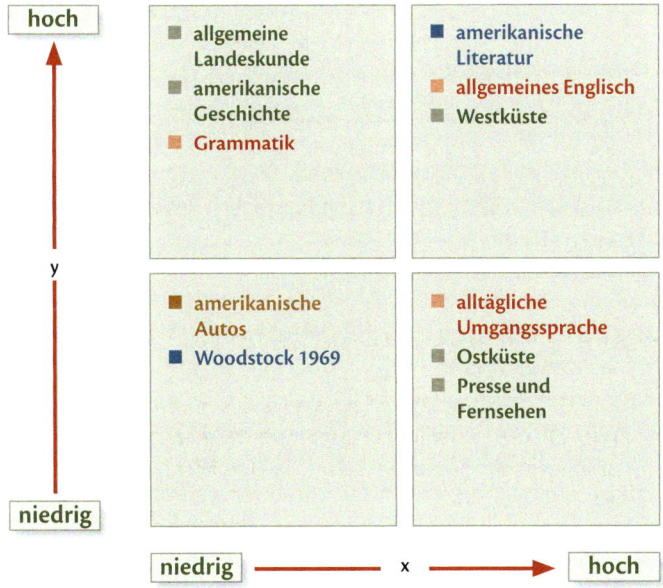

Im sprachlichen Bereich kennen Sie sich in der allgemeinen englischen Sprache sehr gut aus, auch Ihre Grammatikkenntnisse sind sehr gut, wenn auch etwas eingerostet. Zwar sprechen Sie intuitiv meistens korrekt, wären aber bei reflektierter Umsetzung Ihrer Grammatikkenntnisse noch besser. In der Alltagssprache haben Sie allerdings noch Defizite.

Da Sie in Kalifornien leben wollen, ist es sehr gut, dass Sie über die Westküste Bescheid wissen. Arbeiten Sie noch etwas an der allgemeinen Landeskunde, also Verfassung, Politik, Land und Leute, Regionen etc., und vor allem an der Geschichte und Sie werden schnell zum Experten. Größeren Nachholbedarf haben Sie in Ihren Kenntnissen über die Ostküste und die amerikanische Presse. Hier muss noch intensiv nachgearbeitet werden. Ihre guten Kenntnisse in der Literatur werden Ihnen an der High School sicher weiterhelfen, wohingegen Ihre Kenntnis des Woodstockfestivals von 1969 oder dass Sie amerikanische Automarken sehr gut kennen, wahrscheinlich nur für Smalltalk oder eine Quizsendung im Fernsehen nützlich sein werden.

Kompetenzportfolio III

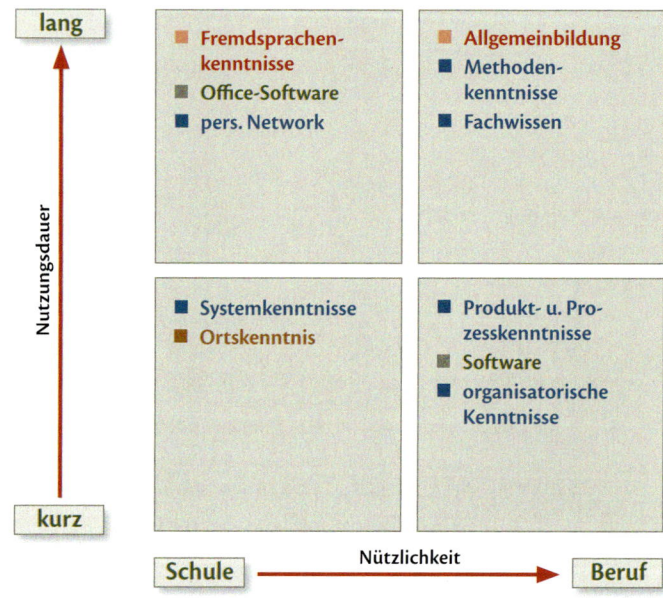

Mit dem gleichen Diagramm können Sie die Nachhaltigkeit Ihrer Kenntnisse analysieren: Wollen Sie beispielsweise Medizinerin oder Mediziner werden und Sie analysieren Ihre Kenntnisse im Hinblick auf Nützlichkeit und Nutzungsdauer, so zeigt das obige Beispiel, dass berufsrelevante Fachkenntnisse (blau) langfristig sehr nützlich sind, Produkt- und Prozesskenntnisse aber eine kürzere Nutzungsdauer haben, da sie sich ständig ändern und immer wieder aktualisiert werden.

Bei Softwarekenntnissen lässt sich ablesen, dass der Umgang mit Office-Software von der Schulzeit in den Beruf übernommen werden kann, dass fachbezogene Software aber nur kürzerfristig genutzt werden kann.

Fremdsprachenkenntnisse gehören bei Medizinern ebenso wie eine breite Allgemeinbildung auch zu den berufsbezogenen Kenntnissen mit langfristiger Nutzungsdauer. Systemkenntnisse aus der Schulzeit hingegen sind für den späteren Beruf normalerweise nicht mehr relevant und sind mit dem Verlassen der Schule nicht mehr von Nutzen.

Mit diesen hier vorgestellten Werkzeugen und Hilfsmitteln können Sie Ihren aktuellen Wissensstand analysieren und schriftlich in einer visualisierten Form darstellen. Damit haben Sie den Ist-Zustand aufgenommen. Zur weiteren Orientierung in der Zukunft benötigen Sie als Nächstes Ziele.

8.2 Zielformulierung

Im ➔ Kapitel 1.2 Zieldefinition wurde im Rahmen von Zeitmanagement schon einmal auf Ziele und Zielfindung eingegangen. Wenn in diesem Kapitel Ziele noch einmal besonders erwähnt werden, dann deshalb, weil das Thema hier im Sinne von Self-Improvement und Selbstmanagement zu verstehen ist.

In der Arbeitsmethodik bezeichnet man Führung und Zielplanung in Unternehmen als MBO (Management By Objectives). Diesen Ansatz können wir auch für die persönliche als Prozess angelegte Zielplanung verfolgen und in zwei übergeordnete Bereiche gliedern:

Management By Objectives

- Standortbestimmung („Position planning") und
- Zielbestimmung („tactical planning").

Im Rahmen der Zielbestimmung werden
- Zielsetzungen („Goal Statements"),
- Zielerreichungspläne („Action Plans"),
- Zielerfüllungspläne („Review Meetings")

erarbeitet. Diese können auf entsprechend gestalteten Formularen, To-do-Listen etc. eingetragen und Stück für Stück abgehakt weren.

Welche Ziele, welche Zielarten, gibt es?	
Erhaltensziele	Was soll beibehalten, fortgeführt, verlängert werden?
Verbesserungsziele	Was soll erhöht oder reduziert werden? Welche Probleme sollen gelöst werden?
Innovationsziele	Was soll neu entwickelt, eingeführt, verändert werden?
Persönliche Entwicklungsziele	Welche persönlichen Ziele will ich in bestimmten Bereichen erreichen?

Die Ziele sollen so formuliert sein (schriftlich), dass sie sinnvoll, konkret messbar und in der verfügbaren Zeit erreichbar sind. Wenn Sie also Ihre Fremdsprachenkenntnisse in Englisch verbessern wollen, würden Sie das auch als Formulierung für ein Verbesserungsziel so nehmen. Geben Sie sich aber noch Zwischenziele, z. B. „Historischen Wortschatz erweitern", „Grammtik mit Mittelstufen-Lehrbuch wiederholen", „Internet-Informationen über Kalifornien sammeln", also sogar mit den Hilfsmitteln, die Sie dazu nutzen wollen, und geben Sie einen Zeitrahmen an, in dem das alles stattfinden soll. Die konkrete Messbarkeit könnte dann eine Verbesserung in der Note sein.

Sie planen das Erreichen Ihrer Ziele durch das Formulieren einzelner Schritte auf dem Weg dorthin, durch das Festlegen von Zwischen- und Endterminen, und durch die Überwachung der Einhaltung von Zwischenzielen und Kontrollterminen. Ziele werden also nicht nur inhaltlich, sondern auch im Hinblick auf Erreichungs- oder Erfüllungstermine definiert. Ein Planungsformular nach dem folgenden Muster kann dabei behilflich sein.

Webcode: MT641048–259

Planungsformular

Zielplanung		Zielerreichungsplan									Zielerfüllung	
Taktische Planung	Zielformulierung	Schritt 1	bis wann	Schritt 2	bis wann	Schritt 3	bis wann	Schritt 4	bis wann	Ziel erreicht	Noch offene Probleme
Erhaltungsziele Was soll beibehalten, fortgeführt, verlängert werden?											
Verbesserungsziele Was soll erhöht, reduziert werden? Welche Probleme sollen gelöst werden?											
Innovationsziele Was soll neu entwickelt eingeführt, verändert werden?											
Persönliche Entwicklungsziele Welche persönlichen Ziele sollen in bestimmten Bereichen erreicht werden?											

Der nachfolgende Auszug aus den Regeln und Prinzipien der Zeitplanung von Lothar J. Seiwert soll Sie nochmals vertiefend an das erinnern, was im ➜ Kapitel 1.1.3.2 Die ALPEN-Methode – ein paar Minuten jeden Tag bereits zum Selbstmanagement in puncto Zeit vorbereitet wurde.

Profitipp

- Verplanen Sie nur einen bestimmten Teil Ihrer Arbeitszeit (etwa 60 %). Halten Sie eine bestimmte Pufferzeit für unerwartete Besucher, Telefonate, aktuelle Probleme etc. frei.
- Dokumentieren und prüfen Sie, wie und wofür Sie Ihre Zeit ver(sch)wenden.
- Arbeiten Sie regelmäßig und systematisch an Ihren Zeitplänen.
- Seien Sie flexibel, denn Zeitpläne sind nicht dazu da, um unbedingt eingehalten zu werden, sondern um Ziele zu verwirklichen.
- Planen Sie auf selbstentwickelten Formularen (Prinzip der Schriftlichkeit). So geht Ihnen nichts verloren und Sie haben einen ständigen Überblick.
- Übertragen Sie alle unerledigten Aufgaben auf den nächsten Periodenplan. Diese werden damit automatisch in die nächsten Planungsüberlegungen mit einbezogen.

- Legen Sie Resultate (Endzustände) fest und keine bloßen Tätigkeiten.
- Fixieren Sie Zeitvorgaben und Endtermine für Ihre Tätigkeiten (kein „sofort", „so schnell wie möglich" etc.), und vermeiden Sie Unentschlossenheiten, Verzögerungen und Aufschub.
- Legen Sie Prioritäten fest und planen Sie Delegationsmöglichkeiten ein.
- Reservieren Sie einen bestimmten Teil Ihrer Zeit für planerische, vorbereitende und schöpferische Tätigkeiten sowie für Ihre Weiterbildung.
- Planen Sie auch die Erledigung Ihrer Routine und Detailtätigkeiten.
- Sorgen Sie für Abwechslung in Ihren Aktivitäten, indem Sie Ausgleiche zwischen lang- und kurzfristigen Projekten, zwischen Einzelarbeit und Besprechungen etc. schaffen.

Morphologische Matrix, morphologischer Kasten

Der morphologische Kasten, eine Variation der morphologischen Matrix, ist ursprünglich ein Kreativwerkzeug, kann aber ebenso für die Formulierung von Zielen verwendet werden. Bei beiden geht es darum, eine bestimmte Anzahl von Kriterien, von denen jedes in einer bestimmten Anzahl von Ausprägungen vorliegt, so zu arrangieren, dass dabei eine mögliche Lösungsoption herauskommt.

Kreativwerkzeug

Im nachfolgenden Matrix-Beispiel wird versucht, ein Methodencurriculum für die gymnasiale Oberstufe mit einem Schwerpunkt zu erstellen:

Klassenstufe	10	11	12	13	
verantw. Fachbereich	Deutsch	Mathematik	Fremdsprachen	Naturwissenschaften	Gesellschaftswissenschaften
Schwerpunktmethoden	Selbstmanagement	Lernen	Recherchieren	Kooperieren	Dokumentieren
Vermittlung	mündlich	Medienpräsentation	praktische Anwendung	Beobachtung	Internet
Partner	Schüler	Lehrer	Fachexperten	Eltern	Externe
Dokumentation	Portfolio	Unterrichtstagebuch	Bericht	Blog	Anwendungsbeispiel
Umsetzungszeitraum	sofort	1. Halbjahr	2. Halbjahr	nächstes Schuljahr	bis 2015

Die rote Linie für die Klassenstufe 11 verbindet dabei die Kriterien mit ihren Ausprägungen, für die die Entscheidung gefallen ist. Andersfarbige Linien könnten für andere Klassenstufen gleichzeitig eingetragen werden.

Diese Grafik schafft allen an der Entscheidung Beteiligten einen Überblick. Wenn man die Alternativen kennt, fällt es leichter, sich eine Meinung zu bilden.

Die Methode ist vielfach einsetzbar und setzt eine gedankliche Klarheit voraus. Im Prinzip funktionieren so auch die Konfigurationsprogramme, mit denen Sie sich auf den Websites der Autohersteller Ihr Traumauto zusammenstellen können. Vielleicht wäre es hilfreich, allen Kunden in amerikanischen Icecream Parlors oder in Fast-Food-Restaurants auch ein solches Instrument zur Menüwahl zur Verfügung zu stellen.

Konfigurationsprogramme

8.3 Wege zum Ziel: Die Kompetenzagenda

Plan für die Umsetzung

Wenn Sie mit den vorher beschriebenen Methoden oder mit anderen herausgefunden haben, welches Ihre Ziele sind und wo Sie hin möchten, ist es als Nächstes nötig, sich einen Plan für die Umsetzung zu machen. Die Kompetenzagenda ist dabei eine einfache Methode, die Zielsetzung mit Zeitmanagement und einer To-do-Liste verbindet und als längerfristiger Arbeitsplan zum Kompetenzerwerb bzw. zur Eröhung bereits vorhandener Kompetenzen Verwendung finden kann. Dabei ist sie einfach zu handhaben und kommt ohne Spezialsoftware aus, da sie formal nichts anderes ist als eine Tabelle.

In dieser Zeile „Kompetenzbereiche" werden die Felder aufgeführt, in denen Meryem sich innerhalb eines Jahres verbessern möchte. Da sie ihre Zeit realistisch einschätzt und auch viele andere Dinge zu tun hat, hat sie sich auf nur drei Kompetenzbereiche beschränkt.

In dieser Zeile hat Meryem eingetragen, welches Niveau sie in den einzelnen Kompetenzbereichen in einem Jahr erreicht haben möchte.

Hier steht, wie und wo Meryem mit ihren alltäglichen Tätigkeiten bereits ihre Kompetenzbereiche praktiziert. Durch diese Kompetenzagenda wird sie es bewusster tun.

Hier wird alles aufgeführt, was der zielgerichteten Kompetenzerweiterung dienlich ist. Diese Zeile kann in mehrere Zwischenziele mit Zielerreichungsterminen unterteilt werden.

In dieser Zeile werden alle Maßnahmen und Aktivitäten aufgeführt, die sekundär der Kompetenzerweiterung dienen. Primär möchte Meryem mit ihren Nebenjobs Geld verdienen. Sekundär hilft es ihr bei der Umsetzung und Erweiterung ihrer kommunikativen Kompetenzen.

Kompetenz-Agenda 2010: Meryem Yürekli			
Kompetenz-bereiche	Fremdsprachen	Präsentation	Kommunikation
Zielniveau	Ausbau der schriftlichen Türkisch-Kenntnisse, Abiturniveau für Englisch und Französisch Grundkenntnisse in Spanisch	Routine und Sicherheit in der mediengestützten Produktpräsentation vor ca. 30 Zuhörern	Moderation von Veranstaltungen
Alltägliche Aktivitäten	Familiengespräche auf Türkisch, Unterricht in Französisch und Englisch	Referate und Vorträge im Rahmen der gymnasialen Oberstufe	Gesprächsleitung im schülerzentrierten Unterricht
Neue Tätigkeit	Lesen türkischer Literatur, Schreiben von Abstracts; Teilnahme am VHS-Kurs: Spanisch für Anfänger	kleinere Präsentationen in den Fremdsprachen	Beschäftigung mit Kommunikations-theorien Teilnahme an einem Rhetorikseminar
Flankierende Aktivitäten	Kontakte mit türkischsprachigen Studenten	Erwerb von Softwarekenntnissen	Nebenjob als mehrsprachige Messehostess Nebenjob als Stadtführerin für Besuchergruppen
Freizeit	Kino: spanische Filme	Besuch und kritische Beobachtung von Präsentationen bei öffentlichen Veranstaltungen	ehrenamtliche Tätigkeit bei der Betreuung von Kindern mit Migrationshintergrund

Auch im Rahmen der Freizeit können Kompetenzen erweitert werden. Man muss es sich nur bewusst machen.

Im Beispiel auf der linken Seite möchte eine Oberstufenschülerin, die bei einer Aushilfs-tätigkeit auf einer Messe Geschmack am Arbeitsbereich Eventmanagement gefunden hat, ihre Kompetenzen in den Fremdsprachen, im Präsentieren und im Kommunikations-bereich verbessern, um nach dem Abitur ein Studium der Kommunikationswissen-schaften zu beginnen.

Wenn Sie mit einer solchen Agenda arbeiten, können Sie sie natürlich frei gestalten und in die Spalte der Aktivitäten weitere Punkte eintragen, die sich aus den übergeord-neten Zielen ergeben, z. B. Aufgaben und Verantwortungen, Praktika, Kontakte mit Experten in den jeweiligen Kompetenzbereichen, Beratungsgespräche. Eine Kompeten-zagenda, bei der es um den Erwerb praktischer Fertigkeiten und Fähigkeiten geht, wird völlig anders aussehen als eine mit dem doch eher theoretischen Ziel der Abiturvorbe-reitung.

Beachten Sie bitte, dass auch hier ein effizienteres Arbeiten durch die Nutzung von Synergien möglich ist (→ Kapitel 7.3.3 Die Organisation eines Teams) und dass Sie Ihre Fortschritte in einem Lernjournal dokumentieren und präzisieren können.

Profitipp

Achten Sie bei der Kompetenzagenda darauf, dass Sie nicht zu viel hineinpacken, was Sie dann gar nicht schaffen können. Sie können sich auch nur auf ein Kompetenzziel konzentrieren, das dann aber dafür ganz konsequent verfolgen.

Wenn Sie Ihre Agenda erstellt haben, sprechen Sie mit jemandem, der Sie gut kennt, darüber und bitten Sie diese Person um eine beratende Einschätzung. Legen Sie die einmal erstellte Agenda nicht irgendwo ab, wo Sie sie nicht wiederfinden, sondern schauen Sie sie sich regelmäßig an, z. B. wenn Sie Ihren Lernfortschritt dokumentieren.

Aufgabe

Nehmen Sie sich drei Bereiche vor, in denen Sie innerhalb des kommenden Jahres Ihre Kompetenzen verbessern wollen oder in denen Sie überhaupt erst Kompetenzen erwerben wollen. Erstellen Sie eine Kompetenzagenda, in der Sie sich sehr genau das Zielniveau und die Aktivitäten, die zum Erreichen des Zieles führen, überlegen und aufschreiben. Schreiben Sie auch auf, inwieweit Ihre Alltagsaktivitäten und Ihre Freizeit Ihren Zielen entgegenkommen. Planen Sie mit Blick auf den Kalender und die dort bereits eingetragenen Aktivitäten und Termine.
Und nun geben Sie sich den Kick und setzen Sie Ihre Agenda konsequent um!

8.4 Selbstmotivation

Der Begriff der Selbstmotivation ist etwas irreführend, weil es aus psychologischer Sicht Anreize sind, durch die man motiviert wird, etwas zu tun. Man selbst ist dabei kein Anreiz, man wird aber motiviert beispielsweise durch Hunger, Sexualität, Neugier, Angst, Aggres-sion, Macht oder Leistung. Gemeint ist eher, in welcher Weise jemand eine intrinsische Motivation im Hinblick auf die genannten Anreize entwickeln kann, um dann in der Erwartung einer positiven Rückmeldung, einer Belohnung oder eines Erfolgs eine bestimmte Handlungsweise zu verfolgen.

Wer mit Spaß an einer Sache arbeiten will, muss sich seine Ziele durch Motive und Anreize selbst setzen, wird seine Aufmerksamkeit unwillkürlich auf das Erreichen des

Anreize

positive Einstellung

Ziels richten und sich dabei kaum ablenken lassen, wird von zielförderlichen Emotionen geleitet, wird die mit der Arbeit verbundene Anstrengung als niedrig erleben und wird feststellen, dass die Zeit der Tätigkeit schnell vorübergegangen, ja geradezu verflogen ist.

ablehnende Haltung

Meistens ist der so beschriebene Zustand aber nicht zutreffend. Wir bekommen eine Aufgabe, eine Leistungsanforderung, von außen vorgesetzt, die wir in einer bestimmten Zeit, die uns sehr langsam zu vergehen scheint, erfüllen sollen. Wir fühlen uns schnell überanstrengt, ausgelaugt, urlaubsreif und emotional eher auf Ablehnung gerichtet. Wir beschäftigen uns mit anderen Dingen, hoffen, dass das Telefon klingelt, denken, während wir etwas tun, an etwas anderes, was besonders ärgerlich ist, wenn man etwas liest und in Gedanken weit weg ist, aber weiterliest, bis man feststellt, man hat zwei Seiten gelesen, aber keine Ahnung was.

Es gibt sicherlich kein Geheimrezept, wie man Unangenehmes zu Angenehmem macht. Auch die Aussicht darauf, dass ein 13-Jähriger mit Freunden erst Fußball spielen darf, was er hochattraktiv findet, wenn er eine Stunde lang über irgendwelchen Hausaufgaben gesessen hat, was er nicht hochattraktiv findet, dürfte keinerlei ernsthafte Motivation für die Hausaufgaben bewirken.

motivierende Faktoren

Es könnte aber sein, dass Sie manche Tätigkeiten mit höherer Motivation angehen, wenn die folgenden Faktoren in einer ausgeglichenen Weise vorliegen:

- Aussicht auf Erfolg
- Überschaubarkeit der Aufgabe
- Anforderungen im Rahmen der eigenen Kompetenzen
- stimmiges Verhältnis zwischen Aufwand und Zeit
- gute Arbeitsbedingungen
- Potenzial zur Befriedigung der Bedürfnisse oder Anreize Neugier und Leistung

Aussicht auf Erfolg

Belohnung

Wenn Sie sich selbst so disziplinieren können, dass Sie sich nach Erreichen jedes Teilschritts eine kleine Belohnung zukommen lassen, fällt es Ihnen vielleicht leichter, weiterzuarbeiten. Also, eine Tasse Kaffee gibt's erst, wenn diese Seite übersetzt ist, oder erst, wenn ich diese zehn Fotos in die Präsentation eingebaut habe, gehe ich zum Schwimmen.

Abhaken

Wenn Sie Ihre Arbeit so planen, dass die Belohnung mit dem Abhaken des jeweiligen Schrittes von der To-do-Liste zusammenfällt, haben Sie gleich eine weitere Belohnung in Form eines Glücksmoments bezogen.

Erfolgsordner

Und wenn der Erfolg mal ausbleibt? Legen Sie sich einen Ordner an, am besten keinen elektronischen, sondern einen, den man in die Hand nehmen kann. Dort sammeln Sie Ihre Erfolge, z. B. die 3– als Ihre beste Mathearbeit aller Zeiten, die Urkunde von den Bundesjugendspielen, ein Foto von sich selbst bei der schwierigen Skiabfahrt, den Brief, mit dem sich jemand bei Ihnen bedankt, oder was immer Ihnen wichtig ist und in Ihrer Erinnerung mit Erfolgen und positiven Momenten im Leben verbunden ist. Blättern Sie

positive Momente

in diesem Ordner und lassen Sie sich dadurch zur Weiterarbeit motivieren.

FISH!

Oder geben Sie sich einfach einmal der blauäugigen amerikanischen Obsession des positiven Denkens hin, machen Sie sich eine Freude und lesen Sie FISH! von Stephen C. Lundin, Harry Paul und John Christensen. Und wenn Sie das Buch albern finden, lesen Sie es halt noch einmal oder schreiben Sie selbst eins (oder einen Essay), nur für sich selbst, das Sie motiviert und Ihnen Spaß macht.

Überschaubarkeit der Aufgabe:

Wenn Sie vor einer riesigen Aufgabe stehen, die zu bewältigen ist, könnte das eher demotivieren als motivieren. Aber auch wenn Sie ein dickes Buch lesen, nehmen wir das

Kapital von Karl Marx, in der dreibändigen Ullstein-Ausgabe sind das über 2600 Seiten, dann lesen Sie es Seite für Seite. Sie unterteilen es in kleinere Einheiten, die als solche wieder überschaubar werden. Tun Sie das ebenso mit anderen Aufgaben und gehen Sie davon aus, dass das große Ganze nur die Summe seiner Teilbereiche ist. Machen Sie sich einen Plan in der richtigen Reihenfolge und bearbeiten Sie Teilstück für Teilstück. Wenn es irgendwie möglich ist, bearbeiten Sie ein Teilstück so abschließend, dass Sie es auf Ihrer Liste abhaken können. Wenn Sie mehrere Teile gleichzeitig bearbeiten und keinen Überblick über den Gesamtarbeitsfortschritt haben, weil Sie immer wieder zu bestimmten Teilen zurückkehren müssen, dann stellt sich schnell ein Gefühl der Unüberwindlichkeit der Aufgabe ein. Wir neigen dann dazu, aufzugeben oder nur noch zum Ende zu kommen ohne Rücksicht auf die Qualität. Bei angemessener Portionierung können auch zeitaufwändige Tätigkeiten Spaß machen.

Unterteilen in kleinere Einheiten

abschließende Bearbeitung

Portionierung

Anforderungen im Rahmen der eigenen Kompetenzen

Es ist unsinnig, wenn Sie gerade einmal zwei Jahre Englischunterricht mit je drei Wochenstunden gehabt haben, sich im dritten Jahr den Hamlet von Shakespeare im Original vorzunehmen. Aber natürlich sollen Sie auch nicht ein ganzes Jahr mit Nursery rhymes verbringen. Was Sie brauchen, ist eine Aufgabenstellung, die eine gewisse Herausforderung darstellt. Dies ist meist etwas, was im oberen Drittel Ihrer bisherigen Kompetenzen liegt und einige lösbare Schwierigkeiten enthält. Wenn der Schwierigkeitsgrad zu hoch ist, sind Sie schnell frustriert. Ist er zu niedrig, sind Sie gelangweilt. In beiden Fällen besteht die Gefahr des Aufgebens.

Herausforderung im oberen Kompetenzdrittel

Stimmiges Verhältnis zwischen Aufwand und Zeit

Die Herstellungszeit eines bestimmten in Handarbeit von Spezialisten gefertigten Schweizer Nobelchronometers für 30 000 € beträgt knapp ein Jahr. Von einer fiepsigen Batterieuhr für 1,99 € aus chinesischer Massenproduktion werden täglich 3000 Stück hergestellt. Beide zeigen ziemlich präzise die Zeit an. Welche Uhr würden Sie gern besitzen?

Wenn Sie sehr lange mit einer bestimmten Tätigkeit beschäftigt sind, möchten Sie, dass das Ergebnis ordentlich gewürdigt wird und dass Sie für Ihre Arbeit Wertschätzung erfahren. Sie können sich für ein Referat über die deutsche Wiedervereinigung intensiv mit der Geschichte und Politik des vergangenen Vierteljahrhunderts beschäftigen, viel darüber lesen, Zeitzeugen befragen. Sie werden dabei nach und nach die tiefe Befriedigung erfahren, was es heißt, selbst etwas in langwieriger Arbeit und aufwändig recherchiert und verstanden zu haben. Oder Sie können sich eine ganze Reihe von Informationen aus dem Internet herunterladen, das Ganze ein bisschen gefällig arrangieren und als Referat vortragen, ohne dass Sie den Überblick oder ein tieferes Verständnis für die Sache entwickeln. Denken Sie darüber nach und setzen Sie dann Ihre Prioritäten. Je mehr Sie selbst erarbeiten, desto motivierter werden Sie, noch mehr in Erfahrung zu bringen. Wenn Sie nur unreflektiert Dinge übernehmen, macht die Aufgabe keinen Spaß und sie wollen nur endlich fertig werden. Referate sind aber nicht da, um gehalten zu werden, der Referent und die Zuhörer sollen daraus lernen! Das ist der Unterschied zwischen Fast Food und Sterneküche!

Würdigung, Wertschätzung, Befriedigung

Gute Arbeitsbedingungen

Die guten Arbeitsbedingungen sind die Bedingungen, die Ihrer eigenen Arbeitsweise in optimaler Weise entgegenkommen. Lesen Sie dazu noch einmal ➜ Kapitel 1.3 Der Arbeitsplatz.

Potenzial zur Befriedigung der Bedürfnisse oder Anreize Neugier und Leistung

Wenn Sie eine Sache interessiert, wenn Sie neugierig sind, ist das ein Anreiz, sich damit zu beschäftigen. Machen wir doch noch einmal die Übung mit der Split Personality. Stellen Sie sich vor, Sie seien zwei Personen, eine Person, die die Fragen stellt, die neugierig ist, die etwas wissen möchte. Und die andere Person, die die Antworten zwar im Moment noch nicht weiß, aber den Ehrgeiz hat, die Fragen gut zu beantworten, die also leistungsbereit ist. Stellen Sie also tatsächlich Fragen zu der vor Ihnen liegenden Aufgabe, Fragen im Sinne des Perspektivendiagramms (→ Kapitel 8.1 Selbstanalyse): Was möchte ich über das Thema wissen? Und wenn Sie diese Fragen ausformuliert und aufgeschrieben haben, dann ist die andere Person dran, die jetzt anfängt, sich in das Thema einzuarbeiten, zu recherchieren, und die Stück für Stück allmählich Antworten zu Tage fördert.

Split Personality: einer fragt, der andere antwortet

Sich selbst zu motivieren ist eigentlich gar keine so schwierige Übung. Es muss allerdings eine grundlegende Bereitschaft zum Lernen und zur Leistung da sein. Wenn Sie dann noch Ihre eigene Werbeagentur sind, die es schafft, auch unattraktive Dinge schön zu verpacken und den Wunsch nach Öffnen des Päckchens im Sinne der oben beschriebenen Maßnahmen zu wecken, können Sie sich auf eine erfolgreiche Arbeit freuen.

grundlegende Bereitschaft zum Lernen

8.5 Selbstdokumentation

Es gibt mehrere Möglichkeiten, organisatorisches Wissen und Kompetenzen in Diagrammen und Fokusmetaphern darzustellen. Meist davon abgeleitet sind die Darstellungsmöglichkeiten für individuelles Wissen und individuelle Kompetenzen. Einige dieser Möglichkeiten sollen hier vorgestellt werden, wobei eigentlich alle nur unterschiedliche Variationen des Themas Vergangenheit/Gegenwart/Zukunft bzw. Wurzeln/Stamm/Krone darstellen. Beginnen wir mit der Wissensbilanz.

Wissensbilanz

Auf der Website des Brunner Trainers und Beraters Mag. Rudolf Krcma, „Die WIRK-STATT" findet sich die Methode Wissensbilanz, die mithilfe von Mapping-Techniken eine überblicksartige Darstellung über das Wissen, die Kenntnisse, die Fähigkeiten und die Kompetenzen einer Person Auskunft geben kann:

Webcode: MT641048–266

Die Wissensbilanz

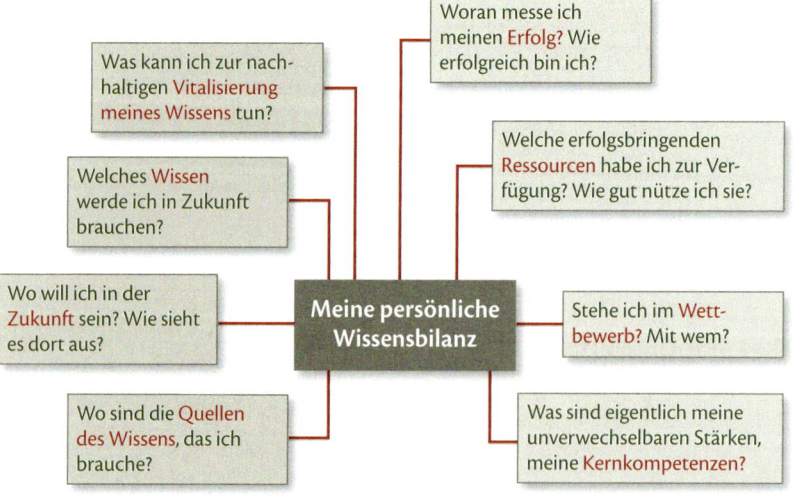

Diese Darstellung, die hier als Mindmap angefertigt ist, stellt Fragen, die ausgehend von den eigenen Stärken und dem eigenen Standort, also der eigenen Aufstellung, zu einer zukunftsbezogenen Betrachtung gelangen. Man könnte jetzt die Antworten auf die einzelnen Fragen direkt weitervisualisieren, indem man die Antworten an jedes Fragefeld mit weiteren Zweigen anfügt. Eine noch detailliertere Auflistung vonAntworten auf die Fragen ist mit dem Programm PersonalBrain5 möglich, weil man da an jedes Stichwort noch komplette Dokumente, weitere Grafiken oder Datenbankmaterialien andocken kann.

Der Schwerpunkt der Wissensbilanz liegt aber nicht auf den Variationen der Darstellung, sondern auf der Tatsache, dass hier zentrale Fragen gestellt werden, die einer sorgfältigen Antwort bedürfen.

Der Wissensbaum

Gegenüber der obigen Wissensbilanz ist der Wissensbaum eine eher schlichte Metapher, die nur die Grafik nutzt, um bestimmte Kenntnisse und Kompetenzen den drei Baumbereichen Wurzel, Stamm und Krone zuzuordnen.

Um diese drei Bereiche nun mit Leben zu füllen, würde man zu jedem Bereich ein Blatt anfertigen, auf dem die jeweils relevanten Gebiete schriftlich gesammelt werden, um anschließend in eine Ordnung gebracht zu werden. Das Modell ist natürlich wesentlich aufwändiger als in dieser Grafik deutlich wird, aber gerade für Schülerinnen und Schüler kann diese Vereinfachung eine große Hilfe sein.

Der Wissensbaum

spezifische Ausprägung des professionellen Profils, individuelleSpezialkenntnisse

Kernkompetenzen

Wurzeln der professionellen Identität

Nach H. Wilke, Einführung in das systemische Wissensmanagement, Heidelberg 2004, S 77 ff.

Lifeline

Lifeline oder die Lebenslinie ist ein Ansatz zur Dokumentation von persönlichen Kompetenzen, der analog zur Biografie in der Vergangenheit beginnt und zukünftige Planungen mit einbezieht. Lifeline wurde 1999 von Martin J. Eppler zusammen mit Studentinnen und Studenten in Lugano entwickelt. Ein ausgefülltes Formular dieser Art, das auch den hier vorgeschlagenen Inhalten folgt, könnte sicherlich auch, da es bei sorgfältiger Bearbeitung sehr aussagekräftig ist, möglichen Bewerbungsunterlagen beigefügt werden.

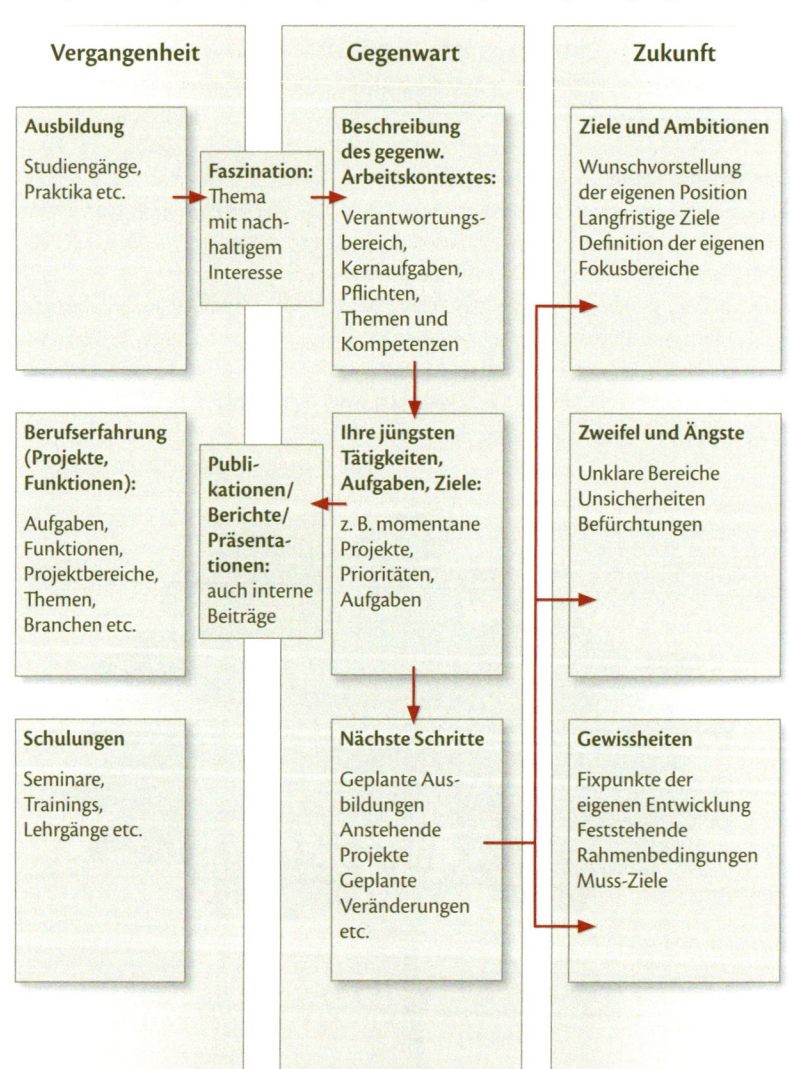

Lifeline	Vergangenheit	Gegenwart	Zukunft
	Ausbildung Studiengänge, Praktika etc.	**Faszination:** Thema mit nachhaltigem Interesse	**Beschreibung des gegenw. Arbeitskontextes:** Verantwortungsbereich, Kernaufgaben, Pflichten, Themen und Kompetenzen	**Ziele und Ambitionen** Wunschvorstellung der eigenen Position Langfristige Ziele Definition der eigenen Fokusbereiche
	Berufserfahrung (Projekte, Funktionen): Aufgaben, Funktionen, Projektbereiche, Themen, Branchen etc.	**Publikationen/ Berichte/ Präsentationen:** auch interne Beiträge	**Ihre jüngsten Tätigkeiten, Aufgaben, Ziele:** z. B. momentane Projekte, Prioritäten, Aufgaben	**Zweifel und Ängste** Unklare Bereiche Unsicherheiten Befürchtungen
	Schulungen Seminare, Trainings, Lehrgänge etc.		**Nächste Schritte** Geplante Ausbildungen Anstehende Projekte Geplante Veränderungen etc.	**Gewissheiten** Fixpunkte der eigenen Entwicklung Feststehende Rahmenbedingungen Muss-Ziele

Aufgabe

Versuchen Sie bitte, das obige Modell für sich selbst auszufüllen. Bei der Übertragung der Begrifflichkeiten auf Ihre eigenen Verhältnisse gehen Sie bitte großzügig vor. Ersetzen Sie zum Beispiel Publikationen durch Referate, Seminare durch AGs oder außerschulische Aktivitäten. Es kommt nicht auf eine 100-prozentige Umsetzung an, sondern darauf, dass Sie die zugrundeliegende Idee verstanden haben und anwenden können.

e-Portfolio

Eine besonders aufwändige, aber effiziente Art der Dokumentation des eigenen Lernfortschritts und Kompetenzzuwachses ist das Führen eines e-Portfolios.

e-Portfolios sind persönliche Websites, die mit kommerziellen oder Open-Source-Programmen erstellt werden, die bei der Erledigung einer Fülle von Aufgaben behilflich sind. So können Sie damit Blogs verfassen, Bookmarks setzen und bearbeiten, mit Freunden in Kontakt treten oder aber Text-, Bild- und Multimediadateien, also Audio- und Videopodcasts ins Netz hochladen.

Die Vorteile eines e-Portfolios liegen darin, dass Sie Inhalte mit Lernzielen und Beurteilungskriterien verbinden können und auf diese Weise Ihren Lernfortschritt kommentiert speichern, aber auch dokumentieren. Sie benötigen nur ein einziges Tool zur Erfassung und Verwaltung von Daten, was noch dazu viel komfortabler ist als die übliche Bürosoftware. Die Inhalte können Sie für sich selbst behalten, durchaus aber auch veröffentlichen, wobei hier die gleiche Vorsicht walten muss, die schon bei der Nutzung von Facebook und anderen sozialen Netzwerken angesprochen wurde.

Manche dieser Programme sind für den serverbasierten Einsatz gedacht, andere können Sie auf Ihrem eigenen Computer installieren. Und nahezu alle sind gut dokumentiert, sodass Sie Hilfe bekommen, teilweise auch per Hotline für die Installation und Nutzung eines solchen Programmes.

Neben kommerziellen Anbietern für e-Portfolio-Lösungen gibt es auch eine ganze Reihe von guten Open-Source-Programmen.

Webcode: MT641048–269

9.1 Hinweise zur Entwicklung und Umsetzung eines Methodencurriculums

Um ein Methodencurriculum für die Sekundarstufe II zu entwickeln, ist es zunächst nötig, einige grundsätzliche Fragen zu beantworten.

■ Sollen fachunabhängige Methoden im normalen Unterricht vermittelt werden oder soll es spezielle Methodentage geben?

Es ist selbstverständlich, dass fachspezifische Methoden im jeweiligen Unterrichtsfach vermittelt werden. Da man aber die Fülle der fachunabhängigen Methoden auch nicht immer einem „Leitfach" (meistens Deutsch oder Gesellschaftswissenschaften) aufbürden kann, ist es sicher sinnvoll, Methodentage durchzuführen. Dies könnte jedoch zu einer Überlastung mit zu vielen neuen Ansätzen für die Schüler führen. Vorschlag: drei über das Schuljahr verteilte Methodenwochen. In diesen Wochen gibt es täglich eine für Methodentraining reservierte Doppelstunde.

■ Welche fachunabhängigen Methoden könnten vermittelt werden? Wie kann man diese Methoden in Gruppen zusammenfassen?

Selbstorganisation (Klassenstufe 10/11)

– Zeitmanagement
  – Zeitinventur
  – Zeitplanung
  – ABC-Analyse
  – Eisenhower-Matrix
  – ALPEN
  – Life-Leadership
  – Biorhythmuskurve
– Arbeitsplatzgestaltung
– Networking
– Lernjournal

Strukturierung (Klassenstufe 11/12/13)

– Wissensbaum
– Mindmap
– Concept-Map

Kommunikation (Klassenstufe 12/13)

– Transaktionsanalyse
– Metaplan-Moderation
– Gruppenjournal
– Simultanprotokoll

Informationsgewinnung (Klassenstufe 10/11)

– Quellenanalyse
– Zeitungsanalyse
– Analyse von Infografik
– Lesetechniken
– Interview
– Meinungsumfrage

Präsentation (Klassenstufe 10/11/12/13)

– schriftlich
– mündlich
– visuell
– interaktiv

Self-Improvement (Klassenstufe 12/13)

– Analysestern
– Perspektivendiagramm
– Kompetenzportfolio
– Kompetenzagenda
– Wissensbilanz
– Lifeline
– e-Portfolio

Kreativmethoden (Klassenstufe 10/11)

– Brainstorming
– Brainwriting
– Kartenabfrage
– Blitzlicht
– Funneling
– Gegenstandsassoziation
– Kreativer Spaziergang

Strategische Kompetenzen (Klassenstufe 11/12/13)

– Elaboration
– Organisation
– Selbstkontrolle
– Selbstregulation
– Wissensnutzung
– Problemlösung

Teambildung (Klassenstufe 11/12/13)

– Teamrollen
– Kontaktnetz
– Synergy-Map

■ Sollen Methoden von Lehrern vermittelt werden?

In der Praxis wird es nicht immer möglich sein, externe Fachleute hinzuzuziehen. Da viele Methoden wahrscheinlich neu sind oder in gewandelter Form erscheinen, ist es empfehlenswert, zunächst eine schulinterne Fortbildung für Lehrer, z. B. bei

Pädagogischen Tagen, mit Fachreferenten anzubieten, sodass die Lehrer dann über genügend aktualisierte Kenntnisse zur Weitervermittlung verfügen.

■ Wie soll die Vermittlung erfolgen?

Je praktischer Methodenunterricht gestaltet ist, desto besser werden Schüler auch mit neuen Methoden umgehen können. Wichtig ist, dass die in den ersten Methodentagen vermittelten Kenntnisse sofort und immer wieder im normalen Regelunterricht zur Anwendung kommen. In den mit zeitlichem Abstand folgenden Methodentagen oder -wochen ist dann eine Vertiefung auf der Grundlage der individuellen Schülererfahrung möglich. In jedem Fall bietet es sich an, dass ein Lehrer oder eine Lehrerin hier einen Koordinationsauftrag für die Sekundarstufe II bekommt.

■ Wie kann eine Ergebnissicherung des Methodenunterrichts aussehen?

Sicherlich kann jeder Schüler, jede Schülerin ein individuelles Methodenportfolio führen. Eine Erfolgskontrolle kann aber auch über methodenspezifische Dokumentationen erfolgen, beispielsweise durch die Führung eines Zeitplanbuches, eines Lernjournals oder einer Kompetenzagenda. Nicht empfehlenswert ist eine Erfolgskontrolle über Tests oder Klausuren (außer wenn die Methoden in Fachklausuren zur Anwendung kommen), weil man sich dann ein Bewertungssystem überlegen müsste und eine Note für fachunabhängige Methoden nirgends in eine Fachnote eingehen kann. Sehr zu empfehlen ist aber für die Schule die Anlage und Führung eines Methodenportfolios, in dem die Vermittlung der Fachmethoden und der fachunabhängigen Methoden genau dokumentiert ist. Im Laufe einiger Schuljahre kann sich ein solches Portfolio zu einem wertvollen Referenzwerk für ein ganzes Kollegium entwickeln. Es wird darüber hinaus zu einem Bestandteil des Schulcurriculums und ist ein wesentliches Merkmal der Unterrichtsqualität einer Schule.

Umsetzung in fünf Schritten

Schritt 1, Überblick:

Klasse	10	11	12/13
Methoden	Selbstorganisation – Zeitmanagement – Arbeitsplatzgestaltung – Lernjournal – Networking		Kommunikation
	Informationsgewinnung		Self-Improvement
	Kreativmethoden		
	Präsentation (schriftlich, mündlich, visuell, interaktiv)		
		Strategische Kompetenzen	
		Teambildung	
		Strukturierung	
Stundenplantechnische Organisation	3 Methodenwochen über das Schuljahr verteilt mit täglich einer Doppelstunde Methodentraining		
Wer?	Lehrer, wenn möglich/nötig mit Unterstützung von externen Fachleuten oder Fachleuten unter den Eltern		

Schritt 2 (optional):
Pädagogischer Tag, methodische Fortbildung für Lehrerinnen und Lehrer

Schritt 3:
Anlage eines kleinschrittigen Plans, in dem die einzelnen Methoden aus den obigen Gruppen auf Doppelstunden verteilt werden. Hier können natürlich andere Schwerpunkte gesetzt werden oder, je nach Vorkenntnissen der Schüler, andere Methoden als die in diesem Buch angesprochenen eingefügt werden. Benennung von Zuständigkeiten entweder für die jeweilige Doppelstunde, für die einzelnen Klassen oder Kurse oder für die Methodengruppe.

Schritt 4:
Durchführung des Methodentrainings. Gleichzeitig Anlage eines Methodenportfolios für die Schule.

Schritt 5:
Kritische Überprüfung und Erarbeitung von schul- und schülerrelevanten Optimierungsmodellen.

Dieses Methodentraining, das hier für eine Schule angeregt wird, kann in vergleichbarer Weise von Schülern und Schülerinnen im Selbststudium – oder effizienter – in kleinen Gruppen durchgeführt werden. Auch die Einrichtung einer Arbeitsgemeinschaft wäre hier zu überlegen.

9.2 Lösungen

Die hier angebotenen Lösungen sind als Lösungsvorschläge zu verstehen, d. h., es gibt sicherlich in vielen Fällen Varianten oder andere Lösungen, die im jeweiligen Zusammenhang genauso richtig sind. Bei zahlreichen Übungen aus diesem Buch lässt sich aber auch gar keine verbindliche Lösungsmöglichkeit vorgeben, weil sich diese entweder aus einem Gruppenprozess, aus der Interaktion mit anderen oder aufgrund der vor Ort bestehenden Möglichkeiten ergibt. Und weiterhin gibt es Übungen, bei denen der Weg, die individuelle Vorgehensweise, die Lösung darstellt. Sie finden daher hier nur Antworten auf die Fragen und Übungen, die sich verbindlich beantworten lassen.

Aufgabe Seite 40:
1. Diese Meldung ist durch die Quellenangabe belegt, also nachprüfbar.
2. Auch diese Meldung ist durch eine Internetquelle belegt, aber nur so lange nachprüfbar, wie die Internetseite aufrufbar ist.
3. Für die Diskussion „Krieg oder nicht Krieg" ist diese Aussage sicherlich relevant und aufgrund der Nachprüfbarkeit auch zuverlässig.
4. Die Aussage kann für die Afghanistan-Diskussion relevant sein, ist aber nicht unbedingt zuverlässig, da es sich doch wohl eher um die Meinung des SPIEGEL-Journalisten handelt.
5. Wer kann eine solche Aussage schon überprüfen? Die Quellenangabe ist zu ungenau. Ob sie zuverlässig ist, ist eher fraglich. Und unzuverlässige, nicht nachprüfbare Meldungen können eigentlich auch nicht relevant sein.

Aufgabe Seite 43:

Keine Spezialbibliotheken, sondern allgemeine Bibliotheken sind die Stadt- und Regionalbibliothek Erfurt. Die Kinder- und Jugendbibliothek ist inhaltlich nicht spezialisiert, richtet sich aber an ein spezielles Publikum.

Aufgabe Seite 43/44:

1 a, b; 2 a, b; 3 b; 4 a, b; 5a, b; 6 a, b, c; 7 a,c.

Aufgabe Seite 51/52:

1 – staatliches Archiv; 2 – staatliches Archiv; 3 – staatliches Archiv; 4 – staatliches Archiv; 5 – staatliches Archiv; 6 – Privatarchiv; 7 – Universitätsarchiv; 8 – staatliches Archiv; 9 – Verbandsarchiv; 10 – kommunales Archiv; 11 – staatliches Archiv; 12 – parlamentarisches Archiv; 13 – kommunales Archiv; 14 – Medienarchiv; 15 – staatliches Archiv; 16 – Unternehmensarchiv.

Aufgabe Seite 133/134:

Der Mitarbeiter der Berufsberatung könnte seinen Auftritt durchaus verbessern. Hier einige Vorschläge:

- Statt um 10 Minuten nach 10 sollte Herr K. lieber um 10 Minuten vor 10 kommen. Verspätungen sind immer ärgerlich und zeugen von Arroganz gegenüber dem Publikum.
- Herr K. beginnt mit „Liebe Abiturienten ...". Die deutsche Sprache ist insofern etwas umständlich, als sich die femininen Formen von den maskulinen unterscheiden. Es ist aber eine Unhöflichkeit, deswegen die „Abiturientinnen" nicht anzusprechen, sondern in den maskulinen Begriff „Abiturienten" miteinzubeziehen.
- Die Überprüfung der Verstärkeranlage sollte vor Beginn der Veranstaltung abgeschlossen sein. Der Gastredner wirkt dabei nicht mit, schon gar nicht vor versammeltem Publikum.
- Die Vorstellung von Herrn K. durch den Oberstufenberater ist ein wesentlicher Bestandteil der Veranstaltung. Sie sollte am Anfang stattfinden und Herrn K. einen guten und würdigen Auftritt ermöglichen. Sie ist mit Sicherheit kein Pausenfüller, während noch an der Verstärkeranlage gearbeitet wird.
- Herr K. sollte sich vor der Veranstaltung informieren, mit wem er es zu tun hat. Den Oberstufenberater als „Direktor" anzusprechen ist peinlich.
- Herr K. entschuldigt sich für seine Verspätung. Ein verpatzter Einstieg! Wäre er pünktlich gekommen, hätte er einen besseren Start gehabt. Besonders taktlos ist es dann, die Verspätung mit der mangelhaften Situation vor Ort zu erklären.
- Herr K. beginnt mit einigen Bemerkungen zu seiner Person. Das kann wichtig sein, um die Sachkompetenz des Redners deutlich zu machen, sollte aber nicht von ihm, sondern von demjenigen gesagt werden, der die Vorstellung übernimmt. Dass Herr K. den Arbeitgeber gewechselt hat, weil ihm die Arbeitsbedingungen und die Bezahlung nicht genehm waren, interessiert in diesem Zusammenhang niemanden und sollte weggelassen werden.
- Der Hinweis darauf, Zwischenfragen zu stellen, ist richtig, wenn auch verfrüht. Niemand wird eine Frage zum Werdegang von Herrn K. stellen.
- Ein Redner, der mit dem Hinweis auftritt, dass er ohnehin nicht wisse, was die Zuhörer interessieren könnte, zeigt, dass ihm die Zuhörer gleichgültig sind, dass er sich nicht vorbereitet hat und dass er bestenfalls nur eine Routinerede abspult.

- Die Scharfeinstellung und Ausrichtung des OH-Projektors ist nicht Sache des Gastredners. Ebenso wie die Mikrofontechnik hätte dies vor Beginn der Veranstaltung überprüft werden müssen.
- Dass Herr K. Probleme mit der Bedienung des Geräts hat, ist nicht so schlimm. Er sollte sich aber jetzt nicht wieder negativ über die örtlichen Ausstattungen äußern.
- Wenn er von Berufen spricht oder sprechen möchte, ist die Folie „Verdienstmöglichkeiten" falsch. Dass er diese für den Schluss vorgesehene Folie am Anfang auflegt, zeigt dass sein Vortrag unvorbereitet ist und über keinerlei Struktur verfügt.
- Herr K. liest die Folie von der Projektionswand aus vor. Eine gute Folie ist so klar und groß, dass man sie nicht vorlesen muss. Sie dient als visuelle Unterstützung des Gesagten, nicht umgekehrt. Einzelheiten auf Folien werden nicht an der Projektionswand gezeigt, sondern mit einem spitzen Gegenstand auf dem Projektor selbst. Die Nähe zum Mikrofon wäre dann auch erhalten geblieben.
- Helle Farben sind nur als Kontrastfarben auf Folien geeignet. Schrift sollte in dunkleren, kräftigen Farben gehalten sein. Helle Farben sind bei starkem Lichteinfall nicht mehr klar erkennbar.
- Die Folie zeigt Spitzenverdienste, die vor ein paar Jahren gezahlt wurden. Warum bringt Herr K. keine aktuellen Zahlen? Eine Frage zum genauen Alter der Zahlen kann er nicht beantworten, weil er nicht nur nicht vorbereitet ist, sondern seine entsprechenden Unterlagen auch noch im Auto gelassen hat. Wieder sind die Zustände vor Ort dafür verantwortlich.
- Auf den Hinweis, dass die Zahlen nicht zu erkennen seien, reagiert er zunächst leicht ungehalten. Dann sagt er, sie seien zurzeit ohnehin nicht so wichtig. Warum hat er sie dann aufgelegt? Und schließlich versucht er witzig zu sein, hat aber kein Gespür dafür, was seine Zuhörer im Augenblick gerade als amüsant empfinden könnten und was nicht.
- Auch ein ordentlicher Abschluss seines Vortrags gelingt Herrn K. nicht. Es ist peinlich, Zuhörern, die den Raum bereits verlassen, noch die Telefonnummer und Sprechzeiten des Redners nachzurufen.

Aufgabe Seite 154:

1. Die Ereignisse des November 1989: Dokumentation
2. Führt das Abschalten der deutschen Kernkraftwerke zu einer Energieversorgungsabhängigkeit vom Ausland?: Argumentation
3. Hätte Sigmund Freud Hamlet helfen können?: Interpretation
4. Faschistische Entwicklungen in der deutschen Innenpolitik 1933–1939; Systematisierung
5. Beobachtung von Verhaltensauffälligkeiten bei Zootieren: Dokumentation
6. Andy Warhols „Gold Marilyn Monroe" (1962) und James Rosenquists „Marilyn Monroe, I." (1962): Kontrastierung
7. Die Veränderung des deutsch-polnischen Grenzverkehrs seit 1995: Kompilation
8. Die Bodenkollision der beiden Boeing 747 von Teneriffa 1978. Wie konnte es zur bisher größten Flugzeugkatastrophe kommen?: Kompilation
9. Warum junge Menschen zur Wahl gehen sollten: Argumentation
10. Landschaftsmalerei im 19. Jahrhundert: Systematisierung
11. Kann Osteuropa die Voraussetzungen für einen EU-Beitritt erfüllen?: Evaluation
12. Sozialer Wohnungsbau in Deutschland. Unterschiedliche Ansätze in den 50er-Jahren und heute: Evaluation

13. Franz Kafka, „Die Verwandlung". Klarere Wahrnehmung durch andere Perspektiven?: Interpretation

14. Fitzgeralds Sicht der 20er-Jahre in „The Great Gatsby": Analyse

15. Die gesundheitspolitischen Vorstellungen von Regierung und Opposition: Kontrastierung

16. „Wer hat Angst vor Virginia Woolf?" Der geplatzte amerikanische Traum: Analyse

Aufgabe Seite 191/192:

1. Hier gibt es einen Kommunikationskonflikt. Vereinbaren Sie ganz klare Zuständigkeiten und eine klare Richtung des Informationsflusses. Abweichende Meinungen werden diskutiert, wenn eine solche Diskussion bei der Gruppensitzung vorgesehen ist. Ansonsten herrscht Sachdisziplin.

2. Sprechen Sie das Problem an und vereinbaren Sie einen klaren Verhaltenskodex. Wenn die beiden feststellen, dass ihr Verhalten den anderen auf die Nerven geht, werden sie sicher andere Gelegenheiten finden.

3. Führen Sie eine Teambesprechung durch und schlagen Sie vor, dass manche Aufgaben, besonders die anspruchsvolleren, von mindestens zwei Teammitgliedern bearbeitet werden, sodass die zunächst ungeeigneten einen Partner bekommen, der sie anleiten kann. Eine Alternative: Manchmal ist es erstaunlich zu beobachten, wie gut Leute, die nicht gut an einem Thema arbeiten können, mit Führungs- und Organisationsaufgaben umgehen können. Als letzte Möglichkeit bleibt eine Neukonstituierung des Teams.

4. Vielleicht ist Ihre Aufgabe zu groß. Grenzen Sie Ihr Thema ein. Machen Sie einen Teilbereich zum Hauptthema und besprechen Sie eine klare Aufgabenverteilung.

5. Vielleicht ist es besser sich rechtzeitig zu trennen oder über eine andere Themenstellung nachzudenken.

6. Teilen Sie die Gruppe und die Arbeit; bilden Sie Unterarbeitsgruppen.

7. Sprechen Sie das Problem offen an. Ziel der Besprechung ist eine Verhaltensänderung im Hinblick auf größere Teamintegration. Auch ist es möglich, Teilergebnisse von den Leuten präsentieren zu lassen, die die Hauptarbeit daran geleistet haben. Ein Wechsel der Zuständigkeiten ist eine weitere Möglichkeit.

8. Hier würde eine zentrale Koordination durch eine Person weiterhelfen. Der aktuelle Stand wird regelmäßig von dieser Person an einem schwarzen Brett oder auf einer Internetseite bekanntgegeben und abrufbar gemacht.

9. Legen Sie Verantwortlichkeiten fest und benennen Sie einen Organisationsverantwortlichen, der diese kontrolliert. (Wer macht was? Bis wann?)

10. Planen Sie kleinere Arbeitsschritte, mit denen Sie sich leichter Erfolgserlebnisse verschaffen können.

11. Sprechen Sie offen miteinander über die Arbeitsorganisation und die Rolle jedes Einzelnen im Gesamtarbeitsablauf. Wenn keine Verbesserung erfolgt, müssen Sie sich trennen.

12. Lassen Sie sich von Misserfolgen und Krisen nicht zu schnell entmutigen. Krisen und Durststrecken bleiben bei einem längeren Arbeitsprozess nicht aus. Nehmen Sie die Hilfe der Lehrer/Lehrerinnen in Anspruch und machen Sie sich innerhalb der Gruppe gegenseitig Mut.

13. Sprechen Sie offen miteinander über die ungleichen Erwartungen und Verhaltensweisen, verdeutlichen Sie Konsequenzen und trennen Sie sich gegebenenfalls.

14. Finden Sie eine andere Arbeitsform, evtl. eine Dezentralisierung, oder Sitzungen ohne den Experten, dessen Fachwissen nur noch schriftlich abgefragt wird.

15. Wenn Sie eine ständige Pinnwand installieren, an der alle Vorschläge aller Teilnehmer gesammelt und visualisiert werden, wird der Teilnehmer bald erkennen müssen, dass seine Vorschläge nicht in die Projektstruktur passen und zurückgenommen oder aktualisiert werden müssen.

16. Versuchen Sie trotzdem, einen Abschluss zu erreichen, und fügen Sie Ihrer Arbeit eine Seite an, auf der kurz beschrieben wird, welche Punkte noch unbearbeitet sind.

Aufgabe Seite 196:

Die Reihenfolge der einzelnen Schritte bei dieser Projektarbeit geht davon aus, dass zunächst ein schriftliches Referat vorliegt und danach nochmals eine mündliche Präsentation erfolgt. Mehrere Punkte, z. B. „Überprüfung und Korrektur der Arbeitsweise", „Überprüfung der Projektfortschritte" oder „Maßnahmen zur Qualitätssicherung" sind kontinuierliche Tätigkeiten, die nicht folgerichtig und logisch an einer ganz bestimmten Stelle einzusetzen sind. Auch andere Punkte sind je nach Team, Thema und Gegebenheiten austauschbar.

- Allgemeines Einarbeiten in das Gebiet
- Allgemeine Recherchearbeit in Bibliotheken, Internet, etc.
- Formulieren eines Arbeitsthemas
- Zusammenstellen eines Arbeitsteams
- Informationen über Öffnungszeiten der Bibliotheken einholen
- Buchung von Internet-Nutzungszeiten bei öffentlich genutzten Geräten
- Anlegen einer Materialsammlung
- Teaminterne Absprache und Verteilung individueller Zuständigkeiten
- Einigung über Teamarbeitsmodalitäten (persönlicher Einsatz, Verhalten bei Konflikten, unvorhergesehene Probleme, Flexibilität, Kreativität, Arbeitsmethoden etc.)
- Bestimmung/Wahl eines Projektleiters
- Strukturierung in Teilaufgaben
- Endgültige Themenformulierung
- Themabewertung im Hinblick auf das Gesamtgebiet
- Themabewertung im Hinblick auf unveränderliche äußere Rahmenbedingungen
- Erstellen eines Zeitplans
- Arbeitszeitplanung
- Zielgerichtetes Einarbeiten in das Spezialgebiet
- Spezielle Recherchearbeit in Bibliotheken, Internet etc.
- Anlegen eines persönlichen Apparates in der Bibliothek
- Ordnen des Materials (Karteikarten, Datenbank, Ordner, Zettelkasten, Magnettafel etc.)
- Sammeln von themenrelevantem Bildmaterial
- Festlegen des Referat-, Präsentations- oder Einreichungstermins
- Festlegung von Zwischenzielen (Meilensteine)
- Tonbandprotokolle von Informationen, Fakten, Ideen, Tätigkeiten
- Anlegen von Checklisten
- Koordinieren von Einzelinformationen
- Kostenberechnung für Materialien, Kopien, Drucke, Videos, Fotoarbeiten etc.
- Anschaffung von Papier, Karteikarten, Speichermedien
- Erstellen einer Gliederung
- Ausformulierung
- Formulierung einer Einleitung und/oder eines Vorworts
- Überlegungen zur äußeren Gestaltung der Arbeit

- Tipparbeiten am Computer
- Erstellen eines Literaturverzeichnisses
- Erstellung eines Stichwortregisters
- Korrekturlesen
- Überlegungen zur Präsentationsgestaltung
- Überlegungen zur Erwartungshaltung der Adressaten
- Überlegungen zum Medieneinsatz bei der Präsentation
- Erarbeitung von Präsentationsmaterialien
- Erstellen von Grafiken
- Erstellung von Handouts für die Zuhörer
- Überlegungen zur Nachprojektphase
- Trainieren des Vortrages
- Planungen zur Projektabschlussfeier

Ständige projektbegleitende Tätigkeiten:
- Systematische Ergebnisdokumentation
- Status- und Teambesprechung
- Überprüfung und evtl. Korrektur der Arbeitsweise
- Arbeitsprotokoll (Dokumentation)
- Überprüfung der Projektfortschritte
- Diskussion und Reflexion mit Dritten
- Maßnahmen zur Qualitätssicherung

Aufgabe Seite 240:
Die beiden Streifen mit den Pferden werden so gelegt, dass die Pferde Rücken an Rücken liegen.
Die Reiter werden nun quer zu den Pferden (also im 90-Grad-Winkel) genau auf die Rücken der Pferde gelegt.

9. 3 Literatur

Die nachfolgend aufgeführten Werke sind eine Auswahl derjenigen Veröffentlichungen, die bei der Erarbeitung des Manuskripts für dieses Buch sehr hilfreich waren. Sie sind für eine vertiefende Arbeit am Thema „Methoden" sehr empfehlenswert.

Antons, Klaus
Praxis der Gruppendynamik. Übungen und Techniken
Hogrefe, Göttingen 2000

Badura, Christian
Fotoprotokolle: Seminare lebendig dokumentieren
Kreativer Einsatz in Trainings, Workshops und Besprechungen
Verlag managerSeminare, Bonn 2002

Berne, Eric
Spiele der Erwachsenen. Psychologie der menschlichen Beziehungen
Rowohlt, Reinbek 2005

Biermann, Heinrich / Schurf, Bernd
Texte, Themen und Strukturen – Allgemeine Ausgabe. Deutschbuch für die Oberstufe
Cornelsen, Berlin 2006

Cole, Kris
Kommunikation klipp und klar
Beltz, Weinheim 1996

DeMarco, Tom
Der Termin – Ein Roman über das Projektmanagement
Hanser, München 2007

Francis, Dave / Young, Don
Mehr Erfolg im Team
Windmühle, Hamburg 1996

Gugel, Günther
Methodenmanual I, „Neues Lernen", Tausend Praxisvorschläge für Schulen und Lehrerbildung
Beltz, Weinheim 1997

Harris, Thomas A.
Ich bin o.k. Du bist o.k. Eine Einführung in die Transaktionsanalyse
Rowohlt, Reinbek 1997

Haug, Christoph V.
Erfolgreich im Team
dtv, München 2009

Hennecka, Hans Peter
Grundkurs Soziologie
UTB, Stuttgart 2006

Hörburger, Christian
Krieg im Fernsehen: Didaktische Materialien und Analysen für die Medienerziehung
Institut für Friedenspädagogik Tübingen e.V., 1996

Jung, Marion
Der Analysestern
Landesinstitut für Erziehung und Unterricht, Stuttgart 2000

Kerber, Harald / Schneider, Arnold (Hrsg.)
Handbuch Soziologie
Rowohlt, Reinbek 1984

Kirckhoff, Mogens
Mindmapping
Gabal, Offenbach 1997

Kneip, Winfried / Konnertz, Dirk / Sauer, Christiane
Lernlandkarten - Ganzheitliches Lernen: Motivieren, Trainieren, Konzentrieren
Verlag an der Ruhr, Mülheim 1998

Kolossa, Bernd
Methodentrainer. Arbeitsbuch für die Sekundarstufe II. Gesellschaftswissenschaften
Cornelsen, Berlin 2003

Langemaack, Barbara / Braune-Crickau, Michael
Wie die Gruppe laufen lernt
Psychologie Verlags Union, Weinheim 2000

Lundin, Stephen C. / Paul, Harry / Christensen, John
FISH! Ein ungewöhnliches Motivationsbuch
Ueberreuter, Wien / Frankfurt 2001

Mandl, Heinz / Friedrich, Helmut Felix (Hrsg.)
Handbuch Lernstrategien
Hogrefe-Verlag, Göttingen 2005

Mankiw, Gregory N.
Grundzüge der Volkswirtschaftslehre
Schäffer-Poeschel, Stuttgart 1999

Nadolny, Sten
Die Entdeckung der Langsamkeit
Piper, München 1983

Probst, Gilbert / Raub, Steffen / Romhardt, Kai
Wissen managen: Wie Unternehmen ihre wertvollste Ressource optimal nutzen
Gabler, Wiesbaden 1997

Reinmann, Gabi / Eppler, Martin J.
Wissenswege. Methoden für das persönliche Wissensmanagement.
Huber, Hogrefe, Bern 2008

Rosenstiel, Lutz von
Grundlagen der Organisationspsychologie
Schäffer/Poeschel, Stuttgart 2003

Rückle, Horst
Körpersprache für Manager
Verlag Moderne Industrie, Landsberg 1992

Schilling, Gert
Projektmanagement
Gert Schilling Verlag, Berlin 2001

Schneider, Klaus / Schmalt, Heinz-Dieter
Motivation
Kohlhammer, Stuttgart 2000

Schnelle, Eberhard
The Metaplan Method. Communication Tools for Planning & Learning Groups
NITOR Kommunikationstechnik GmbH, Quickborn 1979

Schnelle-Cölln, Telse
Visualisierung. Die optische Sprache in der Moderation
Metaplan GmbH, Quickborn 1983

Schulz von Thun, Friedemann
Miteinander reden 1: Störungen und Klärungen. Allgemeine Psychologie der Kommunikation
Rowohlt, Reinbek 2000

Schulz von Thun, Friedemann / Ruppel, Johannes / Stratmann, Roswitha
Miteinander reden: Kommunikationspsychologie für Führungskräfte
Rowohlt, Reinbek 2000

Seiwert, Lothar
Das 1x1 des Zeitmanagement
mvg, Landsberg 2001

Steiner, Claude
Emotionale Kompetenz
dtv, München 1997

Thomas, Alexander
Grundriss der Sozialpsychologie, Band 2: Individuum, Gruppe und Gesellschaft
Hogrefe, Göttingen 1992

Tversky, Amos / Kahnemann, Daniel
„The Framing of Decisions and the Psychology of Choice"
Science, New Serie, vol 211, No. 4481
(Jan. 30, 1981)

Willke, Helmut
Einführung in das systemische Wissensmanagement
Auer, Heidelberg 2007

Bei der Erarbeitung des Manuskrips waren auch zahlreiche Internetadressen hilfreich, auf die in den Webcodes verwiesen wird. Hier nur drei empfehlenswerte Beispiele:

http://www.brunnbauer.ch/wissensmanagement
http://www.mindtools.com/oxford
http://www.teachsam.de/

9.4 Register